日本果物史年表

A Chronological Table of Fruit History in Japan

独立行政法人　農業・食品産業技術総合研究機構
(National Agriculture & Food Research Organization)

理　事
(Vice President)

梶浦一郎
(Ichiro Kajiura Ph. D.)

養賢堂

序

　21世紀に入り，我が国では人口の減少が始まり，高齢者の割合も増加して，果物の消費も低迷を続けている．また，地球の温暖化が現実のものとなり，果樹の生産でも開花や収穫時期の移動，果実成熟の異常が観察されるようになってきた．このような時には，今後の変化を予想して正しい判断を下すため，日本の果樹の歴史を紐解くことが重要になると思われる．

　しかしながら，我が国の果物の生産や消費に関する歴史を体系的に紹介する文献は極めて少ない．園芸の歴史の一部として取り上げた「明治園芸史」(1915年)，「日本園芸発達史」(1943年)，「明治前日本農業技術史」(1980年) や各地の果樹技術を掘り起こした「果樹農業発達史」(1972年) 等があるが，果物文化や歴史を含めて広くとらえたものはなかった．平成11年 (1999年)，著者は養賢堂が出版を企画した「新編 農学大事典」で「日本における果樹栽培の歴史」について執筆することになり，これを契機にして日本の果樹の歴史という大きな課題に真正面から挑む事を決意し，その基礎資料とするため，日本果物史年表の作成を開始した．

　稲等の主要作物と異なり，果樹に関する記録は少なく，江戸時代以前の歴史を客観的に振り返る事は困難を伴った．幸いなことに，近年，各種の地域開発が盛んになり，古代の遺跡の発掘が進み，考古学上の報告が出されるとともに，古代以降の歴史も国民一般にわかりやすく紹介する著作が刊行されるようになった．このため，歴史学や考古学の専門家でない著者でも，「果物・果樹」という視点から，これらに眼を通すことができ，以前とは格段に情報が得られやすくなってきた．

　また，従来，年表の作成はカードを作成して，長年月をかけて作業したものだが，パソコンが登場し，著者のような企画管理部門の勤務が長い研究者でも勤務の合間をぬって作成できる時代になったことも幸いした．

　作成してみると，収集すべき文献はきりがなく，今後も貴重な資料が出されるであろう．また，作成から8年を経過したため，当初の記載方式から離れ，表現が統一性を欠いてきた．著者の定年を待って，修正・統一を図り，より完成度が高い物とする予定であったが，定年後も相変わらず，企画管理の仕事が続き，果樹研究の関係者からは不完全のままで早く刊行するよう勧められた．未収録の文献が手元にまだ多くあり，今後も追録しなければならない新発見が多く出てくるであろう事から，ここで，区切りをつけ，不揃いのままで一旦刊行し，今後，追録を行い，改訂をしていければと思っている．

　本年表が大学での果樹学の講義や一般の果物愛好者の方々の座右の書として利用されれば幸いである．また，果樹生産者が日本の果樹の歴史に触れ，誇りを持つきっかけになればと思う．

　本書の刊行にあたって，株式会社養賢堂社長の及川　清氏は刊行を快諾され，編集の労を執って頂いた．記して感謝の意を表したい．そして，最後に，妻明子と家族に深く感謝したい．

2008年6月

凡　例

1. 本年表には，原始時代から2006年（平成18年）までの日本における果樹の生育，栽培，果物の販売・消費，果物文化全般にわたる項目を収録した．
2. 本年表において「果物」とは，「永年性植物のうちで，枝や幹や茎が硬く木質化するものから収穫する果実で，人が食用とするもの」を指し，草本性のうち，パイナップルやバナナ等は果物とし，イチゴは野菜とした．また，これら果物で果実の食用以外の利用も記載した．
3. 本年表では，「日本」として，平成19年現在の日本の国土とし，北海道（蝦夷地），沖縄（琉球王国）を含み，台湾，中国東北部（旧満州），朝鮮半島については，原則として，現在の日本の国土との果物に関するやりとり，流通等を記載した．
4. 果樹の生育，果実の結果・成熟に影響を与える台風，強風などの気象災害や異常気象，火山噴火，果実の消費や流通に影響を与えた地震について記載した．近年では，果樹への被害が記載された災害に限定した．
5. 果物の消費に影響を与える内乱，内戦や疾病の流行を記載した．
6. 日本以外の地域から果物導入，渡来に関わったと推定される人の往来，戦争に伴う派兵と撤兵など，海外との人の交流に関わる項目を記載した．
7. 果物の種類別や，都道府県別の収量や価格等の統計は統計項目のみを記載した．
8. 項目には，原則として文末の（　）内に典拠文献の番号を示した．
9. 年欄は西暦の後に（　）で和暦年号を記載した．また，月欄は典拠文献に月の記載がある物について記載し，和暦，西暦表示に関わらず，文献の記載通り，そのまま記載した．
10. 年号の改元については，改元の年に新旧両年号を示し，項目として改元の月を加えた．広辞苑，日笠山正治編「歴史探訪に便利な日本史小典　4訂版」（日正社）に拠った．
11. 考古学の年代は典拠文献の出版時期により，時代区分が異なる．また，絶対年代は確定出来ないため，典拠文献の区分をそのまま記載し，参考として，「日本史総合年表」（吉川弘文館）の区分・年代を利用した．
12. 典拠文献は巻末に掲載した．文献の記載は原則として園芸学会の「園芸学研究」論文原稿作成要領によった．ただし記載順は年表作成のために調査した文献順に並べた．
13. 主な果物が年表中で最初に記載されている箇所に□を付した．

目　次

約70,000年前～古墳時代 ··· 1
　約70,000年前～約10,000年前 ··· 1
　縄文時代 ··· 2
　弥生時代 ··· 8
　古墳時代 ·· 10
奈良時代 ·· 14
平安時代から安土桃山時代 ·· 20
江戸時代 ·· 39
明治・大正時代 ·· 90
　明治時代 ·· 90
　大正時代 ··· 156
昭和元年～30年 ··· 180
　昭和前期 ··· 180
昭和時代　30年以降 ··· 235
　戦後調整期（1974～1986） ··· 277
　バブル経済期（1987～1991） ··· 287
平成時代 ··· 290
　平成不況期（1992～2003現在） ··· 291

約70,000年前～古墳時代

稲が渡来する前の果物
－野生果樹と主食糧の栗－

　日本列島に人類がやってくる前，どのような果物が野生していたのだろうか．化石から，また自然林や原野の自然植生から推定すると，ハスカップ，グミ，アケビ，ムベ，ヤマブドウ，ヤマモモ，タチバナ，キイチゴ類，コケモモ類，クリ，ブナ，ナラ，シイ，カシ類，クルミ，ハシバミ，イチジク類，マタタビ属，クワ，ズミ，ナシではなかろうか．このうちで，全国の果物売り場に並ぶ物はクリとナシだけであり，我々が日頃に見掛けているリンゴや温州ミカン，カキなどの果物は，人類により列島に持ち込まれた物だ．店頭に並ぶ果物の内，一番最近に持ち込まれたのはキウイフルーツで，市民へのお目見えは大阪万博の時である．

　列島に人間が渡来した年代は，一説によると50万年以前，約3万年前，1万4,5千年前，2千5百年前頃にピークがあり，それぞれのピーク時に果物も携えて渡来したのだろう．最後のピーク時期に現在の主食糧である稲が持ち込まれたが，それ以前のデンプン質主食糧は，東日本ではクリやトチ，西日本ではドングリであった．自然に生えたクリ樹を伐らずに残し，栗林とした「原始的果樹栽培」が成立したと思われる．さらに，遺跡から出土するクリの実の大きさを測ると，弥生時代までに現在の在来品種並の大きさに達していて，人による選抜が古くから行われていたことが伺える．

　このようにクリを主食糧としていた日本人には，今でもクリが秋の味覚として深く心のどこかに刷り込まれている．

約70,000年前～約10,000年前

　○ウルム氷期（氷河期）で日本は大陸と地続きとなり，約30,000年前に北方からマンモスなどを追って，人類が日本に渡ってくる（208）．

30,000年前
　○この時代の鹿児島県種子島の横峯，立切遺跡から生活跡出土（128）．31000年以前，調理場跡の礫層，木の実の貯蔵穴と思われる土坑が確認され，この時代に既に植物食料資源に依存と推定（177）．

23,000年前
　○低温期（118），最盛期海水面が100m（または140mほど）低下し，対馬海峡は陸橋化，大型ほ乳類を追って人が列島に来る（264）．

20,000年前
　○この頃，沖縄本島は今より乾燥し，針葉樹だらけで，ドングリもない（128）．

15,000～12,000年前
　○黒潮の接近と温暖化で南九州に縄文的環境ができる．針葉樹に代わり，落葉広葉

（2）　　　　　約70,000年前〜古墳時代

　　　　樹林が生育し，ドングリ，クリ，トチの実の利用が可能となる（128）．
15,000年前
　　　　○カキの化石が出土．日本では氷河期に一度絶滅したと思われる（24）．
　　　　○モモの核の化石が発見されず，野生していなかったと推定（97）．
　　　　○地質時代からスモモの化石が多く出土（97）．
12,000年前（ヤンガードリアス期（12,000〜11,000年前））
　　　　○鹿児島県加世田市の「せんノ原遺跡」，花粉分析と炭化材分析からコナラ科，クスノキ科，ススキ属，クマザサ属植物が確認（128）．
　　　　○これ以降，南九州で植物加工具の石皿と磨石が大量に制作．ドングリを粉にして保存加工可能（128）．照葉樹林帯での植物食（133）．
　　　　○最終氷河期が終了し，この頃，木の実を本格的に食す（174）．

縄文時代

〜12,000年前
　　　　○日本列島は大陸から垂れ下がるような形で，大陸の半島部情況．南から順に，暖温帯落葉広葉樹林・常緑広葉樹林，温帯針広混交林，寒温帯針葉樹林が帯状に分布．列島大半はチョウセンゴヨウやトウヒ属等の針葉樹とナラ類などの落葉広葉樹が混成する温帯針広混交林で覆われ，九州南部や伊豆半島にはクリやコナラなど落葉広葉樹主体の広葉樹林があった（129）．

約13,000〜10,000年前（縄文草創期）
　　　　○鹿児島県東黒土田遺跡から日本最古のドングリの貯蔵穴出土（128）．
約11,000年前
　　　　○群馬県笠懸町の西鹿田中島遺跡集落跡から，ドングリの入った貯蔵穴2箇所が発見．照葉樹林帯でシイ，ヤマモモを食用（128），石皿と磨り石が出土し，木の実を潰して，粉にし，水を加えて，パンやクッキーを作成したと推定（174）．
約10,000年前
　　　　○この頃の平均気温は現在より約2度低い．これ以降温暖化（132）．
約10,000年前〜約9,000年前（縄文時代早期初頭）
　　　　○滋賀県大津市晴嵐沖の琵琶湖，粟津湖底遺跡から大量の栗の果皮，オニグルミ，ミズキ，コナラが出土．クリは2cm以上の粒で形が揃っている．野生のクリより一回り大きく，雑木林からクリを残して間伐，枝払いが推定．
約10,000〜5,000年前（縄文早期〜前期）
　　　　○降水量が増加し，降り方も地域差や季節的変動が明確になり，生態系が多様化．西日本ではカシ類やシイ等の暖温帯常緑広葉樹林が急速に拡大し，関東まで及ぶ．西日本内陸から中部・東北は降水量が多い地域にブナを主とした温帯落葉広葉樹林が，少ない地域にクリやコナラ，ミズナラ等の落葉広葉樹林が成立．モミ，ツガからなる針葉樹林も見られる（129）．
約8,000年前〜6,000年前
　　　　○日本海に暖流が生まれ，東日本にブナやコナラ，クリ等の落葉広葉樹林が，西日本にシイやカシ等の照葉樹林が発達（129）．

約7500年前（縄文早期）
　　○木の実を土器で煮て灰汁を抜き，ドングリの食糧化に成功 (129)．
　　○滋賀県瀬田川入り口の粟津湖底遺跡で早期にクリ塚発見 (219)．
約7,000～6,000年前
　　○この頃の遺跡から酒作りに使ったと見られる土器出土 (174)．
約6,000年前（縄文前期初頭）
　　○山形県米沢市一ノ坂遺跡で珪質頁岩の石器製造工房が出土し，多量の剥片の廃棄物の上に クルミ の殻を細かく砕いた物を丹念に被せていた (133)．
　　○長野県大町市大崎遺跡の住居跡から炭化物「縄文クッキー」出土．
　　○村の建設には2,000本前後のクリ材が必要．5 haの森に相当 (129)．
約6,000年～5,000年前（縄文前期）
　　○鳥浜貝塚で利用されたと推定される植物は21種で，その中に果物はクルミ，ドングリ，クリが主食料となっている (27)．この他に，カヤ，イヌガヤ，コナラ，アカガシ，スダジイ，サンショウ，ツバキが出土 (47)．貝塚の残さ量の70％が貝，堅果類が20～40％ (132)．
　　○秋田県大館市の池内遺跡（約5500年前）から，ニワトコ， ヤマブドウ ，キイチゴ等の果実の種子が植物繊維でくるまれて大量に出土．酒を濾過した跡と推定される．
　　○果実酒には糖分が高く，酸が少ないことが必要で，そのような果実がない日本では美味しい果実酒はなかった (141)．
　　○長野県有明山社大門北遺跡で皮を除いて乾燥したと思われるクリ出土 (46)．
　　○東北日本では，冷温帯ないし暖・温帯落葉樹林で，クルミを中心に一部地域でクリが加わるクルミ・クリのセットの木の実食 (46)．
　　○西南日本では，照葉樹林が拡大し，シイ，クルミが木の実食 (46)．
　　○北海道静内郡静内町ドビノ台遺跡から多量の炭化クルミが出土 (47)．
　　○ヒョウタン，ヒエ，クリ等の栽培植物の多くは日本海経由で日本列島にもたらされ，沿岸伝いに波及と推定 (133)．
　　○長崎県伊木力遺跡からモモ，2個が出土，最古の例 (97)，11点出土．平均的大きさはノモモ段階 (147)．
　　○長崎県伊木力からモモの核が出土，弥生の核より大きく，中国の改良品種が渡来し，その後，遺伝的に劣化して小型化したと思われる (24)．
　　○長崎県多良見町の大村湾に面した伊木力遺跡から最古の桃核とウルシ科チャンチンモドキ属のチャンチンモドキ発見 (219)．
　　○千葉県安房郡丸山町加茂遺跡からカヤ，イヌガヤ，オニグルミ，クリ，ツブラジイ，マテバシイが出土 (47)．
　　○敲石，凹石，磨石，石皿の組み合わせを使用してトチ，ドングリ，クリが加工されるようになり，東日本で大規模集落が発達可能となる (133)．
約5,500年前
　　○この頃以前，三内丸山の台地はコナラやブナの原生林，この頃から，これらの花粉が急減し，クリの花粉がほとんどとなる．居住民がコナラ等の原生林を切り開き，クリを管理したと推定 (129)．

(4)　　　　　約70,000年前～古墳時代

- ○三内丸山遺跡の一部地区で，出土した木製品の約35％，焼けこげた木片の約81％がクリ．大型掘立柱がクリ材，谷の中の土木工事用杭もクリ，焼き栗やクリの皮が大量に出土．クリが食料，建築・土木用材，燃料用木材として多方面に利用 (129, 174)．
- ○クリは乾燥すると石斧で加工がしにくくなるので，居住地の続きの空間や，周辺の台地斜面をクリ林とし，管理して継続的に材の使用を続けた．この方法では，巨大な村を作るのは限界がある (131)．
- ○三内丸山の住民の行動範囲を約200平方km，1割がクリ林とすると，年間収穫量は800 t，大人一人が年間摂取カロリーの8割をクリから採るとすると900人を養える計算．人口500人の人口を十分に養える生産量 (129)．
- ○三内丸山遺跡で種子と果実だけからなる塊や堆積層が出土．ニワトコ属が主体で，クワ属，マタタビ，サルナシ，ブドウ属，キハダが含まれる．果実を発酵させたと推定．ニワトコは野生種の大果系統が選抜されたとされるエゾニワトコ (129, 174)．

約5,500～4,000年前（縄文前期中葉～中期末葉）

- ○青森県三内丸山遺跡でクリの人工栽培を伺わせる証拠見つかる (10)．ニワトコ種子が大量に発見され，ニワトコ酒醸造の可能性があり (69)．
- ○舞鶴市桑飼下遺跡から，イヌガヤ，クルミ，カシ類，サンショウと夥しいトチの殻出土 (47)．
- ○東北日本では，暖・温帯落葉広葉樹林が拡大し，ドングリ（ナラ）が食用可能となり，クリ・クルミ・ドングリのセットの木の実食 (46)．
- ○兵庫県城崎郡日高町神鍋山遺跡から貯蔵穴2基の中に多量のカヤ出土 (47)．
- ○この頃，大型の竪穴式住居が東北北部で出現し，北陸中部に波及．冬季のため大量のクリ，クルミ，ドングリ類，トチ等を貯蔵．これらの灰汁抜き作業，製粉作業などの共同作業に大型住居を利用 (133)．
- ○北海道南茅部町の大船C遺跡から，元来自生していないクリの実が大量に出土し，本州から持ち込まれ栽培された可能性がある．
- ○井戸尻遺跡（長野県諏訪郡富士見町）有孔鍔付土器が出土し，内側にヤマブドウの種子が付着．液果類を仕込み，ヤマブドウ酒等を作成したと推定 (2)．
- ○曾利遺跡（井戸尻遺跡の近く）から黒こげのパン様なデンプンが出土し，堅果類からの木の実酒の作成の可能性が示唆された (2)．
- ○日本書紀（神代紀）に「衆菓（あまたのこのみ）を以て，酒八かめを醸め（かめ）」として「八酒（やはらのさけ）」と記載されている (2)．
- ○「出雲国風土記」の「黄泉国（よもつくに）」に「蒲子（えびのかずらのみ）」と「蒲陶（えびかずら）」が記載されている (2)．
- ○佐賀県西松浦郡有田町坂の下遺跡でドングリの貯蔵穴発掘 (46)．多量のイチイガシ，アラカシ，シイ類，チャンチンモドキなど出土 (47)．
- ○長野県諏訪郡富士見町藤内遺跡から炭化材の格子目状に組まれた上から，クリが約20 l 出土 (47)．
- ○松江市寺ノ脇遺跡からアカガシが5升詰まった貯蔵穴出土 (47)．
- ○糸魚川近辺から三内丸山間ではクリ材を使った丸木船で移動と推定 (69)．

約70,000年前〜古墳時代

○滋賀県瀬田川入り口の粟津湖底遺跡の中期遺物包含層にドングリ類，トチノキ，ヒシなどの植物遺体を主とする植物塚が交互に積み重なる (219)．
○青森県三内丸山遺跡出土の掘っ建て小屋の柱（長さ70 cm，直径46 cm）は74年生のクリ材で放射性炭素年代測定法により，約4800年前±15年に伐採と判明（毎日新聞，平成13年3月10日）．
○花粉分析で，三内丸山遺跡では，クリが先で，衰退した後，トチが出てくる (129)．
○この頃以降，東日本の遺跡から水場の一角にトチの皮が集積した場所や，水を溜めて灰汁を晒す木組みの施設が発見される (124)．

約5,000〜2,300/2,200年前（縄文中期〜後・晩期）
○西南日本では，シイと灰汁抜きが必要なカシが木の実食の中心．一部でクリ・トチ・クルミが加わる (46)．
○埼玉県の遺跡でトチの実を水に晒す共同の晒し場が出土．
○大和川流域の遺跡から胡桃出土 (178)．

約4,000年前
○富山県小矢部市桜町遺跡から大量のクリの実が出土．またクリ材などの建築材が出土．狭い谷間に作った水場の囲い屋灰汁抜きの足場に利用 (133)．

約4,000〜3,000年前
○東北から西日本にかけて中期までほとんど利用されなかったトチノキの種子（トチの実）の食用が始まる．関東平野や関東以西ではクリも利用されたが，むしろトチの実の利用が広く認められる．三内丸山遺跡でも末期に痕跡がある．トチの実を利用しなければならなくなった生態系の変化が推定される (129)．
○ブドウ属の遺体が出土 (24)．
○新潟県黒川村の祭跡と思われる遺跡から，漆塗りの器にヤマブドウ，サルナシ等26種の果実種子や昆虫が入って出土．祭で酒を飲んだと推定（2003年3月1日，NHKラジオ），．
○岡山県南方前池遺跡でドングリの貯蔵穴発掘，直径と深さが1ないし1.5 m．30石〜40石の量．成人3〜4人の1年分の食糧 (46)．
○千葉県八日市場市の宮田下泥炭遺跡からクリ材の丸木船出土．千葉県出土の丸木船はカヤが多い (178)．
○佐賀県坂ノ下遺跡からウルシ科のチャンチンモドキ果実がぎっしり入った貯蔵穴発見．発酵させて果実酒とした可能性 (219)．

約3,500年前
○金沢市新保本町のチカモリ遺跡でクリ材の巨柱，環状木柱列が出土．総数350 (133)．
○奈良県の本郷大田下遺跡から直径約1 m，深さ約1 mの食糧貯蔵穴，37個が発見され，12の穴からドングリが数千個づつ見つかる．合計数万個灰汁抜きと思われる．ドングリはカシ類が多く，ナラ，クヌギ，シイ，トチ等．

約4,000〜2,300/2,200年前（縄文後期〜晩期）
○汎地球的規模で冷涼化東日本日本海側は冬季豪雪が予想．クリ材の太い柱の住居が必要 (133)．
○東北日本では，クリ・クルミ・ドングリ（ナラ）に新たにトチが加わり4種類から

なる木の実食 (46).

約3,000年前
○埼玉県川口市赤山の遺跡から，大量のトチの実の種皮と灰汁抜き施設と推定される遺構が出土．食糧獲得方法が変化したと推定 (129).

約3,000～2,300年前（縄文晩期）
○福島市道下遺跡でクルミ，モモが出土 (47).
○岩手県二戸郡金田一村雨滝遺跡からクルミ，トチ，クリが炭化層に充満 (47).
○青森県西津軽郡木造町亀ケ岡遺跡から，クルミ，マタタビ，トチノキ，クリ，ブナ，ハイイヌガヤが出土 (47).
○滋賀里遺跡等から人工的に皮を剥いたようなトチの殻が発掘 (46).
○名古屋市南区見晴台遺跡でドングリの貯蔵穴発掘 (46).
○橿原市橿原遺跡からヒメグルミ，イチイガシ，ツブラジイ，スダジイ，トチノキが出土 (47).
○奈良県橿原市の曲川遺跡が西日本有数の大規模集落と推定され，東北との交流が示唆される，ドングリなどの貯蔵穴跡10基を発見（2200～2500年前）（日経新聞，平成15年5月9日）．
○岡山県赤磐郡南方前池遺跡から貯蔵穴10基が発見され，ドングリ，イガの付いたクリ，トチノキが出土 (47).
○新潟県加治川村の青田遺跡から53棟分，柱根400本以上の掘っ立て柱が発見され，クリ材が多く使用（朝日新聞，平成13年12月26日）．
○縄文遺跡の建材は東日本でクリに特化していたが，北海道では別材もあり，晩期にはスギ，クヌギ，コナラ等も使用 (129).
○埼玉県赤山陣屋跡遺跡からトチ塚と灰汁抜き施設が出土 (124).

約3,000～2,650年前
○青森県八戸市是川遺跡からクルミ，トチ，ナラ等の果殻の層が出土 (47).
○千葉県八日市場市多古田遺跡からクルミ，クリ，クヌギ，シイ，トチノキが層をなして出土 (47).

約2,800年前
○比較的低温期 (118).

約2,600年前
○佐賀県菜畑遺跡で日本最古の水田跡出土 (128, 130)．菜畑八反間遺跡からもモモ核出土．ノモモのサイズから栽培モモの大きさまで分布，最大は30.4 mm 長，21.2 mm 幅，14.3 mm 厚 (147).

約2,650～2,300/2,200年前（縄文晩期後半）
○水稲農耕に伴って果樹栽培も伝わる (24).

縄文時代末期
○果物，野菜，海草類から作る草醤作られ始まる (174).

約2,500年前
○年平均気温が現在よりも1度以上低くなる．東日本の暖温帯落葉樹林が著しく縮小．内陸部は冷温帯落葉樹林が卓越してくる．関東以西の平野部は照葉樹林が一気に拡大 (132).

約12,000〜2300・2200年前
　○遺跡から出土する果物遺体（ブドウ類，キイチゴ属，クリ，ドングリ，クルミ，ヤマモモ，カヤ，イチイガシ，ハシバミ，シイ）(24, 46)．ブナ科（ブナ，クリ，コナラ，ミズナラ，クヌギ，カシワ，アカガシ，アラカシ，イチイガシ，ツブラジイ，スダジイ，マテバシイ）．イチイ科（カヤ，イヌガヤ，ハイイヌガヤ）．クルミ科（オニグルミ，ヒメグルミ）．カバノキ科（ハシバミ）．トチノキ科（トチノキ）．ツバキ科（ツバキ）．ヤマモモ科（ヤマモモ）．クワ科（カジノキ）．ウルシ科（チャンチンモドキ）．ブドウ科（ノブドウ）．マタタビ科（マタタビ）．バラ科（シャリンバイ）．ミカン科（サンショウ，イヌザンショウ）(46).
　○縄文時代に食料として利用した果樹：カヤ，イヌガヤ，ハイイヌガヤ，ヤマモモ，オニグルミ，ヒメグルミ，ハシバミ，ブナ，クリ，コナラ，ミズナラ，クヌギ，カシワ，アカガシ，アラカシ，イチイガシ，ツブラジイ，スダジイ，マテバシイ，カジノキ，シャリンバイ，サンショウ，イヌザンショウ，アカメガシワ，チャンチンモドキ，トチノキ，ノブドウ，マタタビ，ツバキ(60).
　○青森県是川泥炭遺跡からサンショウを半ば充填した土器が出土．調味料としてサンショウの実を利用．甘味として乾燥果実利用．外皮に塩分をふく完熟したヌルデの実を塩の実と呼び，塩分補給に利用(60).
　○藤内遺跡第9号住居跡（長野県諏訪郡富士見町）で約20 lの炭化したクリとクッキー状炭化物が出土．曾利遺跡第5号住居跡（長野県諏訪郡富士見町），伴原遺跡第33号住居跡（長野県下伊那郡豊丘村）からクッキー状炭化物が出土し，保存食として利用(27).
　○冬から春の保存食糧資源の依存型は北海道のサケ・シカ型，西日本のナッツ型，東日本はサケ・ナッツ型（西田説）(132).
　○岐阜県丹生川村のカクシクレ遺跡から水晒し場遺構が出土．長方形，深さ30 cmのプール状．大量のクルミ，トチ，クリの実と殻が出土．灰汁抜き(174).
　○岡山県山陽町の南方前池遺跡からドングリの灰汁抜き施設付きの貯蔵庫出土．湧水地の上に穴を掘り，ドングリを入れて木の葉や皮を被せて，最後に粘土を置く(174).
　○縄文時代のデンプン供給資源植物はドングリ類，クリ，オニグルミ，トチノキが筆頭．出土重要遺跡は沖縄県の伊礼原（いれいばる）C遺跡，前原（めいばる）遺跡，福井県の鳥浜貝塚や滋賀県の粟津湖底遺跡，青森県の三内丸山遺跡，岩手県の御所野遺跡など．三内丸山遺跡，秋田県の池内（いけない）遺跡では，ニワトコ類，ヤマグワ，ヤマブドウをミックスした特殊飲料が造られた．これらは品種改良や栽培化の可能性もある(219).

弥生時代

○弥生時代の集落遺跡の大阪府池上遺跡で，多くのヤマモモが検出 (253)．

弥生時代夜臼・板付Ⅰ式期
○佐賀県菜畑遺跡から大型なモモの核が出土．中国黄河上流から中国北中部に栽培されていた桃品種がコメ，豆類とともに九州北部に渡来と推定 (97)．

約2,300年前〜（弥生時代前期）
○遺跡から出土する果物遺体（縄文時代出土以外に，カキ， ウメ ，モモ，スモモ）(14)．
○山口県平生町の岩田遺跡からモモとウメ出土 (137)．
○モモ，スモモの利用は稲作の渡来と密接な関係あり．国内のモモ，スモモの伝播経路は稲のそれと類似 (24)．

弥生時代 I, II 期
○山口県綾羅木郷遺跡から米，麦等の他，シイ，イチイガシ，モモ，ウメが貯蔵 (96, 97)．

弥生時代前期〜中期
○福岡県福岡市板付遺跡出土の果物：カヤ，イヌガヤ，ヤマモモ，オニグルミ，カシ類，カジノキ，ムクノキ，ヤマグワ，モモ，スモモ，キイチゴ類，サンショウ，エビズル (46)．

弥生時代前期〜後期
○奈良県田原本町唐古遺跡出土の果物：モモ，オニクルミ，ヒメグルミ，トチノキ，カヤ，クリ，アラカシ，シイ，ブドウ，エビヅル，クヌギ，ヤブツバキ，アケビ，イヌガヤ (46)．

弥生時代前期〜古墳時代
○東大阪市瓜生堂遺跡出土の果物：カヤ，カシ類（アラカシ，イチイガシ等），クヌギ，クリ，ヤマモモ，クルミ，ムクノキ，サクラ類，モモ，トチノキ，サンショウ，ブドウ類 (46)．

弥生時代前期の終わり
○山口県綾木郷台地遺跡からウメの実の核が出土 (137)．

弥生時代中期
○遺跡から出土する果物遺体（弥生時代前期出土以外に，グミ属， ヤマビワ ， アンズ ）．ビワは福岡市周辺の遺跡に集中している (24)．
○東大阪市瓜生堂遺跡から各種のドングリ類，クリ，栃，ムクロジ，ムクノキ，サンショウ，ヤマモモ，ミズキ，エゴノキが出土 (98)．
○難波から東数キロの河内平野の亀井遺跡から梅の自然木の一部，実の核が出土 (137)．
○山口県熊毛郡熊毛町の岡山遺跡の貯蔵穴から，コメ，ダイズ等と共に，アンズ，クリ，モモ，カシ，ナラ，シイ，ウメが出土 (137)．
○京都府綾部市青野町の青野遺跡からモモ，クリ，ウメ出土 (137)．
○奈良県坪井遺跡からモモ核出土．小型のコダイモモの大きさから，最大，37.15

mm長，29.05 mm幅，23.5 mm厚 (147)．

弥生時代後期
○遺跡から出土する果物遺体（弥生時代中期出土以外に，ナシ属）(24)．
○静岡市登呂遺跡出土の果物：イヌガヤ，オニグルミ，モモ，シイ，イチイガシ，シラカシ，クリ，サクラ，ナツグミ (46)．この他にナシも報告あり (24)．
○岡山県北部の川入，上東遺跡でカキの種子出土 (46)．
○東京都板橋区前野川泥炭層からウメの核の破片2個出土 (97, 137)．
○奈良県榛原町高塚の高塚遺跡からモモ，クリ，ウメ出土 (137)．
○榛名山麓の日高遺跡から，炭化したコメ，モミの他に，マクワウリ，ヒョウタン，モモなどの種子出土．庭先の栽培作物と推定．クルミ，カシ，クヌギ，ナラなどの堅果類とヤマブドウが山で採集してきたと推定 (225)．

弥生時代後期後半～古墳時代前期
○大分県国東町の安国寺遺跡から，ナシ，モモ，ヤマモモ，カキ，クリの遺体が出土 (24)．
○鳥取県倉吉市の服部遺跡から，リンゴ属として，オオズミ，ヤマナシ，ヤマリンゴが出土 (24)．

2300～1800年前
○遺跡の建材として，東日本でも山間部以外ではクリ材利用が消滅し，クヌギ材が多用 (129)．
○スモモが多く出土，アンズは出土しない．キイチゴ種子も多く出土 (97)．
○直良信夫著「日本古代農耕史」に遺跡出土の種子として，胡桃，モモを記載 (98)．
○弥生時代遺跡の出土果物：モモ，カキ，ブドウ，サルナシ，マタタビ，ヤマブドウ，エビズル，カラスザンショウ，イヌザンショウ，クマイチゴ，クサイチゴ，カジノキ，ヤマグワ，オニグルミ，ヒメグルミ，カシ，トチノキ，ムクノキ，ヤマモモ，クコ，ナワシロイチゴ，スダジイ，ニガイチゴ，ドングリ類，ミズキ (98)．
○寺沢薫の推定による，畑の周りで作られた果樹：モモ，スモモ，ウメ，アンズ，カキ，ナシ (225)．
○この頃の農作業分担（マードック）：果実・木の実の採集は男性15％，女性70％程度 (225)．
○「魏志倭人伝」に弥生時代の日本の観察報告があり，「その木にウメ，スモモ，クスノキあり」と記載 (137)．
○渡来したウメの役割は調味料としての塩梅，医薬品としての烏梅，果実の利用 (137)．
○長崎県壱岐島の原の辻遺跡からココヤシの笛出土 (225)．

紀元前1世紀末
○大陸からの植物渡来の第1期．漢との交流でモモ，ウメ，アンズ導入，モモ，メロン，ヒョウタンが大抵セットで渡来 (219)．
○佐賀県吉野ケ里遺跡の古代の井戸枠板がウルシ科チャンチンモドキの木材利用 (219)．

弥生時代以降
○木製品で表面が黒漆塗りのように光沢がなくて，黒色化した物が出土．柿渋か何

弥生時代以降～奈良時代頃まで

○中国北部に野生する小型のモモ，サントウに似た古代モモと仮称されるモモが，これと似たノモモと共に多く出現（97）．

神代

○古事記に「素戔嗚尊が二人の翁女に命じて，衆菓を以て酒を醸させる．これをヤシオリノサケと言い，蛇を酔わせて斬る」と記載（169）．

○神代記に「素戔嗚尊が人民の食ふべき菓木の種子を播殖し，以て食用に食用に供したまえり」と記載（169）．

○神武天皇が大分県の皇登山（水晶山）に登らせ給い，土民みかん献上する（221）．

61（垂仁天皇90）

○垂仁天皇，たじまもりを常世（とこよ）国に遣わし，非時香菓（非常香菓（12））（ときじくのかぐのこのみ，橘）を求めさせる（1, 12, 20）．多遅麻名（タチマナ）という．今の橘（12）．田道間守（日本書紀），多遅麻毛里（古事記）（20）70年に帰国とあるが，国内の野生橘を持参したと推定（26）．99年に果実を得て，帰国（169）．

3世紀（弥生時代後期）

○「魏志倭人伝」の記載から，「集落の周辺には楠の巨木が生え，畑や山麓には梅や桃，杏が植えられ，水田稲作農業が営まれた」と推定（137）．「きょう（生姜），橘，しょう（山椒），じょうが（みょうが）有るも以って滋味と為すを知らず」と記載，橘が生育しているが，利用していなかった（174）．

220～280年頃

○「後漢書」に倭の産物をあげ，その中に橘（たちばな），椒（さんしょう）を記載（238）．

古墳時代

古墳時代前期

○山口県平生町吹越遺跡，奈良県桜井市大西遺跡，愛知県豊田市伊布遺跡，石川県加賀市の猫橋遺跡からウメが出土（137）．

約250頃～590年頃まで

○マクワウリ，ヒサゴ，モモを栽培．遺跡から出土する物として，野モモ，カキ，スイカ，クルミ，アンズ（60）．

○この時代の調味料として，乾燥果実，果汁が使用される（60）．

○この時代の遺跡から出土した果実，①九州・山口地方：大分県・小園遺跡（モモ），大分・ネギノ（モモ），大分・安国寺（モモ，カキ，ナシ）．②西日本地方：高知・ヒビキノ（モモ），岡山・上東（モモ，カキ），岡山・雄町（モモ），鳥取・長瀬高浜（モモ），兵庫・弥布ヶ浜（モモ），兵庫・川島（モモ，スモモ），兵庫・下坂部（モモ），大阪・西岩田（モモ），大阪・船橋（モモ），大阪・亀井（モモ，スモモ），大阪・美園（モモ），大阪・佐堂（モモ），大阪・久宝寺（モモ，スモモ），和歌山・井辺（モモ），和歌山・笠嶋（モモ），奈良・纒向（モモ），奈良・大西（モモ，ウメ，ス

モモ，カキ），奈良・布留（モモ，ウメ，スモモ，カキ），奈良・矢部（モモ），奈良・和爾森本（モモ），滋賀・鴨田（モモ），三重・納所（モモ），愛知・伊保（モモ，ウメ），三重・北堀地（モモ），③ 東日本地方：石川・猫橋（モモ，ウメ），石川・塚崎（モモ），新潟・千種（モモ），埼玉・鍛冶屋新田口（モモ），群馬・新保（モモ）(147)．
○古墳時代の出土栽培植物でモモが遺跡数が最大で，1遺跡からの産出個体数も多い．前後の時代よりも多い(147)．
○小清水は出土モモを3変種に区分．コダイモモ(1.9 cm長，1.5 cm幅，1.3 cm厚，小型球形)，ノモモ(2.1 cm長，1.9 cm幅，1.5 cm厚，中型でやや丸い)，栽培モモ(2.9 cm長，2.1 cm幅，1.6 cm厚，大型扁平)．この順に進行と推定．古い時代にも大型モモが出土し，渡辺・粉川は中国から古い時代に良質のモモが導入され，その後品種の劣化が生じたとし，小清水の仮説を否定(147)．
○ビワの種子は化石になく，遺跡からも発掘されないので，中国からの渡来と推定（大場秀章，2005）．

270-310頃（応神天皇時代）
○天皇が吉野宮へ行幸の時，山の果実を採って食べていた国巣人（くずびと）が酒を献上，果実酒の可能性あり(60)．

288
・10　○「日本書紀」に磐排別之子（いわおしわく）の末裔とされるくすが天皇に大御酒のこ酒を献上と記載され，くすの習俗として，常に山に木の実を採って食べ，土物として栗，キノコ，鮎を献上と記載(253)．

313～399頃（仁徳天皇時代）
○「古事記」仁徳天皇の項に「川野辺に生茂る烏草樹（さしぶ）」とあり，シャシャンボ（スノキ属植物）が記載(51)．
○905年（延喜5）成立の「古今和歌集」に，仁徳天皇が最初に和歌を詠まれたとされ，「オホササギノミカドをそへ奏ける歌」として王仁の「難波津に咲くやこの花」とあり，梅の花とされている(137)．

456-479頃（雄略天皇時代）
○この頃の神話，出雲の簸の川の大蛇退治の條に「素戔嗚尊，乃ち教へて曰く，汝，衆菓（もろもろのこのみ）を以て，酒八はらを醸むべし」とあり，果実酒醸造を記載，梅，楊梅，蜜柑，葡萄と推定される(20)．

469
・3　○「日本書紀」に，河内に餌香市（えがのいち）があり，采女を姦した歯田根命（はだねのみこと）の資材を餌香市辺の橘の木のしたに置かせたとあり，財産没収・販売，橘の木が市のシンボルとなっていた(259)．

577（敏達天皇6）
○「新撰姓氏録」に柿の字の入った苗字があり，カキ生育の可能性あり(24)．

581（敏達天皇10）
○兵庫県氷上郡山南町岩屋地方が栗の産地．ここから，「手々打」，「後楽」，「屋島」，

「長光寺」等の品種発生 (49).

古代後期
　　○長野県更埴市の更埴条理・屋代遺跡群における古代のモモ核, オニグルミ核の出土はこの時代に大量に出土し, 水害多発で米生産量が激減したことを暗示 (219).
　　○奈良県櫻井市の初瀬川沿いの三輪山西南麓の金屋地区が万葉時代の海石榴市 (つばいち) にあたり, 中国隋の使節が難波津から初瀬川を船で遡り, 金屋で上陸, 飛鳥宮に向かい, ザクロが持ち込まれた. 結実せず, 花を付ける (99).

616 (推古天皇24)
・1　○「桃李 (からもも) (スモモ) 実る」と「日本書紀」に見える. スモモが初出 (1, 8, 11, 12, 24, 26).

626 (推古天皇34)
・1　○「桃李華」と「日本紀」にある (26, 123, 169).

643 (皇極2)
・7　○東国の不尽河の辺りの人, 大生部多 (おおふべのおお), 虫を常世の神といって村里の人に勧める. 橘の樹に生まれとあり, アゲハチョウの幼虫と推定 (11).

7世紀中頃
　　○天智天皇4年に帰朝した僧定恵が五台山から マンゴー 種子を持ち帰り大和塔峰に播く (12).

660 (斉明6)
　　○斉明天皇時代に造営され, 天武天皇も訪れた飛鳥の白錦後苑 (しらにしきみその) と思われる明日香村の飛鳥京跡の庭園遺構で, モモ, ウメ, ナシ, カキの種子や花粉, 果実が出土 (毎日新聞, 平成11年11月20日, 読売新聞, 平成11年11月24日).

668〜671 (天智天皇時代)
　　○この頃, 播磨の国三日月町, 船引山にスモモが5株生育 (24).
　　○天智天皇以後, 万葉集に梅の歌が認められる (140).

672 (弘文・天武1)
　　○「宇治拾遺物語」(巻15-1) の天武天皇と山城田原の話に, 壬申の乱の直前, 危険を察した大海人皇子が逃走中, 山城国田原の里人から焼き栗, ゆで栗を一つずつ貰い, 「思うこと叶うべくは生出て木になれ」として, 栗を埋め, 乱に勝利した後, 形も変わらず生えだした. 栗が生え付く事が祈願成就になる栗の呪術性を示す. 以降田原御栗栖として朝廷に栗を献上 (136). 天武天皇自らがクリを植え, 約10 haの栗林に生長し, 明治以前まで朝廷に献上 (174).

693 (持統天皇7)
・3　○諸国に桑, (からむし), 梨, 栗, 蕪 (あおな) を奨励 (1, 20, 60, 169, 205, 253). 梨と栗の栽培がこれ以前であることを示している (24).

690〜697（持統天皇時代）
○この頃の食事，正倉院文書の中の写経所の記録に梅，枇杷，胡桃，栗，李，柿，橘，海石榴（つばき），保保柏（ほしかしわ），桃，毛桃，呉桃，梨，棗，椎，柘，蒲陶（えびかずら），桑（60）．

694-710（藤原京時代）
○藤原京跡高殿出土の中にモモの核あり（11）．
○藤原京跡から出土の木簡から，貢進された果物記載，栗，胡桃，梨，椎，柑（こうじ），楊梅等（139）．

600-800年頃（飛鳥時代-奈良時代）
○中国原産の「ユズ」が朝鮮半島を経て渡来（5）．

697-707（文武天皇時代）
○江州奥の島から宮廷にムベの献上が開始（26）．

705（慶雲2）
・12　○この年死亡した葛野王（かどのおう）が詠んだ詩に梅があり，「懐風藻」に載る．文献で初出．これ以前に中国から渡来（26）．

592-710頃（飛鳥時代）
○高殿遺跡から満州アンズ，ノブドウ，欧州系ブドウ，エビズルの種子が出土．ブドウ属遺体は大陸文化の渡来伝播経路に当たる瀬戸内海沿岸の福岡，岡山，兵庫，大阪などに出土遺跡が多い（24）．

奈良時代

奈良時代
－果物の導入と消費地の形成－

　日本に文字が無かった古い時代から，九州北部を窓口にして中国大陸や朝鮮半島と人が往来しており，大陸や半島の果物が我が国へ持ち込まれ，種子が播かれたろう．7世紀初頭から9世紀中頃にかけては，20回を超える遣隋使，遣唐使が派遣されていて，後期には一度に500名近くが渡航した．彼らは書籍を持ち帰るだけでなく，帰路に果物も土産にしただろう．10世紀まで続いた渤海使は中国東北部と朝鮮半島北部の港を出港し，日本海側の多くの港に34回寄港している．ニホンナシの在来品種を調べると日本海沿岸には果形が紡錘形や細長い品種が分布し，中国大陸，朝鮮半島のナシの果形に類似し，DNA分析でも両者間の類似性が示されていて，大陸や半島からの果物導入が示唆されている．さらに，江戸時代には朝鮮通信使一行が手土産に果物を持参したかもしれない．

　このような使節が送られたのも大和に国が形成されたためであり，同時に「都（みやこ）」という果物消費地が出来たことになる．「都」では果物を商う市が自然発生的に開かれ，周辺地帯で収穫された果物が運び込まれたと思われる．荘園でクリ等が自家消費以外に販売のために植えられ，「初期的果樹園」が開始された．夕日に浮かぶ奈良の法隆寺にはカキの赤い実が似合うが，日本最初の果樹園は平城京周辺に形成されたかもしれない．

　一方，東北地方は大和政権の力が及んでおらず，弥生時代以前の果物利用形態が残されていたと思われる．病気の母の願いで山中の池の傍に生えているナシの樹に成った果実を採りに行く民話「ならなしとり」のような情景であったろう．

710（和銅3）

・3　○平城京に遷都．
　　　○平城京の左京三条二坊六坪の東院庭園跡から，出土した果樹の遺体，モモ，ウメ，スモモ亜属，サクラ亜属の木材とモモ，オニグルミ，ウメ，ヒメグルミの種(137)．

710〜794（奈良時代）

　　　○この時代に初めて利用が記録されている果物として，ナツメ，ムベ，コウジ，タチバナ(24)．
　　　○正倉院文書などからこの時代の果物は，梅子（梅の実），枇杷，胡桃，生栗子，干栗子（栗を茹でて干した物），かち栗（干して臼でかち割って殻と渋皮を取り去った物），李子，柿子，干柿子，橘子，保々相（朴の木），桃子，呉桃子（中国から渡来した桃），甘子(205)．
　　　○この時代から，春先に野遊びをし，梅の花を頭髪に挿し飾り付けて遊ぶようになる．古来から，時節の花を飾る風習があり，神事や饗宴の時に挿頭（かざし）を冠

に挿した．大じょう会では，天皇は藤，親王は紅梅，大臣は藤，納言は桜と定まっている (137)．
○「万葉集」に見えるかざしの花は13種類，梅，春の花，桜，柳，山吹，藤，橘，萩，撫子，もみじ葉，寄生木，妻梨 (137)．

奈良時代前期
○長屋王木簡に記された王家領の御園における生産物に果樹として，モモ，ナツメ，カンキツ (253)．

708〜715（和銅年間）
○中務少丞佐味虫麿，典じゅ播磨の弟兄（おとえ）が初めて唐国から甘子（こうじ）を持ち帰り，虫麿がその種子を殖やして，子供を作った事により，従五位下を授かる (169)．

712（和銅5）
○「古事記」にモモの記載あり，この頃中国から渡来 (8, 26)，カキの字の入る地名や人名の記載なし (24)．
○「古事記」に「伊邪那岐命（いざなぎのみこと）が鬼に追われ，モモの木の下に隠れ，実を投げて退散させた」と記載されている (24)．
○「古事記」に黄泉の国から逃げるのに桃の果実を投げて助かる記載あり (219)．
○「古事記」に蒲子（はし）とあり，中国の前漢時代122年に西域から導入されていた葡萄が，この時代には日本に渡来していたかと思われるが，野生のエビヅルの類であろう (26)．
○「古事記」に応神天皇の歌，タチバナ，クリ，シイが出る (46)．
○「古事記」，「日本書紀」記載の食用植物の中に，橘，松のみ，桃，瓜，栗，椎，榧 (205)．

713（和銅6）
・5　○諸国に命じて「風土記」を編纂させる．出雲風土記にヤマモモ記載される (9, 12)．
○「出雲風土記」の山野にある果樹として意宇郡，嶋根郡，飯石郡，大原郡にはスモモ，ヤマモモが，仁多郡にはスモモとクリが，秋鹿郡，出雲郡，神門郡にはスモモが記載 (24, 205)．
○「出雲国風土記」に「須佐能の命，佐佐の木（スノキ属）の葉を頭刺して」と記載 (51)．
○風土記の常陸国の項に「多く橘をうえてその実うまし」とある (24)．栗や榧も植樹 (205)．
○風土記に食物として記載されてる果樹，榧，桃，葡萄，栗，橘，椎 (60)．

718（養老2）
○農民達に果樹の栽培を進めた．水田稲作の奨励だけでなく野菜や果樹，家畜も奨励と記載 (253)．
○行基 (668-749)，中国伝来のブドウの種子を携えて東下し，勝沼に播種するといわれる (1)．
○山梨県勝沼町の大善寺が行基により開かれる．「行基は町内の日川で修行中，夢に

現れた薬師如来が右手に葡萄の房，左手に宝印を持っていた．行基は薬としての葡萄作りを村人に教えて葡萄栽培が広がる」と伝承される．

720（養老4）
　○古事記及び日本書紀に記載されてる果実または果樹の名称．橘，蒲桃（エビズル），桃，梅，李，梨，柿，榧（カヤ），栗，榛（ハシバミ），橿（カシ），木蓮子（イタビ）等（20, 24）．
　○「日本書紀」に黄泉の国から逃げるのに桃の果実を投げて助かる記述あり（219）．
　○唐より柑子渡る．佐味虫麻呂なる者が，これを植えて実を結ばせると「続日本紀」に記載される（11, 12, 18, 20, 24, 26）．

724-729（神亀年間）
　○愛媛県石根村に京都の貴船神社を勧請したときにカキ「愛宕」が伝来（49）．

727（神亀4）
・1　○「万葉集」巻六，九四九に「梅柳過ぐらく惜しみ佐保の内に遊びしことを宮もとどろに」とあり，諸王子や諸臣が春日野で梅を観賞（137）．

729（神亀6，天平1）
　○長屋王が自尽．平城京左京三条二坊（現奈良市大宮町）の長屋王邸宅跡．養老年間（710～720）と天平年間初期（720～730年頃）の出土木簡に送られてきた果実として，柿，越前からクルミとクリ，美作からカチグリが記載．溝からの出土果実として，クリ，クルミ，モモの種子（72）．
　○長屋王の酒宴食に橘，焼き栗，当時の食卓には必ず柑橘類が出る．変質しやすい動物性蛋白質の中毒防止の薬効を利用，焼き栗は渋皮ごと食べ，タンニンを利用（76）．
　○長屋王邸出土（200次発掘）．果実，ナツメ，モモ，ウメ，アンズ，ナシ属，カキノキ属，スモモ，ヤマモモ，クリ，ヒメグルミ，ハシバミ，モモ核も大小多様で極小も存在，ウメは食用でもあった（219）．

730（天平2）
・1　○「万葉集」巻五の中に，大伴旅人が宴会を催し，列席者が詠んだ「梅花歌三十二首」がある（24, 140）．これより遅い巻三に五首，巻四に三首ある．このことから，中国原産の梅の苗木が7～8世紀頃に太宰府辺りに輸入されたと推定される（137, 140）．中国の梅を観賞する文化が遣唐使等により導入（140）．
　○大伴旅人以前に梅花を歌に詠まなかったのは，梅が果実を調味料・医薬品とする栽培樹木と考えていたと推定（137）．
　○宴の席で梅の花を盃に浮かべ，酒とともに飲み干すのが雅な仕草とされた（137）．

733（天平5）
・10　○「万葉集」の中に，大伴家持が左大辛紀飯麻呂朝臣の家に宴せる歌，「梨の黄葉（もみじ）を見てこの歌を作れり」として，「十月（かんなづき）時雨の常か吾背子が屋戸（やど）のもみち葉ちりぬべく見ゆ」（67）．
　○正倉院文書の天平5, 6年に干し柿の購入記録あり（24）．

735（天平7）
・10　〇宮中の年中行事の残菊宴で栗，柿などで餅をこさえる (205)．

736（天平8）
　　　〇「正倉院文書」の薩摩や駿河の国の税帳に「甘葛煎，味葛煎」とあり，に桃の実の漬物，甘柿の粉を砂糖代わりに利用 (205)．

738（天平10）
・7　〇聖武天皇が大蔵省で相撲を観覧後，西の池に移り，御殿の庭前の梅樹を指して，臣下に歌を詠むよう命じる (137)．未だ都に梅の樹は少なく，歌が詠めなかった (140)．
　　　〇駿河国の正税帳に「相模国進上橘子」とあり，当時，神奈川県が橘の産地であったことが伺える (24)．

740（天平12）
　　　〇大分県の仁藤仁左衛門が松川（現津久見市）で柑橘を栽培 (221)．

724-749（聖武天皇時代）
　　　〇播磨の弟兄（おとに）が唐より柑子を持ち帰り播種し，成績が良いので，佐味虫麿（さあじのむしまろ）がこれを植え，たちまち四方に拡がる (29)．

750（天平勝宝2）
　　　〇「万葉集」の中に，スモモの花を詠んだ歌があり，スモモの栽培が想像される (24)．「万葉集」に歌われた渡来植物の中の果樹，梅，李，棗，庭梅，桃 (137)．

751（天平勝宝3）
・11　〇天智天皇から奈良時代の現存最古の漢詩集「懐風栞」にウメの記載が初出，この頃より花木として愛好される (9, 24)．左大臣長屋王の邸宅に庭園が造られた時，葛野王が詠んだ「春日鶯梅を翫す」の詩 (140)．「懐風栞」に詠まれている果物，ウメ (16篇)，モモ (11篇)，スモモ (137)．

754（天平勝宝6）
・6　〇聖武天皇77回忌にあたり，光明皇后が前帝遺愛の雛を献納，正倉院に収まる．宝物の文様に出てくる果樹として，植物文中に，なつめ椰子，芭蕉，葡萄，柘榴，葉形果実，梅 (138)．
　　　〇正倉院蔵の調庸布の銘に「武蔵国橘樹郡橘郷」とあり，郡郷設定時に橘が多量に栽培されていたと推察される．この橘とは，日本野生のタチバナではなく，味が良いとされており導入された改良品種の可能性がある (24)．

759（天平宝字3）
　　　〇「万葉集」の中に，杏人「唐（から）人または杏仁」とあり，アンズが中国からの渡来を示している (24)．
　　　〇「万葉集」に詠まれた果樹には，ウメ，クリ，スモモ，ナシ，ナツメ，モモがあり，カキは見られず，普及していなかったと思われる (24)．
　　　〇「万葉集」に「吾園の李の花か庭に散るはだれの未だのこりたるかも」とあり，庭園に植える木として李あり (26)．
　　　〇「万葉集」にタチバナの歌が多数ある (24)．

761（天平宝字5）
　　○カンキツ類の値段，七十文買橘子一斗四升直（升別五文），三十五文買橘子一斗直(24)．
　　○「正倉院文書」の「造金堂所解案」の中に枇杷子七文として，文献に枇杷が初出，1斗25文で食用果実としてはもっとも安価(40)．

763（天平宝字7）
　　○「万葉集」が孝謙天皇の勅命により選が開始され，五十余年後に完成．古い物は仁徳天皇時代まで遡るが，多くは斉明天皇以後（655-）の物で，詠み込まれている果樹はこの時代までに渡来したか，日本原生のものである．梅，栗，李，枇杷，胡桃，柿，桃，橘，梨，棗，椎，ヤマグワ，山椒，楡，朴(14, 20)．
　　○万葉集にナツメ（棗）が詠まれる(8)．ウメが詠まれる(8)．カラタチが詠まれる．この頃までに，大陸より渡来(26)．
　　○「万葉集」の巻16，3834の歌「梨棗黍に粟つぎ延ふ田葛の後にも逢はむと葵花咲く」果樹の栽培が詠まれる(60, 205)．
　　○「万葉集」の歌：「梅の花，吾れは散らさじ，青丹よし，平城なる人の，来つつ見るがね」(205)．「三栗の那珂に向きたる，曝井の絶えず通はぬ，彼所に妻もが」(205)．「我が園の，李の花か，庭に散る，はだれ（斑らな雪）の未だ，残りたるかも」(205)．「向つ峰に，立てる桃の樹，成らめやと，人ぞ耳語きし，汝が情ゆめ」(205)．「愛しきやし，我家の毛桃，本繁く，花のみ開きて，成らざらめやも」（毛桃の木は繁って花が咲いたから実もなるだろう．これと同じく我が恋も，云々）(205)．「わが宿の，花橘は，散りすぎて，珠に貫くべく，実になりにけり」(205)．「橘は実さへ花さへ，其の葉さへ，枝に霜降れど弥常葉の樹露」(205)．「霜の，寒き夕の，秋風に，黄葉にけりも，妻梨の木は」（妻なしの梨の木も美しく紅葉した）(205)．「玉箒，刈り来鎌麻呂，室の樹と，棗が下を，掻き掃かむため」(205)．「片岡の，この向峰を，椎蒔かば，今年の夏の，陰に生並みむか」(205)．「この暮，柘（つみ，野桑）の小枝の，流れ来ば，梁は打たずて，取らずかもあらむ」(205)．
　　○醬（ひしお）が発達し，桃，杏や野菜を入れた草醬が作られる(60)．
　　○この頃まで，菓子（くわし）は果物（柿，エビカズラ，棗，梅，橘の皮）を乾燥した物であったが，澱粉性の菓子（かし）が出現．

767（天平神護3，神護景雲1）
・6
　　○春日の神話に，天皇と藤原一門の守護のため，鹿島の神が旅立ち，鹿を乗り物にし，柿の木の枝を鞭にする．伊賀国名張郡夏身郡で沐浴し，験として鞭を河辺に建てたところ，樹となって生え付いた．次いで伊賀国鷹生山に滞在し，焼き栗を与え，飢えたら栗が生え付いた．以後，栗を貰った氏は中臣殖栗連（なかとみのえぐりのむらじ）と名乗る．夏身の氏神積田神社の本殿後ろに柿の古木があり（現存する），神柿と呼ばれる．神社の上手に「上栗（えぐり）」という地名があり，この地の栗が神饌として使われる(136)．

770（神護景雲4，宝亀1）
　　○平城京跡出土木簡に「駿河国阿部郡から柑子を献上」とあり，渡来50年後に柑子の栽培が普及したことを示す．田中長三郎によれば，ベニコウジまたは大柑子と推定される(24)．

　　　　○カンキツ類の価格，六百文橘子六升直（升別一百文），二百十文甘子七顆直（顆別三十文）とあり，橘子は升目で扱われ，甘子は顆数で扱われている（24）．

771（宝亀2）
　　　　○「京師に隕る石あり，その大きさ柚の子（み）の如し」と，柚が初めて文献がみえる．

787（延暦6）
　　　　○典薬寮に唐の「新修本草」を学習させる（12, 20）．巻二十菓類として，上薬：トウズク，ブドウ（欧州種），キイチゴ，イチゴ，大棗，ハスノミ，オニバスノミ，菱の実，栗，桜桃，中薬：梅実，枇杷，柿，木瓜，甘藷，石蜜，砂糖，芋，クログアイ，下薬：杏核，桃核，李核，梨ナイ（リンゴ），安石榴（20）．

794（延暦13）
　　　　○「古事談」に「南殿の桜樹は本是れ梅樹也桓武天皇遷都の時植えらるる所也而して承和年中に及で枯失す及て仁明天皇改植せらるる也」とあり，当時，梅が宮殿の重要な場所に植えられ，手厚い保護があった．貴族社会に密着し，親しく受け入れられていた（140）．

平安時代から安土桃山時代

平安時代から安土桃山時代
－城下町の形成と戦乱下の果物利用－

「都」が平安京に移り,奈良時代より大きな果物消費地が形成された.「市」も設置され,果物売り場も一隅にあっただろう.しかしながら,応仁の乱,戦国時代に入り,果物の安定的な供給や,果物を楽しむどころではなかったと想像される.一方,織田信長により,楽市楽座で城下町が造られ,各地に果物の消費地が形成されたと思われる.さらに兵農が分離されて,農民が浮遊しなくなり,城下町の周辺農村に果物を供給する地域,いわゆる果物産地が形成され始めたと思われる.戦乱が収まって平和な世の中になり,特定な樹種や,それぞれの地方で一番優良な果実品質を示す樹が特定され,在来品種群が固まっていった時期であろう.また,各地を転戦して行く途中で,美味しい果実を調達し,懐に入れて故郷に帰還し,種子を播くのも農民兵士であり,優良品種が各地に拡大する一因となったであろう.

また,鉄砲だけでなく,貿易船であるポルトガル船や唐船が東南アジアや中国大陸中南部から寄港して,カンキツ類などを九州に持ち込み,多様な変異が形成されたことも見逃せない.平戸や長崎を窓口にした果物導入は明治維新まで続くことになる.

794~1192（平安時代）
- ○この時代に初めて利用が記録された果物,アケビ,ユズ,イタビカツラ (14).
- ○この時代の庭園技術書巻物「山水並びに野形野図」「梅は峰も山も里も苦しからず.されば雪山の物ならば北を心かくべし,又,心もあるか」とされ,その他の果樹はシイ,柘榴,梨,桃,枇杷,柑橘,栗 (140).
- ○「年中行事絵巻」の東三条殿の遣り水には東中門より入り,遣り水の側に梅が描かれ,大小の梅寄せ植えも描かれる (140).

平安時代初期
805（延暦24）
- ・6 ○「日本後紀」のこの年の記載に「栗林」あり (26).

806（延暦25,大同1）
- ○筑前,壱岐などから貢がれていたイタビ（イヌビワ）を停めて,民の肩を息はしめる (169).

809~832（嵯峨・淳和天皇時代）
- ○梅を対象に花宴を開催,「文華秀麗集」に多くの梅を歌った漢詩あり (137).

814（弘仁5）
- ・3 ○万多親王らによる「新撰姓氏録」成る（平安初期の諸氏録の系譜）(11). 柿本氏が

記載され，柿が庭に植栽されていたことがわかる (9).

833（天長10）
　　　〇飛騨の国から松（朝鮮松）の実が献上される (169).
　　　〇この頃，生まれたとされる小野小町の生涯の盛衰について，空海が後に選した「玉造小町壮衰書」（寛文3年，1663出版）に盛りの時に食べていた果物として，梨，桃，蜜柑，柿，栗を愛でたと記載 (205).

838（承和5）
・7　　〇第十七次遣唐使に加わった円仁（慈覚大師）が唐に入国し，揚子江の上陸地付近の寺から僧が尋ねてきて，歓談，土産を交換し，桃菓等をもらう (203).

839（承和6）
・5　　〇河内国の百姓，橘樹の高さ二寸余で花を付けたのを土器に植えて献上と「続日本後紀」にあり (11, 12). 幼樹開花「一歳橘」(39).

845（承和12）
・2　　〇仁明天皇が紫宸殿に出られ，お側用人と梅見の宴を開催 (137).
　　　〇内裏の南殿にあった梅の木が植え替えられる (137).

848（承和15，嘉祥1）
・1　　〇「続日本後紀」にこの年，早咲きの紅梅が記載，これまでの梅は白梅 (26).

856（斉衡3）
　　　〇菅原道真が11歳で漢詩「月夜見梅花」を詠む．勉学に励んだ書斎，宣風坊に有る1本の梅樹を詠んだもの (137).

857（斉衡4，天安1）
　　　〇信濃国下伊那の郡主甲賀三郎が荘園を千頭山観世院に寄付し，土地の老人がカキの種を播き，「立石柿」となる．良質・豊産で近隣に拡大，この寺を柿観音と呼ぶ (61).

861（貞観3）
・8　　〇梨李の花が不時開花すると「三代実録」に記載 (26).

872（貞観13）(14)
・9　　〇桜梨李桃が不時開花すると「三代実録」に記載 (26).

874（貞観16）
・8　　〇「三代実録」に「大風雨樹を折り屋を発く紫宸殿前の桜，東宮の紅梅，侍従局の大梨等の樹木名有皆吹倒さる」(140).

貞観年間
　　　〇伝えによると，この頃，遣唐使船が東シナ海で難破し，鹿児島県長島に漂着．住民に感謝の意味で，中国から持参した柚の苗木を贈り，一八年目に結実．船長が謝文旦だったので，当初の名前の「大実」から「文旦」と命名，船長が海にザボンと飛び込んだので「ザボン」と言われる (28).

879（元慶3）
・1　　〇「菅家文草」で内裏の仁寿殿で観梅の内宴開催が記載 (137).

・8　　　○梨・李の花が咲き，あるいは実る（日本三代実録）(11, 26).
887（仁和3）
　　　　○信濃国より梨果，大棗，胡桃を献ずる（9, 169）と三代実録巻50に記載され，当時，これらの果実の産地であった（20, 24, 61）.
889-898（寛平年間）
　　　　○中国の斉民要術が利用される．巻四が果樹の栽培編棗，桃，奈，李，桜桃，梅，杏，梨，栗，林檎，柿，安石榴，木瓜，山椒，グミ，ブドウの詳細な栽培法を記載（20）.
897（寛平9）
　　　　○この年書かれた「日野文書」によると，滋賀県八日市市にあたる保之内の柿生産があり，「保内之郷，柿有り．大きさ桐子の如し．名付けて猿治郎柿という．この渋を取りて杉・檜の炭と合わせ，以て彼の円器の木地に塗る」と記載（196）.
898-901（昌泰年間）
　　　　○一般事物の和漢対訳辞書の「新撰字鏡」が完成．木部五十七に榛，李，カラナシ，梨，椎（ナラノキ），枇杷，櫟（イチイ），ナシノキが記載される（20）．柑橘として「加牟志（カムシ，カンシ）」がみられる（24）.
900（昌泰3）
・1　　　○菅原道真が太宰府に左遷され，出発の時に詠んだ詩を「大鏡」左大臣時平の条に「かたがたにいとかなしくおぼしめして，東風吹かばにほひおこせよ梅のはなあるしなしとて春をわするな」（137）.
905（延喜5）
　　　　○この年に成った「古今和歌集」の物名歌に「あじきなしなげきなつめそ憂きことに遭ひくる身をばすてぬものから」とあり，梨，棗，胡桃が詠まれる（60）．梅を詠んだ和歌が28首あり，そのうち17首は梅の香りが詠まれ，この時代，梅の花の香りが特に愛された（137, 140）．桜が41種あり，この頃から日本人の心情が梅から桜に変化（140）.
909（延喜9）
・8　　　○「日本紀略」に「八月十五日此月也，東西両京桃，李，柚，柿，皆花，或実」とあり，9世紀末から10世紀はじめに果樹としてのこれらの存在が明確（24, 169）.
918（延喜18）
　　　　○医家深根輔仁は「本草和名」に，食料としてもし敢えて食べられるというものとして，「果50余種」と記している（1, 60）．ダイダイの記載あり（9）．柑橘として，「加布知（カフチ）」，「阿部多知波奈（アヘタチバナ）」，「加牟之（カムシ）」が見られる（24）.

　　　　○「本草和名」に大棗，酸棗（サネブトナツメ）の二種があり，この頃までに渡来していた（26）.

平安中期
　　　　○類聚三代格（弘仁，貞観，延喜の三代の格を集めた）に「当時，駅路の両編に遍く果樹を植えられしも，ただ，旅人の木陰を往来して夏日の炎熱を避くるためのみならず，其の実を採らば一時の飢渇を凌ぐべしとして植えられしなり」と記載される（9）.

○この頃，干棗，干柿等の果実粉が甘味料として，振りかけて使用 (60)．
○この頃，朝夕の食事と間食に供する菓子類が発達，自然菓子には橘，かち栗，扁栗，焼き栗，削栗，干柿，熟柿，梨，梅，カラモモ，李，桃，瓜，イチゴ，棗，栃，椎，松実 (60)．

927（延長5）

○藤原時平 (871-909) らが「延喜式」完成．三十九内膳司の條に「雑果樹460株，続梨100株」，「柿樹百本を付属の果樹園に植栽」，三十一宮内省諸国例貢御贄「甲斐青梨子」，同三十三大膳下諸国貢進菓子「甲斐国青梨子五」とあり，この頃より，青梨があったとわかる (8, 20, 24, 26)．

○「延喜式」三十二巻，大膳下，諸国貢進菓子に記載されている果物，「山城国：ムベ，アケビ，苺，楊梅，平栗」，「大和国：アケビ，楊梅，榛」，「河内国：アケビ，イチゴ，楊梅，椎，花橘，イタビ」，「摂津国：アケビ，苺，楊梅，花橘」，「和泉国：楊梅」，「伊賀国，伊豆国，出羽国，加賀国，能登国，越中国，越後国，丹後国，出雲国，備前国，紀伊国：アマズラ（ナツヅタで幹から採る汁が砂糖の代わりの甘味料）」，「伊勢国：椎」，「遠江国：アマズラ，柑子」，「駿河国：アマズラ，柑子」，「甲斐国：青梨子」，「相模国：橘，柑子」，「近江国：ムベ」，「越前国：アマズラ，ヤマノイモ，ムカゴ，椎」，「丹波国：アマズラ，甘栗，カチ栗，椎，菱」，「但馬国：カチ栗，アマズラ」，「因幡国：アマズラ，平栗，椎，梨，柑子，干棗」，「播磨国：椎，カチ栗」，「美作国：カチ栗，アマズラ」，「備中国：アマズラ，諸成（グミ）」，「阿波国：柑子，アマズラ」，「太宰府：アマズラ，イタビ」(20, 24, 60)．

○「延喜式」巻三十二大膳上，巻三十四大膳下の部，祭礼のせきの中に菓子類があり，柑子，橘子，柚子，桃子，李子，胡桃子，熟柿子，干柿子，乾大棗，トコロ，ハス等記載される (20)，熟柿と干し柿とあり，当時は渋柿だけで，甘柿がないことを暗示している (24)．

○「延喜式」巻三十七，典薬寮の諸国進年料雑薬に見られる果物の薬，桃仁，橘皮，からたち実，杏仁 (13)，桃仁（とうにん）（核内の種子を取り出して乾燥させた物）を献上した地方は，東海道 (11カ国)，東山道 (3カ国)，北陸道 (4カ国)，畿内 (3カ国)，山陰道 (6カ国)，山陽道 (8カ国)，南海道 (5カ国)，計40カ国に及び，これら地方でモモが野生していたか，既に栽培されていたと想像される (24)．

○「延喜式」巻三十九，正親，内膳の供奉雑菜に，栗子三升，桃子四升，柚子十顆，柿子二升，枇杷十房，苺二升が記載されている (20)．

○「延喜式」巻三十九，正親，内膳の条下に，園地三十九町五段二百歩，雑果樹四百六十株，続梨百株，桃百株，柑四十株，柿百株，橘二十株，大棗三十株，郁（ムベ）三十株，イチゴ園二段，栽培されていた (20, 24)．

○「延喜式」巻三十九に「続木」と記載され，この頃既に接ぎ木が行われていた (9)．「続梨百株」とある (26, 99)．

○「延喜式」の中に遣唐使に支給される医薬品として杏仁，桃仁，橘皮が記載されている (18)．

○「延喜式」に柑橘類として，橘，柑，小柑，花橘，カラタチが見られ，柚子を供養に用いたとある．橙はなく，柚とともに生食出来ないからであろう (24)．

○「延喜式」枇杷の名は出てくるが，諸国貢進菓子の中に無く，他の野生果樹に比べて利用普及程度ははるかに低い．また，升目で表示し，果実が小粒であることを示している (24, 40)．
○「延喜式」に信濃国から調として杏仁，棗等が献上された (61)．
○「延喜式」に正月に行われる最勝会で仏様にお供えする花は梅と柳と定めている (137)．
○「延喜式」に兵庫県摂丹地方の栗栽培について，「古ヨリ丹波，但馬，阿波，諸州栗ヲ産ス．今モ山中ヨリ出ズルモノヲ上品トス．大サ卵ノ如シ．諸州之ヲ栽培スルモ丹波ニ及バズ云々」と記載 (49)．
○「延喜式」に，平栗子は，その一斗二升五合を得るのに，生栗子一石を用いると記載 (205)．

931（延長8，承平1）
○源順の「和名類聚抄（和名抄）」発行．果物として35種（石榴，梨子，檎子（ヤマナシ），柑子，木蓮子（イタビ），シラクチ，榛（ハシバミ），栗，ササクリ，椎子，楽子，榧子（カエ），グミ，ウグイスノキノミ，杏子，カラナシ，林檎子（リンゴウ），楊梅，桃，李子，麦桃（サモモ），李桃（ツバキモモ），橘，胡桃，橙，柚，柚柑，棗，酸棗（サネブト），椋子（ムク），梅，柿，鹿心柿（ヤマガキ），クヌギ，枇杷）と葡萄（エビカズラノミ）と菊子（アケビ），イチゴが記載 (60, 205)．
○「和名抄」に記載されている果物：柘榴，柿，枇杷，イタビ，シラクチ，ハシバミ，ウグイスノキノミ（ウグイスカグラ），カラナシ（東北でリンキ，ベニリンゴと呼ぶ），リウコウ（ワリンゴ），ヤマモモ，カラモモ，ユ，ユカン，トチ（クヌギ），ムクの12種 (26)．
○「和名抄」に李があり，すでに伝播していることがわかる (26)．
○「和名抄」に柘榴の記載あり (26)．
○貴族の饗膳を記載した「厨事類記」に記載された果実，干菓子（松実，柏実，柘榴，干棗，串柿，かち栗），木菓子（時菓子）（栗，橘，杏，李，椎子，桃，しらくち桃，柿），醬（オードブル）の上に橘の皮を細かく切って乗せる (60)．
○この頃の庶民の遺跡から桃，瓜が出土 (60)．
○東京都青梅市の金剛寺に平将門誓いのウメと称される古木現存 (49)．

933（承平3）
○滋賀県八日市市にあった檜物荘の木地に利用する柿渋を御蘭保之内荘から供給 (196)．

935（承平5）
○承平年間 (931-938)，源順 (911-983) が「倭名類聚抄」（漢和辞典）を編纂し，日本名が上がっている果実は，カラナシ，李，梨，杏，桃，ハシカミ，棗，柿，橘，柚，松実，柏実，石榴，椎，サルナシ，梅 (14, 20)．この他，木の実としてハシバミ，クリ，ササグリ，イチイ，カヤ，ゴヨウマツノミ，トチがある．クルミがない (46)．八種の唐菓子の中に梅枝，桃枝をあげ，饗宴に使用されていた (1)．延長年間頃 (931-938) 薬用，菓子，鏡磨き用として「ザクロ」を記載 (8)．李桃（ズバイモモ）の記載あり (8)．花桃の品種名が記載されている (24)．カキの類として，野生柿と栽培柿とを区分している (24)．柑橘類として，「太知波奈（タチバ

ナ)」,「由(ユ)」,「加無之(カムシ)」,「安部太知波奈(アヘタチバナ)」,「和名ナシの物」が記載されている (24).

948(天暦2)
　○村上天皇(926-967), 梅干しと昆布入り茶で病気を治療 (1).

947-957（天暦年間）
　○「大鏡」に紅梅の一種に「鶯宿梅」の名前あり (26).

957(天徳1)
　○清涼殿の紅梅が枯れ, 代わりの木として西の京の家の紅梅を移植. 持ち主が和歌を枝に結ぶ「勅なれば, いともかしこし鶯の宿は問はばいかに答えむ」, 村上天皇があやしんで, 調べさせたら紀貫之の女 (26, 137, 140).

959(天徳3)
・12　○勅命により, 東三條家の橘の樹を掘採り, 京都御所紫宸殿の南殿, 坤(西南)角に移植(高さ1丈2尺)(右近の橘)(日本紀略)(9, 11, 12).

960(天徳4)
・9　○内裏が焼け, 梅の木も焼失. その後, 内裏が造営された時に, 再々度の梅の植樹はなく, 代わって重明親王の家の桜を移植と「古事談」第六に記載. 以降南殿(紫宸殿)は左近の桜, 右近の橘となる (137).

964(応和4, 康保1)
　○「東大寺文書」(四之七)に奈良, 夏見郡薦生御牧のなかに栗林三所があり, その一つは93町, 又, 6町3段140歩の宮栗栖もあると記載 (136).

974年頃
　○この頃以降に成立した右大臣藤原道綱の母の日記「蜻蛉日記」に, この年以前で956年以降の四月に加茂祭(葵祭)見物に出かけ, 夫の夫人の一人の牛車を見つけ, 橘の実があったので, 葵を添えて, 伝言させる「橘の実」の項あり. 969年頃の9月に奈良県の初瀬にある長谷寺に参拝し, 車を止めて, 後ろを見ると, 歩き疲れた下男達がみすぼらしげな柚子や梨を大事そうに持って食べていたと記載. この当時の貴族の生活に見られた果実を記載 (235).

975年頃
　○この頃, 京都府天田郡川合村からテウチグリ30石を朝廷に献上と記録. 当時, 改良された大栗が相当量生産と推定 (49).

973-976（天延年間）
　○この頃, 京都府相楽郡加茂町と木津町の一部で柿栽培開始 (49).

984(永観2)
　○丹波康頼が最古の医書「医心方」三十巻を編集, 巻十三に五菓部, 橘, 柑子, 柚, 乾棗, 生棗, 李, 杏実, 桃実, 梅実, 栗子, 柿, 梨子, ナイ, 石榴, 枇杷, コクワ, ムベ, 通草, 山桜桃(ヤマモモ), イタビ, 榛子, 胡桃人, 椎子, 櫟実, 榧実, イチゴ, グミ, エビヅル, クワノミ等を記載 (20).

平安時代から安土桃山時代

平安時代中期

○この頃、紫式部によって執筆された「源氏物語」(全64巻)に梅が現れる巻、末摘花、賢木、絵合わせ、少女、初音、梅が枝、若葉(上)、若葉(下)、横笛、幻、匂宮、紅梅、竹河、早蕨、手習の16巻、朝廷に関係する家屋、庭園に梅が多く植えられ、関心度が高いことが伺える (137)．

1000 (長保2) 以降

○この頃成った清少納言による随筆「枕草子」に、「梅の花にかかった雪と同じくらい気高い」、「いみじう美しき児のイチゴ食いたる」も気高いとした (60)．梅について「木の花はこきもうすきも紅梅と書き、桜は花びら多きに、紫の色こきが、枝ほそくて咲きたる．‥いとめでたし」(140)．

1051 (永承6)

○源頼義が鎮守府将軍となり、府中市大国魂神社に宿陣し、戦勝祈願としてスモモを供える．以降、7月20日にすもも祭り開催 (167)．

1058～1065頃

○藤原明衡による漢文の随筆「新猿楽記」が成り、丹波のクリ、大和のウリ、若狭のシイ、信濃のナシ、が全国的に著名な諸国物産として上げられ、地方名産が多くなり、京都の東西市で売られた (60)．

1063 (康平6)

○前九年の役で源頼義と共に、東北から連れてこられた安倍宗任が梅の枝の名を試されて、「我が国の梅の花とは見つれども、大宮人はいかがいうらむ」と返し、当時までに東北地方に梅が栽培されていた (138)．

平安時代後期

○都で寝殿造りの屋形の庭園に梅の銘木を植えるのが、一つのステータスとも見られた．実ではなく花を鑑賞 (137)．

1088 (寛治2)

○平安貴族の大饗に出された果物として、枝柿、甘栗と記載 (205)．
○この頃、大嘗會の供物に菓子として、橘子(大柑子、小柑子)、勝栗、扁栗、干柿、梨、焼栗、削栗、熟柿、柚 (205)．

11世紀後半

○この頃建立された滋賀県大津市の東光寺遺跡から呪符木簡とモモ核が近接して出土 (219)．

11世紀以降

○日本船が高麗に渡って貿易、対馬の他、薩摩、筑前の船頭による．貿易品の中に柑橘がある (23)．

11世紀中葉
　　　　○この頃の青森県八幡崎遺跡から出土の漆器の下地に柿渋使用 (196).
12世紀
　　　　○加賀市田尻のシンペイダン遺跡などの加賀・能登地方のいくつかの遺跡から出土した漆器の下地に柿渋使用 (196).

1116（永久4）
・2　　○日本国が高麗に柑子を進む (234).

12世紀中葉
　　　　○この頃前後には，加賀・能登における漆器生産は渋下地技法で生産 (196).

1157（保元2）
　　　　○渋柿を脱渋した「淡柿（さわしがき）」が「人車記」に記載 (26).
　　　　○大分県の又四郎藏冨住，松川から柑橘樹移植（尾崎先祖木）(221).

1172（承安2）
・1　　○摂政家臨時客（摂関大臣家で親王公卿以下を饗する儀で，請待つしないのに臨時に集まるので臨時客という）の献立にある果物，干菓子：松実（煎りて皮をむきて盛る），柏実（煎りて盛る），柘榴（皮むきて盛る），干棗（熟したる棗を皮むきて蒸して乾かす．甘葛煎をぬる，幾度も乾かすたびに，この定めにすべし）(棗なき時，串柿を盛る．五つ目に勝ち栗を加える時あり，或いは時菓子を用いる．)，木菓子：栗，橘，杏，李，椎子，桃，せんこう桃，柿 (205).

1184（寿永3，元暦1）
　　　　○「源平盛衰記」に梶原源太（影時）が一ノ谷の合戦で敵陣に駆け入り，梅の花は風に吹かれて散って，敵味方是を見て感じ入った．この時，中将が御殿で梅を挿した．この時，えびらに挿された梅が「えびら梅」，品種名に残る (140).

1185（寿永4，元暦2，文治1）
　　　　○長野県伊那郡立石村（飯田市三三穂地区）の立石寺寺伝によると，この頃，近江源氏の甲賀三郎兼家により，立石柿がもたらされる (61).

1186（文治2）
　　　　○山梨県勝沼市の雨宮勘解由が野生のブドウ「甲州」を発見し，栽培を始める (1, 5).
　　　　○甲斐の国八代郡祝村「城の平」で雨宮勘解由が葡萄を発見 (20).
　　　　○石尊宮参拝時に路傍にヤマブドウとは異なるブドウを発見，培養 (61).
　　　　○文治1年 (1185)，東八代郡上岩崎村の雨宮勘解由が「甲州」を発見 (49).

1190（文治6，建久1）．
　　　　○5年前の文久2年，雨宮勘解由が発見し，移植したブドウ（甲州ブドウ）が30房余初結果（福羽説），中国に紫葡萄として古くからある竜眼の偶発実生と推定（菊池）(61).

平安時代

- ○平安時代の貴族の食事は二回で，果物は間食 (1)．
- ○平安時代の貴族の食事は公式でないと汁2種，菜4種，菓子（果実），高盛 (205)．
- ○平安時代の貴族には，季節，季節によって，それぞれ，特徴のある瑞祥（目出度いことの前触れ）の花の木に便りを付けて贈る「折枝」と言う風習があり，香りが高く，他に先駆けて咲く梅が特に喜ばれた (137)．
- ○藤原鎌足の御子定和尚如唐の時，鎌足の死亡を聞き，五代山に登って，カリンの種を採り，帰朝し，大和多武峯大織冠鎌足の廟の側に植える．安蘭樹と言うと「本草綱目啓蒙」に記載される (26)．

平安時代末期から室町時代

- ○この頃，ワリンゴ (*M. asiatica*) が渡来する (24, 99)．
- ○京都府葛野郡嵯峨村水尾では，この頃から，朝廷により，ユズ，枇杷，梅，林檎，梨等の南方系，大陸系の果物が導入．土地条件にあったユズ，枇杷，梅が大正時代まで残った (49)．
- ○この時代，陰陽師が疫病退治祈願を行うとき，護摩を焚くのに，本尊を安置する祈壇と護摩檀を作り，祈壇には菓子や果実等の供物を供えた (215)．

平安時代〜鎌倉時代初期

- ○この頃の嗜好品「酸味者，是柑子，橘，柚等也」と記載 (205)．

元歴年間

- ○京都府綴喜郡の梨栽培開始 (25)．

中　世

（鎌倉時代，建武の新政，南北朝時代，室町時代，戦国時代，1192-1568）

1192〜1333（鎌倉時代））

- ○この時代京都に来る物産の内果物は，若狭から椎，太宰府から栗 (205)．

鎌倉時代初期

- ○華北系ブドウが種子または乾燥果実として中国（南宋から元の時代）から渡来と推定（菊池）(61)．

鎌倉時代前期

- ○この頃，書かれた「平家物語」に「柿の衣」(196)．

1195（建久6）

- ○鎌倉初期のこの頃，書かれた土佐経隆の「西行物語絵巻」の「厳上樹」が盆栽の初出，梅があるか不明 (140)．

1197（建久8）
　○甲斐国の雨宮勘解由が甲州葡萄を13本に増殖（61）．
　○この頃，甲州巡察中の源頼朝に八代郡祝村で栽培されていた甲州ブドウが献上され，賞賛される（185）．

1205（元久2）
　○奈良県添上郡月ヶ瀬村の月ヶ瀬梅林は，この年，村の真福寺境内に植えられた梅が起源（138）．

1212（建暦2）
　○鴨長明による「方丈記」に「或いは，茅花を抜き，岩梨をとり」とあり，スノキ属果実の利用記載（51）．

1214（建保2）
　○神奈川県川崎市麻生区王禅寺の等海上人が山中からカキ「禅寺丸」を発見（5，49）．鎌倉時代から柿生，生田村では庭隅に植えて，間食として珍重（64）．正確にはこの年，延喜21年（921年）高野山第三世無空上人により開山され，東国鎮護の勅願寺であった王禅寺を訪れた使者が寺の山中で甘柿を発見．応安3年（1370年）等海上人が再建のため用材をもとめて，寺の裏山に入って発見（222）．
　○「新選姓氏録」に「柿下朝臣・大春日朝臣・同祖彦国押入命之後也．敏達天皇御代，依家有柿，為柿木臣」と記され，柿樹が庭園に栽植（61）．

1217（建保5）
　○大風，所々過半損亡（京都），関東大風，鎌倉中舎屋大略顛倒（119，210）．

1219（建保7，承久1）
　○この頃以降の武家の肴は質素で，梅干しが登場（205）．

1226（嘉禄2）
・10　○「高麗のチョウリョウヒツが日本に使いを出し栗の実を得て，帰国し，高麗の義安県に植えさせた」という伝承があり，この年，初結実したので，中国の元に献上（233）．

1238（嘉禎4，暦仁1）
　○この頃，カキ「西条」が栽培開始と「長尾山医王院長福寺縁起」に記載される（49）．

1254（建長6）
　○橘成季による鎌倉時代の説話集「古今著聞集」に，包丁師や公家が料理の作法として，果物の切り方に定めがあると記載（60）．

1263（弘長3）
　○高麗との「進奉船貿易」は「年に常に進奉一度，船は二艘にすぎず」．輸出品は水銀，柑橘，真珠，刀剣，牛馬，弓矢（264）．
　○大分県の二百京都から片代へみかん移植（岩屋片代元祖木）（221）．
　○藤原信明の「親鸞上人御一代記配所御下向並辺土教化五条」に「経田家という豪家あり，ここに御中食をなしたもうに亭主ます茶を奉るとて串ガキを器に盛りて差し上げれば，聖人その志をよろこび，そのたね三つあるをとり，炉にあぶりたまい，その半ば焦げたるをこの家の庭前にうつし，誓ってのたまわく，今我勧むるところの法，末世に盛んならば，この焼きたるカキたねより芽を生ずべしと．果たしてこの焦げたるカキたねより芽を生じ，3年目より実を結び今なお彼の地に三

本柿として枝葉繁茂せり」(61).

13世紀末
○この頃, 描かれた「玄奘三蔵絵」に銀杏葉あり, 日本の文献で初出 (219).

14世紀頃
○「平家物語」に柿渋で染めたと思われる「柿の衣」登場.「源平盛衰記」に「柿ノキモノ」登場 (196).

14世紀中頃
○この頃, 中国原産の紀州蜜柑が渡来 (5).

1321-1326 (元亨-正中時代)
○日野資朝が東寺の門前に集まった鉢植えの特状奇態を目撃し, 自分が培養している盆栽に似ていて感激し, 所蔵の物を廃棄する. 盆栽の初出 (26).

鎌倉時代末期
○平安朝末期から鎌倉時代末期までの間の食事に関する旧儀故実を伝えた「厨事類記」の中の干菓子として, 松実, 柏実, 柘榴, 干棗を上げ, 木菓子 (生果) として栗, 橘, 杏, 李, 柑子, 桃, サルナシ, 柿を上げている (20).
○「庭訓往来」に見られるこの頃の木菓子の類, 柚柑 (ゆこう), 柑子 (こうじ), 橘, 熟瓜, 生栗, かち栗, 串柿, 熟柿, 干棗, 枝椎, 花梨子, 覆盆子 (いちご), 梅, 桃, 枇杷, 杏 (からもも), 李, 楊梅, 榛 (はしばみ), 柘榴 (じゃくろ), 樹淡 (ぎさはし), 木練 (こねり) 雲州橘, 金柑柚 (205).
○「庭訓往来」に記載された「合食禁 (食い合わせ)」の中の果実,「麺と枇杷」,「酒と柿」,「雀と杏実」,「李と雀肉, 雉子, 密, 白求, 牛肝」(205).
○この頃の「簾中抄」に,「多く食ふまじきもの」として,「棗, 柑子, 李, 柚, 生柿, 杏など」.「月々くわぬもの」として,「五月, 桃, 李など核ならぬくだもの」(205).
○1180年から87年間の鎌倉時代の史書「吾妻鏡」に戦陣食として調味料も兼ねて, 梅干しが重要視される (60).
○この頃に成った「簾中抄」に「多く食ふまじもの」として,「棗, カウシ, 李, 柚, 生しきかき」をあげ,「拾芥抄」には合食禁として「麺と枇杷」を上げている (60).

室町時代
○観阿弥清次の作の謡曲「鉢の木」に梅の鉢が出る (140).
○奈良県吉野郡西吉野村賀名生の梅林は吉野朝以前から在り,「新葉和歌集」に出てくる (49).
○この頃, 饗宴で飯の膳の後に出される水菓子は, 金柑, 蜜柑, 柑子, 鬼柑子, 枇杷, 林檎, 楊梅, 柘榴, 桃, 杏, 梅, 李, 梨, 鉛桃 (くるみ), 銀杏, 柏実, 椎, 榛, 栗, 生栗, 干栗, かち栗, れいし, 龍眼, 榧実, 桐の実, 青梅, 黄梅, 岩棠子 (いわなし), 棗, 石榴, からなし, 柿, 串柿, 橘, 温州橘, 橙橘, 鬼橘, 覆盆子 (いちご) (205).

1335（建武2）
　○この頃，後醍醐天皇の時代，唐から帰国した柏庵和尚が果樹の接ぎ木技術を持ち帰る(49).

1336-1340（延元年間）
　○「止々呂美村誌」によると，大阪府箕面市止々呂美でビワ栽培開始．原木があった場所を「枇杷の木」と呼び，村を「枇杷の村」と呼ぶ(40).

1368（正平23）**～1375**（文中4），（応安年間）
　○この頃，「太平記」(1318（文保2）～1367（正平22）までの軍記物語)が刊行，奈良県十津川に逃れた大塔宮に村人がトチの粥を給する．当時の村人の常食(46, 60).

1370年頃
　○尾張温州ミカンの苗木栽培開始(49).

1370年前後
　○この頃出された「異制庭訓往来」に銀杏記載(219).

15世紀
　○この頃著された「海東諸国記」対馬島条に，「…島の産物は柑橘・楮のみである」と記される(264).

1401（応永8）
　○日常生活の食品，山林田畑の樹木名等が記載されている僧玄恵による「庭訓往来」に見られる主な果樹：梅，桃，李，楊梅，林檎子，枇杷，杏，栗，柿，梨子，椎，榛子，柘榴，棗，樹淡（キザワシ，甘柿），木練（コネリ，甘柿），柚柑，柑子，橘，雲州橘，金柑，柚(20, 60)．林檎(asiatica)が初見．平安時代には渡来していなかったか，もしくは栽培はまれで，むしろ鎌倉時代に渡来したらしい(24)．ウメ，アンズ，スモモの未熟な果実を漬けて，武家の食卓に梅干しが出される．梅干しは僧家の肴也とあり，果実の漬物は仏家の寺院食で発生(60).

室町時代
　○鎌倉時代の社会事情を描写し，室町時代に完成した藤原実木による「拾芥抄」下巻，飲食部第二十八，五菓五味の中に「李，杏，棗，桃，栗，一説として松子，棗，石榴，橘，栢，近代用之又説，柑，栢，栗，柿，梨」と記載(20).
　○鎌倉時代には，棗，石榴，杏，柑橘類のような渡来果樹が普遍的に栽培されていた．また，ムベ，アケビ，イタビ等の野生果樹は生果として儀式などに利用されなくなった(20).
　○鎌倉時代末から室町時代にわたり，南北朝時代における茶味賞翫に関する諸風習を記載した「異制庭訓往来」に記載された果物，茶子の料（茶請け）：胡桃，串柿，干棗，干栗，菓子：レイシ，竜眼，生栗，杏，梅，李，一般食品の魚鳥菜果の中に，金柑，柑子，温州橘，枇杷，林檎，楊梅，柘榴，桃，杏，梅，李，梨，クルミ，銀杏，柏実，椎，榛，栗，生栗，干栗カチグリ等を記載，野生の果実がなく

なっているが，殻果類の椎，櫟，柏等が依然利用されている (20)．
○米食が普及したが，米飯の不足を補うため，栗，栃の混ぜご飯が利用される．甘柿の粉を調味料として引き続き利用 (60)．
○茶子（ちゃのこ，現在の茶請け）として，干栗，かち栗，胡桃，串柿，らいち，竜眼，榧実，榛，梧桐子（キリノミ）を利用 (60)．
○この時代に食料とした果実，イチゴ，梅，杏，梨，岩梨，柿，桃，山桃，栗，胡桃，枇杷，蜜柑，金柑，林檎，柘榴，李，銀杏，柏実，椎，榛，茨（ミヅフフキ），橘，雲州橘，橙橘 (60)．

1421（応永28）
・2　○「善基より梅一本を献ず．東庭に植える」と「看聞御記」に記載 (137)．

1424（応永31）
・2　○伏見宮が取り巻きの行豊朝臣に庭先の梅の一枝を折り，和歌を添えて贈る．和歌だけでなく他の進物も枝に付けられた．時代が下ると数が多くなる (137)．

1434（永享6）
・2　○内裏より伏見宮へ「紅梅の桶廿下され」，贈られた沢山の梅の枝は客殿に並べて，接待の飾りとして使用，簡単な間食後，「梅花盃」と呼ばれる盃に酒を満たし，梅花を浮かべた酒盛りが行われた (137)．

1436（永享8）
・6　○京都の祇園會見物について，「看聞御記」に点心の後に食べる淡泊な唐菓子でない物を茶子（お茶請け）と言い，果物では，干棗，かち栗，胡桃，串柿，干栗，れいし，龍眼，榧実，榛，きりの実 (205)．
・2　○伏見宮邸で梅の花びらを驚くほど積み上げて進物とする (137)．
　　　○「康知入道，梅（大木）一本献上‥」と「看聞御記」に記載 (137)．

1429-1441（永享年間）
　　　○紀州在田郡糸我の庄，中番村楯岩の麓，神田の峰に柑一樹あり．文正年間（1521-1527）に接ぎ木して増殖 (20)．

1443（嘉吉3）
　　　○「下学集」に蜜柑の文言記載される (24)．銀杏記載 (219)．

1450（宝徳2）
　　　○この頃成立の「長倉追罰記」に紋として「いてうの木」記載 (219)．

室町中期

○この頃にまとめられた説話集「三国伝記」に近江国栗太の郡は栗の木一本の下なり，とあり，栗の巨樹を伐る説話がある (136)．

1456（康生2）
　　　○医家竹田昌慶が著した衛生書「延壽類要」の服食用捨編に菓36種が記載される (1, 11)．

1457（康生3，長禄1）
・8　○「山科家礼記」に「野村より柿しふの柿上候也」と記載，文明12年 (1480)，文明18

年 (1486), 長享3年 (1489), 延徳3年 (1491) にも記載 (196).

1469〜1487（文明年間）
　○美濃国瑞林寺の住職から蜂屋の枝柿を足利義植公に献じ，後に太閤秀吉公に献じ役を免じられる．柿100個をもって租米1石2斗に代する (61).

1470年前後
　○静岡県志太郡（現島田市，藤枝市，焼津市，大井川町）で宅地内に立木で梨が栽培，自家用 (49).

1484（文明16）
　○大伴広公の「温故知新」に銀杏・キアン記載 (219).

1486（文明18）
・中春　○太田道灌の夢に菅原道真があらわれ，翌朝に道真の画が献上されたので，霊夢とし，江戸城の北畔に廟を建てて，傍らに梅樹数百本を植える．後に平河天神 (137).

1489（長享3，延徳1）
　○一条兼良による「尺素往来（セキソオウライ）」に庭に植えるべき花木花草としてニワウメ，カイドウ，蜜柑を記載し，この頃までに渡来していたことがわかる (11). 菓子として「青梅，黄梅，枇杷，楊梅，瓜，茄，イチゴ，イワナシ，桃，杏，棗，李，林檎，石榴，梨，カラナシ，柿，ホシガキ，栗，椎，金柑，蜜柑，橙橘，鬼橘，柑子，鬼柑子，雲州橘」．茶子の料（茶請け）として「レイシ，竜眼，胡桃，榧実，榛，栗，梧桐（キリノミ），串柿，カチグリ等」を記載 (11, 20). 梅の果実利用が初めて記載される (24). ナツハゼが花材として記載される (51). 薫物（たきもの，香）は6種類の原材料から調合され，梅の木が杵として利用される．6種にせん糖を加えると「梅花」，鬱金を加えると「花橘」となる．梅酢が防腐剤，接着剤として使用される．仁明天皇の頃（833-850）薫物が大成，梅の花の香りから出発 (137). 銀杏・イチャウ記載 (219). 1481年前後成立 (219).

1491（延徳3）
・2　○北野天満宮の中心的祠官の松梅院から紅白交じった（源平）神木の梅の枝が進上される．立派な梅の木が沢山培養され，禁裏二も知れ渡っていた (137).
　○御所の庭の八尺もある梅が枯れ，後土御門天皇から北野天満宮松梅院培養の梅の木が所望される (137).
　○摂関家筆頭の近衛政家は毎年，「梅花両三枝令進上禁裏」等，記載され，献上が慣わしだった (137).

1492-1501（明応年間）
　○「七十一番歌合」に「水かねやざくろのすます影なりやかかみと見揺る月．

1500（明応9）
　○「七十一番職人歌合」の「皮籠造」の図に添えられた歌として「逢事のじゅくせぬ柿のさねかわかごしぶしぶにだに人のこぬかな」とあり，皮籠造りに柿渋が利用 (169).
　○この頃から，北条氏の軍用とするため梅干し作りが奨励され，小田原曽我の梅林が始まる (138).

1521〜1528(大永)〜1532〜1555(天文)
○室町幕府の高級武士の館が描かれた「洛中洛外図」でステータスである梅が庭に咲き誇っている(138).

1521〜1546(足利義晴時代)
○この時代の「室町日記」に御所柿,西条柿が記される(61).

1527(大永7)
○この年から天正4年まで50年間記した山科言継の日記に出てくる果物,梅,杏,梨,岩梨,柿,柿(木練),熟柿,桃,山桃,栗(多く食べる),胡桃,枇杷,蜜柑,金柑,栗の餅,串柿,かち栗,杏梨煎,杏李煎(205).

1521-1528(大永年間)
○養蚕教師として朝鮮などから入国した者が土産品として持参した物の中にクルミがあり,チョウセングルミの始まり(61).

1534(天文3)
・3 ○後奈良天皇の生活を記した「後奈良院しん記」に梶井宮が串柿を持参,武家が蜜柑一折を進上(205).

・6 ○後奈良天皇の生活を記した「後奈良院しん記」に大典侍が山桃一蓋持参,松陰庵が串柿一折を進上(205).二位局が栗と柘榴,大典侍が柿一折,僧正が柿一折を進上(205).三昧院より蜜柑一籠熟柿一籠を進上(205).

○中国から琉球に渡来した冊封使の陳による報告書「使琉球録」に「果には即ち芭蕉,甘藷,蕃石榴,橘,柿の類が栽培され」とある.グアバはこの時以前から導入され,現在の自生在来種の先祖と推定(88).

1537(天文6)
○信州から広島県安芸郡刈島に移住した村上道禎が讃岐より小蜜柑の苗木を求めて栽植,永禄年間(1558-1570)に下蒲刈村で増殖(49).

1540(天文9)
○ミカンの貢納のため,済州島から朝鮮本土に向かう途中に難破し,五島列島に漂着(59).

1542(天文11)
・10 ○「仙伝書」(池坊専応口伝)に用いるべき果樹として,正月(梅),三月(桃),十二月(枇杷,早梅),五節句に用いるべき事として,正月(梅),三月(桃),祝言に用いるべき物の中の果樹として,梅,海棠,桃,柘榴,山橘(137).

1543(天文12)
・9 ○ポルトガル人,中国の密貿易船で種子島漂着,鉄砲伝来(11, 13, 23, 264),この時の明船船長は倭寇王の王直とされる(177).この時,日本に葡萄酒がもたらされたと推定(49).

1550(天文19)

16世紀中葉
○「運歩色葉集」に渋紙の記載あり(196).

1551（天文20）
　　　○宣教師フランシスコ・ザビエルが戦国大名の大内義隆にワインを献上，我が国でのワインの記載の初め．
1555（天文24，弘治1）
　　　○信濃，森村の杏栽培開始（61）．
1555～1569（弘治～永禄年間）
　　　○信濃の安茂里村の杏栽培始まる（61）．
1561（永禄4）
・3　○公方・足利義輝が三好筑前守義長邸に御成の時の献立，御くわしで串柿，榧，銀杏，平栗，姫胡桃が出された（205）．
1564（永禄7）
　　　○伊予，宇和島の松浦宗案が我が国最古の農書「親民鑑月集」をだし，果樹の栽培法を記載．種子採り物として，栗，柿，梨，椎，榧，棗，櫟，柚を上げ，カズラ類としてレイシ，ブドウ，アケビ，木類の栽培としてクルミ，栗，柿，栃，榧を上げている．また，種採りの時期の記載で，杏，梅，桃，楊梅，李，枇杷，青梨，秋梨，柑橘類として，柑子，九年母，蜜柑，柚子，ダイダイ，カブス，花柚，実柚子，この他種類多しと記載．これらより，梅，桃，梨，柑橘等は実生により繁殖し接ぎ木も合わせて行っていた．また，柑橘が多数あり，実生により，地方的品種が増加している（20）．
・9　○堺より，帰国したガスパル・ビレラの書簡に，「酒は葡萄より造らず，米を以て作り，‥野生の葡萄は沢山ありて，はなはだ佳し．蔦の葡萄は少なく，之を食することなかりしが，今，之を有する者は食用に供することをはじめたり，．追々葡萄園及び葡萄酒を作るに至るべきが，未だ之を為さず」と記載．果物として，「梨，柘榴，栗等有れども甚だ少」と記載，饗宴の方式について，「饗宴終了後，机を撤すれば…各人のため果物を皿に盛り，歯に用いる棒（箸）と共に運び来たり．是に於いて食事終わる」と記す（206）．

織田信長時代
　　　○浅井長政がリンゴ（ワリンゴ）一籠をもらって礼状を出す（滋賀県琵琶湖文化館所蔵）（99）．
織田豊臣時代
　　　○砂糖入りの南蛮菓子が渡来，宣教師が入信させるために菓子を与えた（197）．

1569（永禄12）
・9　○「日本耶蘇會士通信」に記載，イエズス会のポルトガル人宣教師，ルイス・フロイスが織田信長に バナナ を献上，日本のバナナの初出（157）．信長が美濃から送られてきた イチジク の干した物（たぶん干し柿）の小さい箱をフロイスに与えた（206）．
1570（永禄13，元亀1）
　　　○長野県上高井郡小布施町林組部落の東側に栗林が多くあった（61）．

1572（元亀3）
- ○「田村枇杷の栽培」によると，この頃，和歌山県有田郡湯浅町田村でビワ栽培開始（40）．

1573～1603（安土桃山時代）
- ○若いときの信長は，町中を通る時に，人目も憚らず，栗，柿，瓜をかぶり食いする（60, 206）．
- ○「宗五大草紙」によると，公家や武家の食道楽が世紀末となり，食べ方に流派が生まれ，酒の飲み方で「山桃呑み」があり，盃に山桃を入れ，飲み干す時に噛み割る（206）．
- ○この時代に宣教師や南蛮人が持ち込んだ物にマルメロ，巴旦杏（あめんどう）（206）．

1570-1573（元亀年間）
- ○この頃から秋田県で桃が植えられ，果樹栽培では桃が最初（49）．
- ○この頃，東京駒込市場が始まる（29）．
- ○佐賀県の豪農・川浪稲左衛門が大和町松浪の畦畔に自生していた柿を収穫し，天日乾燥，干し柿を普及，干し柿専用樹を「稲左柿」と呼称（49）．
- ○この頃以前から，和歌山県四郷で串柿が生産（49）．

近　世

- ○現在の京都府相楽郡加茂町には，不完全甘柿「豊岡」があり，柿の木に課税する柿木役がいて，厳しい課税に柿樹伐採急増（196）．

戦国時代
- ○京都府船井郡和知町で豊太閤時代からクリを栽培し，年貢の変わりに納める．当時のクリ品種「八木」，「稲次」（49）．
- ○武家の出陣や帰陣などの時の食物的礼式で勝ち栗やアワビがお膳に盛られた（205）．
- ○元和7年（1621）以前の江戸前期出版の軍記，「甲陽軍鑑」に信長など戦国大名が行った饗宴の献立記載，初献に勝ち栗5個（206）．

1574（天正2）
- ○紀伊国有田郡糸我荘の伊藤仙右衛門，肥後国八代地方のミカンの苗木を移植，紀州みかんの始まりという（1, 5, 20, 42, 111）．

1583（天正11）
- ・7　○秀吉が大阪城で開いた茶会で胡桃，松の実が出された（206）．

1585（天正13）
- ・7　○秀吉が関白になり，参内したときの食膳の献立，林檎，うちぐり，桃が出される（206）．

1587（天正15）
- ・6　○博多の貿易商人で茶人の神屋宗湛が九州平定時に秀吉を招待した献立の果実（宗湛献立日記），胡桃あえ，胡桃，桃，松実（60, 206）．

1588（天正16）
・4　〇後陽成天皇の聚楽第への行幸の際の献立（行幸御献立記）の中の果実，胡桃，金柑（60，205）．

1580年代
〇この頃，徳川家康が舶来果物を娘の嫁入り先，北条家に贈った所，味わいもせずダイダイと勘違いし，「浜松では珍しいらしい」として，ダイダイを長櫃に入れて家康に送り返した．家康は「なめげ（無礼気）の挙動」としてあきれ，北条家の滅亡を予感（国をみるのに贈り物）（152）．

1591（天正19）
・冬　〇徳川家康が会津の大名蒲生氏郷に特産品のコノワタと蜜柑を贈り物とする（贈答品としての特産品利用）（152）．

1573-1592（天正時代）
〇西洋から九年母が伝来（29）．
〇信濃国諏訪地方でマルメロが宅地や畦畔で栽培され，漢方医薬として珍重（61）．
〇「西念来」と称された柿「会津身不知」が中国から導入されるとされる（49）．
〇クルミが朝鮮の三韓から貢ぎ物として渡来（61）．
〇京都府中郡五箇村で天正末期に丹後枡谷村から柿「橋谷」「ナガラ」が導入．散在樹として栽培（49）．
〇この頃，東京都足立市場の前身，千住市場が始まる（49）．

1592～1596（文禄年間）
〇この頃，丹波地方で栗の大粒系統，最古の品種「長光寺」が現れる（61，49）．

1593（文禄2）
〇仙台藩主伊達政宗が出兵先の朝鮮（漢城の宣政堂前の臥龍の梅）から梅を持ち帰り，岩木山に移植，仙台城築城時に城内に移植，寛永4年に国分若林に築城時に再度移植（140）．菩提寺の松島瑞巌寺と若林城苑内に植える（138）．後裔が「朝鮮梅」として天然記念物に指定（140）．

1596（文禄5，慶長1）
・7　〇天才的な儒学者の藤原惺窩が薩摩の坊津への旅日記に内浦で唐船が停泊し，南蛮の渡来品を見る．葡萄を食べる．密漬けの梨実などを新たな唐船で見る（206）．
〇広島の因島中庄町で小蜜柑，九年母が植えられる（49）．

16世紀
〇沖縄にパパイヤ渡来（5）．

1600年代前半
〇この頃，鹿児島県の桜島蜜柑の栽培始まる（29）．

16世紀中頃～1620年代
〇この頃出版された日本初の農書「清良記」の「木類の事」にクリ，カキ，クルミ，アンズ，スモモ，ウメ，ビワ，モモ，ヤマモモ，ナシの栽培が記され，柑類にコウジ，クネンボ，ミカン，ユズ，ダイダイ，カブス，ハナユズ，ミユズの種類が記載（60）．
〇「清良記」第7巻末光・牧野本で，中世食用植物一覧を見ると，1月と2月（果実記

載無し), 3月(ノミノミ, イチゴ), 4月(杏, 梅実, イチゴ, ノミノミ), 5月(晩梅実, イチゴ, ボケ, 枇杷の実, カマツカ), 6月(桃, 山桃, 李, 木瓜), 7月(木瓜, 木沢柿, 梨子, 淡柿実(サラシガキ)), 8月(クルミ, 梛実, 栗実, 柿実, 銀杏, 梨実), 9月(栗実, 柿実, 梨子, 椎子, 樫子, アケビ, ブドウ, 栃実, 梛実, 棗, クヌギ, 柚), 10月(晩梨, 梛実, 樫子, 椚子, 栃実), 11月(樫実, 椎子, クヌギ), 12月(果実記載なし).

1601(慶長6)

○徳川家康が甲州を検地, 葡萄樹百六十余本 (20, 61).

江戸時代

江戸時代
－商品としての果物の広域流通の始まり－

　江戸時代に入り，平和が訪れて，城下町も発達し，各地で果物の販売目的の栽培が開始され，「果樹園」が造られ，果樹農家が生まれた．また，都市近郊には「果樹産地」が発達し始め，江戸周辺では，現在の千葉県松戸，市川などのナシ産地，神奈川県の川崎のナシ産地，柿生の禅寺丸柿，関城のナシ等がある．名古屋では大垣の柿や梨産地が，関西では摂津池田等が著名である．カンキツは伊豆から江戸へ，有田から京阪地方へ供給されたが，船による運搬も始まり，紀州の有田から紀伊国屋文左衛門が江戸に蜜柑を運んで巨万の富を得たことは著名である．この頃になると産地や消費地に果物問屋が出来，果物を販売する果物屋も成立した．また，天秤棒でモモやナシを振り分けで運び，行商する者もあり，現在の果物流通の基礎が出来た．

　また，古くから神社仏閣への「お供え物」として果物が用いられ，現在でもお盆に仏壇に供えられ，この時期に出荷できる果物や早生品種，促成栽培が成立している．このような果物への感覚が日本の果物文化の特徴である盆暮れの「贈り物としての果物文化」に発展したのかもしれない．

　一方，東北の農村では，農家の庭先や裏山にモモ，ナシ，カキの樹が植えられ，自家消費されたり，クリとともに稲の冷害に対応する「救荒作物」の役目も担った．現在でも各地の農村にこれら樹種の巨木が残されている．

慶長の初期
　　　　　○この頃，紀州の保田，田殿では，村ごとに蜜柑が50本，70本と植栽される．この頃以降，栽培が増加 (42, 111).
1600年頃（江戸時代初期）
　　　　　○園芸熱が急激に高まる．家康，秀忠，家光の三代の将軍は強い花好きで植物の奇種，珍種を収集，大名からの献上も沢山あった．家康は梅花を愛し，狩りへの途中，加茂真淵の生家の梅の枝をおり，襟に挿す (138).
　　　　　○広島県大長で平蜜柑（紀州蜜柑）栽培開始 (49).
　　　　　○この頃から，徳島県のスダチが作られる．推定樹齢350年の古木 (49).
　　　　　○この頃でも，桑苺（桑の実）は果実とされず，酒（桑じん酒）にのみ醸された (206).
1603（慶長8）
　　　　　○京都の市場は錦，高倉市場，仏光寺市場，上の店蔬菜市場が開設 (28).
　　　　　○日本イエズス会が「日葡辞書（にっぽじしょ）」発行，ミツカンを「日本の甘いオレンジ」，ウジュ，ウジュキツを「蜜柑と呼ばれる柑橘類の一種」，他にクネブ，ダイカウジを甘い蜜柑の一種とし，タチバナは「小さくてすっぱいある種の蜜柑」とした (151).「シブカミ（渋紙）」の項に「青柿の汁で貼り付けた厚紙」，「渋染」と

江戸時代

　　　記載（196）.
　　○この頃，徳川家康が領内見回りで，天領である川崎の王禅寺に来て，農民の柿の接ぎ木を見て，柿の名前を問い，名前がないとの答えに王禅寺丸と名付けたと伝承される（222）.

江戸時代前期（慶長・1596〜延宝・1681）
　　○仏手柑が中国から伝来（99）.

1595－1615（慶長の頃）
　　○河津五郎太夫が多町に菜市を開設，神田青物市場の初め（9）.
　　○この頃より，青物市場を「やっちゃ場」と呼ぶ（28）.
　　○この頃，駒込に土物市場と呼ばれる青物市が立つ，駒込の天栄寺に記念碑あり（109, 111）.
　　○この頃，江戸の各地に散在して，市場が発祥（49）.
　　○この頃，東京神田市場，名古屋枇杷島市場が始まる（29, 56）.
　　○この頃の市場で，果実の嗜好は少ないため，商品として取り扱われる量は少なく，主にミカン，少量の梨，柿，葡萄，桃等に過ぎない．ほとんどが，都市近郊付近の産で，甲州から馬背の葡萄，紀州から船積の蜜柑等は例外（56）.
　　○この頃から，ポルトガル船，オランダ船，中国船により，800種もの食材，食品が西洋，近東，南アジア，米大陸，東南アジアの華僑圏から多数舶来．果物は，アーモンド，蜜柑（109）.
　　○この頃から中国商人が長崎を拠点に貿易を許される．唐船の舶来品果物は柚餅子，蜜柑（112），紀州蜜柑（149, 159）.
　　○この頃，長崎で南蛮酒，チンタと称される粗製ブドウ酒が飲まれる（60）.
　　○この頃から，長野県伊那郡の立石柿を徳川将軍家に献上．尾張や江戸へ移出され，串柿は江戸で珍重された（61）.
　　○信濃，安茂里村の杏は松平上総介忠輝が越後も領有したとき，城代，大久保岩見守の家臣花井主水が植える（61）.
　　○紀州田辺藩で租税を免じて梅生産を奨励（156）.
　　○この頃，渡来したマルメロが江戸に持ち込まれ，武家により，江戸城から長野諏訪の高島藩に入り，産地化する（61）.
　　○この頃，備後の因島で柿渋製造が開始され，大阪に販売開始（196）.

1607（慶長12）
　　○この頃以前，剣豪・宮本武蔵（1584〜1645）が倒した京都の吉岡一門が家業としていた染物屋「剣法染め」は，ヤマモモ，ドングリ，釘を使い，「四十八茶百鼠」地味な色を染色．

1609（慶長14）
・9　○前フィリピン総督ドン・ロドリゴがメキシコ帰任途中に房州御宿沖に漂着．2年滞在，家康，秀忠に謁見．京都の商人田中勝介や水銀売買業の朱屋隆清等23人が帰国に同行してメキシコに到る．翌年日本人22人と帰国，葡萄酒を持ち帰る（139, 159, 192）．サン・フランシスコ号，376名乗船，317名救助，持ち出した積み荷

の中にマンゴーの砂糖漬け，南蛮船検使が着物などの他に果物類を贈る (192)．ロドリゴが江戸の町の風景を記載し，「野菜や果物の種類の多さと値段の安さに驚かされる」と記載 (192)．駿府で家康がたくさんの果物を宿舎に届けさせる (192)．
○安南船が薩摩に来着，異国の産物あり (11)．

1611（慶長16）
・7 ○会津の殿様が，只見川で毒流し漁法を行うため，柿渋を集めた．日常的に柿渋を作成していたことがわかる (196)．
○京都の町人，田中勝重メキシコより帰国し，ブドウ酒等を徳川家康に進上 (1)．

1612（慶長17）
・11 ○伊勢国松坂より，徳川幕府商人連中として招かれ，神田多町青物市場に伊勢長が開店 (28)．
○林道春（羅山）が「本草綱目」の品物を抜き出し，国訓を付けた「多識編」刊行 (20)．マルメロが記載 (61)．

1614（慶長19）
○徳川家康の命により，市兵衛，九左衛門が青物問屋設立し，枇杷島市場となる (9)．

1615（慶長20，元和1）
○広島藩主，浅野長晟が小蜜柑の苗木を紀州から求め，繁殖奨励，蒲刈の小蜜柑栽培が発展 (49)．

1615－1624（元和の頃）
○紀州の徳川頼宣が中国原産の蜜柑苗を八代から取り寄せ，栽培させる (111, 112, 149)．
○「葷酒山門にいるを禁ず」の葷に柚子，橙，酸橘，山椒は一応許可 (112)．
○近東から無花果が舶来 (109, 111)．
○福井県敦賀市大比区の中山治郎左衛門がみかん栽培開始 (49)．
○甲斐徳本，甲州祝村で雨宮に会い，葡萄栽培を研究し，棚作りを開発 (20, 49, 61)．
○長野県伊那郡南部に柿栽培が普及し，串柿1反歩につき，50個を加役として納入 (61)．
○この時代まで，長野県小布施の栗林は幕府の直轄領だったが，家康の養女の松代藩への嫁入り化粧料として，松代藩管轄に下賜，掟を作って栗林を保護 (61)．

1618（元和4）
○信濃国下伊那，立石付近一帯は近藤織常正藤原重薨の知行地で干し柿を上納，将軍家に献上，献上柿とよばれ，以後，「立石柿」として江戸に広まる (61)．

1623（元和9）
○伏見城が廃棄され，多くの町人が大阪に移住，この荒地に桃が植栽され伏見山が「桃花」の名所となる．「桃山」と呼ばれた．安土桃山時代と呼ばれるゆえん (138)．

寛永初期
○この頃までの朝鮮からの回賜品の中に栗，クルミ，松子があり，将軍や周辺有力大名の要請品目が多い (181)．

1624 – 1644（寛永年間）

- イチジク「蓬莱柿」が長崎に導入される (5, 8)．西南洋の種を得て，長崎に伝わると「大和本草」に記載される (26, 99, 159, 185)．
- この頃，長崎に明国からマルメロが舶来，南蛮人が砂糖で煮，加世伊太と呼ぶ (149, 159, 185)．
- 「近世世事談」に長崎に木瓜（まるめろ）舶来，「木瓜，この実りんご之如し，南蛮人は砂糖で煮て，加世伊太（かせいた）と呼ぶ，よく痰咳を治す」(111)．
- この頃，鹿児島県の桜島李の栽培開始 (29)．
- 紀州の有田で，ミカンの荷主が集まって「蜜柑方」を組織して販売，明治14年まで継続 (49)．
- 紀州蜜柑が廻船で江戸に運ばれる．紀州滝ヶ原村の藤兵衛が蜜柑400籠を廻船で江戸へ運び，270両で売りさばき，巨利を得る (111)．
- この時期，少なくとも江戸では，蜜柑はかなり高価な食品で，紀州蜜柑生産者は大きな利益を上げ，駿河以外にも相模・伊豆等でも江戸向け蜜柑生産が発展し，蜜柑の値段が低下した．その結果，江戸での蜜柑需要が増加し，各地の蜜柑生産がこの需要に対応した (151)．
- 京都綴喜郡多賀村に温州ミカンが入る (49)．
- 盛岡藩が高麗グルミを移植 (61)．
- 山形県置賜地方の川桶地区にブドウ導入，金山の鉱夫，山師による説と出羽三山の行者により，関東から導入説有り (49)．
- 江戸大根河岸に青果市場できる (111)．
- 愛媛県伊予郡中山町の栗栽培は，大洲藩主加藤泰興が将軍への献上品として百姓太兵衛に栽培を命じて開始 (49)．

1625（寛永2）

- この頃，高遠藩主内藤大和守が傾斜地に干し柿栽培を奨励，宮田村の細田儀右エ門が白柿（枯露柿）製造し，献上，屋号をとって「萱林柿」と命名 (61)．
- 「和泉史」によると，この当時，横山谷が納めた「渋紙」が塩硝（火薬）製造に利用 (196)．
- この頃，和歌山県那賀郡安楽川村段新田で桃栽培開始，桃郷として著名，在来品種で小果，美味，豊産で新田桃として賞味 (49)．

1626（寛永3）

- ・4 　○小倉の細川忠利が中津の細川忠興に蜜柑300入り一籠を贈る（上流武家の贈答用として利用）(151)．
- ・9 　○前将軍徳川秀忠，将軍家光が上洛し，二条城で後水尾天皇の行幸仰ぎ，饗宴．献立の中の果物は，初日（6日）の昼（胡桃，榧金蝶亀足付，柿大豆飴），初日の晩（蛸櫻煮柚ほし，水栗），二日目朝（栗）(206)．

1628（寛永5）

- 山形県置賜地方の安部馬之助綱正がブドウ栽培開拓 (49)．

1630（寛永7）

- ・春 　○日光街道筋の千住宿に「千住魚河岸」が認可され，同時に青物七人衆で「千住やっ

江戸時代　　　（43）

ちゃ場」を開設，幕府に冥加金として一年分の千住葱を献上 (28)．

1633（寛永10）
　○江戸神田多町に12軒の青物問屋が開業し，神田市場が開始，当時，水菓子の問屋仲買の全国的中心市場，江戸幕府の御用市場 (49)．
　○琴平参詣土産として，柿渋を塗った渋団扇が制作開始，尾道産の柿渋を大量使用，終戦直後まで盛んに作成，平成でも4万本 (196)．

1634（寛永11）
・10　○紀州有田ミカン初めて江戸に入荷する (1, 20, 28)，瀧川原村の藤兵衛が400籠を回船で他の積み荷と積み合わせて，江戸に出荷し，京橋の新山屋仁左右衛門と言う果物屋を問屋とし，販売，金一両で蜜柑一籠半，翌年2,000籠出荷 (42, 151) それまでは伊豆，駿河，三河，上総から江戸に運ぶ．関西では山城が蜜柑の産地 (20, 42)，高価で上流武家の贈答品として利用が主流，生産者を刺激して，栽培が拡大 (151)．
　○マルメロが長崎に渡来 (1, 8, 11, 12, 159)，折橋升雲の「長崎両面鏡」に記載 (61)．
　○江戸京橋の水菓子問屋新山屋仁右衛門，ミカン問屋を開業 (1, 42)，紀州蜜柑問屋（売捌人）(151)．

1635（寛永12）
　○紀州蜜柑の江戸送荷量が2,000籠となる (42)．

1636（寛永13）
　○この年以降，美濃西山から年々柿渋九斗九升七合を大垣領主に納入 (196)．

1643（寛永20）
　○この頃，河内国に甲斐国から葡萄が移入 (61)．
　○最古の料理書「料理物語」が上梓され，漬け物材料として，梅，マタタビ，銀杏，楊梅が記される (108, 109)．

1645（正保2）
　○松江重頼，「毛吹草」7巻を刊行，巻4に諸国の名物をあげ，果樹の産地を記載 (20, 206)．

1646（正保3）
　○薩摩藩主，唐山から得た「キコク（カラタチ）」の成木を長島に植える．年を経て，結実し，苗木を養成して移植し，多量の果実を得る (11, 12, 20, 109, 149)．未熟な実を干して健胃剤とする (111)．
　○この頃，日本橋川，京橋口に「京橋，大根河岸やっちゃ場」設置，大正末期に白河藩主松平邸跡に移転し「築地青果市場」となる (28)．

1648（正保5，慶安1）
　○この頃，川崎の柿「禅寺丸」が江戸に出荷され，柿の最良品とされた．池上本門寺のお会式頃 (10月12日) が出荷最盛期で門前で販売 (222)．
・3　○会津藩，有用植物の制を定め，栽培を勧め，むやみな伐採を禁じる．榧，胡桃，栗，榛栗（ハシバミ）梅，李，柿，梨が含まれる (11, 12, 61, 111)．

1650（慶安3）
　○神田連雀町，雉子町，佐柄木町，須田町，多町の五ヶ町を御府内青物市場とし，隣

接する御成街道筋に位置する新銀町に幕府青物役所を設けて江戸城御用市場とした．江戸青物五ヶ町と呼び，多町に青物問屋組合詰め所があった．九十余店の卸，中卸が多町二丁目に軒を並べる水菓子(果物)は須田町で扱われた．この八辻ヶ原には「明け六つ」から「暮れ六つ」までの間，住人，従業員が5,000人，仕入れ商人，買い出し従業員が1000人程度の出入りがあった．「泡ゆきや，土用，古河梨，積み重ね，時しらぬ，山をつくる八辻ヶ原」と詠まれた(28)．

1650年代
○川崎大師河原で梨栽培が始まる(31)．
○この頃，兵庫県伊丹市北村でミカン栽培が始まる(49)．

1651(慶安4)
○大阪城代，町奉行差配地として，大阪，都島片原町(今の相生)に青物市場開設(28)．

1648-1652(慶安時代)
○中国から マルキンカン (みかん)，唐蜜柑が，欧州から木瓜(マルメロ)舶来(111, 149, 159)．朝鮮からきこく(カラタチ)舶来(159)．
○オランダ船が果物の砂糖漬けを持ち込む(110, 159)．
○中国船が唐蜜柑を舶来(109, 112, 159)．
○小田原藩主の稲葉丹後守正勝が将軍家光に熱海温泉の湯を四斗樽で献上し，その船に積み合わせて，二斗，四斗樽入れ(それぞれ，36，72リットル)の九年母と蜜柑を神田多町市場に出荷，二斗樽が平均一両，四斗樽が平均一両三分(28)．

1653(承応2)
・3　○大阪，天満青物市場が天神橋北詰から龍田町辺り一帯に移転し，認可される(1, 9, 29, 109, 111)．

1654(承応3)
○第3回朝鮮通信使が家綱襲職賀のため，来朝，総勢485名(488名(71))(239)，日光の東照宮に馬の他，胡桃，はしばみ，栗，乾栗，松の実，榧，柿等が贈られる(41)．
・10　○通航一覧，巻之六十五，朝鮮国部四十一，信使着館並滞留中御扱に，江戸の宿，本誓寺が一日分の入用とした食料にブドウ三百房(84)．

1655-1658(明暦年間)
○明暦の江戸の大火後，園芸熱が高まり，植木などの棒手振りが盛んに歩き，縁日には園芸市が立つ．大がかりな江戸の緑化事業が広まる(109, 111)．
○近江日野には200軒の木地の塗師屋があり，八日市から運ばれる渋柿の量が膨大であったと推定，塗師自らが柿渋を製造(196)．

1656(明暦2)
○紀州の蜜柑，組株十組，蜜柑籠数五万，江戸の問屋七軒(20, 42, 151)．

1657(明暦3)
・3　○李正宇が編した「図解本草原始」の和刻本刊行，六，果部(11)．
○江戸における紀州蜜柑の販売所は江戸橋広小路，白銀町川岸，壱石橋川岸等(42)．

江戸時代　　　（45）

　　　　　○埼玉県安行地方で観賞樹栽培が開始(49).
1659（万治2）
　　　　　○薩摩藩，山川郷福元に竜眼山を作り，竜眼，レイシ，キコク，等を植える．山川薬園の始まり(11).
・夏　　　○駒込吉祥寺,本所(茅場三丁目),深川(北松代一丁目)に蔬菜(前栽)市場を開設，江戸初期の「五大やっちゃ場」と言われたのは，多町，京橋，千住，駒込，本所各市場のこと(28).
1658－1661（万治年間）
　　　　　○隠元禅師が宇治に万福寺を建て，参拝者に振る舞った食事の献立，「四椀菜果」，果物がでる(112, 149).
万治～寛文の頃
　　　　　○菅江真澄が「久保田の落穂」で，この頃，朝鮮の医家（クスシ）松前に漂着，久保田に来て診療(231).
1661（万治4，寛文1）
　　　　　○小田原領真鶴村で蜜柑年貢を記載(141).
　　　　　○亀戸天満宮が勧請される．1663年に造営，梅が天神の神木なので古くから梅が生育しているところに造営された．社後に太宰府の飛び梅の実生を植える（実生のため，白梅となる）．西門の内南に数十の株を植える(137).
1661－1673（寛文年間）
　　　　　○中国から長崎に文旦が舶来，唐船船長の周九娘が長崎の盧庄左衛門にザボンの種を贈る．これを西山神社境内に播き，平戸文旦となる(111, 149, 159).
　　　　　○紀州蜜柑，尾張に出荷，伊勢，伊賀，三河，遠江産の物より優品(20, 42).
　　　　　○寛文から元禄，享保年間にかけて，東京京橋市場，東京本所四つ目市場，東京浜町市場が始まる(29).
　　　　　○寛文から安永にかけて，新潟では，本町通り，沼垂地区の繁華街に近郊各地から農漁民が道路上に生産物を出陣して取引(49).
　　　　　○度量衡令が公布され，江戸升を京升に統一，酒造半減令，倹約令（茶屋，座敷での会合禁止）(107).
　　　　　○300年前のこの頃，京都加佐郡由良村で山口県萩から種子を持ち込み，みかん栽培(49).
　　　　　○この頃，神奈川県の大山阿夫利神社への街道両側に柿「禅寺丸」が植栽(49).
　　　　　○この頃，広島県豊田郡大長村で大長桃の栽培開始と推定，品種は油桃，もしくはカタチ桃(49).
1662（寛文2）
　　　　　○林道春が「多識編」を著し，これまでカラモモと呼ばれた杏をアムズとしるす(61).
1664（寛文4）
　　　　　○この頃，京橋青物市場開設(9).
1665（寛文5）
・1　　　○幕府が青物と魚介の「初売り物月定め」令を監視が可能な多町市場に限り施行，解禁月は旧暦で4月（枇杷），5月（山桃），7月（りんご），9月（柿，ぶどう），10月

江戸時代

　　　（梨，蜜柑，九年母）(28, 107, 108, 109, 111).
・7　〇水戸光圀が亡命中国人の朱舜水を江戸に招く，朱が唐の品を献上，この内果実関連は，竜眼肉，砂糖漬橘餅，蜜漬棗，蜜仏手柑，棗頭，魁棗 (185).
　　　〇東京の京橋青物市場，通称「大根河岸」が現在の中央区西銀座1，2丁目，槇町3丁目，京橋3丁目で営業開始 (49).

1666 (寛文6)
・7　〇釈元政が「食医要編」を脱稿，延宝3年 (1676) 刊行．第18巻 (果瓜) に林檎に下痢を治す働きがあると記載 (60).
　　　〇中村てき斎が図解の啓蒙所「訓蒙図彙」20巻刊行．巻18は果瓜 (11, 170).

1667 (寛文7)
・3　〇幕府より，「覚」が出され，唐船とオランダ商船の輸入禁止品目が指定，その中に，薬種之外植物之類，生類，薬種ニ不成唐木があり，果樹果物が正式に輸入不可となる (180).

1672 (寛文12)
・4　〇唐船2艘が来航し，貿易で入札実施，ライチは1斤につき代銀1匁5分，龍眼肉は1斤につき代銀3匁5分 (103).

1673 (寛文13，延宝1)
　　　〇岐阜県本巣郡根尾村で柿渋8升を上納 (196).

1681－1683 (天和年間)
　　　〇信濃，森・倉科地方のアンズ，領主眞田公が勧業奨励のため，伊予宇和島からアンズを取り寄せ，領内各村に配布とされる (61)．藩主夫人が宇和島から入輿の折，故郷の春を長く忘れないように杏花苗を国元から取り寄せ，植える (61).
　　　〇この前後に著された三河・尾張・遠江地方の農書「百姓伝記」の「柿の木を植える事」の項に柿渋製法と専用品種「小柿」記載 (196).

1681 (延宝9，天和1)
・8　〇朝鮮の渡海訳官が対馬に慰行，総勢65名 (41)，江戸の宿舎本願寺で幕府が饗応，献立中の果物は胡桃，柚干 (206).
　　　〇水野元勝の「花壇綱目」上中下3巻刊行，梅52品種を記載 (26)，53品種 (138, 140)，栽培法も記載，園芸ブーム (111)，この時点で，現在の梅品種の約14％が成立，これ以降急速に発展 (138).
　　　〇三河・尾張・遠江の農書「百姓伝記」(1681－1683) の「屋敷取善悪・樹木集」に柿渋用に適した柿と柿渋貯蔵法の記載 (196).
　　　〇この頃，長野県松本市在の入山辺に山梨県からブドウ「甲州」が導入と伝承 (49).
　　　〇新潟県中蒲原郡横越村二本木に梨を栽植，以降，河川の氾濫跡地に増殖 (49).

1684－1688 (貞享年間)
　　　〇京都府綴喜郡多賀村でみかん栽培 (49).

1684－1704 (貞享～元禄年間)
　　　〇徳島の阿南市椿泊で宅地利用果樹として梨栽培実施，市場に遠くて次第に衰退 (49).

1684 (天和4，貞享1)
・4　〇黒川道祐が「擁州府志」十巻を刊行．巻六，土産門，菓木部に京都の果実類やそれ

らの伝統的風俗習慣を記載 (11). 記載されている果実は, 茅栗 (シバグリ), 序実 (柿), 木サワシ柿, 筆柿, 渋柿, サワシ, 釣柿, コロ柿, 梅子, 桃実, 杏実, 巴旦杏 (アメントオウス), 李実, 梨実, 林檎, 葡萄, 柚, 橘, 楊梅実, 椎実, 榧, 銀杏, グミ子, イチゴ, これらの内, 柑橘類, 柿, 梨には品種名記載, 野生果実が顕著に減少, 椎と榧は利用 (20).

○北野の種樹の家では, 柿梨橘を接ぎ木し販売 (25, 26).

○柿渋所々之有, 京都宇治郡山科七郷特に多し, 製法と使い道を記載. 二番渋を初めて記載し, この頃, 技術改良が伺える. 一番初めに衣服を染める (柿渋染め). 渋紙製造が記載され, 京都五条松原通東に製造所が, 四条京極西の奈良物町で奈良産の渋紙を販売 (196).

・6　○6月16日に行われる宮中行事, 嘉定 (かじょう) を江戸幕府は重要な祝日とし, 庶民も菓子などを食べて祝った. この年刊行された井原西鶴の「諸艶大鏡」には, 島原の廓の嘉定に出る食事中の果物として, 大宮の初葡萄, 粟田口の覆盆子 (いちご), 東寺瓜 (まくわうり) (141).

1685 (貞享2)

○会津の柿渋生産について, 「天寧寺町風俗」によると, 柿を会津郡天寧村, 小田村から秋に購入し, 渋を製造. 柿渋の値段は酒程度の高価と記載 (196).

○この頃, 小田原藩伊豆多賀郷の蜜柑と九年母樹数が106本, 上納金は2両余り (28).

1686 (貞享3)

・5　○季節外の果物を珍重する風習が盛んになり, 幕府は最初の売り出し日を定める. (リンゴ7月から, ブドウ8月から, 御所ガキ9月から11月まで, ミカン9月から3月まで) (1, 108, 109, 111), ビワ5月から, 梨子8月から11月まで, 九年母5月から3月まで (206).

○蜜柑の栽培が拡大し, 小田原領では相模, 伊豆両国所領村々の蜜柑の木が3956本あり, 半分を上納, 半分は木主の分とし, 上納金は15両3分余に上る (151).

1687 (貞享4)

・2　○大隅国肝属郡佐多村にある新納家下屋敷が竜眼樹植場として献上される. 後の薩摩藩佐多薬園で竜眼, レイシ, キコク等あり (11).

○「江戸鹿の子」に江戸の植木屋として, 下谷池之端, 京橋長崎町広小路, 神明町三島町, 駒込染井, 四ッ谷伝馬町等を記載 (26, 137).

○紀州蜜柑の江戸での販売は九軒の問屋を指定し, 生産も蜜柑組数を限定して統制 (42), 京橋 (2軒), 両替町 (2軒), 堀江町 (2軒), 瀬戸物町 (1軒), 中町 (1軒) (151).

1688－1704 (元禄年間)

○黒砂糖が舶来する. (1).

○この頃, サンザシ, ザボン, ライチ, 龍眼が舶来 (109, 111, 149). 花利牟 (かりん) (149).

○この頃以降, 神奈川県川崎で梨が屋敷の隅から本式に栽培され, 江戸の町人, 武家に喜ばれた (64).

○この頃から, 多摩丘陵の柿, 禅寺丸が池上本門寺の御会式に枝付き柿として名物

○となる(64).
○この頃,東京都稲城町の当時の代官,増岡右衛門と川島佐次衛門が城州(京都)に旅し,梨「淡雪」を持ち帰り,栽培開始(49, 167).
○この頃,下総方面から,生貝村鶴見(現横浜市鶴見区)に梨栽培が導入,その後,大師河原村の寺尾与七郎の祖先が鶴見から苗木を移植,多摩川梨の始め(49).
○この頃から始まる川柳の句集で取り上げられる果実,真桑瓜,西瓜,冬瓜,ぶどう,びわ,みかん,橙,柚子,金柑,梅,柿,栗,くるみ,ざくろ,桃,梨,すもも,あんず,いちじく,ぎんなん,椎の実等(111).
○「合類日用料理抄」に柚餅子が記載(111).柿を使った「柿入り」という菓子,「外郎餅」,貯蔵法(持様)として,金柑,蜜柑,柿,梨,葡萄,葡萄漬け記載(185).
○「古今名物御前菓子秘伝抄」に「九年母羹」,「食菜録」に「九年母煮」(マーマレイド)が記載(185).
○この頃,国学が生まれ,古代の文献を元に,儒教や仏教が伝わる以前の日本独自の思考を基本とした.このため中国伝来の梅が排斥され,日本古来の桜が国学者にもてはやされた(138).
○この頃,長崎に入港する唐船は清国本土の他,台湾,ベトナム,カンボジア,タイ,マレー,ジャワ等の南方華僑の船を含み,これらアジア各地の産物が舶来,レイシ,リュウガンを輸入(159).
○この頃,水戸光圀がマルメロを邑に植える(185).
○この頃,神田に青果市場が統合される(109, 111).

元禄〜宝永年間(1688〜1711)

○信濃国筑摩郡山辺村に甲斐国から甲州ブドウ導入,家の庭先植栽(61).
○松代藩主上京の折,関西からアンズの種子を持ち帰り,領内の埴科郡倉科・森・雨宮村などに植栽(49,61).
○松代藩の宮島所蔵の手記「石記録」によると,この当時の杏は花の観賞が主体で,果実は自家用と藩主への献上程度,販売はない(61).

1690(元禄3)

○この年に刊行された「江戸惣鹿子名所大全」巻五に水菓子屋は高級品売り場が多い日本橋北通り,日本橋北西中通,京橋南西中通,本両替町通,姫御前通の5通,町としては,瀬戸物町,南鍋町,京橋北弐丁目広小路,このほかに江府外町の四谷しほ町,神田須田町に有って,この当時は高級品商店(151).
○ケンペルが著した「廻国奇観」にビワの実がカリンに似ているが,中にクリのような核があると科学的に初めて記載(大場秀章, 2005).

- ・3　○オランダ商館町・カピタンが将軍綱吉に謁見し,老中等の役宅を廻勤し,贈り物としてスペイン赤ブドウ酒を贈る(58).
- ・8　○水戸光圀が日乗上人に柿一籠を届ける(185).
- ・9　○水戸光圀が日乗上人に梨と柘榴を重に並べて贈る(185).
- ・10　○水戸光圀が日乗上人に釣柿を贈る(185).
- ・12　○水戸光圀が日乗上人に蜜柑籠(八代蜜柑:潮来近在三)を贈る(185).

江戸時代　　（49）

　　　　　○上記の他に，柿，柘榴，金柑,楊梅，枇杷，葡萄，李などを上人に贈る (185).
1692（元禄5）
・3　○稲生若水が「物産目録」を著し，果実100列挙する (12).
・5　○稲生宣義（若水）纂の「ほうしゃ全書」全4巻，上下二冊刊行，薬品として用いるべき物を記載．果90 (11).
　　○「世間胸算用」に正月儀礼用のダイダイが1個四・五分の高値なため，九年母で代用 (151).
1693（元禄6）
・7　○天才的な儒学者の藤原惺窩が薩摩の坊津への旅日記に内浦で唐船が停泊し，南蛮の渡来品を見る．葡萄を食べる．蜜漬けの梨実などを新たな唐船で見る (206).
　　○俳人森川許六の「きゆう紀行」で山梨勝沼を通り，「鶴瀬勝沼といふ所は葡萄の棚にて野も山もつづきたり」と記す (99).
　　○この頃から，日本橋魚河岸，神田青物市場盛況 (114).
　　○京都で発行された「男重寶記」に在る蒸菓子にある果物入り菓子，柚の香餅，夕なみ（栗入り）(206).
1694（元禄7）
・7　○貝原益軒が「花譜」の中で繁殖法，接ぎ木法を記載する (11).梅の品種と特性を記載 (9, 138).8品種記載 (140).
　　○京都で春物や果物など21品の売買時節を定める．(1).
　　○通あん竹中敬が明の李中梓著の「本草通玄」上下二冊刊行，菓部杏仁以下27品 (11).
1695（元禄8）
・1　○富山県で前田利常公が柿「三社柿」栽培を奨励 (49).
　　○江戸染井の野夫，三之丞（伊藤伊兵衛）による「花壇地錦抄」刊行 (11).6巻の6丁と43丁に唐桐と蘭類を土蔵または穴蔵に入れて冬を越す事が記載され，蘭類に紙の袋を掛け，または箱に空気の出る穴を開けて掛ける方法が記載されている．温室の原理の初出 (26).
　　○江戸三之丞の「花壇地錦抄」巻二の六番目に梅44品種が記載 (26).49品種 (138), 47品種 (140).
　　○この頃，大分県の「かぼす」が医師により果実を医療用として珍重されていたとされる (221).
1697（元禄10）
・1　○「本草摘要」1巻刊行，果部15種 (11).
・6　○人見元徳（野必大）の「本朝食鑑」発行 (11).1695年撰 (12, 13, 20).巻之四が菓部．品種，産地，繁殖，栽培法を説明．桃には品種名や産地が記入されておらず，梅，柿，梨，葡萄，栗に比べて第二次的果物であった (20), 豊後梅を記載 (24).菓部に記載の果実（江戸時代に利用した果物），梅，杏，李，桃，アメンドウ，栗，ケンポナシ，林檎，フナエ，海棠の実，木瓜，マルメロ，柿，柘榴，蜜柑，柑子，金柑，九年母，柚，橙，仏手柑，枇杷，楊梅，桜桃，銀杏，胡桃，榧子，松子，榛子，椎子，樫の実，㮈の実，楢の実，柏の実，伊木（イノキ）の実，イチジク，イチゴ，桑いちご（ジン），グミ子，ホオズキ，山椒，葡萄，エビズル (60,

206).糠味噌漬けの材料として,蜜柑の皮,杏仁,山椒の皮を加える,梅干しの最良な物として,豊後,肥前をあげる(108, 111).砂糖の輸入に関連して,「栗,梨.ちかごろ砂糖にて煮上げて"かせいだ"(南蛮・阿蘭陀の果)を製す」と記載(159, 206).「梅は梅干,梅諸,烏梅,梅酢,梅酒,糟漬,糖漬,塩漬,煮梅,熙梅につくらる」,「アメンドウ,近代,蛮国から来る」,「まるめろ,南蛮人,砂糖にて煮上げて餅に作る.かせいだという」,「柚,柚味噌,柚べし,柚醤を製す」,「さくらのみ,本邦いまだ甘美なるを得ず,故に常の果食となさず」,「銀杏,炒りて食すべし.或いは羹に入れて用ゆ」,「胡桃,日用の果とするは姫胡桃なり」,「榧子,渋皮のまま食し,或いは焙りて除きて食す.今,麺糖を塗りて乾果とし,或いは砕きて酒に入れ糖を合わせて飲むる」,「松子,朝鮮長松の実にして,味甘く微辛,やや佳とするに足のみ.近時朝鮮松を移植するも未だ繁茂せず,対馬・長崎より伝え来るなり」,「榛子,わづかに山中より採り来りて都市にひさぐのみ」,「椎子,上せんとなさず,救荒にもっともよし」,「樫の実,俗に団栗といふ.常に食するに絶へず,救荒に用ふべきのみ」,「橡の実,粉にして餅に作れば,救荒に用べふし」,「楢の実,粉にして餅に作れば,救荒に用べふし」,「柏の実,同じく荒歳の食なり」,「伊木の実,同じく荒歳の食なり」,「一熟果,無花果なり」,「苺,近代苺を食ふ者は必ず砂糖に合わせて用ふ,また佳なり」,「桑ジン,近時常の果とする者は希なり,ただ酒に醸して飲むのみ」,「グミ子,賞する者少なく,ただ子供のみ」,「ホオズキ,塩漬けにして冬春の用となす」,「葡萄,近代これを賞味するか.甲州最も多く,駿州これに次ぐ.武州八王子にも多く出だす」,「エビズル,山野にあり,蔓葉花実は葡萄と同じく,実やや小にして色甚だしく紫ならず.熟すれば紫黒なり,故に俗に黒葡萄とよぶ.野人食す.また今これを酒に醸す」,「葡萄酒:腰腎を暖め,肺胃を潤す.葡萄の能く熟して紫なる物を用る,皮を去り,強く滓と皮とを濾して磁器に合わせ盛り,静処に置くこと一宿.明日再び濾して汁を取る.両日の濃汁一升を炭火に煎ずる事二沸許り.地に放ちて冷るを待ち,次いで三年の諸白酒一升・氷糖末百銭を入れて,拌均して,陶瓶の中に収め藏し,口を封ず.十五日余を経て成る.或いは一両年を経るも亦た尚佳なり.年を経るときは濃紫,蜜色の如くにして,味ひ阿蘭陀のちんたに似たり,世以て之を珍賞す.大抵此の酒を造る葡萄は,エビズルを以て勝るとなす.即ち山葡萄なり.俗,黒葡萄と称するも亦た佳なり」(206).

・7 ○宮崎安貞編録の「農業全書」10巻付録1巻発行(11).1696年著(12).巻八菓木之類李,梅,杏,梨,栗,ハシバミ,柿,石榴,ユスラウメ,楊梅,桃,枇杷,葡萄,銀杏,榧,柑類,山椒について,栽培法,品種を記載(17, 20),果樹産地として紀州駿州肥州の蜜柑,濃州芸州の柿,丹波の栗,吉野の榧,伏見の桃,「梨は万菓の長」,「実生は変性して親と同一な物が出来ないこと」,「接ぎ木による結果年齢の促進」,「柑橘の台木にカラタチを利用している.江戸時代の柚台利用はこの時代より後」,「葡萄の棚作りのまねした梨の棚作りが記載されていない」が記載(20),梅の実の効用と加工法,料理を紹介(138).桃の種類に冬桃,果実の大きな桃が記載されている(17).京都の名産,伏見のモモとして,サモモ,五月モモ,大ウスモモを揚げ,その他に西王母,鎧おどし,冬モモ,夏モモ等(61).林檎(ワリンゴ)が記載されず,産業としての価値が認められていない(24).稲作の各種

江戸時代　　　（ 51 ）

作業の時期を梅の開花，杏の開花と関連させて図示(138)．柿の項に柿渋になる「山渋柿」も植えて「家事の助け」と記載，柿渋が商品作物であった(196)．

1698（元禄11）
　○紀州の蜜柑，組株二十三組，二十四，五万ないし三十二，三万籠(20, 42, 151)，蜜柑税の上納開始（江戸送り1籠につき1分，近国送り8厘)(42)，蜜柑一籠代金は年平均二匁で九年母よりも一般的な食品となっている(151)．

17世紀後半
　○生産の拡大と需要の増大で，江戸で蜜柑ブームが生じる(151)．

1700（元禄13）
・12　○徳川光圀没，自領にない物を他領から移植，品目を光圀の正伝「桃源遺事」附録に記載．木之類57，特に柑橘類を多く植えた(11)．中国からも取り寄せた．果実は，黒葡萄，仏手柑，柚山椒，冬山椒，林檎，沙菓（りんご），会津林檎，有田橘，ジャガタラ橘，紀伊国橘，無花果，楊梅，果李（カリン），岩梨実，赤梨実，巴旦杏（アメントウ），唐くこ，竜眼肉，マルメロ(185)．
　○この頃，山口県長門市の大比日海岸で西本チョウが柑橘果実を拾い，種を播き，ナツミカンとなる(5)．

1701（元禄14）
・6　○貝原篤信が選んだ「筑前続風土記」の原稿ができ，その中に粕屋郡左谷村の枝村梅ヶ浦にヤマモモ大樹周囲一丈五尺，その実は金柑のごとしと記載(26)．
　○「噣陽群談」の名物土産の部に，細郷谷の植木（大阪天満の植木屋に出荷，接ぎ木を実施），山本の植木（豊島郡山本村，天満に出荷，樹接大夫と称する家あり），加茂の植木（豊島郡加茂村）．この頃植木屋が繁盛した．縁日植木市が隆盛(26)．

1702（元禄15）
・年末　○奈良屋茂左衛門みかん買い占め事件発生．日光の反射鏡利用で江戸着船可能日を通信(28)．
　○神田多町の幕府青物役所の差配地内，神田青物市場に九年母売場あり年末，年始用みかんとして九年母あり(27)．
　○弘前藩が唐内坂に105本，悪戸村岩堤沢に96本のクルミ（鬼クルミ，姫クルミと推定）を植え，翌年に根分け，実撒きを命じる(61)．
　○この年から，美濃の北山から年々柿渋二石六斗一升三合四勺を大垣城に納入(196)．

1703（元禄16）
・5　○稲宣義（若水）「庶物類纂」．19冊を前田綱紀に献上．果属18冊この年差し出し(11, 170)．

江戸時代中期
　○1700年頃，果実採集のための梅栽培が始まる(61)．

1704 – 1711（宝永年間）

○この頃，葡萄「聚楽」はオランダ人が輸入したフランスの紫葡萄の苗を豊公聚楽邸に栽植とされる．1810年頃に諸国を行商したカラミ屋八左衛門が苗を持ち帰り京都市松屋町通上長者町に栽植とする説あり．丹波の山葡萄を試作し，変化したとする説もあり (49)．

○この頃，唐船が長崎にライチを舶来 (111, 149)．

○京都府相楽郡の豊岡柿は領主藤堂和泉守が農家に栽培や貢物として強要され，衰微していたが，この頃に廃止され，栽培が増加 (49)．

1704（元禄17，宝永1）
・6　○加州侯が稲生若水を召して，「庶物類纂」壱千巻を編纂させる．362巻で死亡．その後，吉宗が丹羽正伯に命じて増修させる (12)．稲生若水 (本名，稲　宣義，いなのぶよし，) (1655 – 1715) が，この頃，「皇方物産誌」を著し，箒桃を記載 (39)．

1705（宝永2）

○貝原益軒が「京城勝覧」を著し，「伏見山は桃花多くして吉野の桜に対すべしと記載，南北十町，東西二三町，四五町の間，数千万樹の紅桃，かくの如く花多き所およそ日の本の内にはなしという」と記載，短命なため，1760年 (宝暦10) 頃には梅花の名所に変わる (138)．

○対馬藩の真文役，雨森芳洲が釜山の倭館に朝鮮言葉稽古として派遣され，5年間滞在し，朝鮮語会話入門書「交隣須知」を著す．71項目の中に果実がある (68)．

○「万宝鄙事記」に，柿渋の貯蔵中の凝固防止策について記載 (196)．

1706（宝永3）

○井田昌はん著，「柑橘伝」1巻発行，20品種の名称，産地などを記載 (11, 12, 170)．

1709（宝永6）
・8　○貝原益軒の「大和本草」巻16発行，ニワウメ，ユスラウメが記載される (8, 11, 12)．巻之十，木之上に果木類四十四種が記載されている，橘，金橘，柑，柚，橙，仏手柑，朱欒ザンボ，柿，君遷子，梨，鹿梨，マルメル，メイサカリン，リンキン，杏，桃，李，カラモモ，栗，榛，榧，楊梅，棗，胡桃，椎，山椒，枇杷，海松，ケンポナシ，イハナシ，枸，クワクハツ，無花果，桜桃，山桜桃，郁李，ウスノキ，リイチ，龍眼，椰子，ヨウ樹，ヤマナシ，ハクダイカイ (20)．

○アンズについて「子は果として食し」とあり，仁を薬用，香味料の他に果肉も生食する事を示している (24)．

○「大和本草」に柘榴の品種として一重，八重，銀榴，朝鮮柘榴等を記載 (26)．梨の品種として古賀梨，青梨，水梨が記載 (26)．梅の品種として11品種を記載 (26)．品種がすこぶる多く，増加していると記載，日本で梅の多い所として，山州 (山城国) の日野，梅ガ畑，鞍馬，高雄，そのほか，山城国以外の国々にも多い (138)．スダチについて，「リマンと言うものあり，柑類なり．味よろしからず．ただ切って酒の肴とす．大きさは柑のごとし，味酸し」(111)．「一歳桃」記載．実生一年目に開花．単弁と八重の二種．花大，西王母に類似，樹齢が進み花弥多し (39)．この他，「一年栗」，「箒桃」(花小さく，千葉で紅白混在)が「紀伊産物考」に記載される．また「箒桃」(樹高一丈，葉細くて長く，柳に似る，3月開花，紅白咲き分け，花も集まって咲く，不結実) (39)．「椑」柿は「小柿ナリ，ツキテ柿漆

1710（宝永7）
・1　○伊藤伊兵衛，「増補地錦抄」，「花壇地錦抄」発行．巻三に梅，桃，海棠，巻五に柑類，巻八に土，遠国への輸送法，植え替え季節等が記載される（11, 140, 170）．梅は6品種（138）．
　　○この頃から，埼玉県の梨栽培が始まり，大宮市，児玉郡，大里郡，比企郡へ拡大（49）．

1711-1716（正徳年間）
　　○大阪難波市場が始まる（29）．

1711（宝永8，正徳1）
　　○朝鮮通信使への饗応の御膳には朝鮮では珍しい柑橘類を必ず入れる．季節により，ミカン，九年母，金柑などを使い分け，必ず葉付き（181）．

1712（正徳2）
　　○紀州の蜜柑，組株二十六組，三十四，五万ないし四十四，五万籠（20, 42, 151）．
　　○この年に書かれた日野椀造りの資料「柿法度の事」に柿渋についての取り決めが記載（196）．

1713（正徳3）
　　○寺島良安が「和漢三才図絵」（江戸時代の百科事典）を表し，重要な果樹の産地としては，下総（栗，三度栗），信濃（杏仁，小梅，串柿），甲斐（小梅，カチ栗，姫胡桃，葡萄（岩崎），柿（大和柿），駿河（蜜柑（久能），グミ（大井川河原多し）），遠江（蜜柑（浜松），柑子（白羽村甚多し）），飛騨（桑の実，カチ栗），美濃（釣柿（蜂屋），同枝柿（蜂屋）），尾張（桑の実），伊勢（栃の実，串柿（川俣谷）），山城（山椒運（鞍馬）），大和（銀杏（興福寺），樣（イチイ，春日），榧（吉野），御所（柿）），河内（楊梅（石川郡），葡萄（富田林），柿（錦部郡）），紀伊（蜜柑（有田），カラタチ，楊梅，榎，三度栗（湯峰）），丹波（木瓜，栗子，山椒），安芸（釣柿（西条），豊後（梅），肥後（蜜柑（八代）），肥前（葡萄，梨，蜜漬砂糖漬（蜜柑，仏手柑））（14, 20, 108, 206）．中国原産の「長金柑」が記載され，この頃に導入（5）．巻第八六の果部で梅の分類と品種を記載，江梅（野梅），緑萼梅，重葉梅，消梅（小梅），紅梅，鴛おう梅（豊後梅か），鶴頂梅に分類し，41品種を記載（138）．柿漆の製法記載，紙を染め，酒絞りの袋，防腐塗料，魚取り，漆器の下地利用，貯蔵中の柿渋の変質防止法，紙子の作り方を記載（196）．楊梅の項に「楊梅皮が薩州に出し物より，汁を煎じ黄褐色に染め，また，漁網を染め，久しく塩水に耐え，柿漆と同じ故，渋木と名す」（169）．下総国（栗，一歳三度実を結ぶ，之を三度栗と名く）．
　　○山口県下関市横野町の古谷がカキ「横野」発見．極晩生，昭和6年国指定天然記念物（49）．
　　○「滑稽雑談」にコケモモを「小児好んで食す」と記載（51）．

1714（正徳4）
・6　○清国から琉球王国中山王へ勅使，供応の献立の中の菓せつ（皿）16品中の果物はレイシ，芭蕉実，葡萄，龍眼（83）．
　　○京都府南桑田郡本梅村の田中家が天保12年まで，仙洞御所に丹波栗を献上（49）．
　　○この年刊行の「當流節用料理大全」に梅の花の浸物が記載（206）．

（54）　江戸時代

　　　　○大阪から諸国への輸出品統計の「合羽・渋紙」の項で，輸出額は約86,000貫（銀），
　　　　　傘が約65万貫とあり，この当時，相当量の渋紙の生産と流通が伺える（196）．
　　　　○江戸神田の青物市場，幕府のご用を初めて命じられる（1）．
　　　　○1725（享保10）には問屋は94店となる（1）．

1715（正徳5）
　　　　○「御財制」に「型紙を作る時に用いた柿渋は貝摺奉行所から配布」と記載（196）．

1716－1736（享保年間）
　　　　○この頃，新井君美が著した「本瓜考」刊行．木瓜，マルメロ，シドミ，林檎などの
　　　　　分別を論じる（170）．
　　　　○新潟県中蒲原郡茨曽根村で梨の栽培始まる（20, 25, 61）．
　　　　○「千葉県安房郡誌」によれば，千葉県安房郡岩井町で枇杷栽培開始（40）．
　　　　○この頃，11月8日の鍛冶や仲間のふいご祭りに，蜜柑を投げて子供に拾わせる行
　　　　　事があり，大衆品となっている（151）．
　　　　○この頃，佐賀県小城郡東多久村の田淵藤之十が唐津からビワ種を持ち帰って栽培・
　　　　　普及．「納所枇杷」として著名となる（49）．
　　　　○長崎に濱椰子が伝来し，果実の生食や油脂を得る（111）．
　　　　○この頃までは葡萄酒の産地は甲州が有名，次いで河内の富田林（206）．

1716（正徳6，享保1）
・10　　○「救荒本草」刊行．果37がある（11）．
　　　　○甲州祝村の葡萄反別は十五町三反九畝弐拾七歩，勝沼村五町四畝十六歩（20）．
　　　　○正徳検地によると，甲斐国上岩崎村煮6.2町（81戸），勝沼村5町（44戸），菱山村
　　　　　2.9町（40戸），下岩崎村0.6町（35戸），合計8.5町で甲州ブドウが栽培される
　　　　　（61）．

1717（享保2）
　　　　○松代藩御家中が森村の杏花を鑑賞．帰藩後，評判となって，以降，花見の群客引
　　　　　きも切らず（61）．

1719（享保4）
・6　　　○通信使が対馬で宿にした堂の庭に梅植栽と記載（204）．
　　　　○対馬の豊浦に通信使が停泊・上陸．倭官の護行者が酒，生梨，熟梅，百合，蜜，蓮
　　　　　根等を持参（204）．
　　　　○対馬の西泊浦に上陸．寺に宿泊．付近を散歩，庭に枇杷等植栽（204）．
　　　　○対馬の府中（厳島）に上陸．館に入り，漆器の盆に乗せた，飯，羹，野菜，魚，果
　　　　　が少しずつのり，出される（204）．
　　　　○対馬の府中に入る道中，山の木について，杉，竹，橘，柚が多いと記載（204）．
・7　　　○対馬の府中で九州への出帆を待ちながら，付近を散策，田の畦に梨の樹があり，男
　　　　　の子が長い竿で梨の実をたたき落とし，4から5個を拾ってくれたが，味が薄くて
　　　　　食べられないと記載（204）．
　　　　○通航一覧，巻之六十九，朝鮮国部四十五，信使着館並滞留中御扱に，賄い品目中
　　　　　の果物，柿，栗，みかん，金柑，柚，九年母，うめ，ざくろ，御所かき（84）．
・8　　　○通信使の船が下関付近を通過し，小倉城の橋について，付近に古松，長杉，橘，柚
　　　　　の園が森をなすと記載（204）．

- 9
  - ○通信使の船が上関（山口県）付近を通過し，付近に古松とまばらな橘が森をなすと記載 (204).
  - ○通信使の船が岡山付近を通過し，付近に松，杉，橘，柚など百果の林をなすと記載 (204).
  - ○通信使が淀川を上り，京都へ向かう途中，両岸を見て，「橘林叢竹は整密にして行を成す」と記載，村の様子について，「その樹は，橘または柚が多い」と記載 (204).
  - ○通航一覧，巻之六十，朝鮮国部三十六，信使参向道中に，入洛して，本能寺で饗応したときの献立に見られる果物，ゆべし，胡桃，榧，ブドウ，柿，青梨，栗，九年母，金柑，柚 (84).
  - ○通信使が江戸へ登る途中，駿河府中（静岡）の寺に泊まり，庭に橘樹が植えられ，人枝を室内に誘引し，座席の近くに累々と実が結んでいる様子を記載，江尻（清水）に向かうが，「松橘の茂る中を行く」と記載 (204).
- 10
  - ○通信使が江戸で将軍吉宗に会うため，江戸城に入り，高く盛り上げた果物が並べられたと記載 (204).
  - ○通信使が江戸からの帰り，神奈川と大磯の間で，「村里の左右に見る橘，柚，柑の諸樹は，江戸に向けていった時は，実が枝いっぱいに累々として青く，食うに堪えなかった．今は，色が黄色いまっさかりで，異香郁々として人の裾を侵す．その味の爽やかにして甘い者は，倭では蜜柑と号す．樹陰を過ぎるごとに，倭人が，数十顆がつらなるその枝を折って篭中に投じてくれた．直ちに皮をむいて噛むと，香しい果汁が渇した喉を潤し，とみに五官が和らぎ，安期生の火棗もまた羨ましくないほどである」と記載 (204).
  - ○通信使が岡崎に着き，「路傍や市場で蜜柑を売る者，山丘の如し」，「文人や誌僧も来たりて歓を接する者は必ず蜜柑を貯えた竹籠をもって坐上に置く」と記載 (204).
- 11
  - ○通信使が備後の鞆浦に至り，通り過ぎた景色に振れ，「橘，柚，柑がところどころに爛熟し，香気はなはだ美しい．蜜柑は季節が遅れているとのことで，やや稀である」，「大柑で九年母と名づくるもの，また最も奇，皮を剥いて口に入れると，芳鮮なること，歯に溢れる．日供として給されるほかに，倭人が，余が柑を甚だ嗜むのを知って，しばしば籠を携えてこれを遣してくれる者がある」と記載 (204).
  - ○通信使が安芸の蒲刈に泊まり，儒官味木虎が大柑一籠を持ってきて，「公が柑を嗜むを聞き，我が園中の樹から摘んで来ました」と記載 (204).
- 12
  - ○通信使が相ノ島に泊まり，「海浜の松，橘は依々歴々として」と記載 (204).
  - ○通信使が壱岐の勝本に至り，対馬の雨森東が来て，夜，麺，果そのほか数器を勧める (204).
  - ○通信使が対馬に至り，蜜果等を長老に贈る．宿泊した庵近くの谷に「松，橘，柚，枇杷の類が路を挟んで蒼蔚としている」と記載 (204).
  - ○通信使が帰国する直前，対馬で小舟に乗り，浦を巡る．「金橘が累々として」と記載 (204).
  - ○朝鮮通信使節が記した「日本聞見雑録」に果物について記載．①「果物としては，橘柚が最も多く，至る所に林をなす．柑の小なるものを蜜柑という．味が甘いゆえにこの名をえる．また，その大なること拳の如きものを九年母と言う．昔，九

年母という一老婆がおり，始めて種樹を植えたので，この名があるという．金橘は色香ともに美しいが，味が酸っぱく，食べられない」，②「梨，棗，桃，柿，栗のたぐいは，みな我が国のそれと同じである」，③「枇杷は冬に花咲き，夏に実る，これまた珍しい物である」，④「日本で産しない果物としては，栢子（五葉松の実），胡桃等」，⑤雨森東との対談で柑を食べながら「この物は我が国の南方海邑にもまた，あるいはある．とりわけ済州島はその産が多く，逐年，貢ぎ物として上納する．しかし，其の味は貴国の産に如かず．柑にもまた美種と否とがありや」．雨森曰く「柑の美悪はそれぞれその土質に随うもので，いづくんぞ其の種によるや．昔年，貴国の船隻が藍島に漂着したことがある．その人と物はすでにしてことごとく沈没したが，ひとり破船の余板の中に蜜柑一籠だけを得ることが出来た．籠の上には文書があり，即ち，済州牧使（地方長官）の朝廷への貢ぎ物であることが解った．故に官から上聞してのち，其の籠を開けたところ，柑はすべて腐敗して食べられない．島中の人は，他国の物を貴しとなし，その種子を取って植えた．そして，樹が生長してから済州柑と名付けた．今のいわゆる済州柑は，味が甘くて品質も好く，日本のそれと変わらない」，⑥倭人が用いる漆器が黒くひかるが，これだけのウルシを取るウルシ林を見なかった．倭人が答えて，「青柿をひいて汁を取り，柿汁を塗る」，⑦「飲食の制は，飯は数椀，おかずも数品に過ぎない．酒をのみ，ついで果物を勧め，その後，茶を啜って終わる」(204).

1720（享保5）
・　○この頃，伊豆大島に中国原産のレイシが導入される (5).
・　○この頃，梨「博多青」が中国から導入されたとされる．五代，六代藩主は参勤交代時に必ず将軍に献上，原木は舞鶴城内にあり，その種子を藩士が家に播き，その穂木から苗木を育成し，「博多青」が誕生 (49).

1721（享保6）
・1　○将軍の命令で対馬藩に「朝鮮国鳥獣草木吟味」倭館で実施命令．報告中の果物，木瓜，カリン，林檎，柰子，橘，柚，橙，九年母，キコク，椎，樫 (181).
・7　○中国南部原産のリュウガン，伊豆代官川原清兵衛，幕府の命で伊豆大島に植える (8). 11月に追植するも不成功 (11, 12).
・7/8　○朝鮮の倭館で行われた裏ルートの薬材調達品の中の果樹，木瓜（枝）まるめろ，ゆう李 (181).
　　　○飛騨で諸国から入る商品の役銀徴収規程に蜜柑が百個単位で記載され，小規模に流入 (151).

1722（享保7）
・3　○上皇が前関白九条輔実の邸に後幸した時の供御の献立中の果物，菓子四杯（松子，柏子，干柿，干棗）(206).
　　　○この頃，朝鮮の倭館の責任者が収集を指示した果樹，棗，唐大棗（北京産）(181).
　　　○中国より酸棗がもたらされる (12).

1723（享保8）
・8　○川原清兵衛，レイシの種子200個を伊豆大島に播種するが，発芽せず (12).
　　　○竜眼樹二株長崎に渡来 (11).

江戸時代　　（57）

1724（享保9）
- ・4　○将軍吉宗が隅田川辺の鷹狩り後，亀井戸の梅屋敷を訪問し，臥竜梅を鑑賞．3560株保有，百姓喜右衛門の宅地，風流な心で植えたのではなく，家の経済のために，1本の梅の木の実は平均して銀四匁にあり，生活費が一日四匁なので一年分三六〇本を植えたとしている（138）．
  ○南京柘榴（ザクロ）輸入する（11, 12）．

1725（享保10）
- ・9　○駿府の東，久能山の下，東照宮参道東側の根古屋村に人参植場を設置し，カラタチ，竜眼樹なども植栽（11）．
- ・10　○オランダ船，ヤシ苗等を持参（11）．幕府が駿河，伊豆大島に試植（111）．
  ○大分の津組（現津久見）の大庄屋西郷六左ヱ門がみかん栽培を奨励（221）．
  ○松岡い顔齋が「梅品」を出版，このほか「果品」もある．梅は花の色で白梅類，紅梅類，雑色類，冒梅類（梅の字がついている花）に分類，花を描写し，特徴を解説．65種掲載（梅は58種）（138）．

1726（享保11）
- ・5　○山形県置賜の金沢で新関英造宅でブドウ，「甲州」産出（49）．
- ・初夏　○神田玄泉集撰の「食物知新」全6巻，脱稿．各食物の禁忌，主治，調理を記載，果73種（11）．
- ・12　○中国の晋の著「南方草木状」，宋の著「桂海草木志」の和刻本が刊行．果類17記載，南支那の植物（11）．

1727（享保12）
○唐船が持参した漢種の酸棗を小石川植物園と駒場薬園に植える（11, 12）．
○「諸国名物尽」出版，加工食品の地方特産物が列挙，これらが，諸侯参府のおりに献上品となる．大和（五所柿），伊勢（串柿），遠江（白輪柑子），駿河（久野蜜柑），甲斐（甲州丸（柿），小梅干，梨，葡萄，楊梅，胡桃，林檎），相模（梅漬），美濃（枝柿，釣柿），飛騨（かち栗），信濃（沼田串柿），丹波（朝倉山椒，手々打栗），但馬（山椒），安芸（西条柿），紀伊（蜜柑），豊後（梅），肥後（八代蜜柑））（60）．
○「諸国名物往来」が刊行，記載された果物と産地，上野（沼田串柿），相模（梅漬，星下梅），駿河（久野蜜柑，大井川グミ），遠江（白輪柑子），美濃（真瓜，枝柿，釣柿），飛騨（かち栗），信濃（小梅），甲斐（蝋柿，小梅干，梨子，葡萄，楊梅，胡桃，林檎），丹波（朝倉山椒，手手打栗，筆柿），但馬（山椒），大和（五所柿），紀伊（蜜柑），伊勢（串柿），安芸（西條柿），肥後（八代蜜柑）（114）．
○能登内浦の藤波村，「享保12年藤波村鰤網入用銀之覚」に「渋柿代百目」と記載され，柿渋による大がかりな網染めの資料（196）．

1728（享保13）
○佐賀県玉島村（現浜玉町）の住吉神社の祭礼の洋品目録にミカンが貢ぎ物として記載，この頃から栽培あり（49）．

1729（享保14）
- ・7　○中国の清の著「増訂本草備要」和刻本刊行，菓31品記載（11）．
  ○加賀藩の料理人，舟木伝内包み早の著する食材の教科書「料理無言抄」が発刊され，果樹の産地や旬，適する料理が記載（111, 114）．

○「谷口善平次氏所蔵の享保十四己酉年覚」に渋柿売り値段について，大阪で11人の渋屋仲間がおり，申し合わせていた (196)．

○この年，朝鮮の倭館で朝鮮側官吏から送られた品の内，果物は中元として，松の実，胡桃，瓜，乾柿，大棗，歳暮として，胡桃，栗，乾柿 (181)．

1730（享保15）

○中国から渡来の唐胡桃（クルミ）を駒場薬園に植える (11, 12)．

○竜眼樹一株，長崎に渡来 (11)．

○享保年間に刊行された「絵本御伽品鏡」にこの年頃の紙子屋風景を描いた絵 (196)．

1732（享保17）

○西日本で凶作大飢饉 (114)．

1733（享保18）

○「備荒録」に飢饉でのイカモノ食いによる腹壊し対策で，① 桃の葉の湯に入る．② 黒砂糖と生生姜汁を呑む，③ 蜜柑の黒焼きや紅梅の黒焼きを服用する．④ 深山幽谷に行く時は焚き火で身体を十分暖め，風土病を払う (123)．

1734（享保19）

・3　○幕府大目付，丹羽正伯に諸国の産物俗名と形の調査を命じ，諸藩に通牒．享保－元文に掛けて諸国産物帳が報告される．果類として88種が記載され，柿，梨，桃，梅，栗が普遍的果物 (11, 12)．

○新潟県新津市古田で，水害から守る水倉の盛り土にカキ「平無核」自生．昭和37年新潟県天然記念物に指定 (49)．

○朝鮮産のサンザシを小石川植物園と駒場薬園に植える (8, 11, 12)．

○中井甚兵衛，「紀州蜜柑伝来記」刊行 (20, 42)．

○品川丈右衛門が北海道の渡島大野の文月に梨を植栽，「文月なし」と呼ばれ，北海道への果樹導入の始まり (49)．

○紀州蜜柑の江戸積み送り数，16万～28万籠 (151)．

○紀州蜜柑問屋（売捌人），7軒指定，神田須田町（2軒），室町（2軒），堀江町（2軒），糀町（1軒）(151)．

1735（享保20）

・1　○江戸市民が四季に遊覧する名所を紹介する「続江戸砂子」が出版，正月に亀井戸天神東三町の梅屋敷を上げ，享保時代（1716～1736）の江戸の銘木として，果樹では梅，銀杏，梅は6カ所（亀井戸の臥竜梅，浅草寺の難波梅，法源寺のえびらの梅，高田南蔵院の鶯宿梅，御殿跡の梅，牛込宗参寺の栄の梅）(138)．

○この頃，多摩郡中野村（中野区坂上），上落合村（豊島区上落合）に桃の栽培が増加し，江戸への桃の供給基地となる (28)．

○この頃，肥後に栗「丹波栗」，「中栗」が栽培されていた (49)．

1716－1744（享保～寛保年間）

○この頃，広島県御調郡田熊村で橙（回青橙）が植栽されていた (49)．

江戸時代中期

○河内国で堅下村を中心に甲州ブドウの産地形成が進む (61)．

　　　　　○和歌山県上南部のウメは免租の措置が講じられ，盛んとなる（49）．

江戸時代後半
　　　　　○関東・東北地方にも桃栽培普及（61）．

1735 - 1745（享保20 - 延享2）
　　　　　○この頃，神奈川県橘樹郡の梨栽培が開始される（25）．
1736 - 1741（元文年間）
　　　　　○新潟県中蒲原郡横越村二本木で小阿賀川が氾濫し，畑作物が出来ず，梨栽培開始（49）．
　　　　　○信州伊奈郡郷村鑑の名物の部に立石串柿があり，立石付近12里四方に拡がると記載（61）．
　　　　　○三重県一志郡桃園村大字新家，雲出川沿いの砂質地に桃を植栽（49）．
1736（元文1）
・2　　○朝鮮の倭館で外交交渉妥結後の宴煮出された朝鮮側の御膳15器に栗を水に漬けた「水くり」，胡桃，松の実，棗，柿を乗せた皿が出される．慶尚道の蜜陽の栗が大きく甘い，渋皮を付けたまま生でたべ，皮を剥いたものを「黄栗」といい，これを煮てあんこのように菓子に入れる．九年母が出る．このほか季節により，梨や桃も出され．日本側が出したもので朝鮮側が絶品として菓子の中に，梨（3回），九年母（4回），水栗（2回），ミカン（3回），柿（4回），榧実（8回）がある（181）．
　　　　　○この頃，朝鮮では，九年母（柑子）は済州島の珍品として国王へ献上品に指定，冬至に歴代国王の宗廟前に供え，近臣に頒賜慣わし．済州島が不作の時は倭館から輸入．倭館の饗応の席は国家的必需品を含めて珍品を得る窓口（181）．
　　　　　○「伊勢国藤堂和泉守領産物之内絵図帳」，「美作国津山領産物絵図帳」作成（11）．
1737（元文2）
・5　　○加賀の藩士，稲生新助，内山覚中等が藩主の命で「加賀物産志」編纂，菓部（11，169，170）．
・6　　○島田智あんの纏めた「両国本草」成る．果は長門が38種，周防が41種記載（11）．
　　　　　○「日本居家秘用」に「渋染乃法」詳細記載．柿渋染め衣服（196）．
1738（元文3）
・5　　○丹羽正伯の編集の「庶物類纂」続集がほぼ完成．前編（稲若水作成）362巻，果を含む，後編（丹羽正伯作成）638巻（11）．
1740（元文5）
　　　　　○植村左平次が「諸州採薬記」を執筆，武蔵国青梅村，青梅山金剛寺に梅樹あり，四季共に果実が絶えず．「青梅」最後まで成熟しない（39）．
1741（元文6，寛保1）
・12　　○南京船が八丈島に漂着，江戸へ送る予定の荷物（御用物）中に，龍眼肉8箱，レイシ2箱（101）．
　　　　　○現在の滋賀県八日市市の柿渋の渋下地用への利用について，塗師当番と村の柿屋との間で交わされた渋柿代についての協定書「相定め申す渋柿の事」に「柿壱駄，但し四箕につき，六匁八分」，「銭壱貫文に付き拾九匁しかけとも但し一年極也」，落ち柿，熟し柿混入を禁じる事を記載（196）．

1742（寛保2）
　　　○幕府，初物の売り出し時期を制限（ビワ5月から，リンゴ7月から，ナシ8月から，ミカン9月から）(1)，走り物制限令（109, 111, 206）.

1743（寛保3）
　　　○菊岡枯涼が「諸国里人談」（巻1～5）を刊行，安芸国新庄村と佐東村の界に大木の桃があり，佐東側の枝は果実が苦く，新庄側の枝の果実は甘い，と記載する「枝分桃」(39).
　　　○甲斐の国二の宮の社地に大木の榧あり，渋は皮の裏にあり，仁に渋無く，白色（39）.

1745（延享2）
・12　○京都の人，今枝済纂輯の「園塵」全10巻脱稿．群籍中の名物の名実を検討，六に果木（11）.

1745－1755（延享2－宝暦5）
　　　○この頃，神奈川県橘樹郡大師河原村の梨栽培が開始される（25）.
　　　○この頃，鹿児島の枇杷栽培開始（29）.

1746（延享3）
　　　○山梨の河口湖北岸の大石村「村明細帳」には，畠地のみで柿を育てる，穀物生産でなく，煙草，葡萄，梨で稼ぎ，この方が主な生業（139）.

1747（延享4）
・10　○将軍吉宗の命を受け，丹羽正伯が編輯した「続庶物類纂」638巻，補編54巻成る（169）.

1748－1751（寛延年間）
　　　○この頃刊行の「紅毛問答」にワインについて「珍陀酒のこと，葡萄をもって製し候につき，ウエイン・チンタと申し候．チンタとは墨ともうす蛮語にて，酒の色黒くこれあり候につき，名付けたるよし承り候」．ほおずきが舶来（159）.

1748（延享5，寛延1）
・5　○朝鮮通信使を瀬戸内海の呉市南方の島，下蒲刈島で接待，七五三の膳として柚，白梅・紅梅を奈良台のかざりとする．折三合に蒲刈名産の葉付きみかん，柚干，菓子として枝がき，かやてう（榧の実に飾りの蝶），くるみ千鳥（くるみに千鳥のかざり），三汁五菜として風呂ふき（大根に柚子），しきつぼ（柚味噌）を出す（127）.
　　　○通航一覧，巻之七十，朝鮮国部四十六，東本願寺宿泊，朝鮮人好物之覚に，果物，柿，梨，みかん，九年母，龍眼（84）.
・6　○通航一覧，巻之八十四，朝鮮国部六十，信使営中御饗応に，登城時に出した献立の果物，金柑盛，柚子，梨，柿，胡桃，榧，栗しょうが，梅びしお，むきぐるみ，梅ぼし（84）.

1749（寛延2）
・12　○南京船が漂着し，江戸へ送る予定の荷物中に，龍眼肉8箱，レイシ2箱（101）.

1750（寛延3）
・9　○京都四方の山で桜，梅の花が開花（169）．
　　　○紀州蜜柑の江戸送荷量は410,000余籠（42）．
　　　○神奈川，川崎の代官川崎平右衛門が美濃から梨の苗木を取り寄せ，接ぎ木し，川崎の中野島村で梨栽培が開始，美濃梨と呼ばれた（64）．
　　　○園趣堂主人・博望子著の「料理山海郷」に漬け物として，柿香の物が記載（108）．

18世紀中葉
　　　○この頃，出された陸奥，羽州，越後，常陸，下野の「産物帳」に「まめがき」，「豆柿」記載（196）．

1700年頃（宝暦初期頃）
　　　○広島県大長で九年母（九年坊蜜柑）の栽培開始（49）．

1751－1764（宝暦頃）
　　　○「再板増補・江戸惣鹿子名所大全」に江戸市中へ供給されるリンゴの菜果の産地記載，地覆盆子の産地は牛込，関口，鮗木野（111）．
　　　○千葉県富浦町周辺の房州ビワの栽培始まる．江戸への出荷は天明年間（1781－1788）に盛んになる（9）．
　　　○新潟県白根市で梨栽培開始，越中へも移出，堤内地に植える．その後，信濃川堤防外にも進出（49）．
　　　○群馬県勢多郡で梨栽培開始（61）．
　　　○この頃，江戸で「梅干し売り」が生じる．文化（1818－1830）頃になると，漬け物売りが梅干しも売るようになり，姿が見られなくなる．町人の子供が11から12才になると，商いの練習に夏はホウズキ，冬は梅干しを売らせる．5升入りの梅干し桶を二つ三つ重ね，縄で釣るして，「梅干し」と唱える（146）．

1751（寛延4，宝暦1）
　　　○「枇杷の栽培」によると，千葉県安房郡富浦町で枇杷栽培が開始，江戸市場に出荷，村で3～4反歩，押遣船（魚類運搬船）に便乗して輸送（40，49）．

1752（宝暦2）
　　　○大阪の11人の渋屋仲間協定書に協定から逸脱した行為を取った場合の対処法を記載（196）．
　　　○現在の滋賀県八日市市の柿渋の渋下地用への利用について，塗師当番と村の柿屋との間で交わされた渋柿代についての協定書「相定め申す渋柿直段の事」に「柿壱駄，但し四箕につき，代五匁七分」，「銭しかけとし十四匁七分」，落ち柿，熟し柿混入を禁じる事を記載（196）．

1753（宝暦3）
・12　○八丈島に南京の商船が漂着，71名乗船，荷物に「れい枝」二箱，手回り品に「竜目肉」二箱（191）．
　　　○「そうろ輪」にコケモモを「小児好んで食す」と記載（51）．
　　　○大阪府豊能郡能勢町，東能勢村，箕面市の山間部は古くからの栗の産地で，この年，広島から入った種子から増殖された物が，天明，寛政（1789～1801年）頃，「銀

寄」,「田尻銀寄」と命名 (49).

1754（宝暦4）
- 6　〇下田に来航の唐船，積み荷，龍眼肉8＋2箱，レイシ2箱 (101).
- 初夏　〇平瀬徹齋撰，松翠軒長谷川光信画の「日本山海名物図絵」発刊，紀州蜜柑が記載される (11)．紀伊国蜜柑の収穫風景，梯子を掛けて樹に登り，果実を投げて樹の下で籠に受ける．「紀州・駿河・肥後の八代より出る蜜柑皆名物也，中でも紀州産優れ，皮厚くしてその味甘し．京・大坂の手中に売る物多くは紀州なり」，巻之二に江戸四日市（江戸橋広小路，江戸のマーケット）の蜜柑市の図掲載，舟から荷下ろしし，籠を天秤棒で振り分けて，倉庫に積み上げる．大きな籠で輸送し，小さな籠に小分けし，天秤棒で売りに行く．江戸市中の蜜柑は多くは駿河から，紀州みかんも大阪から舟回しで下る．江戸の四日市の広小路に籠入りの蜜柑を山のように高く積んで，毎日売買の商人群集する (151)．仙台紙子造り，河内小山の渋団扇造りの図記載 (196)．

　〇蜜柑の輸送用籠は1種類で，百個詰め，二百個詰め，三百個詰めと果実の大小で区分 (151)．

1755（宝暦5）
　〇出羽で木食行者となって即身仏となった忠海上人はハシバミ，ブナノミ，カヤノミを食する．トチノミも利用される (46).

　〇因島の田熊村の果樹（柿木凡300本，蜜柑7本，橙木凡23本，九年母凡3本）(196).

1756（宝暦6）
- 12　〇越後寺泊の丸山元純が「越後名寄」（巻10～21，植物）成る．越後国蒲原郡安田村に20町歩の栗林あり，福井地区に1年に3度花実を見る「三度栗」という．葉の先が別れ，俗に「矢筈栗」と称すると記載 (39).

　〇「椑」柿は「小柿なり‥‥漆および渋に用う」(196).

1757（宝暦7）
　〇平賀源内が師の田村藍水（元雄）に薬品会（物産展）の企画を提案し，江戸湯島で初めての物産会を開催 (12, 13)．本草家21名により180種が出品 (111).

1758（宝暦8）
- 1　〇松岡玄達の遺書「用薬須知後編」全4巻，刊行，巻二に木部と果 (11).
- 3　〇採薬使の阿部友之進（1753年1月に没）と松井重康の採薬記録，「採薬使記」（巻1～3）刊行．武州那珂郡小平村の春貞寺に「五色梅」あり，幹周5尺，花は八重，紅白黄，他に青色の花が咲く (39).

　〇松岡玄達が「菓品」を表す．その中に柑橘，李，柿，桃，梨，石榴，林檎，栗，胡桃，山椒，葡萄，瓜，芋等が記載される (11).

1760（宝暦10）
- 8　〇松岡玄達の遺稿「梅品」上・下が刊行 (11)．白梅29品種，紅梅および雑色31品種の図 (12, 26)，59品種 (140, 170).

　〇山梨県山梨郡勝沼村では梨，柿の運上を永四貫三百文納め，葡萄を年70～80両，青梨子を年30～40両，江戸に出荷 (139).

　〇この頃，桃の名所だった京都伏見山は桃樹が短命のため，梅花の名所に変わる，竺顕常大典の書「城山観梅記」によると，伏見山を巡る里は七八里で桃樹が多く，梅

樹が1/3 (138).
○信濃佐久地方の農書「家訓全書」に「柿渋拵様之事」という項があり，酒造りの所に製法記載，小柿という柿渋採取専用種記載 (196).

1762（宝暦12）
○大分の臼杵藩主・稲葉典通が徳浦にみかん苗を植える (221).

1763（宝暦13）
・7 ○平賀源内編彙,「物類品しつ」巻6発行，果部12が記載される (11).
○信州伊那郡飯田町の荷問屋・商人が前年度に中馬に渡した荷品の中に280貫の蜜柑があり，飯田から松本へ送られ，蜜柑が小規模流通，松本では，年間，恐らく正月に一軒に数粒の蜜柑が恵まれた家に渡る程度，信州では蜜柑は貴重品 (151).

1751－1772（宝暦・明和年間）
○兵庫県津名郡洲本町下原町の蜂巣賀家の家臣，陶山興一右衛門長之が唐橙の種子を播種，その後，蜂巣賀公が「なると」と命名，文政10年頃から一般に栽培 (49).

1764－1772（明和年間）
○この頃，愛媛県南山崎村唐川で中村清蔵が野生枇杷を栽培し，枇杷栽培が発展，天保，弘化の頃には2,000～3,000貫に達する.「唐川枇杷」として特産となる (40).
○この頃，長野県上伊那郡飯島町岩間にカキ「市田柿」発生 (49).

1764（宝暦14，明和1）
・2 ○通航一覧，巻之八十五，朝鮮国部六十一，信使営中御饗応に，登城時に出した献立の果物，金柑，枝柿，胡桃，榧，栗しょうが，梅びしお，むきぐるみ，梅ぼし，水栗，九年母 (84).
・7 ○幕府から御代官所，御領所に命令して，栗，松を二本増殖させる (169).

1766（明和3）
○この頃の川崎の宿河原，中野島村の梨栽培を「向岡閑話」に記載. 棚作り，摘花，幼果の虫食いは摘果，品種はカンノンジ，夜雪（やせつ），早生と晩生がある. 中野島では12品種記載，年間金60両，昔は200両になった (66).
○長野県上高井郡小布施町の栗林は45町歩 (49).

1767（明和4）
○江戸の広小路で，冬から春の季節に限って，蜜柑商人が空き地で荷揚げと販売が許可されていたが，道奉行から蜜柑商売小屋の設置が咎められる (151).

1768（明和5）
・7 ○熊野へ福建省福州の船漂着．積来候物の中に，①朱李：木之実にて，大きさ枇杷実程有之，黒く候，②桔餅：日本之柚子に同き物のよし (102).

1771（明和8）
○この頃，大阪天満橋際に「天満青物市場」開設．問屋数40軒，仲買人数150人が許可 (28).

1770年頃
○この頃から，金沢で加賀梨の栽培が始まる (49).

江戸時代

○この頃から，長野の高坂村のワリンゴ栽培が盛んとなり，年貢を掛けられた (61).

江戸時代中期 (天和・1681～明和・1772)

○この頃，長野県伊那でナシ栽培奨励，品種は淡雪，マリ箱，霜梨等 (49).
○1770～1780年頃，京都府南桑田郡本梅村で丹波国亀岡藩主から徳川将軍に大栗を献上，主要品種の「盆栗」，「銀善栗」，「皺中栗」は献上栗とよばれ，丹波栗として有名となる (49).

1772 - 1781 (安永年間)

○長野県の松代藩が埴科郡森村・倉科村・生萱村 (現更埴市)，更級郡石川村 (現長野市安茂里) などにアンズの苗木を配布，薬用のための杏仁生産 (61).
○神奈川県足柄下郡前羽村で紀州蜜柑が栽植 (49).
○この頃，長野県でブドウ「甲州」が庭先などに栽植されていた (49).
○この頃すでに島根県で柿「西条」が植えられていた (49).
○この頃，三重県員弁郡治田村字桃の木谷に信濃国から桃を移植，「寒桃」，「冬桃」と賞せられ，11月下旬から12月に成熟，名果，明治初年まで約45万個生産 (49).
○京都府綴喜郡青谷村で山間の痩せ地に数十本のウメを植栽，天保～安政年間に発展 (49).
○この頃，江戸の芝口1丁目の玉木屋で銀杏，小梅を販売．市ヶ谷左内坂で笹屋が栗焼き販売 (197).
○安永の初期に広島県御調郡御調町の串柿生産開始 (49).

1772 (明和9，安永1)

○この頃，山口県長門市仙崎大日比で西本チョウが海岸に漂着した果実の種子を播き，ナツミカン誕生 (49).
○中国朱印船，福建省の謝文旦一行が難破し，鹿児島県阿久根倉津港でもてなされ，島津藩の番所通詞の原田喜左衛門に朱楽白楽の珍果をおくり，其の種子を播いた中から変異が出来て，贈り主の名を付け，阿久根一体で広がったのが「阿久根文旦」(49, 153, 159).

1774 (安永3)

○因島の大浜村の果樹 (柿木大小45本，橙木3本)，中庄村 (柿木凡450～460本，蜜柑30本，九年母凡3本，橙木30本，柿は一本につき三匁の銀を課税，米一石以上の税金が掛けられた)，重井村 (柿木87本，蜜柑4本，橙11本) (196).
○東北地方陸奥国全域で凶作・飢饉 (116).

1775 (安永4)

・8　○ツェンベリー長崎に来る．翌年，オランダの貢使と江戸に来る (12). 76年11月帰国．812種の植物標本を採集 (40). 日本で利用されている医療や家政に役立ちそうな果物として，クルミ，クリ，ビワを記載，生け垣植物にカラタチを記載 (189). イヌビワがよく見られ，時に食用，小さくスモモ程度，山椒の利用法を記載 (189).

・9/10　○オランダ船内と長崎の町内で腹痛を伴う下痢頻発，町内の一因は熟した柿の食べ過ぎ，味は黄色のスモモと変わらず (189).

・12　○明和元年に出された幕府の命令後，12年，再度，代官に栗と杉等の苗木を樹が薄

い場所や新田開発に不向きな場所に植える命令が出る．植えた人の名前の木札を付け，根付かない時は，再度植えるよう命令(169)．
○幕府より普請役が派遣され，樹が薄い場所に植え足したり，百姓林や空き地に栗，漆，楮など，百姓が稼げる樹を植え付けるよう命じる(169)．
○この頃のオランダ船が日本から持ち帰る品の中に果物の瓶詰め記載(189)．

1776(安永5)
・2　○オランダ商館長の参府時の箱に瓶詰めワイン有り(189)．
　　○ツェンベリーが下関で梅干しを観察，記載(189)．
　　○ツェンベリーが大阪の宿で，贈り物を乗せた膳が出され，「普通大の皮の厚いオレンジ4〜5個」，「蜜柑すなわち皮の薄い小さなオレンジ数個」，「干し柿数個」が盛られる(182)．
・4　○ツェンベリーが新居宿の手前で，「村々ではかなり多くの場所にハタンキョウ，もも，アンズが栽培，開花中で，サクラ，リンゴ，ナシも開花中で，盆栽の木と同様に特別に大事にしていた」と記載(182)．
　　○ツェンベリーが箱根で植物観察．野生果樹として，「何種類かのコケモモ属」，「クサボケ」，庭や垣根に「カラタチ」が開花中と記載(182)．
・5　○江戸滞在中にツェンベリーのもとに届けられたものに，クルミとクリがあり，後に京都でも見られた(182)．
　　○ツェンベリーが江戸からの帰還中，日坂宿で成熟中の枇杷果実を試食，「口中にとけ，暑い盛りに大いに元気付けられた」と記載(182)．
　　○「兵庫県淡路島野島村の枇杷栽培」によると，兵庫県津名郡野島村の枇杷栽培が開始，和歌山から伝わる．後に轟木枇杷と呼ばれる(40)．
　　○万象亭・森島中良著の「反古籠」では，「梅干し売りは桶三つ重ねて，太いかな口を十文字に懸けて，持所へ二寸ばかりの竹の管を入れ，「梅イほうしや，梅イ干し」と，哀れな呼び声で売り歩いた．これも近年は見かけず（略），近来は漬物屋が梅干しを売る」(111)．
　　○ツェンベリーが長崎滞在中に観察し，記載した果実，「イチョウ」，「柿」，「イチジク」，「栗」，「梨」．これらは長崎からバタビアにたびたび運ばれる．このほかに，橙，レモン，オレンジ，ザボン，葡萄等がある(182)．
　　○ツェンベリーが長崎滞在中に観察し，記載した夏の暑さと病気に下痢があり，果実，特に柿を不注意に食べたときに起こりやすいとし，柿が大変に美味しくよく食べられていると記載(182)．
　　○ツェンベリーが長崎滞在中に観察し，記載した果樹園で栽培している果実の例として，橙，レモン，ザボン，オレンジであり，梨，桃，李，桜桃，枇杷，柿，葡萄，柘榴，ウチワサボテン，栗，胡桃など沢山の種類がある．日本には柵が知られて居らず，囲まれていないので，開放された場所で栽培されている．家の庭は狭くて，眺めるためで花木が栽培されている(182)．
　　○兵庫県津名郡野島村のビワ栽培が紀州から苗木を導入して始まる(49)．

1777(安永6)
　　○この年から1873年に掛けて刊行された谷川士清(ことすが)による「倭訓栞」に「実食ふべし神宮の辺にてもしやしやぶという」とあり，スノキ属がササブと呼ば

れた (51).

1780（安永9）
　○この頃前後，伊藤若冲（じゃくちゅう）(1716－1800) が描いた「野菜涅槃図」中にある果実，クネンボ，ダイダイ，ヤマブドウ，クリ，ナシ，ユズ，ケンポナシ，洋なし（在来品種の誤り），サンザシ，ザクロ，カキ，タチバナ，リンゴ，ギンナン，干し柿 (219).

1781（安永10, 天明1）
　○長野県諏訪郡下諏訪町赤砂で梨栽培開始．品種は「アサヒデリ」，「マリコ」，「淡雪」(49).

1781－1789（天明頃）
　○長崎県で伊木力蜜柑の栽培が田中只右衛門，田中村右衛門，中道継右衛門により始まる．安政年間に長崎開港により繁盛する (9, 49).
　○和歌山城内に凸凹の柑橘があり，大納言のみ利用していたが，有田栖原村の庄屋に穂木を譲る．八年後の1781年頃より，大阪天満市場に「三宝柑」として出回る (28).
　○広島の因島田熊町の岡野茂次右衛門が小蜜柑を導入 (49).
　○新潟市両川で梨栽培存在 (49).
　○この頃，鳥取県の柿「花御所」は八東郡大御門村花の野田五郎助が四国巡礼の帰途，大和の国から穂木を持ち帰る (49).
　○この頃，江戸市中に屋台が増え，水菓子も扱う．庶民の楽しむ世界で武士は「車夫馬丁の振る舞い」の場として寄りつかず (107).
　○「蘭学階梯」にオランダ苺の名が記載 (109).
　○「紅毛雑話」にオランダ料理のメニューがあり，スートアップル（みかん）が記載 (164).
　○この頃，福岡県嘉穂郡で渋柿「尾谷」が佐々木厳流により，姫路から導入 (49).

1782（天明2）
　○越後国蒲原郡萱場村の阿部源太夫が「梨栄造育秘鑑」を執筆，栽培法，品種を記載 (20).

1783（天明3）
・2　○菅江真澄が「伊那の中路」に，美濃の中山を訪問し，この地には姫梨という小さいナシがあったと他の地誌に記載 (226).
・4　○菅江真澄が「伊那の中路」に，伊那郡の枝村に梨原という集落を記載 (226).

1784（天明4）
・7　○菅江真澄が「くめじの橋」に，戸隠神社奥社を詣で，九頭竜権現の伝説で「歯に病いのある人は，一生のうち梨を食べないという誓いをして祈ると，必ず，その験がある」と記載 (226).
・9　○菅江真澄が「秋田のかりね」に，鶴岡で「かぶなし」(梨子の形が蕪に似たもの) を商っていると記載．由利郡象潟町に向かう途中，市日に歯に良く効く薬として，山葡萄の実に似たものを物売りが販売と記載．この地方の正月の習俗として，「手かけ」（お盆に餅，榧，干し柿，いかなどを載せて，年始の客に出す）を記載 (226).
　○ツェンベリー著「日本植物誌」出版される (11). 長崎市の枇杷について詳細に記

載．この頃，円実種をヒワ，長実種をビワと呼んでおり，「日本植物誌」には，日本名としてヒワとビワを上げており，この当時には中国から渡来した唐ビワが一般化していたことが示されている(40)．食後に庭から採集して食べる果実として，オレンジ，シトロン，アペルジーヌ，梨，桃，梅，苺，うまい枇杷，肥後柿，葡萄，柘榴，無花果，栗，胡桃を記載(40)．
- ○奥羽大飢饉，餓死者数十万(114)．旱し飢う，蓄えのない下層農民は草の根，木の皮まで食べる．栗や柿，しどみ，樫の実，椚の実を拾い，木の葉，草の葉を摘んで食べる「父子兄弟も相食む」(123)．
- ○「日本災異志」によると，津軽藩で前年からの餓死十万人，疫死は三万人，他へ移住した者二万人，全家死に絶えた者3万5,000軒(123)．
- ○天明の飢饉後，奥羽地方で「楢の木を貯えぬ，楢の実は味ヒ栗に次げり」と「北行日記」に記載(123)．

1785（天明5）
- ・1 ○菅江真澄が「小野のふるさと」に，出羽の国雄勝郡で先祖に祀るために供え物として，餅，栗，柿，干しワラビ，ニシン，昆布，五葉の松の枝を記載(226)．
- ・4 ○菅江真澄が「小野のふるさと」に，出羽の国湯沢村を歩く途中，「梅，李の花に夕日が映えて風情がある」と記載．「梅，桜，桃，梨など枝をかわして咲き乱れ」と記載(226)．
- ・7 ○神奈川県川崎の旧大嶋村新組に桃や梨を栽培して好成績を得る．多摩川上流の宿河原，中の島村ではかなり以前から梨を栽培し，其の技術と品種が下流に伝わる(66)．
- ・8 ○菅江真澄が「外が浜風」に，秋田の大館で「軒端ごとに，さなつら（さんかくづる），アケビなどを並べて商う」と記載(226)．
- ・9 ○菅江真澄が「けふのせば布」で，岩手の北上を訪れ，和賀郷村誌に二子村の飛だ森に和賀氏の館跡があり，本丸の神社に「夏と秋と二度実る栗の木」があって，近頃切り捨てたと記載(226)．
- ○中国の宋の著，小野蘭山校訂「昆虫草木略」刊行，果類(11)．
- ○この頃，菅江真澄が記載した手書き帳に越後の七不思議の一つ，「安田の三度栗」一年に三度実る栗を描写(226)．
- ○器土堂なる者，「柚珍秘密箱」を著し，柚料理を40種紹介(1)．柚の効能として，かすみ目に効く煎じ湯から，柚子のテンプラ，砂糖煮，薬酒の製法，柚子の保存法など44項目を記載(111)．

1786（天明6）
- ・1 ○菅江真澄が「かすむ駒形」に，陸奥の国胆沢郡駒形荘で正月に門門の雪に刺した小松に，栗の木の枝を立て添える習俗を記載(227)．

1788（天明8）
- ・7 ○菅江真澄が「外が浜づたひ」に，津軽の三厩で，「三厩の新谷勘米兵衛という者の庭にあった梨がたいそうよいので，国の守とかがこれを召し上がって賞でられ，紅梅瓶子（こうばいへいじ）と名付けられた．それから，われもわれもと接ぎ木や寄り枝をし，実生の若木を移植して，今は三厩梨子といい，その果樹は津軽の国内に大変多い．そのもとは，この家であったと人に説明されながら，その門口を過

ぎた」と記載（明治の頃は津軽各地にあった．果実は楕円形で大きく，晩生，甘ったるい．「雪の出羽路雄勝郡」で色うすく赤く，形は瓶（かめ）に似たるよりいえる名なれど，その梨子の木枯れて，事処に三馬舎（みんまや）と呼ぶものやや似て大いにことなり，味もしかり．みちのくの鴨の子という梨子は紅梅瓶子に味に似たり）．竜飛で帯島の弁財天の祠まで行く途中の地名に「梨の樹間」があると記載．津軽の十三の港の宿で，御盆の仏前に山葡萄などが吊されていたと記載（227）．
○この頃の代表的果物，蜜柑，柿，梨，桃，枇杷（28）．

1781 — 1800（天明〜寛政頃）
○新潟県北蒲原郡木崎村で行われていた梨栽培が洪水で壊滅（25）．

1789 — 1801（寛政年間）
○この頃，神奈川，川崎で下総の古河地方から古河梨を導入（64）．
○徳島県勝浦郡勝浦町坂本の宮田辰次が柑子の苗木を植え，徳島柑橘栽培の始め，文政11年（1828）紀州より温州ミカンの穂木を導入し，高接ぎ（49）．
○山形の米沢藩主，上杉鷹山が会津藩から梨を購入し，接ぎ木苗を作って藩内に梨栽培を奨励（東置賜郡史）（99）．
○松代藩主眞田幸貫が家老や佐久間象山を連れて，森村の杏花を巡視，諸大名に特産杏干しを贈り，諸大名からの注文増加，100文で1升5合（61）．
○この頃より，松代藩の杏は杏仁の利用だけでなく，杏干しが知られて，増殖，利益を得る．販売は更級郡稲荷山町の松屋源八郎が一手販売，嘉永年間（1848〜1845）まで継続（61）．
○この頃から，江戸の各地で青梅の露天市が開かれる，名残は田無の総持寺境内で6月の1と6日に開催される梅市（イチロク市）（167）．
○三重県飯南郡大河内村のウメは接ぎ木で繁殖（49）．
○京都市東山区祇園町の京洛屈指の果物専門店「八百文」が創業（49）．

寛政頃
○オランダ商館長一行の定宿，長崎屋に大槻玄沢，森島甫斎，宇田川玄随らが，幕府の医務官と共に訪れ，ワインを振る舞われた．口取りに出された蜜漬けのコンヒチュールについて，玄沢が「ゲムベル（生姜），カチャン，アナナス（バナナ），蜜柑を剥いたようなもの等，珍奇な天竺地方の果実」と記す（111）．「甲寅来西客対話」に記載（164）．
○「蘭説弁惑」にワインについて「葡萄酒，阿刺吉，珍陀は同一」（164）．
○これまでの山果に代わり，砂糖を使った菓子が出回るようになり，山果はこの作り菓子に追われて都市から姿を消し，わずかに庶民の年中行事にその姿を留める．例，幼児の歯がためのクリ（46）．

1789（天明9，寛政1）
・3　○「（頭書き増補）訓蒙図彙大成」全27巻刊行（11）．
・4　○菅江真澄が「えみしのさへき」で，松前にいき，垣根のウメの花を記載．昼食で，弁当箱のふたにヤマグミの塩漬けをたくさん乗せて，それをおかずにして食すと

記載（227）．

○「大成武鑑」五巻刊行．諸侯参府の際に幕府に進呈する国産品を記載．名古屋藩（甘干柿，美濃柿（9月10月三度），水菓子），和歌山藩（大和柿，水菓子，蜜柑（以上10月）），水戸藩（水菓子（10月）），津山藩（銀杏（10月）），松江藩（真梨子，大庭梨（以上8月）），川越藩（梨子（8月），栗（9月），枝柿（12月）），会津藩（マルメロ（暑中），松尾梨子（10月），胡桃（10月）），鹿児島藩（桜島蜜柑（寒中）），熊本藩（砂糖漬梅（2月）），佐賀藩（梅干（暑中）），津軽藩（大和柿（9月）），郡山藩（吉野榧（4月），大和柿（9月）），田川藩（三度栗（89月の内）），小田原藩（粕漬小梅（暑中），蜜柑（寒中）），臼杵藩（蜜柑（寒中）），大垣藩（柿（910月），枝柿（寒中）），土浦藩（栗（9月），銀杏（10月）），府内藩（銀杏（11月12月）），亀山藩（栗（11月）），浜松藩（枝柿（2月），白輪柑子（11月）），笹山藩（丹波栗（寒中）），栢山藩（丹波栗（10月）），水菓子とは葡萄，桃，李，楊梅等，梨に品種名が記載されている．甲州は天領のため，葡萄が進物にならない（20, 206）．

1790（寛政2）
- 2　○松代藩が小布施の栗林に栗御林御用係を置く（61）．
- 9　○本居宣長が「古事記伝」第一帙刊行．昔の橘は今の蜜柑説と，橘即今の橘で蜜柑は高来説との二説を考察，定め難しとする（151）．

1791（寛政3）
- 5　○菅江真澄が「えぞのてぶり」に，松前の火山の中腹にエノミコトン（コケモモ）があり，7から8月頃食すと記載（227）．
　　○太田南畝が「上苑梅譜」を刊行．百花苑の主人と親交があり，梅211品種を記載（140）．
　　○紀州蜜柑問屋（売捌人），6軒指定，神田須田町（2軒），新革屋町町（1軒），堀江町二丁目（1軒），佐柄木町（1軒），桜田備前町（1軒）（151）．

1792（寛政4）
- 2　○白河藩主松平定信が「浴恩園」を造成．梅，桃，桜，蓮の名家を画人の谷文兆に写生させ，自筆の説明文を付けた．梅花写生図二巻は「梅津之浪」，桃花写生図一巻は「三千とせ」と題され，梅の品種は150余種が収録（138）．
　　○松平越中守が松，杉，檜，欅，栗，胡桃，ダモ，桐，楮，桑，漆，結香（みょうが），キコク，柿等の苗木を増殖し，民用に供する．寛政11年までの8年間で823,473株を増殖（169）．
　　○寛政4年内膳司蔵本として，「菓餅調味」があり，柚餅，栗豆腐などの製法記載（170）．

1793（寛政5）
- 1　○蜜柑どころ紀州藩領伊勢松坂の国学者本居宣長が「玉勝間」書き始める．「古よりも後世のまされること‥‥その一つをいはむに，いにしへは橘をならびなきものにしてめでつるを，近き世には，蜜柑という物ありて，此の蜜柑に比ぺれば，橘はかずにもあらずけおされたり．そのほか，かうじ，ゆ，くねんぼ，だいだい等のたぐひおほき中に，蜜柑ぞ味ことにすぐれて，中にも橘によく似て，こよなくまされる物なり．」（151）．
- 4　○菅江真澄が「奥の浦うち」で，下北の潟貝村に咲き誇る桃の花園があると記載

・5　○菅江真澄が「奥の浦うち」で，下北の宇田村，川守村に入り，「りうこう」（ワリンゴ）の園が茂ると記載（228）．
　　　○秋里、島が「都花月名所」を著し，京都と周辺の名所・名木を記載，果樹では，梅，桃，梅は梅宮の桜紅梅や梅渓等23ヶ所，梅品種17種を記載（138）．
　　　○谷　文兆が「画学斎梅譜」刊行．百花園の主人と親交があり梅47品種を描く（140）．
　　　○米沢藩で農民毎一人に桑5本，楮5本，柿1本づつの苗木を与え，植えさせる．このため，各代官所内に苗木場を設置，自宅で育苗を希望する物には，無料で分与を命じる（169）．

1795（寛政7）
　　　○上野国群馬郡渋川の農民・吉田芝渓が著した「開荒須知」に荒地を開墾した時，所得を増やすため梅を含む樹を植える事を奨励，7～8年で収入が上がる物として，果樹を上げ，梅，桃，梨，りんご，柿，棗，蜜柑などとし，適地があること，農耕と異なり，日照りや多雨にもあまり影響されない．梅では200本有れば梅漬けようで50両の利益得る．50両の利益は梨で10年，桃も200本で10年で得られる（13, 8）．
　　　○ジャガタラグリ始めて渡来，カクワクトという（1, 12）．

1796（寛政8）
・4　○菅江真澄が「すみかの山」で，津軽の田山村に行く途中，家の軒端に紅の桃花が沢山咲くと記載．津軽の駒込川の上流の三角という山には梨の木が多く生えていると記載（228）．
・6　○菅江真澄が「外浜奇勝」で，十三湊の地名，「梨の木山」を記載（228）．
　　　○この年の菅江真澄の手帳「津軽の奥」に，「花ナシ」の絵を書きこむ（228）．
　　　○長野県小県郡真田町本原の宝珠山自性院に朝鮮クルミ（手打ちクルミ）を植え付け（49）．

1797（寛政9）
・1　○菅江真澄が「津軽のをち」で，津軽の深浦の朝に「燈を明るくし，埋火のもとに車座になって，果物を食い，大福の茶に椒柏の神酒を飲んで，太箸で餅飯を食べる習俗」を記載（228）．
　　　○佐藤成裕（中陵）が「中陵漫録」を刊行．梅の接ぎ木について詳しく記載（26）．

1798（寛政10）
・5　○菅江真澄が「外浜奇勝（三）」で，岩木山の麓で，山で採れる「いわまめ」（イワナシ），「いわいちご」（ノウゴイチゴ）をあげ，世にもまれなものであろうと記載（228）．
　　　○曾槃著の「本草綱目纂疏」全12巻成る．巻之八果（11）．
・6　○菅江真澄が「外浜奇勝（三）」で，津軽の須立山に近く，追良瀬山の境で，サルナシの枝が垂れかかっていると記載（228）．

1789－1710（寛政～享和年間）
　　　○松代藩の杏栽培で果実の販売開始．以降，森村，倉科村の近郊にも普及（61）．

江戸時代　　　（ 71 ）

1800（寛政12）
　　　○この頃，仏手柑が渡来とされる (11).
1801（寛政13，享和1）
　　　○佐伯藩主・毛利候が大分の津組（現津久見）へみかん苗木を下付 (221).
1802（享和2）
・10　○菅江真澄が「雪の秋田根」で，北秋田郡阿仁町から御岳詣し，鳥居のそばで，やまぐみ（アキグミ）をしごき採り，袖にいれ，えびかづら（エビヅル）の実があちこちにある様を記載 (229).
・12　○菅江真澄が「雪の秋田根」で，北秋田郡で冬越しし，童達が向かい合って榛（ハシバミ）の実をぽつぽつと噛んでいると記載 (229).
　　　○北野屋平八，東京の隅田川畔寺島村に花園を開き，梅360株，桃，李等おもしろい草木720種を植える．今の向島梅屋敷 (12, 26).
1803（享和3）
・1　○菅江真澄が「すすきの出湯」で，秋田の大滝（大館）において正月行事として，「みずきの枝に餅を貫いて，梨子の餅と称して飾る」と記載 (229).
・2　○小野蘭山の口伝による「本草綱目啓蒙」四十八巻の刊行開始．品種の記載では，梅が三百余品種，柿が二百余品種有りと記載 (20).
・3　○菅江真澄が「すすきの出湯」で，秋田の大滝（大館）において山里に桃，梨，さくらなどの花が枝を差し交わししてと記載 (229).
・5　○菅江真澄が「すすきの出湯」で，秋田の大滝（大館）において峠を越えた処に，岩豆がたくさんあり，大見の国の岩梨子と同じと推定．森合の村の旧家の屋敷に年を経た梨の林があると記載 (229).
　　　○「本草綱目啓蒙」に「権六胡桃」記載，会津大塩村穴沢権六の庭にあり，核が小さい (39).
　　　○「本草綱目啓蒙」にワリンゴの産地として，加（加賀，石川），奥羽（東北地方），信（信濃）を記載 (61).
　　　○浅野高造著の「素人庖丁」（初編）に梅しん上，栗しん上が記載 (113).
・8　○菅江真澄が「男鹿の秋風」で，岩倉の八房の梅を訪ねた際に，「仙台の伊達政宗が朝鮮征討に参加し，帰還に際し，故郷への土産に朝鮮の松と梅を取ってくる」と記載 (230).
・9　○菅江真澄が「男鹿の秋風」で，寒風山の背の中腹で，黒葡萄（ヤマブドウ）を採る．能代に帰ると娘達が「ぐみやぐみや」と言って，グミを沢山売り歩いている．道の途中にグミの木の原があったと記載 (230).
・11　○薩摩藩主の命を受け，曾槃が白尾國桂，堀愛生などと「成形図説」を編纂．農事部30巻出来る (11, 169).
　　　○大分の津組村（現津久見村）のみかん畑が14町歩となる (221).
　　　○この頃，新潟県中蒲原郡亀田町で梨「淡雪」，「丸箱」等が栽培される．その後，病害虫の被害が出て，比較的耐性の「奥六」，「細口」，「瓶子」，「太平」等が栽培 (49).
1804－1818（文化年間）
　　　○江戸の裏六番町の住人，春田四郎五郎久啓が梅を収集し，その梅園を韻勝園と称し，図説して「韻勝園梅譜」を発行．梅96品種を記載 (26).

江戸時代

○徳島市多家良町の柑橘栽培開始(49).
○葡萄「聚楽」は1810年頃に諸国を行商したカラミ屋八左衛門が苗を持ち帰り京都市松屋町通上長者町に栽植とされる．オランダ人が輸入したフランスの紫葡萄の苗を豊公聚楽邸に栽植とされるとする説あり．丹波の山葡萄を試作し，変化したとの説もあり(49).
○新潟県白根市で梨栽培が存在．寛永年間(1624－1644)から天保年間(1830－1847)の中ノ口川の氾濫時に水田を転換して隆盛(49).
○漬物について，「嗚呼い草」にそま漬けを柚・瓜・茄子・大根・栗の味噌漬けと記す(111).
○この頃，江戸で4月初旬頃になると梅漬けにする青梅を売りに来る(146).
○この頃の随筆，村田了阿著「市隠月令」に「六月，真桑瓜，越瓜(しろうり)，丸漬瓜，西瓜，夏桃よぶ声いづれも暑し」とあり，夏の風物詩だった．竹籠に入れた桃を天秤棒で振り分けて運ぶ．「九月，六日七日頃，須田町にて柿の市をみる」とあり，酒の空樽につめて樽の酒気で渋を抜いた柿を樽柿といった．「霜月(11月)，冬菜売る声も少し春の心地す，蜜柑売りも同じ」，大阪では，竹籠に蜜柑を入れ，天秤棒で振り分け，売るときは桝売り(146).
○文化時代の「市隠月令」にある町の売り声で果物に関して，4月(漬梅売り)，5月(枇杷実売り，桑実売り)，6月(夏桃売り，柚子売り)，7月(秋桃売り)，8月14日(梨子売り，柿売り)，9月6,7日頃(須田町で柿の市，栗実漬け)，11月(蜜柑売り)(206).
○長野県下伊那の「市田柿」の由来として，この頃，下市田村(現高森町)の伊勢講が伊勢社を造営，この一隅に柿古木あり，住人の漢学者が付近に奨励，別の説に，上伊那郡飯島町の東谷寺境内に市田柿の古木現存(昭和33年室戸台風で倒木枯死)，明和年間(1764～1772)に住職が美濃から持参とする(61).
○この頃，愛媛県伊予の上唐川畑中の中村清蔵が枇杷を籠に入れて，郡中町に売り歩き，初めて商品化する(49).
○この頃，関東地方の代表的な柿渋「赤山渋」は現在のさいたま市(赤山地方)で江戸問屋に販売独占，民家の下見板などの板塀に墨渋を塗った(196).
○信濃小布施の塩屋桜井幾右ェ門が栗落雁を初めて製造，文政3年から嘉永3年まで(1820～1850)，加賀藩御用となる(61).
○菅江真澄が「久保田の落穂」で，秋田雄勝郡稲庭に近く，三梨子の村あり．秋田郡阿仁の山郷にも，三梨という村ならびたり．いはれ此里ひとし．津軽の三厩になかなかしまで，紅梅瓶子とて，世に珍しき雪液(なし)ありしが，今は枯れて無けれども，三馬屋とてめづる．大いにことなり．その梨は，瓶子の形して，色赤きをもて，龍山公の名付け給いしとも云えり．秋田より松前渡りする人，三馬屋より梨の枝を，小枝を大根にさして万年青の青に包み，昆布にて巻て，久保田に持ち来て，三四カ所へわかちて接ぎ木せしを，また，寄枝(よびつき)なんどして，久保田にも三馬屋ところどころにあれど，種がはりして，その味ひ劣れり．形もことになれりといふ．此三梨子村の梨子は阿仁なる三梨と同じ．阿仁なる三梨子は天正のはじめに，……一花三子梨ノ木ありし由縁をもて，村名とせり．今は梨子の木枯れて，水梨とよび，又，水無と成りしなり．此雄勝郡の三梨村の梨も，品

字梅の如くにして，英ひとつに三蔕（ミツナリ）の雪液菓（ナシノミ）也．世にまれなるものか．さるよしをもて麻生の浦なしのごと．三梨の郷とはよびし也．旧木（モトキ）葉枯れて，ひこばえぞありける．と記載（231）．

1805（文化2）
- 8 　○菅江真澄が「みかべのよろひ」で，大館の近郊の下船木村で昼の中休みに李を拾って食べると記載．夜に童が群がってくると，りんごう（ワリンゴ）・しとぎ，その他何や椴と果物を与えたと記載（229）．
　○商人平兵衛（百姓平兵衛）が花屋敷を開設．新梅屋敷，百花園．当人は梅隠居とも呼ばれる．梅樹360本，梅の実を販売し，1本の代価を一日分の生活費に充てた．茶店も開設（138），文化1年（11）．

1806（文化3）
- 3 　○菅江真澄が「かすむ月星」で，能代から八郎潟に旅するとき，ある部落で桃・李の花がたくさん咲いてと記載，他の部落では大きなウメの木がたいそう多く．桃・梨・李が枝を交えて，村のどこの家にも咲いていると記載．市野村で桃の白と，緋色の花が咲き交じりと記載．坂を下りながら眺望すると，有名な梅の花は散り果てて，桃・櫻の夕映えが梅よりはるかにまさって美しかった．柿の園が多いと記載．桃・櫻・梨・李など，そして何だとも見分け付かない遠方の家々の庭のたくさんの花が目もあやに眺めわたされと記載．能代で，栗を植えている里で，たくさんの桃が紅色の濃い花，うすい花，交ざり合って幾千本の花盛り，李，山梨の花が雪かと見やれてと記載（229）．

1807（文化4）
- 3 　○菅江真澄が「おがらの滝」で，秋田の岩館から十和田湖に向かう旅で，岩子村の梨の花は，山風に雪が降るように散りみだれていたと記載．岩子村で家が4,5軒，川岸の桃の花園に隠れてあったと記載．岩豆（岩梨）を記載（229）．
- 4 　○菅江真澄が「おがらの滝」で，山本郡名物往来を紹介し，岩川の栗を記載（229）．

1808（文化5）
- 1 　○太田蜀山人（1749 – 1823）の著した「調布日記」に，川崎の「宿河原村に宿り，家のめぐりに棚をつくりて梨の木あまた植えおけり，…一年に梨のあたい金百五，六十両にあたるなり，むかしは二百両ばかり…」梨で莫大な金を得ていた（64）．
　○出羽の人，佐藤信淵が「種樹秘要」を著し，接木等の諸法用材仕立法等を詳細に示す（169）．
　○会津の「御用留日記」に柿渋代金が高価な漆の20％に相当と記載（196）．

1809（文化6）
　○佐藤信淵が「種樹秘要」一巻を完成，接ぎ木，挿し木，圧条を記載（20）．
　○水谷豊文が「物名識名」「同拾遺」刊行，これ以前は梅をムメと記載していたが，拾遺からはウメと記載され，この頃が呼び方が変化した時期と想定される（140）．

1810（文化7）
- 1 　○菅江真澄が「氷魚の村君」で，秋田の谷地中（南秋田郡五城目町）の正月行事として，梨の林や桃の園にいって，斧を振るい「としぎりのためし」（正月15日に，果樹の幹に鉈で傷を付けながら「なるか，ならぬか，ならねば伐るぞ」と唱えながら果樹をせめる風習，広く全国に流布，その年の果実が良くなると信じられていた）

- ・3　〇菅江真澄が「男鹿の春風」で，能代の河出川に入り，どこの家の梅も今を盛りと咲き誇りと記載（230）．
- ・4　〇菅江真澄が「男鹿の春風」で，秋田男鹿の浜間口という部落で，軒端の山には桃，梨，杏の花，背後の山にも一面に桜が咲きと記載（230）．
- ・7　〇菅江真澄が「男鹿の島風」で，男鹿半島でコルモ（テングサ）をさらし，それに山葡萄（エビヅル）を蔓のまま入れ，ともに混ぜ煮て，それを花菱鏡の形かまたは方形に固めた物を仏の鏡といって仏棚に供える風習を記載（230）．
- ・11　〇この年の豊明節會で出された木菓子は大棗，干柿，勝ち栗（206）．
  〇長野県諏訪郡四賀村の上川堤防で梨栽培開始，品種は「アサヒデリ」，「マリコ」，「淡雪」（49）．

1811（文化8）
- ・4　〇通航一覧，巻之七十一，朝鮮国部四十七，朝鮮人膳部献立の中の果物，生栗，生むきぐり，胡桃，剥き胡桃，大棗，煮棗，黄栗，乾栗，乾柿，角切り柿（84）．
- ・6　〇通信使全体に出した果物，龍眼肉2斤，柚子40（84）．
  〇菅江真澄の「筆のまにまに」に，出羽秋田郡大阿仁風張郷（今云う吉田村也）に近く三梨村（一帯三子の梨菓むかしありしよしの名，今は水無しとす）と記載（231）．
  〇通信使一行に出された食事の中に，菓子として柿，ミカン（68）．
  〇西丸新御番春田久啓が「韻勝園梅譜」を選し，その家園に培養する梅品種百数十種の名状を記載する（12）．100品種が描かれる（140）．
  〇この頃，広島県大長で温州蜜柑栽培開始（49）．

1812（文化9）
- ・7　〇菅江真澄が「月のおろちね」で，秋田の久保田近くの寺庭部落で，村に柿，李がたいそう多く，李は今が盛りでどこの屋敷にもたわわにたれさがっている．この実を採って，千駄櫃の余雲母のに入れて，男も女も背負い，久保田の市で売るのだと言って道を盛んに歩いてゆく．李の園に来てみると女たちは木の下ごとに立って，長い棹をもち，実をなぎおとして，しため（ざる）のようなものに拾い集めていたと記載．太平山に登山途中の植物として，サルナシの結実記載．コケノミ（ガンコウランやナツハゼ，クロウスゴ，アクシバ，アカモノ，コケモモなどを指す）を記載（230）．
  〇春田久啓撰「きん勝園梅譜」（ウメ96品種の彩色図譜）が成る（11）．

1814（文化11）
- 〇「甲斐国志」に「椑柿」は「形小ナリ，…搗テ柿漆トスベシ」と記載（196）．
- 〇東京駒込の笑花堂庭上にて梅花品評会を開き花の品位，優劣を審査して番付を作る（12）．
- 〇江戸の柿問屋4名が長野県伊那郡の立石寺に串柿を積んだ絵馬を献納，正月用食品（歯固め用縁起物）として，江戸出荷が盛んであった．荷造りした干し柿を馬の背で約6km搬出し，阿南町の大島港から天竜川を下って，遠州浜松から海路で江戸に出荷（61）．

1804－1830（文化～文政）
○徳島県板野郡大麻町大幸で平場で梨栽培開始 (49).
○尾張・三河地方で桃栽培が盛ん，品種は中山桃，柿善（西端桃），豊川桃，五月桃，木の実桃，鎧通,，京早生等，明治中期まで継続 (61).

1804－1844（文化～天保）
○この頃，神奈川，川崎の梨栽培が病害虫のため，衰退し，次第に多摩川上流の小杉，溝の口，宿河原村方面に産地移動．竹で棚作りとなる (64).

1818（文化15，文政1）
・1 ○岩崎常正編録，「草木育種（そだてぐさ）」刊行，果品あり (11, 169)．接ぎ木について詳細に記載，芽接ぎ法は明治以降に欧米から導入，果類二十五種として「杏，梅，李，桃，栗，梨，林檎，マルメロ，クネンボ，柑（ミカン），金橘（カンカン），柚（ユズ），無花果，楊梅，石榴，山椒，葡萄，西瓜，茶，甘藷，落花生，玉蜀黍，タバコ」，産地として「紀州有田の柑，甲州の葡萄，甲斐，下総，相模の梨」，「葡萄と梨の棚仕立て」を記述 (20)．上巻四十四丁に行燈室の作り方があり，ウメ，モモ等の早咲き方が記載されている．施設園芸の初出 (25, 26)．梨の棚作りが記載 (30)．梅の培養法記載 (140).

・11 ○紀州小原桃洞の門下生等，紀州に産する柑橘類，五十余種を収集し，これを陳列し，図説「南海包譜」三巻を作る．柑橘を柑，橘および橙柚の三群に区分 (11, 12, 20, 170).
○広島県豊田郡大長村（現豊町）の秋光彦左衛門，越智清吉が温州ミカン栽培 (49).
○渡辺崋山の「一掃百態図」に「渋を搾る図」(196).

1819－1830（文政年間）
○この頃，紀州の桃洞小原八三郎著の「紀州産物志」刊行．果の名称，産地，形状など記載 (170).
○広島県豊田郡大長村で唐桃が栽培，慶応時代に各地の品種を集め栽培，品種は紅桃，稲田，クロニ，樽屋等15種，6～20匁以下の小果 (61).
○秋田県に上方から桃栽培導入 (61).
○この頃，石川県で油桃の栽培が始まり，文政の末頃盛んとなる (49).
○神奈川県で小田原藩士の服部が温州ミカン導入 (49).
○埼玉県児玉郡七本木村の戸矢，木村が6～7反歩の梨園開園 (49).
○信濃の小布施で「栗羊羹」発売，越後の本間屋が「柚餅子」発売 (122).
○文政末，長野の杏，杏仁利用だけでなく，果肉を食用にするようになり，干し杏製造販売，100文で3升，杏仁よりはるかに安い (61).
○文政年間，京都府船井郡新庄村で正徳寺の住職が郷里の美濃から美濃柿穂木を導入，それ以前は渋柿を串柿として利用 (49).
○この頃，京都府綴喜郡美豆村で，桃の栽培開始，「美豆桃」として名が高く，伏見，京都に販出 (49).
○埼玉県安行地方で，梨，桃，梅等の苗木育成が記録 (49).

1819（文政2）

・9　〇紀州蜜柑揚場，和泉橋東之方御石置き場之内，間口九間，河岸行九間，筋違橋御門外，間口六間，河岸行一二間 (151)．
〇信濃小布施の塩屋桜井幾右ェ門の弟，武右ェ門が栗羊羹を初めて製造 (61)．
〇「商人買物獨案内」に「生渋問屋おろし小うり」として2名を記載 (196)．

1820（文政3）

・10　〇富山県の「三社柿」生産で，大量な枝柿が生産され，生柿を厳重に監視，「枝柿問屋下調理人指出員数之事」(49)．
〇この頃，岐阜県本巣郡巣南町居倉で柿「居倉御所」発見，明治25年に福島才治により「富有」と命名 (49)．

1820年代（文政年間）

〇宮崎県宮崎市の真方安太郎宅で「日向夏」発見．1890年頃，田村利親により命名 (5, 49)．
〇山梨県中巨摩郡大井村の大久保章玄が長崎よりスモモの苗木を持参し甲州牡丹杏となる (9)．
〇北海道亀田郡大野村で日本梨栽培開始（北海道の果樹栽培の初め）(25)．
〇この頃，江戸末期の飢餓に対応するため，新潟県月潟村の深沢氏が関東から梨「類産梨」を導入，昭和16年11月国指定天然記念物 (49)．
〇江戸深川佐賀町の船橋屋などで，練羊羹が誕生．柚羊羹，栗羊羹出現 (60)．
〇ピスタチオの乾果が長崎に持ち込まれる (63)．

1822（文政5）

・1　〇武蔵埼玉郡小林村香取社の正月7日拝殿献立には，食積台にかちぐり，かや，だいだい，蜜柑を上げる，このため，12月22日の買い物で，橙一つ，かや五勺，かちぐり一合，蜜柑20を買うのを例とする (151)．
・4　〇譜厄利亜国の船が浦賀に来航，梅実3升，アンズ1升，ビワ3升を提供依頼 (101)．
〇オランダ商館長・カピタンの江戸参府の帰途，大阪の泉で泉屋当主が梨子7個を贈る．春に貯蔵梨を利用と思われる (58)．

1824（文政7）

・1　〇岩崎常正著の「武江物産志」が刊行され，江戸の梅名木として，享保の頃の「続江戸砂子」に記された6樹の他に，神奈川の杉田村，大森の蒲田梅，亀戸天神境内，高田南蔵院の鴬宿梅，増上寺山内の茅野の梅の5ヶ所が追加 (138)．江戸近郊の果類の著名な所を指示 (11, 170)．
・10　〇山本亡羊が「秘伝花鏡」の講義開始．1825年6月終了．「無核李」を記載 (39)．
〇「諸国名物往来」が刊行，記載された果物と産地，常陸（栗），相模（小梅漬），甲斐（苺，梨子，楊梅，林檎，枇杷，木淡柿），丹波（朝倉山椒，丹波栗），大和（大和柿），安芸（西條柿），肥後（八代蜜柑）(114)．
〇阿部らく斎が「草木育種後編」を刊行，植物の育て方の実際的な技術書，梅の盆栽の育て方，繁殖法，土室に入れて冬を越す方法，湿度の保持，早く開花される方法等記載，描写 (140)．

1825（文政8）

・3　○幕府による勅使接待の献立にある果物，九年母，梅和え百合根(206)．
　　　○10月までに，シーボルトが出島に1,000種以上の植物を植える(11)．
　　　○春曙亭梅窓による「鉢植生育抄」に梅の盆栽の栽培法が記載(26)．

1826（文政9）

・1　○元旦，前夜の暴風で遠江国住吉村の海岸に清国の寧波船大型ジャンクの得泰号（船長は揚啓堂，乗組員116名）が座礁，引き船で清水港に引き入れ，掛川藩主，横須賀藩主に修理が命じられる．約100日間滞在．船に物資を届けに行った折戸村（清水市折戸）名主柴田権左右衛門が船員から金柑を数個貰い，植え付け，「寧波金柑」として売り出す(57, 191)．積み荷中の果物，生菓40件，サンザシ6件，棗仁2件（サンソウニン）(81)．

・夏　○佐藤成裕（中陵）著「中陵漫録」刊行，梅の接ぎ木，盆栽仕立て，について詳細に記載．桜桃，梨，柿も触れる(26)．

・初冬　○岡山鳥が「江戸名所花暦」を著す(134)．梅の名所，桃の名所，梨花の名所，橘の名所，寒梅，枇杷の名所を記載．
　　　○現在の岐阜市加納一帯にあたる加納藩では，年間50万本の和傘を生産，多量の柿渋が使用された(196)．

1827（文政10）

・冬　○江戸青山の金太が「草木奇品家雅見」刊行，斑入り，枝垂れの類を記載(11, 170)．
　　　○この頃の紀州蜜柑の江戸送荷量は平均270,000籠(42)．
　　　○この頃から，淡路島で鳴門柑の栽培が始まる(49)．
　　　○福島県石城郡大野村鈴木清重が梨栽培開始(49)．
　　　○佐藤信淵「経済要録」を著す．安政6年活版，巻4に菓実(170)．
　　　○水野忠教著の「草木錦葉集」が出版され，江戸の梅の遊覧名所として，梅屋敷，亀戸天満宮境内，御嶽社，百花園，駒込魚縄手，宇米茶屋，麻布竜土組屋敷，蒲田村，杉田村を記載(138)，斑入り類2,000余種記載(11, 170)．
　　　○千駄木甚五郎が「梅花名寄」を刊行，梅170品種が描かれる(140)．

1828（文政11）

・1　○摂州島下郡佐保村の農民・小西藤右衛門篤好が「農業余話」二巻を著す．樹芸について，栽培法，防虫法，接木など記載(170)．
　　　○この頃，岡村尚謙著の「桂園橘譜」編纂，カンキツの図説(170)．
　　　○野村立栄が尾州枇杷島青物市場に現れた園芸産物約三百種を「枇杷島互市産物考」に記載．果部，柚，梅(5品種)，杏，グミ，枇杷(津島辺りから)，桃(春日井郡西尾村，川北村，三州西畑村)，山桃，李桃(2品種)，郁李，桜李，柿(朝日村，八屋村)，梨(大垣辺りから)，椎の実，無花果(2品種，西福田辺り)，棗(名古屋名産)，栗(内訳，大原等，名古屋名産)，銀杏，葡萄(甲州，紫と白)，榧(桑名長寿院に霊木あり)，山査子，陳倉胡桃，山胡桃，安石榴(甘石榴，酸石榴)，蜜柑，唐蜜柑(本部田村犬井村辺り)，柑子(左同所)，九年母，橙，橘，さぼてん，蓮肉，覆盆子(とっくりいちご)，つくばね，マルメロ，野木瓜(むべ)，肥後の蔦の実(26)．
　　　○徳島県勝浦郡勝浦町の宮田辰次が紀州から温州ミカンの穂木を導入し，柑子に高

江戸時代

　　　接ぎ (49).
　　○「新編武蔵風土記稿」が刊行され，江戸の吉野梅郷について，「この辺りは梅樹多
　　　きなるゆえ，その実を採りて江戸へひさぐ．その量は百駄以上」と記載 (167).
　　○「新編武蔵風土記稿」の王禅寺の項に「ここにても柿の木あまたうえてその実最美
　　　なり，江戸にて禅寺丸と称するものは此処の産なり，もと王禅寺丸と唱うべきを
　　　上略して禅寺丸と唱す」(222).

1829 (文政12)
　　○この年，千葉県市川市八幡に美濃大垣から梨の優良品種の接穂を導入し，神田の
　　　青果商で「美濃梨」として評判をとった川上善六が亡くなる (54).

────────────

1819〜1848 (文政〜天保時代)
　　○京都府久世郡寺田村で桃栽培が盛ん．品種は稲田桃 (京都府下で最も広く普及)，
　　　中川桃，谷五郎桃，黒仁桃等，明治後半まで継続 (61).

1830〜1840
　　○この頃，京都府久世郡寺田村，御牧村，富野荘村で桃が栽培 (49).

1830－1843 (天保年間)
　　○この頃の染色では紅色の発色に「べにばな」花弁の絞り汁に梅の実の酸を加えて，
　　　深紅に発色させた (140).
　　○岩崎常正が天保年間における園芸植物の価格を「草木価大概附」に記載する．果樹
　　　では，150文 (たこ作り桃，しの作り梅桃類)，300文 (たこ作り梅，橘類)，1朱 (ブ
　　　ドウ，柿，地掘林檎)，600文 (仏手柑)，2朱 (長実キンカン)，3朱 (角ハシバミ，
　　　カハクルミ，マンゴー)，1分 (唐ベニ山査子，長島コウジ) (26, 140).
　　○「三国名勝図絵」に鹿児島県桜島の枇杷栽培記載 (40).
　　○徳島県勝浦郡上勝町高鉾の柑橘栽培始まる (49).
　　○広島県豊田郡大長村在住の儒者進藤一郎が広島の頼家へ土産物として桃 (名産大
　　　長桃) を持参 (49).
　　○「春色・恵の花」の中に振り売り (移動販売) の品として「鉄火味噌に座禅豆，梅干
　　　し」が描かれる (122).
　　○「料理調菜・四季献立集」に銀杏と茗荷を加えた「五斗味噌和え」記載 (122).
　　○美濃・大垣で，槌谷右助考案により「干柿羊羹」開発 (122).
　　○本格的漬物専門書「四季漬物塩嘉言」が出版され，64種中に梅干漬記載 (108).
　　○畔田伴存著の紀伊國七郡の内，牟婁郡を除いた六郡の産物を記載した「紀伊六郡
　　　志」刊行，果瓜記載 (170).
　　○畔田伴存著の紀伊國牟婁郡の産物を記載した「熊野物産初志」刊行．果瓜記載
　　　(170).
　　○畔田伴存著の吉野郡の産物を記載した「吉野郡中物産志」刊行．果瓜記載 (170).
　　○ハワイの移民が小笠原諸島にバナナを伝える (164).
　　○天保年間から安政年間に掛けて，京都府綴喜郡青谷村のウメ栽培が隆盛，焼梅と
　　　して，京阪地方の紅粉屋に供給，梅酢を染屋に供給，輸入染料に代わり，その後，
　　　茶栽培に代わる (49).

1830（文政13，天保1）
- ・2　○オランダのカピタンの御礼献上物に，葡萄酒1壺，葡萄酒5升（101）.
- ・9　○岩崎常正著,「本草図譜」刊行．61～76巻，果部（11）品種名と解説を載せている．橘には37種，葡萄の無核小粒種，甘巴旦杏，苦巴旦杏，欧州李も記載され，渡来していたことを示す（20）.
　　　　○「本草図譜」に柘榴の品種として，カバイロザクロ（二品），ハナザクロ，スイショウザクロ，ナンキンザクロの二種，四品を図解（26）.
　　　　○「本草図譜」に柿の24品種が図解される（26）.
　　　　○ネサールセーボン，小笠原諸島父島にパイナップルの苗を伝える（1, 111, 164）.
　　　　○この頃，京都府何鹿郡西八田村の太郎右衛門が大阪から桃樹を導入（49）.
　　　　○天保1年～10年頃，福井県三方郡三方町で偶発実生として，ウメ「剣先」，「紅さし」が選抜される母集団が生じる（49）.

1831（天保2）
- ・9　○中国の宋の著,「梅譜」と「菊譜」の校刻合刊行（11）.
　　　　○和泉屋吉兵衛が中国宋時代の梅図譜「梅譜」写本を発行（140）.
　　　　○曾占春が「成形図説」四十五巻果部他を藩主に示す（11, 12）.

1832（天保3）
- ・2　○中国に滞在し，巴旦国経由船で漂流民が送還される．持ち込み品の中にクルミ2個，椰子18個（104）.
- ・11　○畔田伴存著,「本草正か」成る．梅，橘，葡萄，枇杷が記載（11）.
　　　　○飯沼慾斎，五十歳，西説植物学を講義し,「草木図説」三十巻を著す（12）.
　　　　○佐藤信淵が「草木六部耕種法」二十巻を完成，巻十九が需実第八編で果木類二十種の栽培各論が記載，記載されている果実は「橘（ミカン），柑子（コウジ），柚子（ユズ），橙子（ダイダイ），金柑，柿，蒲桃（ブドウ），桃，栗，梨子，梅，杏，李，林檎，扁桃，楊梅，柘榴，枇杷，マルメル，カラナシ，カリン，棗，山椒，銀杏，榧，胡桃，椎，榛」，品種，土質，繁殖，肥料，害虫等を中心に，名産地，加工，貯蔵等の説明，甲州の祝，勝沼両村の葡萄産額は八千駄（二十一万七千六百貫），このうち，三千余駄が江戸に出荷，神田に三軒の問屋（宮田屋，池田屋，岩城屋）四ッ谷に一軒あり．一駄が二両一分から三両一分位（20, 170）.
　　　　○1832（天保3）～1833（天保4）頃,「東都花暦名所案内」出版（134）．春の部，①梅（亀井戸梅屋敷（清香庵，喜右衛門，臥竜梅）），（蒲田梅屋敷（山本久三郎，剪消梅）），②桃（六郷の下羽田，大師河原辺り），（大房奥州道大沢の左（江戸よりおよそ六里）），（増林越ヶ谷宿より右へ入る，およそ六里），③緋桃（染井西ヶ原辺り），④梨子花（生麦村），（市川から八幡道，およそ四里）（134）．夏の部，①橘（池上本門寺），（亀井戸天神）（134）．青梅村金剛寺門内に梅の古木一株あり，その実異なり，秋の頃まで青しとぞ．青梅の地名，これよりいづる（134）.
　　　　○館柳湾著の「荒年充糧志」刊行．飛騨の国の官吏であったときに見聞した，朴実，楢実等の食法を記載（170）.

1833（天保4）
- ・6　○小原桃洞（良貴）（1825年7月に没）による「桃洞遺筆」刊行．第二巻の下に「南海

包譜」があり，文政1年(1818)に桃洞が集めた柑橘品種について記載(20).「桃洞遺筆」に「三度栗」記載．上野州，下野州，因幡法美郡宇治山，紀州来栖荘芝村，同郡佐本荘栗垣内村，同郡三里郷一本松村，信濃，石見，土佐，筑前等に産する．山ぐり，梶原ぐりと称する．紀州牟婁郡では山を年々焼き，焼き株から出た新芽に結実，7月の末から10月頃までで，本中実と三度花を開き結実(39).

○「水仙梅」記載．単弁，白色，最大，花弁数6枚「六弁梅」と言う(39).

・12　○建部由正が明和8年に作った「備荒草木図」が刊行．ナツグミ，林檎，ケンポナシが記載される(11).

1834(天保5)

・新春　○斉藤幸雄(長秋)，幸孝(莞斉)，幸成(月れい)の親子三代が執筆し，長谷川雪旦が絵を描いた「江戸名所図会」三巻十冊を刊行，天保7年(1836)残り四巻十冊刊行，巻之二，天せん之部，第五冊に鶴見の市場観音が描かれ，図中，観音堂の門前の畑に梨棚がある(154).「江戸名所図会」の紀行文に「梨園真間より八幡へ行く道の間にあり，－－」と記載され，梨の名産地として知られる(54).「高輪廿六夜待つ遊興乃図」に廿六夜の月の出を待つ人や，路上で商う食べ物屋が描かれ，水菓子売りもある(111).

・春　○オランダ商館長・カピタンの江戸参府の帰途，大阪泉で仏手柑酒を持参，宿所へ餞別を届けたところ，白赤葡萄酒フラスコ入りを譲られる(58).

・9　○紀州蜜柑揚場，筋違橋御門外続き，間口六間，河岸行一二間(151).

・秋　○日本橋，茸屋町に安売りの水菓子専門店「千疋屋」が開店(28, 49, 111, 122).宮内省御用達(49).

○黒田備前守斎清が家督を継ぎ，800余の品種の梅を収集，愛物産家の西の大関とされた(15).

○寺門静軒が「江戸繁盛記」を刊行，諸侯，豪商の佳園が百や千ではないほど沢山あり，梅好きな人は梅樹を植えて観賞した．梅園を造ろうと思えば半日で出来るほど梅樹供給が可能なほど植木屋の植え留めに梅があった(138).

○墨堤のお花見が盛んになり，百万両が消費されると「江戸繁盛記」に記載(107, 111).

1835(天保6)

○シーボルトが「Flora Japonica」完成．枇杷(*Eriobotrya* Japonica)を詳細に記載(40).

1836(天保7)

・9　○長崎の画家川原慶賀著の「慶賀写真草」上下巻，刊行，下に木瓜から無花果まで29種記載(11).

1837(天保8)

・11　○井岡れつがが没．「大和本草批正」(3冊，未刊)を著す．「一歳桃」記載．四国，九州にあり，樹高7～8寸，実生一年目に開花，翌年結実，花大で八重「渋無し榧」が美濃の物は丸く，吉野の物は長く「はちのこ」と称する(39).

○阿部　斎が「草木育種後編」二冊を発行．果の類の条下に観賞用の果樹として「野木(トキワアケビ，ムベ)，牛心李(アメンドウ，寿星桃)，仏手柑，金豆(ヒメミカン，豆金柑)，ザボン，棗，梅，松子(マツノミ)，天師栗(トチノキ)，優曇

○鉢（シロイチジク）の一種，枇杷，蒲桃（ホトウ，フトモモ），蛮石榴（バンシュコウ），鳳梨（エラン，タコノキ），サルナシ」(20).
○「救荒便覧」にスノキ属果実が救荒植物として登場(51).
○生麦村の上層民，名主，関口家の日記に記載されたこの年の食事中，客への接待，貰い物，冠婚葬祭，病人見舞いに食べた果物，7月21日（新暦8月21日）（梨子），7月24日（新8月24日）（梨子），8月4日（新9月3日）（梨子），9月25日（新10月24日）（柿），11月25日（新12月22日）（ぎんなん），11月26日（新12月23日）（串柿），12月27日（新1月22日）（蜜柑）(82).

1838（天保9）
○「東都歳時記」が刊行され，天保期に梅を目当てとする行楽地を記載(138).

1840（天保11）
○京都府紀伊郡堀内村で庄屋が久保柿を導入(49).
○紀州蜜柑問屋（売捌人），6軒指定，須田町二丁目（1軒），神田仲町一丁目（1軒），芝四丁目（1軒），下谷御数寄屋町（1軒），連雀町（1軒），伊勢町（1軒）(151).

1841（天保12）
○甲斐国の上岩崎村のブドウ栽培は15.8町，148戸に増加し，甲州街道を馬の背に揺られて江戸の問屋に運送(61).
○この年，屋代弘賢が死亡，その著書「古今要覧稿」に梅34品種を記載(26).

1842（天保13）
○幕府が野菜と果物の促成栽培と促成物の購買を禁ずる触書を出す(56).
○この前後，和歌山県西牟婁郡でクネンボ栽培される(49).
○佐賀県平原村から浜崎（現浜玉町）や唐津城下ヘミカンが売り出された(49).
○奥羽白石に飢饉立て直しに招かれた尊徳の高弟倉田耕之進が渋をとる柿「塩の花」を植えさせる(196).

1843（天保14）
○駿河国庵原郡柏尾村の高田が農事研究会を組織し，接ぎ木研修を実施し，小ミカンから温州ミカンへの更新を実施(49).
○大蔵永常が「広益国産考」を刊行，第八巻で柿，梅，梨，葡萄，柑橘の栽培法を記載し，これら果樹が当時，産業として成立していたことを示している．摂津池田の木ノ部郷が主要果樹の苗木生産し，紀州などの蜜柑苗を供給（種苗業の成立），「紀州の主要品種は紀州蜜柑」，「西国に大果の無核蜜柑あり」，「大和の御所柿が甲州で栽培され，江戸に販出」，「安芸の西条柿が干し柿の優品」，「寛政前後に品川，川崎で下総の古河梨を栽培開始」(20)「美濃の梨を多摩方面に植えた」と記載 (109, 111). 八之巻で「梅を植て農家益とする事」の章あり．大阪では，何千石と言う多量の梅を干して，梅干しとし，小さな樽に詰めて江戸へ送る．この影響で遠州相良でも小樽に詰めている．梅干し製造法を記載(138).
○この頃，ハワイから小笠原にバナナがもたらされる(1).
○中台芳昌が著した絵巻物形式の農書「老農夜話」の「農事図」で梅の巨木が咲き，その樹下で種籾浸水が描かれる(138).
○滋賀県近江町日光寺の旧家にある「生ま柿之覚帳」（天保14年）で生柿の仕入先，値段など記載され，「日光寺の甘ん坊」名で著名な干し柿生産がこの頃開始（日本

農業新聞, 平成12.3.7).
○多紀安長が「日光駅程見聞雑記」刊行. 岩槻領の慈恩寺に「核無の李」ありと記載 (39).

1830－1848（天保－弘化）
○この頃, 長崎県西彼杵郡茂木村木場の三浦喜平治の妹シオ（本名ワシ）が呉越の船が盛んに往来していた長崎に女中奉公にで, 唐通詞からもらったビワの種子を実家に播き, 嘉永3, 4年頃, 隣の家の山口権之助が穂木を貰って高接ぎし, 安政5年に北浦の三浦萬次郎が山口から穂木を得て, 接ぎ木し, 安政6年, 北浦の三浦八十八が萬次郎から穂木を得て, 接ぎ木する. 明治維新前後に八十八が長崎に出荷する.「茂木」となる (5, 40).
○この頃, 一樹に赤・白・ピンクの三色の八重咲きの花が咲く「南京桃」が中国から持ち込まれ, 兵庫県伊丹市で栽培 (日本農業新聞, 2003年3月26日記事).

1844（天保15, 弘化1）
・9　○紀州蜜柑揚場, 稲荷河岸御石置き場之内, 間口12間, 河岸行7間 (151).
○愛知県知多郡内海村の大岩金右衛門が紀州からみかん苗木導入し, 16aに定植 (49).
○静岡県周智郡森町の松本次郎吉が太田川堤防の普請に従事中, カキ「次郎」を発見 (49). 弘化年間 (5).

1844－1848（弘化年間）
○弘化から嘉永年間, 一次中断していた神奈川県大師河原村の梨栽培が次第に盛んになる (25).
○長崎にジャガタラから文旦が舶来, 松浦藩では藩主が長崎で得た文旦の種子を家臣に分けて栽培 (109, 111, 164).
○この頃, 蘭船が各地に露兜子（パイナップル）の種苗をもたらす (164).

1845（弘化2）
・6　○異域の草木の盆栽を京都の医学院にあつめて展示する. 中国産の酸棗, カラタチ, 胡桃, 安石榴（享保九年, ナンキンジャクロ）, 仏手柑, 蕃柿（オランダ産）など (12).
○長野県森村の中条唯七郎が手記「見聞集録」を著し, 森村が杏花諸村に勝って盛んであり, 古来より吉野の桜花にも勝る. 杏の花見が実施 (61).
○オランダ船, 露兜子（パイナップル）の種苗を日本本土に舶載する (1, 8, 109, 110).
○紀州蜜柑, 百万籠以上を諸国に出荷 (20).
○川崎の王禅寺村の柿の収入は200～260両と記録 (222).

1846（弘化3）
・5　○北亜米利加船が来航し, 6月に船に届けた品, 梨三千, リンゴ三千, 先方から要望された物, 梨子200, 李二斗, リンゴ2250, 大桃1600 (105).

江戸時代　　　(83)

　　　　　○「藤岡屋日記」に「孝行糖と言う菓子売りが来る．孝行糖は麦の粉の寒晒，甘いのは大白で，匂いは丁字，肉桂，くるみにカヤの実」と記載(122)．
1847(弘化4)
・5　　○紀州荷主肝煎りが六人の蜜柑売捌人に申談じて，市中80余人の水菓子屋に，駿遠三豆諸国産の地回り蜜柑の売買中止証文を取ろうとし，中止させられる．独占を狙った(151)．
　　　　○田丸寒水，飯室楽圃，佐藤節翁，島花隠等が会合して柿の種類を品評し，「柿品」一巻を作る(12)．
　　　　○紀州蜜柑問屋(売捌人)，6軒指定，須田町二丁目(1軒)，神田仲町一丁目(1軒)，平永町(1軒)，下谷数寄屋町(1軒)，連雀町(2軒)(151)．
1848(弘化5，嘉永1)
　　　　○恐らくこの年，畔田伴存録の「熊野物産初志」全5巻成る．果類17記載(11)．
　　　　○岡村尚謙が「桂園橘譜」二巻を完成．柑橘の品種について詳細な説明と写生図記載，温州橘の記載(20)．初めて「温州みかん」の名称が記載(49)．
　　　　○大分の津久見村青江の薬師寺久米治が「薬師寺早生温州」を発見(先祖木)(221)．
1850(嘉永3)
　　　　○香川県三豊郡大野原町の佐伯国治助が西国33番の巡礼帰途に和泉の国池田よりミカンを持ち帰り栽培開始(49)．
　　　　○この年から5年間奄美大島に遠島中の名越左源太が著した「南島雑話」にシイの実拾いとシイの食習慣記載，シイ味噌，シイ焼酎(183)．
1851(嘉永4)
　　　　○中山雄平が「剪花翁伝」前後編刊行．切り花の栽培法，開花法を記載，梅は剪定後直ちに湧き井戸水につけて開花を速め，花を長持ちさせる秘伝を記載(140)．
1852(嘉永5)
・1　　○肥前国伊王島の船が中国寧波府に漂着し，唐船で送り返された．中国滞在中に梨子11個を買って帰国，2月領主が4個，本人が8個受け取る(81)．
　　　　○紀州蜜柑問屋(売捌人)，6軒指定，須田町二丁目(2軒)，神田佐久間町一丁目(1軒)，元四日市町(1軒)，神田多町二丁目(1軒)，連雀町(1軒)(151)．
1853(嘉永6)
・7　　○アメリカ合衆国艦隊司令長官ペリー浦賀に入港．農業園芸担当モロー植物採集(11)．
　　　　○江戸の風俗を描いた喜多川守貞の自筆本「守貞漫稿」の中に，「献残屋」の記載があり，貰いすぎたギフトを払い下げてもらう商いで，再び自家用やギフトとして販売する．扱い品として「熨斗あわび，干物，干し貝，塩鳥，昆布，干しあわび，からすみ，雲丹，このわた，葛粉，かたくり粉，水餅，くるみ」(122)，野老(ところ)について「注連縄(しめなわ)の飾には，裏白，ゆずる葉，海老，ダイダイ，蜜柑，柚子，串柿，昆布，かや，かち栗，池田炭，ところ，ほんだはら，大略，三都同じ」とあり，注連飾りや，くいつみの三方に載せて用いた(113)．「渋紙売り，敷袋売り」の項に，「反古三四重を大型に製し，柿渋をひく．あるいは諸物を遠所に送るもの，これを用いて包み，あるいは畳上にしきて塵を除き，または衾下に敷きて蚤を除くなどに用ふ」，敷物としての利用は昭和も使用(196)．巻之六生業

に，枇杷葉湯売が記載，京都烏丸の薬店が元祖，消暑の散薬で，京都，大阪，江戸で販売 (194).

1848－1859（嘉永～安政頃）
○新潟県北蒲原郡木崎村の梨栽培が復興し，北海道の需要に対応 (25).

嘉永年間
○山口県大島郡橘町の日良居村の庄屋，藤井彦右衛門が京阪地方から温州，紀州蜜柑の苗木数百本を購入，大島での栽培開始 (49).
○京都相楽郡瓶原村を中心に在来ミカンに代わり，兵庫県川辺郡から苗木を購入して，紀州蜜柑，温州ミカンを栽培開始，奈良，京都，伊賀に販売，戦後衰退 (49).
○京都南山城地方綴喜郡の梨栽培開始，品種は「島田」，「御所丸」，「瀬川」，「美濃細」など，その後，「金子」，「淡雪」等に変わる (25).
○山梨県中巨摩郡五明村の望月源太郎が長崎からスモモの苗木を持ち帰り，栽培，「甲州大巴旦杏」（ケルシー・ジャパン），明治25年頃，産地化 (49).
○長野県の松代藩が埴科郡屋代村（現更埴市）等にアンズ苗木15,000本を与えた．果肉でなく杏仁を関西に移出．後に江戸でアンズ干を制作 (61).
○泉州の堺で「胡桃餅」作成開始 (122).
○この頃，梨檬子（レモン）が舶来 (109, 164).
○長崎出島阿蘭陀屋敷内の見聞録「異国食用図三幅」に，「蜜漬，果物にてつくるをウルセフミット，青物に似たものをマンロス，柿実に似たものをザンデリヤ，生姜にて作った物をゲンブル，刻み大根に似たものをアナナス」と記載 (111).

1854－1860（安政年間）
○文政から始まった秋田県の桃栽培が30町歩余，品種は日の丸，金時，天神桃，九月桃等，上品種は14種，中品種11種 (61).
○この頃，長崎県の伊木力のミカン栽培が開港により盛んになる (49).
○この頃，長崎県長与町の柑橘栽培始まる (49).
○「郷村記」によると，長崎県西彼杵郡伊木力他で枇杷栽培開始 (40).
○「愛媛県高校地理研修講座」によると，愛媛県松山市興居島で枇杷栽培開始 (40).
○広島県豊田郡田熊村東組，岡野末吉宅に安政年間（1850年代）からあった柑橘に，恩田鐵弥が「安政柑」と命名，瀬戸田で広まり，耕三寺の土産として販売 (49).

1854（嘉永7，安政1）
・2　○北アメリカ船が来航，貢献物の中に，白ワイン，赤ワイン，桜桃香酒，貢献農具の中に剪定鋸 (105).
・12　○武蔵埼玉郡瓦曽根照蓮院の年中行事用の買い物にダイダイ三つと蜜柑30 (151).
○紀州藩の専売制度である御仕入れ方が蜜柑を支配下におく政策を採ったが，旧来産地以外の蜜柑生産者の江戸進出にかなった物の，主産地農民の反発で百姓一揆が勃発，勝手方の支配になる政策が出された (151).
○この頃，蜜柑は箱詰めに変わりつつあり，腐敗も多かった (151).
○「繁栄玉づくし」に「生渋積出し東ほり米や丁源」と記載 (196).
○江戸浅草の汁粉屋「梅園」が栗ぜんざいを売り出し，評判を取る (214).

○熊本県飽託郡河内村葛山の荒木籐三郎が山林を開墾し，普通温州ミカンを植え付け (49).
○歌川広重の版画に水菓子屋が描かれ，西瓜，ウリが並べられ，桶の上のお盆に18個の果頂部が尖った桃が並べられている(狂歌「四季人物」)(111).

1856(安政3)
○飯沼慾斎著，「草木図説」前編一部刊行 (11).
○安政の地震の津波で神奈川県大師河原村の梨栽培が衰える (25).

1857(安政4)
・10 ○幕府が米国総領事タウンゼント・ハリスを江戸城で饗応した時の献立にある果物，金柑，この時の途中，川崎に宿泊したが，ハリスが日常食べている食品を下田奉行が年寄りに用意をさせた．鉢屋柿十個，梨子十個，銀杏一升，蜜柑，葡萄 (206).
○アメリカ公使，江戸芝増上寺にリンゴの苗木三本を贈る．寺はこれを津軽の平野清左衛門に贈り栽培させる (1, 111, 214)．金子300両を寄進して，譲り受け，弘前に持ち帰る．青森リンゴの初め (164).
○香川県三豊郡大野原町の藤川寅吉が伊勢参りの際，「たねなしみかん」の苗木2本を持ち帰り，植える．万延元年 (1860)，同地の篠原秀作が藤川から穂木の分譲受け，園地として栽培 (49).

1859(安政6)
・3 ○「天保度後蛮舶来草本銘書」に安政年間に渡来した果樹記載有り．「アナナスボーム(鳳梨)」，「リュウガン」，「レイシ」 (26).
○大蔵永常，「広益国産考」全6巻完成．国の産物となりうる物産の中で蜜柑，葡萄，柿，梨を上げ，「蜜柑では，紀州で大量に江戸，京都，大阪に出荷」，「葡萄は甲州で江戸に大量に出荷」，「梨で美濃で作り，出荷している．近頃，江戸近郊でも作り始める」，「安房，上総で山畑に蜜柑を植える」と記載される (16)．巻の4「柿の接ぎ木法の詳細を解説」，巻の8「梅，大阪では何千石，梅干しを作る」，「葡萄の品種が3〜4品種」，「梨，美濃，いつ頃か上総の古河で，寛政前後に品川，川崎で始まる．詳細な栽培法記載」，「蜜柑，紀伊の蜜柑苗木は摂津東野村の植木屋から購入，カラタチを台木として接ぎ木」(16)．巻の4「柿」の項に「丘山には小さき渋柿を多く植えて，渋をとるべし」とし，柿渋製法，酒屋からの全国的需要も記載 (196).
○この年，死亡した畔田伴存による「紀伊六郡志」にヤマモモについて，純白のもの稀なり，白モモとするものは淡紅色等記載される (26).
○楠本渓山(死後73年後)の「梅花」刊行．梅56品種を描く (140).
○「最新枇杷栽培法」によると，福岡県粕屋郡立花で枇杷栽培開始 (40).
○広島県大長村(現豊町)で末田宗五郎が摂州池田から温州ミカン導入．慶応元年(1865)には摂津稲野村小西末次郎から導入 (49).

1860(安政7, 万延1)
・1 ○遣米使節，総計80余名，出発(安政7年)，9月帰国，副使・村垣淡路守が航海日記にハワイで賞味したバナナとパイナップルのスケッチを描く (111, 164).
○この頃，広島県因島市の恵日山浄土寺の恵徳上人が古くから有った八朔の頃食べられる柑橘に「八朔」と命名 (5, 49, 111)．広島県向島に導入 (49).

○大分の東国東郡国見町竹田津の野上金助が津久見より温州苗木を購入 (221).
○この年, 佐渡から松前藩へ移出した荷の中に, 串柿とともに,「柿渋, 一斗入り, 500文」の記載. 遠方から購入, 必需品なのが分かる (196).

1860～1861 (万延年間)
○この頃, 阿蘭陀商船が西洋栗 (109) と オリーブ 舶来 (111).

1861 (万延2, 文久1)
・10 ○英国人, フォーチュン来日し, 園芸植物を採集する (12). 江戸染井を「世界最大の園芸センター」, 日本の一般的な果物として「梨, すもも, みかん, 桃, 栗, 柿, びわ, くるみ, ぶどう」, 隅田川界隈の紀行の章では「日本は何処でも野菜や果物が沢山あって確かに安い」と「江戸と北京」に記載 (109, 111), 長崎市内の果樹として, カキ, ナシ, ミカン, ギンナン, クリ, スイカ, カシの実を上げる (189).
・11 ○英国人園芸家のフォーチュンが神奈川の山麓の村近くで栽培されている果樹として, ナシ, スモモ, ミカン, モモ, クリ, ビワ, クルミ, カキ等を記載, 日本産の葡萄について, 房は中程度, 褐色の果実で皮が薄く, 風味が良い, 甚だ優秀な果実と評価. 江戸から神奈川への帰途, 堅果類も非常に豊富に販売, 販売している果実としてクネンボ, ナシ, ギンナン, ドングリを記載. 川崎大師への参詣途上で, ナシの棚栽培を記載, 水平に整枝, 一部は単独で丸くテーブル状整枝, 木製の棚, かわいらしく丸い褐色果実, とろけるようなナシ セイヨウナシ は日本で見かけず. 道端には小店があり, 乾燥果実販売 (189).
・12 ○フォーチュンが因島でナシの樹に囲まれた田畑を記載 (189).
○この年から明治4年までの中波村の大西家文書「金網仕入覚帳」に柿渋による台網の網染めの記載 (196).
○名古屋市西区児玉町に果物販売が多い青果店「八百清商店」創業 (49).

1861－1864 (文久年間)
○神奈川県横須賀にオリーブが栽植される (9).
○藩政後期のこの頃, 愛媛県北宇和郡吉田町立間の加賀山平次郎が紀州から温州ミカンを導入, 愛媛の栽培の始まり (49).
○広島県高根島へ柑橘が導入される (49).
○英国の貿易商が出島5番地にピナテル商会を開設し, フランス・ワインを販売.「舶来魅力ワイン」として花街丸山で珍重 (107, 164).
○八丈島の紀行文「南岐行記」に「始めて芭蕉を食せり. 味甘くして液なし, 遠州辺りにてダイダイをくうが如し. "バナナ"といふ. パイナップル又アナナス, 梨子と柑子を合わせ食すがごとし. 南島の美果なり」, これにオレンジを加え「3種を島の美果とすべし」と記載 (109, 111, 164).
○製品名にイラストを添え, 数行の説明を加えた図鑑「商売往来絵字引」に干葡萄, 梅干しあり (111). 元治の文献 (112).
○この頃, 群馬県で袋掛け技術が始まるとされる (61).
○京都府何鹿郡西八田村で少数の桃栽培あり (49).
○この頃から明治初年頃まで, 三重県飯南郡大河内村の梅栽培が隆盛.「一目千本」と言われ, 花見時に遊覧者が多く, 果実は大果で生食用に松坂商人により, 名古屋, 大阪方面に出荷, 明治末期から養蚕で衰退 (49).

○京都府綴喜郡青谷村の梅栽培が，数回にわたる害虫発生で大惨劇(49)．

1862（文久2）
- ・6 　○フォーチュンが夏の果物として，野生のキイチゴとビワ，その後，二種類のウメ，貧弱なモモ，アンズ，マクワウリ(189)．
　　　○越前福井藩主松平慶元(1828－1890)，アメリカからリンゴの苗木を輸入し，江戸巣鴨の別邸に栽植(1, 214)．文久年間(8, 25, 26, 109, 111)．
　　　○蘭方医の林洞海がオリーブを導入し，各地で試作するが失敗(33)．横須賀等(49)．

1863（文久3）
- ・2 　○物産所において，フランスの蔬菜，樹木の種子110品を下種(1, 12, 29)．

文久～元治（1860年代）
　　　○金沢で藩主や家臣が油桃の花を観賞(49)．

1864（文久4，元治1）
　　　○「花洛名勝図会」刊行，京都東山麓の東福寺門前北端で伏見街道に架かる一之橋の南半丁に千本梅茶屋があり，人家の裏庭に梅樹がたくさんあって千本梅と称した(138)．
　　　○「真鯨捕揚雑用並算用帳」に「一貫五百文渋一石宛分」と記載(196)．

1864～1865（元治年間）
　　　○この頃，江戸から京都に旅した石川明徳の旅日記「京都土産」に，京都の蜜柑・九年母は江戸より勝ると記す(206)．

1865（元治2，慶応1）
- ・6 　○シュリーマンが旅行記に日本の農業を記載．「畑は見事なシュロ，…クリ…ミカン…針葉樹等の木立で区切られ，」，「この国には，芳香をはなつ花も風味のある果物もない」，「神奈川宿から江戸に到る東海道は…両側に切れ目なく商家が並び，・桃，梅，杏等，熟していない果物を商う店，日本人は酸っぱい味を好むので果物は青い内につみ取られる．…風味がないたわに実を付けた野苺等，だれも摘もうとしない」(62)．
- ・9 　○紀州蜜柑揚場，江戸橋，間口六間，河岸行一二間(151)．
　　　○足守藩足守付近（岡山県）に梨栽培開始，藩業として奨励(25)．
　　　○信濃小布施の塩屋桜井幾右ヱ門が製造した栗落雁が伏見宮家から裏菊御紋章付き栗落雁の調製を命じられる(61)．

1865－1867（慶応年間）
　　　○京都府綴喜郡八幡町の梨栽培が苗木を導入して開始(25, 49)．

1866（慶応2）
- ・春　○開成所の田中芳男(1838－1916)，福井藩主松平慶永の江戸巣鴨邸にあるリンゴの木二三十品種から穂木をとり，海棠もしくは林檎に接ぎ木．我が国初の西洋リンゴの接ぎ木と言われる(1, 29, 45, 61, 145)．母樹は樹高一間，福井の本国にも果実が結実(45)．

江戸時代

1867（慶応3）
・10 ○開成所にアメリカからリンゴ果実，百余個が届き，所員ら試食（1, 29, 45, 61, 145）．田中芳男が「オホリンゴ」「タンリンゴ」と命名（45）．
○幕府吏員，小野友五郎等，米国に渡り，葡萄苗木を求め，翌年，送付我が国最初の種苗輸入（20）．
○この頃，福井県敦賀市阿曽の金井源兵衛が摂津池田からミカン苗木を購入し，栽培を本格開始（元和頃から存在）（49）．
○紀州の山中信古文が村瀬敬之の「包譜」を増補した「増訂南海包譜附柑橘図絵」刊行（170）．

江戸時代終期
○オランダ人により パインアップル 導入される（5）．
○明治維新前，外国人がレモンを小笠原に植える（26）．
○小石川の御薬園に唐室（間口9尺，奥行き5尺），岡室（間口2間，奥行き9尺）があった（26）．
○江戸の柿品種は，渋柿が「衣紋」，甘柿が「禅寺丸」が定番（29）．
○この頃，長崎から導入した李が山梨県中巨摩郡甲西町で「牡丹杏」と称して普及し，明治1年，アメリカに導入され，「ケルシー」と呼ばれた．「甲州大巴旦杏（おおはたんきょう）」と呼ばれる（49）．
○この頃より，梨の袋かけが実施（29, 56）．
○明治10年前後の記載（長野県町村史）により，江戸末期の長野県の果樹栽培産地と果物名記載（61）．
○長野県飯田地方に東海地方から蜜柑が年間1万2千貫，中馬交通で移入（61）．
○この頃に，広島県因島に温州蜜柑導入（49）．
○この頃から，佐賀県玉島村の蜜柑栽培開始（49）．
○この頃から，奈良県磯城郡纏向村穴師の雑柑橘栽培始まる（49）．
○和歌山県日高郡由良町の大江秀助が5本のナツミカン苗木を購入，当初は薬，由良町三尾川の宮本常吉も有田から購入，本格栽培は明治20年前後から（49）．
○この頃，新潟県北蒲原郡のイチジク栽培が僧侶により伝わる（49）．
○この頃の風俗を描いた菊池貴一郎の「江戸府内絵本風俗往来（明治38年刊行）」に露天の西瓜の切り売りがあり，「盤台桶又は籠に水瓜真桑瓜桃を積並水瓜は切りて赤き甘味を示し，真桑瓜は皮を剥き四つに包丁目を入れ，桃には水を打ち夏桃の赤く打つ櫛木を粧ふて売る．この頃売りし如き桃の実の大きく味ひ美なる物今は絶えてなし」と記載（146）．
○この頃の風俗を描いた「新編伊香保土産（明治13年刊行）」に竹籠に梨をいれ，天秤棒で振り分けて売る「梨売り」が描かれ，大阪では7月11, 12日頃，魂祭に供える物を売りに来た．食べられないような粗末なモモ，柿，梨もこのお供え物の一部で，総じて「みいろみいろ」と呼ばれ，特に粗末な梨を「ありのみ」とも呼ぶ（146）．
○幕末期の紀州産蜜柑江戸送り数は数十万籠，諸国産含めて，50万籠程度，一籠二百個として，約1億個前後，江戸全住民が蜜柑の季節に毎日1個以上食べた量に相

当，廉価な大衆食品 (151)．
○京都府熊野郡湊村で桃在来品種の栽培あり (49)．

江戸時代
○幕末の将軍の食事に見られた果実，朝食に胡桃の寄せ物，昼食に栗・クワイのきんとん (60)，梨，柿，蜜柑などを食し，桃，林檎，李などは見るだけ (206)．
○梅干し（青梅漬，糟梅，煮梅，梅干砂糖煮）が発達 (60)．
○菓子類が目覚ましく発達，従来，菓子とは自然菓子，加工菓子の両方をふくんでいたが，この時代に果実は水菓子（江戸），果物（上方）と区別され，菓子とは加工菓子を指した (60, 206)．
○宮中の節会に出された果実は古い習慣が残り，木菓子（棗，干柿，搔栗）(60)．
○東京都千代田区神田須田町の果物問屋「万惣」が創業，宮内省御用達 (49)．
○享保（18世紀前半），天明（18世紀後半），天保（19世紀前半）の大飢饉で．農村で食べ，山村で常食されていた物の果実は，梍，椎，櫟，栃，楢，椚，備荒ように栃，楢，椚の実を貯蔵 (60)．
○江戸時代の救荒作物のうち，果物，栗，ハシバミ，梍，椎などは生食または干して貯え，飯や粥にし，餅や団子に作る．イチイ，ドングリ，シダミ（ナラ），栃，クヌギは苦く渋いので，灰汁に漬けてこれを抜き，清水で灰気を抜いて餅や団子にする．この他，銀杏，胡桃，野葡萄を利用 (206)．
○この時代になると，公家だけでなく，武士や町人も梅を植え，鑑賞の対象とする (138)．
○現在も続く吉野梅郷は江戸時代から梅樹が多く，果実を江戸に販売，年に約13.5トン (138)．
○江戸時代の長野県の桃栽培，在来のヤマモモやその改良種を利用，佐久地方（土用モモ，野良モモ），伊那地方（桑原モモ，生田モモ，ショベラモモ），北進地方（ケモモ）(61)．
○この時代，商品作物として葡萄が江戸，大阪，名古屋等の大都市市場に出荷開始，勝沼を中心とする甲府盆地が代表的産地 (61)．
○江戸庶民の間に「栗は東部の産で，西部は柿と梨，中部には御前栽のまくわ瓜」とされた (167)．
○川崎平右衛門が江戸の小金井村に幕府御用の栗林を設ける (167)．
○江戸時代から，神奈川県の茅ヶ崎から平塚にかけての湘南で桃が栽培され，鎌倉に出荷 (49)．
○近世に中国からもたらされた物，唐枇杷，温州蜜柑，福州蜜柑，文旦，唐橙，柚餅子，龍眼，仏手柑，蜜柑，金柑 (206)．
○この時代の酒，葡萄酒，桑ジン酒，楊梅酒，蜜柑酒，梍酒，梅酒 (206)．

明治時代以前
○朝鮮グルミは主として寺院や上層農家の境内や庭先に植栽され，販売ではなく，自家消費または贈答用に利用 (61)．
○明治以前から福島県で在来品種の「船土桃」栽培 (49)．

明治・大正時代

明治時代から終戦まで
－明治維新と果物革命－

　明治維新は日本の果物生産と消費や果物文化にとって革命であった．まず第一に欧米で改良された果物や，東洋にない西洋とアメリカ大陸原産の果樹が導入されたことが上げられる．リンゴ，西洋ナシ，ブドウ，モモ，オレンジ等が導入された．これらの果物は適地の判定もせずに全国各地に配布され，高温多湿で病害虫も多く，樹体の生育も旺盛な日本で，西洋の教科書に載った栽培管理法を適用して失敗に終わった．これらの課題を克服したのは江戸時代に確立していたニホンナシやブドウの棚栽培や果実の袋掛け等の日本型果樹栽培を応用したからである．

　この間，各地に鉄道が開通し，輸送に便利な大都市近郊にあった果樹産地が青森や長野，鳥取といった都市から離れた地域にも形成された．今日では，高速道路網が鉄道の役目を担っている．

　今日，有機農業，環境保全型農業が叫ばれているが，果樹栽培にとって，農薬がなかった江戸時代，明治初期の栽培技術と失敗事例を振り返ると参考になろう．また，当時，栽培にどの程度，手間暇を掛けていたか，消費者が果実の品質や外観をどの程度許容していたのかを検証してみることも重要である．

　明治維新とともに，果物の利用法・果物文化として，ジュース文化とワイン文化も導入されたにもかかわらず，終戦まで，一部の上流階級に定着したものの，大衆文化にはならなかった．飲用水が豊富な日本で，腐敗しやすいジュースより果汁が多い柑橘や梨の生果を食べた方が安全である．また，米を中心にした日本型食生活にはお茶があり，ジュースは馴染まなかった．さらに，米から造る酒が身近にあり，ワインが普及しなかったのだろう．

明治時代

明治初期

○「李夫人橘」，「唐みかん」と呼ばれていたのを「温州みかん」と田中芳男，池田定之等が呼び，以降，農商務省を中心に採用(49)．
○宮崎県宮崎郡清武町，南那珂郡で日向夏(命名前)の二世原木から採穂し，増殖(49)．
○長野県で明治前から各戸に1から2本あった梨の木を，豊科町南穂高の山崎代作の先代が畑に移植し，栽培試行，大阪から苗木導入(49)．
○新潟県中蒲原郡横越村の梨栽培が病害虫で一時的に桑園に転換，明治中期にはかなり減少(49)．
○京都府中郡五箇村で柿散在樹を利用して販売(49)．
○この頃まで，長崎県茂木の枇杷栽培は散在樹の利用(49)．
○和歌山県有田のミカンは紀州藩みかん方により，輸送が阻害され，凡巾船(帆船)

　　　　で輸送が遅れて暴利を貪られていたので，生産者の沢崎源兵衛らが紀ノ国丸を建
　　　　造して，船主・問屋を牽制し，紀州ミカンの販売に貢献 (49)．
　　　○この頃，和歌山県那賀郡川原村はみかんの村であったが，商業者によって，ほし
　　　　いままに取引され，乱売状態，品種も在来種が多く，問題山積み (49)．
1868 (慶応4，明治元)
・4　○江戸開城前後に幕府側は土地と屋敷を奉還し，屋敷はほとんど家屋を取り払い，庭
　　　　園を破壊し，開墾して桑と茶を植えた．東京の桑茶植え付けと称した．有名な梅
　　　　樹がこの時伐採 (138)．
　　　○「中外新聞」に田中芳男の「苹果結実」の記事掲載 (145)．
　　　○プロシャ人ガルトネル兄弟，蝦夷 (北海道) の天領農場 (亀田郡七飯村) を開墾し，
　　　　洋種リンゴ，西洋ナシ，桜桃，葡萄，スグリ，フサスグリ等の西洋種果樹と，梨，
　　　　桃，李，杏等の日本種果樹を栽培，北海道の果樹栽培の開始 (1, 9, 25, 49, 214)．
・6　○横浜太田病院に収容された官軍方患者198人の治療中に出した飲食品中にブラン
　　　　デー157瓶位，治療用薬用酒として，リキウ酒，ブドウ酒，薬用，保健用，軍用
　　　　として使用したのが最初 (141)．
・7　○「アメリカ彦蔵自叙伝」によると，肥前公がリュウマチに苦しみ外国医者を紹介，
　　　　伏見の茶屋で最上の葡萄酒がだされ，驚く (141)．
　　　○北海道にリンゴワタムシが苗木とともに侵入 (49)．
　　　○この頃の東京の果樹生産品は運輸の便が良くなく，梨は川崎，八幡，古河から (淡
　　　　雪，太平が主要品種)，柿は東京近在 (品種は善次丸，衣紋)，とくに多摩川沿岸の
　　　　二子の辺りから，葡萄は甲州から，蜜柑は紀州 (ほとんどキシュウミカン，11月
　　　　中旬から3月中旬まで) から，桃は利根川沿岸から青くて硬いカリカリとした在来
　　　　種，ウンシュウミカンは若木のためか品質悪く，17～18年後に紀州蜜柑に代わ
　　　　り始める (25, 49)．
　　　○静岡県加島村水戸島 (現富士市) の塩沢茂三郎が庵原郡袖師村から梨「白玉」，「淡
　　　　雪」，「ケシ」等の苗木数十本を導入，庭先に植栽，24年頃，近くの農家に普及，「富
　　　　士梨」となる (49)．
　　　○静岡県志太郡の梨栽培は，高洲村の八木善五郎が300年近く前からあった立木を
　　　　栽培し，藤枝に販売して米作りの十倍の巨利を得たことから始まる (49)．
　　　○この頃，静岡県豊田村有東 (現静岡市) で梨，「淡雪」，「おいらん」，「軸太」等が，
　　　　若干栽培されていた (49)．
　　　○新潟県白根市へ当時の梨改良種「早生赤龍」移入，栽培が復興 (49)．
　　　○文久3年から開始されていた岡山県の梨栽培が今井村で拡大 (49)．
　　　○岡山県真庭郡湯原村の藤島好太郎が山林を開墾し，桃を植栽 (49)．
　　　○新潟県新潟市両川の佐藤甚左エ門が上州から梨「早生赤」，「太平」を導入，普及
　　　　(49)．
　　　○この頃の長野におけるワリンゴの産地は吉田村 (現長野市)，稲丘村 (現小川村)，
　　　　南郷村 (現豊野町)，北岡村 (現小布施村)，志賀村 (現牟礼村) 馬の背に乗せて，お
　　　　盆頃，善光寺や越後に販売 (61)．
　　　○長野県南安曇郡穂高地方で梨栽培開始，凍霜害で失敗 (61)．
　　　○勧業寮，リンゴ「国光 (ロールス・ジャネット)」，西洋なし「バートレット」(明治

5年説あり)，ブドウ「マスカット・オブ・アレキサンドリア」を導入 (9).
○開拓使，リンゴ「祝(アメリカン・サマー・ペアメイン)」導入 (9).
○この頃，備前国(岡山県)福岡新田村の高橋重吉が備中国賀陽郡と摂津池田より苗木を取り寄せ梨栽培開始，17年海水侵入で壊滅 (25).
○新潟県木崎村の梨栽培が大洪水で夏季に数カ月湛水し，衰微 (25).
○この頃，新潟県中蒲原郡茨曽根村，新飯田村(現白根市)付近で，関東から当時の梨改良品種「早生赤」を導入．昭和12年には480 haで全国一となる (49).
○この頃，愛知県中島郡山崎村の小川甚左ェ門が冨田久治郎から穂木を譲り受け，「久治」栽培開始，明治15年頃から結実 (49).
○新潟県中蒲原郡両川村の大野三之丞がナシ果実の害虫防除のため，紙袋で覆う (49, 61).
○和歌山県竜門地区に那賀郡からミカン導入，西牟婁郡で小ミカン，八代が導入される (49).
○広島県大長村(現豊町)の温州ミカンが田主丸系を導入し，盛んになる．面積30〜40町歩 (49).
○京都府久世郡寺田村，御牧村，富野荘村で1840年頃から栽培されていた桃が明治14，15年頃まで最盛期，以降，スモモに交代20年頃には衰退 (49).
○京都府久世郡寺田，富野荘の二村でスモモ「寺田李」栽培開始，38,39年頃には主産地となる (25).
○この年から埼玉県安行が果樹苗木の特産地となる (61).
○西洋種の無花果を導入，その後，神奈川県太師河原で幾分栽培が続けられ，横浜と東京に出荷 (25).
○この頃の京都の桃在来品種は「川中」，「稲田」，「樽屋早生」，「大和」，「鳥羽」，「黒仁」など．寺田村の西村五郎兵衛が「樽谷早生」から「谷五郎」を発見し最優良品種となる (25).
○この頃，山梨県勝沼町を中心としたブドウ栽培は300 ha (49).
○島根県那賀郡下府村(浜田市)の佐々木新三郎が「甲州ぶどう」の苗木導入 (49).
○三重県員弁郡治田村で，1770年頃から続く冬桃栽培は，この頃，約45万個程度を生産，その後，茶，桑に転換 (49).
○京都府綴喜郡で茶園に散在栽培されていた渋柿「鶴の子」が湯抜きで古老柿として，京都，大阪，名古屋に販売開始 (49).
○和歌山県那賀郡長田町で桃が栽培 (49).
○福島県双葉郡で井戸川裕次郎が梨苗木300本を植え付け，明治24〜25年頃，病害虫で伐採 (49).
○吉野朝から有る奈良県吉野郡の賀名生の梅林で明治初年から10年にかけて，果実生産のために梅栽培開始 (49).
○私立農学校として「学農社」を東京市麻布区四の橋に津田仙が設立，出身者に福羽逸人，外国種苗を直接輸入し，配布する (29).
○英国人ノースレーがレモネード製造販売，日本初の果汁製造 (44).
○松代藩のアンズ栽培は山盛り1升300文だったが，明治維新で諸国大名の通行が無くなり，販路が途絶えて暴落，養蚕に転換し，杏の大木伐採 (61).

○この頃，愛知県明治村のあたりで，果樹苗木生産盛んとなる(49).

1869(明治2)
- ・2
  - ○榎本武揚の蝦夷政府がプロシャ人 R. ガルトネルとの間で洋式農場開設の目的で七重村の300万坪を99ヵ年貸す条約を締結，3年12月土地を回収，この間西洋リンゴを栽培(145, 170).
  - ○和歌山県安楽川村段(現桃山町)，堀内仙右衛門が百合山を開墾して，柑橘苗木を植える．その後，南陽社を設立(49).
  - ○群馬県榛名町で梨栽培開始(49).
  - ○愛媛県伊奈郡中山町の栗生産は2,000から3,000貫(49).

1870(明治3)
- ・3
  - ○玉川上水の羽村・内藤新宿間で通船が開始され，甲州葡萄が一日で運搬されるようになる(28).
- ・12
  - ○北海道渡島国亀田郡七重村外五ヶ村に東西一里十町，南北一里二十七町のガルトネル経営の天領農場を買収し(145)，七重開墾場(勧業試験場の前)と改め(172)，果樹の北海道での適応性を試験し，各地に配布，ブドウを栽培(1, 25, 29, 49).
  - ○神奈川県国府津の剣持が温州ミカンを積極導入(49).
  - ○駿河庵原郡袖師村の苗木商小林勝二郎が尾state，紀州から温州ミカン苗木を荷車で導入，2年生苗小売り相場で1銭5厘から2銭(49).
  - ○甲府の山田宥教・詫間憲久らブドウ酒を試作販売(1, 49, 214).
  - ○工部大学教師，アメリカ人ライマ，果物類の缶詰を作る(1, 9).
  - ○米国のハウが「甲州巴旦杏」をカルフォルニア州に導入(24).
  - ○青山の開拓使に西洋風の温室建設(25, 26).
  - ○広島県竹原市の神田信助が甲州ブドウを導入(49).
  - ○京都市下京区四条通黒門角に果物店「ヤオイソ」創業(49).

1871(明治4)
- ・1
  - ○弘前藩で士族土着願いが許可され，土地分配が始まる(145).
- ・4
  - ○民部省において，耕種の器具，果殻の種苗を米国から購入して，農事を拡張するべきと太政官に稟申する(25, 29, 49, 170)．「米国より苗木・器具購入方民部省稟申」(61).
  - ○内務省勧業寮から青森県にリンゴ苗木30本が配布され，10本を県庁内へ植え，残り20本を弘前市菊池楯衛・山野茂治，五戸村三浦庄七，沿川村米田慶助に試植させる．青森リンゴ栽培の始め(56)．適地適産を探る全国的試験の一貫，受配者に士族が選ばれたのは，士族授産のためと，報告書が求められ，士族の教養が必要と判断されたため(145).
  - ○和歌山県伊都郡九度山村の北幸左衛門が従来の小ミカンに替えて，イズミ系という温州ミカンを和泉から取り寄せて栽培開始(49).
- ・6
  - ○北海道開拓使次官の黒田清隆がアメリカから果樹苗木を購入して帰国，初の果樹苗木大量輸入(145).
  - ○太政官令第276号「悪性伝染病予防に関する布告」が出され，その中に，「生煮えの物，熟さざる果物類，塩漬け物，腐臭を発する物，硬強の物食することを謹むべし」.

明治・大正時代

- 8 　○開拓使の用地を青山南町七丁目，青山北町七丁目，麻布新笄町に約十三万町歩の土地を求め，それぞれ第一（現在の青山学院一円），第二，第三官園として導入した植物を北海道に移す前に栽培（東京農業試験場）(11, 25, 29, 49, 170, 172 (9月), 214, 256)．第三号地は堀田備中守の屋敷跡と道路を隔てた羽根沢村の畑地 (52)．第一号地が園芸試験地で，数名の米国教師の指導で米国産のリンゴ，西洋ナシ，ブドウ等広く植え，規則正しい整枝法で管理 (25)．米国人ルイスボーマンの指導で栽培し，技術者養成 (56, 49)．
- 9 　○「田畑勝手作」の新勧業政策が出され，導入果樹の栽培を奨励 (55, 61, 170)．
- 10 　○山形県米沢市の上杉藩校，興譲館に横浜開成学校から来た英国人，チャール，ダラスがリンゴ苗木（赤龍，ワインサップ，大和と推定）持参，米沢市門東町へ植栽 (49)．
- 11 　○米国人デュスに種苗代 2,053 ドル 50 セントを同国公使に交付．慶応3年，幕吏の小野友五郎が公務で渡米，帰途デュスと植物交換を約束したが，国事が混乱し，翌年，デュスが，ブドウ苗十余包みを送付 (25, 29, 49, 170)．
- 12 　○この年の4月にサンフランシスコ工業博覧会に派遣された民部省権少丞の細川潤次郎が種苗（フランス系主体の苗木にアメリカ系混入），農具を購入して帰国 (20, 29, 61, 145)．
　　　○開拓使御雇い教師の草木培養技師ルイス・ベーマー，多量の苗木を携えて来朝 (15年4月まで滞在) (61, 145)．
　　　○北海道に穀菜果樹移植試験所設立，東京から送付される苗木を栽植，後に大部分が札幌農学校に移譲 (49)．
　　　○満川新三より清国上海で得た桃の種子3個を献呈される．この実生から水蜜桃が出来ると記されている (9)．
　　　○新宿試験場で食物貯蔵の研究開始 (29)．
　　　○この年から1986年まで，欧米，中国から果樹種苗を盛んに輸入 (55)．
　　　○りんご「紅玉」（ジョナサン）開拓使がアメリカから導入 (5)．
　　　○開拓使の園へ米国産リンゴ数十種を移植 (8, 25)．
　　　○燐酸肥料グアノを輸入 (172)．
　　　○この年導入した果樹．米国から桃，無花果，桜桃，林檎，グーズベリー，葡萄等の苗木 (29)．
　　　○4～5年，長野県諏訪郡四賀村の里見庄一郎が東京の苗木商人から梨苗木を売られて，栽培開始 (49)．
　　　○この頃，京都で李の「寺田李」が栽培開始，38年に宮内省内苑頭の福羽逸人が賞賛し，非常に流行する．その後，生産過剰で升売り状態となり，40年頃に減少する．「巴旦杏」が「寺田李」と改称 (25)．
　　　○日本の果樹栽培に剪定は無かったが，この頃，西洋の人工型剪定法が導入される (30)．
　　　○明治当所のブドウの植栽は桑と同様に，畦畔4尺，株間3尺の超密植栽培 (61)．
　　　○欧米からの導入果樹の苗木を全国に配布したが，在来果樹は手つかず．主として士族，農村富豪の手に渡り，庭園や畑に植えられ，知識無く，植えっぱなし．苗木輸送に時間が掛かり，枯死が多発，適期に収穫されず，諦めて伐採も多発 (161)．

1872(明治5)
- ・1 ○前年に渡米した北海道開拓使次官黒田清隆がアメリカ農務長官ホーレス・ケプロン（1804-1885）を開拓使顧問に迎え（49, 61），5月，意見書提出「リンゴを日本最適の果物とし，本州にも移植するよう進言」(145).
- ・5 ○岩手県盛岡市外，中野村の士族，古沢林が横浜でリンゴ苗木6種16本を購入し，栽植（49）.
- ・8 ○田圃植物の制限が4年9月に解除されたのに伴い，物産を繁殖し，外国の動植物を勧農寮に収集して，試作し，分与を申し出る者に許可する事を大蔵省令で定める（25, 170）.
  ○「巣鴨用地西洋菓木調」によると，敷地2万107坪，内，5000坪を開拓，ハダンキョウ，ナシ，モモ，リンゴ，イチゴ，イチジク，ブドウ，木イチゴ，草イチゴ，アンズ，桜等，262種，苗木数7,500本を植栽，また，武州中村地内御植付御用木として，モモ，イチゴ，ばら，イチジク，桜，リンゴ，クネン，ブドウ等，461本が植栽（61）.
- ・9 ○勧業寮，東京内藤新宿の旧高遠藩下屋敷を官に納め，大蔵省の所管として農事試験所を設置（10月），これが日本の農事試験場の始まり，現在の新宿御苑（95,600坪）（1, 11, 12, 25, 29, 49, 61, 170），内藤頼直の宅地と千駄ヶ谷，新宿地内の土地合わせて約59.3haを購入新宿試験場とする（256）．「内外穀菜果樹の試作蕃殖配布」を実施するため（49, 172）．開拓使試験地が純米国系統で，勧業寮は自然欧州系統特にフランス系統と言える（25），散在する洋種動植物試験地を新宿に集約（145）.
  ○この年に，文部省が刊行した教科書の単語編にある果物名は，果類：梅，桃，李，杏，梨，栗，柿（138）.
  ○勧業寮，フランスからアメリカ産のブドウ「デラウエア」を導入（5）.
  ○開拓使黒田清隆，米国及びフランスより オウトウ 等を導入（9）.
  ○米国よりリンゴ75品種，西洋ナシ53品種，桜桃25品種，李14（22の説あり）品種，杏4品種，油桃5品種，葡萄30品種，スグリ8品種，フサスグリ10品種，キイチゴ14品種，黒苺5品種，草苺8品種を導入，これらは青山官園で栽培して繁殖，6年に七重に移植，7年に札幌開拓使本庁内の果樹園に移植，同時に苗木の養成を行い道内に配布（9, 25, 29, 49, 61, 256），技術者を現地に派遣して指導・奨励（49）.
  ○岩手県盛岡市の士族，横浜慶行他2名がドイツ人ガルトネルからリンゴ苗木数本を譲り受け，宅地内に栽植（49）.
  ○大分県知事森下景瑞が津久見のに夏柑を配布，普及（221）.
  ○オウトウ「ナポレオン」，アメリカより導入（5）.
  ○この頃，静岡県加島村字水戸島の塩沢茂三郎が梨栽培開始（25）.
  ○ガラス温室を東京青山の開拓使園芸場に日本で初めて設置（172）.
  ○徳島県鳴門市の津川義五郎が梨栽培をはじめ，阿南梨（49）.

明治・大正時代

明治初期～中期
○広島県豊田郡豊町のミカン出荷は個人出荷で広島，呉，福山の県内都市への直接販売 (49).

1873 (明治6)
- 1　○山本章夫撰「教草，第20，白柿（つるしがき）一覧」刊行 (11).
　　○開拓使より，官園に培養している西洋種植物が繁殖されたので，衆人の求めに応じて売却する事を各省に回覧．外国種果樹が諸国に移植する事はこの時から始まる．各地へ配布されたリンゴは東北と北海道を除くと，栽培技術が幼稚で結果が不良なため，数年後，また十数年後に伐採．結果して其の価値を認識し，東北で増加 (25, 29, 49).
- 2　○三田育種場で外国産果樹の種苗を育成し各県に配布 (1, 9)．人民に売与する旨各省に回達，各府県にも通達されて有償払い下げ開始 (145, 170).
- 3　○和歌山県橋本市の米本弥市エ門と楠坂虎太郎が伊都郡見好村から泉小ミカン苗木を導入 (49).
- 4　○開拓使，「開拓使官園動植物品類簿」一冊刊行，一番官園で洋種菓木類栽培，希望者に果実を払い下げ (11).
- 5　○山梨県が前年の租税改正による増収により，巨摩郡の荒れ地を開拓して，ブドウ苗を官民に分与する等の費用に充当することを稟請 (25).
- 7　○明治天皇が開拓使官園に行幸，温室に産するレイシを試食 (214).
- 8　○開拓使蔵版「西洋菓樹栽培法」一冊刊行，官園で栽培の果樹の栽培法を記載 (1, 11, 12, 25, 29, 49, 145, 170, 214)．官園栽培の果樹は桜，梨，林檎，李，杏，桃，油桃，カーレンツ，グースベレ，覆盆子桃色，黒莓，マロメロ，葡萄 (20).
- 10　○文部省が小野職人等探務所の博物図4幅を刊行，第二図は果物 (25, 29, 49, 170).
- 11　○欧米視察から帰国した大久保利通が内務卿になり，日本農業が先進国に比べてはるかに低位であることを痛感し，畜産，林業，果樹等の振興を強調し，国費の投入を太政官に上申 (61).
- 12　○山梨県で内外の果樹等を栽培試験し，利益ある物を管内に伝播させるため，日野春村に植物試験所を置く (25, 29, 49, 170).
　　○全国の外国産葡萄栽植数600本 (56).
　　○この年，リンゴ綿虫が発生発見 (29).
　　○この年，導入した果樹．奥国からオリーブ (29).
　　○神奈川県で下中村（足柄下郡橘町）に小沢が温州ミカンを導入 (49).
　　○北海道開拓使本庁隣接の穀菜果樹試験所にリンゴ，梨，桃，李，桜桃，葡萄等の苗木を植栽 (49).
　　○翌年にかけて，北海道開拓使本庁構内の空き地約20町歩に果樹園設置，東京から送付された果樹苗木を栽植 (49).
　　○長野県更級郡八幡村（現更埴市）の和田郡平が有栖川宮親王からリンゴ苗木を下賜され，栽培開始 (61).
　　○江戸時代から梨が栽培されていた長野県小県郡神科村（現上田市）では旧上田藩主

の勧めで20戸で梨栽培開始，病害虫と乾燥で衰退 (61)．
○博覧会事務局において種を播いてあった天津産の水蜜桃が初結果，この種は明治4年に長崎の満田新三が献上した物 (25, 29, 170)．
○長野県諏訪市四賀の里見庄一郎が駿河から梨苗木導入 (49, 61)．諏訪地方の梨栽培は江戸時代から古木があって素地があり，日本一の製糸工場地帯で地元消費が盛んで発達 (61)．
○岡山県小田郡の渡邉淳一郎が在来品種でモモ栽培開始 (25, 49)．
○この年，発行された「斐太後風土記」に飛騨地方の山村の食糧事情が記され，採集した果物としてグミ，アケビ，ヤマズミ等，木の実としてカヤ，クリ，トチ，ナラ，クルミ，ハシバミがデンプン質食糧，米一石が五両の時に，カチグリ一石が六両 (46)．
○徴兵令施行，軍需食料の梅干しのため，梅栽培熱高まる (156)．
○三河田幡豆郡松木島村 (現愛知県幡豆郡一色村) の神谷伝兵衛が横浜外国人居留地で葡萄酒造法を習得，明治13年一杯屋開業，14年輸入葡萄酒を再製販売，30年茨城県牛久町に牛久葡萄園設置，34年神谷醸造場設置 (現合同酒精(株)牛久シャトー) (49)．

1874 (明治7)

・2　○内務省より，米国カリフォルニア州産の胡桃，巴旦杏が各地に頒布され，試験播種 (20, 25, 29, 49, 170, 172, 214)．

・3　○佐藤信淵著「草木六部耕種法」刊行 (11)．

・6　○内務省から頒布されていた胡桃，巴旦杏，落花生の発芽状況の報告，大阪，兵庫，静岡，浜松，広島などの諸県が三種それぞれ，いくつかは発芽，全く発芽しない物あり，和歌山は全種，皆発生 (170)．
　　○勧業寮試験場のサクランボが初結果 (25, 29, 49)．

・8　○勧業局が三田四国町で四万五千坪を買収して，植物の試験地とすることを稟議し，太政官より裁可される (25, 29, 170, 256)．敷地は旧薩摩藩所有地と隣接する松平伊勢守，松平阿波守，旗本内藤金二郎の屋敷跡 (52)．島津本邸の跡地で新宿試験場出張所付属試験地とし，後に新宿試験地を廃止し，業務を三田に移管，明治10年に開場 (61)．

・10　○オリーブ樹苗を勧業寮から長崎 (足柄説 (29, 170))，静岡，宮崎に頒布し，栽培を委嘱する (25, 49, 170)．
　　○「苗木御分賦之義伺」が出され，内藤新宿で増殖された輸入苗木が無償配布される．全国の適地判定のため，各県に生育状況の報告を義務付ける (61)．果樹種苗の配布先と配布果樹記載 (29)．
　　○内務省勧業寮が洋種果樹苗木11種を試作依頼を府県に通達 (145)．

・11　○勧業寮より，西洋果樹目録を府県に頒布し，此により，指名した者を試植させる (25, 29, 49)．

・12　○青森県弘前，東奥義塾教師，アメリカ人エング，およびウオルフが来日し，インディアナ州からリンゴの数本の苗木を移植 (1, 37, 145)．
　　○開拓使青山官園から岩手県庁を介して盛岡市の士族，斉藤要寛，大森伊，横浜勇作，梅内弓司，片岸安礼他数人にリンゴ苗木が配布，政府のリンゴ奨励の開始

(49).
○勧業寮から秋田県へリンゴ苗木3本が御下げ渡し，秋田町江間伊織，吉場唯八，河辺郡桜村の長谷川謙造に預けられ，栽培開始 (49).
○山形県神町の板垣童五郎が県からリンゴ苗木を配布され，試作 (49).
○開拓使が北海道七重の農園にリンゴを植栽 (37).
○名古屋市に愛知県栽培所が設置され，外国果樹の試作展示開始，明治11年に植物園，明治26年に農事試験場と改称 (49).
○7，8年頃より，西洋ナシが各地に配布されたが，ナシと同様に栽培し，結果が遅くて，断念したり，追熟を知らないために，栽培が廃減した．その後大正4年頃には各地に残存したのみ. (25, 49).
○7，8年頃より，地震と津波で衰えていた神奈川の大師河原村の梨栽培が再び勃興する (25, 31, 49).
○勧業寮官吏が清国農業視察し，「天津水蜜」，「上海水蜜」を持ち帰る (25). 天津水蜜は結実性が良く，広く普及するが，肉質が堅く，甘味が少なく，次第に整理，昭和初期に消滅，上海水蜜は品質が極良だが，結実性が悪く普及しないが，導入欧米品種と交雑して，優良品種輩出 (61).
○勧業寮から神奈川県川崎の大師付近に，桃「上海」，「天津」が配布される (49).
○7，8年頃，欧米及び中国からモモ品種を導入し，繁殖して各地に配布．それ以前の在来品種は「半兵衛」，「谷五郎」，「日ノ丸」，「樽屋」，「半夏早熟」などの小果で硬く，酸味が強くて果汁が乏しい (25).
○7，8年頃より，岡山，神奈川県で配布されたモモ品種，「天津水蜜桃」，「上海水蜜桃」，「アムスデンジュン」，「アーリーリバース」等の栽培開始 (25).
○博覧会事務局にある西洋から輸入した植物を勧業寮試験場に移植し，繁殖奨励する計画を太政官に禀告する (25).
○欧米諸国から多数の桜桃品種を導入し，主として北海道，東北地方に配布して試作栽培，価値を認める者が少なく，結実が遅いため，伐採され，経過が良かった北海道と山形が経済栽培定着 (25).
○欧州李が導入されるが，在来品種の方が生食品質が良く，栽培極めてすくない (25).
○徳島県鳴門市，板野郡の梨栽培は50 ha (49).
○和歌山県那賀郡長田町で洪水があり，跡地に在来の桃を導入 (49).
○この頃，京都府綴喜郡青谷村で江戸時代に焼き梅，梅酢として盛んだった梅栽培が茶に更新されていたが，青梅の販路を開拓して回復，12〜13年頃すこぶる増殖 (49).
○北上山地の遠野地方では，中下層農民は灰汁抜きしたドングリの粉を混ぜて常食，トチ，ナラも主食の一部 (46).
○津田仙が「農業三事」を刊行し，果樹の整枝法について「枝を曲げれば，其の枝生力を減じて幹と太くし，新芽を殖やし花をも実をも多く結ぶ物なり」とする (49).
○内務省甲第18号布達で果実の生産量など，統計調査に登場 (61) 県別，郡区別，生産数量，価格など，メロン，柿，梅等果実類12品目含む (49).
○奈良県磯城郡田原本町八田の「物産取調帳」に，果実類として，柿800貫，棗5貫，

山椒3貫と記載，平地林や微高地で多様な果樹,山菜類が栽培（253）．

1875（明治8）
- 1　〇勧業寮試験場の町田呈蔵が「菓木栽培の法経検のため近傍へ派出之儀上申」を提出，産地としては，梨，葡萄，柿，柚，梅，桃，蜜柑，橙，樮，枇杷，胡桃，林檎，栗，椎を記載，詳細は文献参照（29）．
　　〇河出良二が米国人のジュッケルメンとピュールが著した原著を翻訳し，「葡萄樹栽培新方」刊行，栽培法と醸造法を紹介（170）．
- 春　〇京都府久世郡寺田村の桃栽培者，森沢善吉が紀伊郡伏見町よりスモモ穂木を導入，「巴旦杏」と命名，明治18年に神戸の外国商館へ販売開始，明治20年以降付近に普及（49）．
- 3　〇青森県が新宿試験場から前年配布の洋種果樹苗11種33本を受け取る．県庁構内に植える（第1回配布）（145）．
　　〇長野県飯田町の奥村牧蔵の報告書に勧業寮から配布されたセイヨウナシが順調に生育と記載（61）．
- 4　〇勧業寮，米国加州在住の総領事高木三郎の手により，アメリカからオレンジ，レモン，ストロベリー，ホップ等の種苗を導入（1, 9, 20, 25, 29, 49, 170, 172）．
　　〇岩手県盛岡，青森県で勧業寮よりリンゴ苗の配布を受け，栽培開始（25, 49），北海道，秋田，山形，長野県も配布される（37）．
　　〇青森県に配布されたリンゴ苗木は30本で，内10本は庁内に試植し，20本は弘前市の菊池楯衛，山野茂治，三戸郡の三浦某，北津軽郡の米田某に試植させる（37）．
- 5　〇勧業寮，武田昌次，岡毅，南部陳，山口辰七郎，中相常利，満川成種等を農産物取調べで中国に派遣し，桃（天津水蜜桃，上海水蜜桃，ばん桃），林檎，梨，桜桃，葡萄等の苗木を輸入（1, 8, 20, 25, 26, 29, 49, 61, 170）．
　　〇内務省勧業寮新宿試験場でモモとジャムの缶詰製造（49, 61, 214），販売（49）．
- 6　〇東京府，店先に未熟の果物を置かぬよう注意（1）．
- 8　〇勧業寮，アメリカからリンゴ苗木を輸入し，北海道，東北各県に配布（青森では旧弘前藩士に分与して栽培させる．1880年に初結果）．
- 9　〇田中芳男が海外出張時に入手した内務省蔵版，「独逸農事図解一枚刷」第一菓樹栽培法等刊行（11, 12, 170）．勧業寮で農事図解三十攻並びに付録接ぎ木法を翻訳し，刊行配布（25, 49）．第二十七菓樹施工法で人工型整枝法を図解，我が国の剪定についての最初の著作（29, 30）．
　　〇津田仙が東京麻布に学農社を作り，園芸知識の広布種苗交換と共に，子弟の教育実施，玉利喜造，福羽逸人が在学（49, 56）．
- 10　〇勧業寮が各府県に洋種果樹苗12種346本（内リンゴ75本）配布（第2回配布），青森県では大小区を通じて希望者に分与（145）．
- 11　〇秋田県へ勧業寮から梨，リンゴの苗木配布（49）．
- 12　〇名古屋西二葉町31番地に植物園を設置し，勧農局，開拓使が分配した果樹を植え，配布．葡萄類が最も多かった（56）．
　　〇青森の東奥義塾のジョン・イングが自邸に菊池九郎とバイブルクラスの生徒を招待し，リンゴをご馳走（145）．
　　〇この年と翌年，米国とフランス駐在公使にブドウ，オレンジ，レモン，オリーブ

等の苗木輸入斡旋を命じる (61).
○政府が第二次の果樹苗木配布を通達，試作報告の義務がなく，運賃のみ府県負担，巴旦杏を加えた12種，1県平均，346本，このうち，リンゴは75本 (61).
○開拓使が輸入した果樹は東京青山試験場で栽培し，苗木を養成し，明治6年に北海道七重村試験場と札幌育種場に移植して栽培し，適応性を検定後，この年，道内各地方郡村に配布して栽培を奨励 (29). 北海道余市町が開拓使庁からリンゴの配布を受ける.「緋の衣」,「柳玉」,「国光」,「紅玉」,「青竜」,「赤竜」,「オートーレー」等 (49).
○開拓使が明治8年から14年にかけてリンゴの苗木約4万本養成配布，勧業寮は約1万2,000本配布 (256).
○この年，導入した果樹．米国から醸造用・生食用葡萄，林檎，ラズベリー，オレンジ，レモン，オリーブの苗木，中国から，紫葡萄，白長葡萄，林檎，柿，白桃，白杏，沙梨，水蜜桃，花紅梨，核桃，沙菓，大鴨梨，西桃 (29).
○弘前の清酒醸造家，藤田半左衛門が宣教師アルヘーの指導でワイン醸造開始，明治19年のフィロキセラ虫害で打撃 (141).
○勧業寮がフランスから林檎，洋梨，桃，油桃，李，葡萄，桜桃を導入 (29).
○横浜在留外人，ドブリュー・スミスから果樹苗木購入 (61).
○この頃，勧農局の新宿農事修学処内に西洋風温室建設 (幅三間，長さ十二間)，明治18年，小石川植物園に移設 (26).
○北海道開拓使が官営缶詰工場を設置，果実缶詰も試製 (49).
○勧農局樹芸掛員の柳沢佐吉が桃糖煮缶詰を試作 (29, 49).
○前田正名，フランスからリンゴ苗木を輸入．北海道で試作 (1, 25).
○青森県北津軽郡板柳にりんご試植苗配布，指導 (49).
○岡山県で士族授産のため，政府が官林を払い下げて，帰農奨励，山内善男が大熊森太郎と果樹栽培開始 (49).
○明治8～9年，青森県南津軽郡弘前，黒石地区で，士族，地主による試植の他，藤崎村の敬業社 (7.5 ha)，山形村の興農社 (10 ha) の会社経営の大リンゴ園経営が創業 (49).
○明治8～9年頃，山形県で勧業寮からリンゴ，桜桃，セイヨウナシの苗木が配布され，栽培開始 (49).
○岡山県御津郡野谷村の山内善男が梨，柑橘を栽培開始 (25).
○神奈川県川崎大師河原村の河島勘左衛門がセイヨウナシを繁殖試販し，巨利を得る (49).
○岡山県御津郡野谷村で大森熊太郎が山林を開墾し，果樹栽培開始，柑橘も含む (49).
○札幌本庁内に葡萄園を開設 (25).
○山梨県で欧米系ブドウの栽培開始 (61).
○北海道の各戸に七飯の勧業試験場から梨，ブドウ，リンゴ等の苗木数本あて無償配布 (49).
○明治8～9年，長野県でブドウ「竜眼 (善光寺葡萄)」が配布導入される．一説では，明治1～2年頃，長野県庁勧業課が上州の国立製糸場から技術者を招き，土産に持

参(49).
○「スグリ」,「フサスグリ」を青山より札幌官園に移植(25).
○内務省より鳥取県へナシ,モモ苗木各10本配布され,村営試験所を設置して試作(48).
○勧業寮から長野県に送られた果樹,12種346本,内,リンゴ76本,筑摩県へは11種39本(61).
○石川県金沢市の横山男爵家の邸内に勧業寮下付のリンゴ苗木8本を植栽(49).
○この頃,チュウゴクナシが東京都大島に漂着し,政次郎が拾い繁殖,「政次郎」と呼ばれる.大陸からの果樹渡来の可能性を示す(29).
○白峰村で採集されたドングリ(ナラ)は一石あたり70銭でトチとほぼ同じ評価,重要かつ貴重な野生の食糧資源(46).
○地紙屋の北村庄之助らが岐阜県に赴き伊勢型紙用の柿渋を完成(196).

1876(明治9)
- ・2　○横浜新聞の記事に,大阪府でも西洋の果物を植え付け,アンズ,リンゴ,サクランボ,ブドウ,モモを東京から輸送(214).
- ・4　○勧業寮東京内藤新宿出張所が栽培したリンゴ,アンズ,スグリ,イチゴなどを希望者に払い下げる広告が朝野新聞に出る(214).
- ・5　○藤井徹,「菓木栽培法」8巻のうち,4巻まで刊行,残りは明治11年11月(11, 12),在来の農学を基礎に,欧米式果樹園芸学の体系を導入した我が国果樹園芸学の大系を創始,果樹を仁果類,核果類,殻(乾)果類,奨果類の4群分類法を採用(20, 179).剪定を刈枝(かりき),整枝を作り方とする(30).新宿御苑の辺りで果樹栽培を実施,栽培法等を記載,梅を8種記載し,Prunusmume と記載,当時外国から新品種が導入されていた(140).モモの品種として,計23品種記載(61).柿渋専用品種として「赤山渋柿」を記載(196).
- ・6　○勧農寮農事修学場の生徒募集(172),新宿御苑に設立(223).
○高知市の医者,楠正興が藩主の侍医として東京へ同行し,帰路船で出された枇杷の種子を播種,「楠」と命名,明治40年以降に一般に知られる(40).
○神奈川県県令が梨について「虫害予防の件」布達を出し,自然に任せて放任する習慣を脱却し,唯一人で虫を捕るのでなく皆揃って実施すると督励(65).
- ・7　○勧業寮,アメリカ桑港領事館に連絡し,ブドウの苗木3万6,000本,オレンジ,レモン,オリーブ苗木(20, 25, 29, 49, 170).
○長野県が栽培所を県庁脇の寺裏に設置(61).
○ラムネ,蜜柑水がブーム,岸田吟香経営の銀座3丁目精き水本店の黎檬水が著名と東京曙新聞に記事(214).
- ・8　○開拓使札幌学校開校,クラークの方針で教科編成.9月に札幌農学校と改称(11, 29).
- ・9　○勧業寮よりフランスの公使館に連絡し葡萄2万本を輸入(1, 25, 29, 170, 172).
- ・10　○勧業寮が各府県に洋種果樹苗14種1835本(内リンゴ230本)配布(第3回配布,無償配布終了)(145).
- ・11　○秋田県が埼玉の苗木商からリンゴ苗木購入し,希望者に配布(49).
- ・12　○山梨県で更に植物試験場を甲府城内に設置し,和洋葡萄の栽培とブドウ酒醸造を

試験 (25, 49, 170).
○オーストリアの農学者ホーイブレンクに師事していた千葉県佐倉出身の津田仙が学農社農学校設立,「農業三事」を出版,この中で,「木の枝を剪定したり,曲げたりすると幹が太くなり新芽が多く出るようになる.この芽が生長し花が咲き実がなるので収量を増やすにはこの方法がよい」と説く(樹枝えん曲法)(223).
○北海道開拓使が野生の葡萄で葡萄酒を試醸,10年からは自園の原料で醸造 (49).
○この年,勧業寮新宿出張所で果実野菜,肉類の貯蔵製法として,缶詰を試作 (170, 214),8年5月説 (49).
○この年から明治13年頃にかけて,各地方庁や郡市町村役場に勧業試験場や植物試験場設立,中央から送付された珍しい作物の展示と栽培法指導を実施し,地域適応性や需要調査は実施せず,やがて政府の農業政策が米麦中心に移行し,多くが消滅 (56).
○岡山県が岡山市天瀬に勧業試験場設置,新宿勧業寮出張所から移輸入果樹苗木を取り寄せ,試作配布 (143).
○この年,導入した果樹.奥国から桜桃苗木(台木),米国からオレンジ,レモン,オリーブ (29).
○果樹種苗配布先と配布果樹記載 (29).
○勧業寮から長野県に送られた果樹,中国ブドウとイチゴが加わり,114種,1県当たり,1,835本,内,リンゴ230本,39府県配布 (61).
○秋田県鹿角郡花輪町の吉田清兵衛が勧業寮からリンゴ,柿,梨苗木払い下げを受け,花輪の村山義和,毛馬内の高橋嘉六が試作 (49).
○岩手県島県令が東京からリンゴの苗木を取り寄せ,希望者に配布.県庁隣接地に種芸所を設置し,東京の植木師小原嘉兵エを招聘し,リンゴ苗木養成 (49).
○岡山県で勧業寮から外国果樹苗12種を配布される (49).
○田原陶蔵により「果物糖蔵篇」に李,杏を糖蔵する法が記載 (29).
○学農社が「農学雑誌」を創刊,リンゴと梨の苗の定価を発表,通信販売の初め (29, 56).
○和歌山有田郡島屋城村の片畑源左衛門が県勧業係の林英吉の紹介で林の故郷萩から夏ミカン苗木数本を購入し,栽培が始まる (1, 49).
○熊本県八代城主の松井家家臣,豊田景輝が山口県から夏橙の苗木導入 (49).
○鹿児島県薩摩郡上東郷村の増田勇之進が養家に残された温州ミカンを移植し,苗木養成,鹿児島県の温州の初め (49).
○この頃から大分県の小林猪八が鰯のつぶしをミカンに施肥 (49).
○県令三島通庸が開拓使よりリンゴ,葡萄苗とともに桜桃二十余品種を取り寄せて千歳公園の一部に栽植,その後,米沢市等の士族屋敷裏畑で盛んに栽培,鉄道開通後に園地として増殖される (25).
○池田謙蔵により,200ドル相当のリンゴ苗が米国から輸入 (25).
○津田仙が東京麻布に学農社創立(玉利喜造,福羽逸人が卒業)13年に廃止 (49).
○「教草」(1872-1876)に「柿油」の製造法の詳細と図が記載 (196).
○青森県が県庁裏の農事試験場に各種果樹等を試作 (145).
○岩手県でリンゴ対策に篤農家を動員 (49).

明治・大正時代　　（103）

1877（明治10）
- 1　○農事修学場を置き，10月農学校と改称．駒場の駒場農学校開校式が明治天皇の御臨幸で挙行される（29）．
　　　○勧農寮を廃し，勧農局を設置（61, 172），内藤新宿勧業寮出張所を改め，勧農局試験場とし，動物，植物，農具，養蚕，製茶の6科とする（170）．
　　　○北海道開拓使がアメリカおよび清国の果樹を接ぎ木し，栽培したブドウ，梨，杏，サクランボ等を東京で発売（214）．
- 2　○内藤新宿勧農局試験場内の農業博物館を仮に農事修学場とし，授業開始（170）．
- 6　○三田四国町の勧業局用地を三田培養地と称す．三田育種場と改称し，内外の果樹良種を樹芸して広く民間の需要に応じ，売却するとともに，農産会市を開催する事を目的とする（25, 29, 49, 61, 145, 170）．
　　　○布達甲第66号，「魚鳥，青物市場及び問屋営業例規」が警視庁から出される（28, 29）．多町2丁目，連雀町，須田町，佐柄木町，通新石町の問屋が合同し，神田青物果物市場問屋組合結成（49）．
- 8　○東京上野公園で第一回内国勧業博覧会開催（11, 172），開拓使官園出品の果実各種が鳳紋牌受賞（145）．
　　　○山梨県東八代郡祝村（現勝沼町）に我が国初のワイン醸造会社「大日本山梨葡萄酒会社」設立，伝習生2名（土屋竜憲，高野正誠）をフランスに2年間派遣（49, 141）．現三楽オーシャン（49）．
　　　○コレラが大流行し，死者6817人，内務省衛生局が予防養生法を発表，注意すべき食物として熟した柿を除く果物は差し支えないとした（214）．
- 9　○小澤善平，「葡萄培養法摘要」を著し，刊行（25）．文中に，米国に滞在し，果樹栽培を習得，数年後帰国して，上野下に果樹園を開園して洋種の果樹を栽培販売す（29）．
　　　○帝大教授のモースが日記（9月21日）に，「市場は追々果物で一杯になってきた．柿の一種で鮮紅色をしたのは美味である．葡萄も熟してくる．梨は見たところ未熟だが，常緑木の葉を敷いた浅い桶の中に三角形に積まれて綺麗にみえる．市場にある物はすべて綺麗で趣味深く陳列してある．」（212）．
- 10　○内藤新宿の農事修学場を駒場野に移して農学校と改称（11, 12, 29, 49），初めて植物病理学が講義される（12）．
- 11　○勧業寮，洋種果樹苗木の有償払い下げ開始（61）．
- 12　○勧農局農事修学場を東京荏原郡上目黒村駒場野に移転し，駒場農学校と改称（12, 172）．
　　　○神奈川県の右区町村が外国菓木払い下げを希望し，区で取りまとめ県県令に提出，葡萄，桜桃，李，巴旦杏，梨，桃，マルメロ，草菓，無花果，草苺，フサスグリ，スグリ，杏，値段はご沙汰次第（65）．
　　　○札幌農学校で米国人，ブルークスが植物病理学を講義（29）．
　　　○農商務省が「苗木移植心得」刊行（49）．
　　　○この年，導入した果樹．フランスから生食用・醸造用葡萄（29）．
　　　○この頃から，士族の就産のため，岡山県で山林開墾による果樹栽培が盛んとなる（143）．

○奈良県西吉野村奥谷上の窪政七が柑橘を栽培開始，有田に学ぶ (49).
○和歌山県西牟婁郡で尾張系温州が導入，栽培開始 (49).
○この頃，和歌山県那賀郡長田村北志野（現粉河町）で温州ミカン栽培開始 (49).
○この頃，和歌山県日高郡由良村の中川三左衛門が有田から紀州蜜柑苗木を導入．由良地方の紀州ミカン栽培の始め (49).
○この頃，島根県益田市，大田市に萩商人により，青田買い産地として夏ミカン導入 (49).
○果樹種苗配布先と配布果樹：山形県（葡萄），福島県（醸造用葡萄）(29).
○この頃，秋田県にブドウ導入される (49).
○神奈川県保土ヶ谷の青物仲卸商・青木が横浜の居留外国人「アーサー」から桃の外国種をもらい，大師村の石渡に渡し，栽培・増殖 (49).
○この頃，長野県でブドウを本格的に栽培開始，明治38－40年頃，養蚕好況と病害のため衰退 (49)，東筑摩郡山辺村で江戸時代から栽培されていた甲州ブドウがこの頃，増加，明治20年代の白渋病発生で衰退 (61).
○この頃，新潟県中蒲原郡亀田町の梨栽培が病害虫発生でかなり伐採，明治末期のボルドー液普及で復興 (49).
○この頃，福島で在来の「船土桃」が栽培 (49).
○勧業局内藤新宿試験場，缶詰を試作し，パリ博覧会に出品，明治12年から機械購入技術習得本格的に製造 (172)．ジャム，桃李の砂糖漬を製造販売 (1, 214).
○山梨県勧業場にブドウ酒醸造所を設立 (1, 49, 61).
○京都府綴喜郡八幡町の梨栽培，池田地方から瀬川，島田の二品種を導入，ついで江戸屋，金子を導入 (25, 49).
○この頃，オレンジが米国から三田育種場に導入される (25, 172).
○青森県の東奥義塾が学生，菊池軍之をインディアナ州農学校に派遣し，リンゴ種子を菊池家に送る．一本発芽し，「印度」となる．日本初の実生リンゴ (37).
○弘前士族山野繁樹の相良町屋敷植栽の試食苗（山野早生，後の紅魁）に3個初結実 (145).
○菊池楢衛が開拓使勤務を辞職し，七重勧業試験場（正式には七重勧業課試験場）にアメリカ流の簡易な接ぎ木法（切り接ぎ，揚げ接ぎ）と喬木仕立てを学び，帰省後，青森県弘前でリンゴ生産の化育社結成，明治23年に津軽産業会へ発展 (49, 145)．菊池は「軽便接ぎ木法」と命名，台木に「ミツバカイドウ（サナシ）」を採用 (145).
○この頃，多摩の長沼村（東京都稲毛市東長沼）の梨は平たい長方形の竹籠に12個入れて荷造りして出荷 (167).
○愛媛県伊奈郡中山町の馬曳き・二宮冬五郎が郡中で栗1升を2銭で初めて販売 (49).
○高村光雲著の「幕末維新懐古談」に，「この頃以降，栃木県の足尾地方では，銅山開発が盛んとなり，交通が便利となって金銭が入り，米が食べられるようになった．それまでの栃餅を食べるのを止める」と記載（毎日新聞，平成13年3月4日）．
○苗穂村の札幌官園で収穫された葡萄を使い麦酒醸造所で葡萄酒の試験醸造，35石，費用1,702円余，最初の国産葡萄酒，開拓史は採算割れで企画中止し，政府の補助はその後受けられない (141).

- ○小西儀助が大阪道修町で洋酒業を開始し，混合白葡萄酒，リキュールなど販売（214）．
- ○岡山県の山内善男，大森熊太郎が北海道開拓史から米国種葡萄500本を購入し，栽培開始（49）．
- ○明治初期の10年間で各地で缶詰製造に挑戦，企業化（49）．

1878（明治11）

- ・冬　○愛知県で寒波でミカン枯死（49）．
- ・1　○駒場農学校開校式（11，12，29，49，170，172）．13年に第一回卒業生，玉利喜造，横井時敬ら（49）．
- ・2　○勧農局主管三田育種場で初めて種苗交換市を開く（25，29，49）．
- ・3　○小笠原島にレモンを移植する（25，29，49）．
- ・4　○小笠原島にインド産のオリーブを植える（29）．
- ○埼玉県勧業演説会を浦和で開催し，果樹等の栽培の利害得失を論じる（170）．
- ・春　○岡山県津高郡柏谷村の大森熊太郎・山内善男が北海道開拓使から米国種葡萄500本を購入して栽植，岡山の葡萄栽培の始め（56，61）．
- ・夏　○清国から導入した三田育種場の「水蜜桃」が初結実，切り口直径，7寸余，かなり大きく，口に入れると直ちに解けて甘露水にも勝る（214）．
- ・秋　○北海道でリンゴが初めて結果する（37）．
- ○この年，勧農局から果樹用材の苗123,578本を頒布（170）．
- ○藤井徹が「菓木栽培法」の第5編から第8編までを刊行，果樹をしょう果，仁果，核果，乾果の4類に分類（170）．
- ○北海道の穀菜果樹移植試験所の一部を札幌育種場として，果樹の栽培と苗木の育成を実施（明治20年まで），リンゴ，西洋ナシ，オウトウ，スモモ，アンズ，モモ，ブドウ，グーズベリー8種，カーランツ，キイチゴ（49）．
- ○開拓使が北海道根室周辺地区に葡萄苗を試作，札幌（北3条東3丁目）に第3号ブドウ園（10町歩），札幌市苗穂に第4号ブドウ園（35町歩）を開園（49）．
- ○神奈川県山北町へ高橋が温州ミカンの苗木を安行から導入（49）．
- ○大阪府泉北郡山滝村内畑の井出儀平が愛知県中島郡から尾張温州の苗木を導入，従来の池田温州に代わる（49）．
- ○大阪府で欧米系ブドウ栽培開始（61）．
- ○青森県にリンゴの苗木が1万5千本，東京から導入される．弘前地方のリンゴ古木はこの時の物（37）．
- ○この頃，青森県三戸で旧士族，豪農がりんごを宅地栽培（49）．
- ○日本最古のリンゴ樹（天然記念物）は青森県西津軽郡柏村の紅絞（Fameuse）1本と祝2本で古坂乙吉が菊池二郎から譲り受けた5～6年生苗木をこの年に植栽したもの（38）．
- ○長野県が県庁南の2町2反に勧業場を設置，果樹試作開始（61）．
- ○明治11年～12年頃，石川県で僧の石川舜台が長崎からりんご「祝」の苗を持参（49）．
- ○青森県の横浜慶行・古沢林が苗木を養成し，頒布，青森県リンゴ苗木養成業の開祖（49）．

- ○千葉県の房州ビワ，東京湾内汽船の発達で栽培面積が増える (1)．
- ○岡山県備中国小田郡今井村の渡邊淳一郎が梨の「土用金子」，「島田」．「大谷金子」等を栽培開始 (25)．
- ○岡山県柏谷村の山内善男が岡山天瀬勧業試験場から導入モモ品種を分譲され，栽培開始，18年には三田育種場からも導入 (25, 49)．
- ○岡山県の山内善男と大熊森太郎が11年と18年に桃品種を導入，袋かけを考案 (49)．
- ○香川県綾歌郡の宮井茂九郎が山麓を開墾して，桃栽培開始 (49)．
- ○6年から14年まで北海道内各地に配布された果樹はほとんど放任されていたが，この頃より，札幌，小樽，余市地方は結果し始め，一部に熱心な者も出る．札幌市の水原寅蔵による水原林檎園は著名 (25)．

1879 (明治12)

- ・1　○三田育種場，神戸支園設置 (後の神戸阿利別園) (49, 61, 172)．
- ・2　○開拓使で北海道の島松，漁，千歳，苫小牧，勇払などの土人に，農具と資金を出し，果木などを栽培させる (170)．
- ・5　○内藤新宿農事修学所の廃止，跡地を宮内省の植物御苑と改称 (11, 12, 29, 61, 170, 172, 214)．このため，地方への種苗発送は三田育種場からとなる (29)．
- ・6　○長崎に旅行した田中芳男がビワの種子を東京本郷区金助町72番地の自宅に播種，21年初結果，一果20匁，後に「田中」と命名される (5, 25, 40, 45)．
- ・8　○勧業局，オリーブの苗木を初めて移植 (1)．神戸三宮に約一町歩の土地を求めて苗木仕立所を設置し，フランスから到着したオリーブ苗2,000本のうち600本を植える．残りは和歌山，愛知，鹿児島，高知，長崎等に植える．この他，ゴム，ネーブルオレンジ，レモンを試植 (29, 170)．松方公がオリーブを導入し，神戸温帯植物試験場に移植，残りを配布明治14年に初結果 (49)．
- ・8　○勧農局が「加氏葡萄栽培書」を刊行，フランス人のイ，エ，カリエールが1873年に著し，勧農局員の武田昌次が持参し，翻訳した物 (49, 170)．
- ・9　○山梨県で初めてブドウ酒150石を製造 (1)．
- ・11　○三田育種場所属の農具製作所竣工 (61)．
- ○岩手県の古沢林が船便でリンゴを東京に初出荷，1個25銭 (49)．
- ○開拓使が北海道真駒内牧牛場にブドウ園 (1町2反) を開園 (49)．
- ○秋田県醍醐村伊藤謙吉の園で秋田県で初めてリンゴが結果 (49)．
- ○静岡県庵原郡杉山村の片平信明が和歌山から温州ミカンの苗木を荷車で導入，近隣に奨励 (49)．
- ○神奈川県川崎にイチジク「ホワイトゼノア」が導入される (49)．
- ○この頃，愛知県中島郡千代田村の八木恋三郎が尾張温州みかんの優秀な枝変わりを発見．接ぎ木繁殖し，各地に販売．明治41年には米国に輸出 (49)．
- ○愛媛県宇和島市の中臣次郎大夫の長男がナツミカンを導入 (49)．
- ○静岡県庵原郡杉山村の片平信明が和歌山に出向き，温州みかん苗木を購入，率先植栽，苗木を無償配布，山林を解放開拓 (49)．
- ○山梨県勝沼町の雨宮作左衛門が鉄針金葡萄棚を架設 (49)．
- ○長野県中野町小田中の市川唯右エ門が6反の葡萄園開設 (61)．

○長野県山辺の葡萄は筑摩県勧業寮から配布され，「信濃（竜眼）」，「筑摩（川上善兵衛の未詳1号）」，「カトーバ」等(49)，元庄屋の豊島新三郎の庭に植栽，長野県の欧米系ブドウ栽培の始まり(61).

○この頃，長野県山辺村の豊島新三郎の養子，豊島理喜司が葡萄酒が高価で輸入していることから，付近の山に自生するヤマブドウを原料に葡萄酒を製造，1升80銭（白米の約6.5倍）(61).

○フランス派遣の技師が帰国し，大日本山梨葡萄酒会社が国産葡萄果実で150石本格醸造(49).

○この頃，長野県勧業課が富岡製糸場の技師を招き，土産に葡萄「竜眼」が長野にもたらされ，勧業場に植栽，「善光寺ブドウ」に発展(61).

○この年～13年にかけて，文政時代から始まった金沢の油桃栽培が最も盛んになる．明治中期に衰退(49).

○元文年間から栽培されていた三重県一志郡桃園村の桃栽培が，この頃，27 ha になり，以降，養蚕の発展で桑園に転換，衰退(49).

○果樹種苗配布先と配布果樹：岐阜県（壽生桃，文旦各種，レモン，オレンジ，温州蜜柑，オリーブ，支那柿，ササクルミ，西洋クルミ），和歌山県（オリーブ）(29).

○長野県勧業場が上水内郡腰村往生地，更級郡真島村にリンゴ苗木を配布し，民間栽培開始(61)，この年から25年頃まで，篠ノ井，川中島，長野付近に点々と数本づつ植え付け，観賞用として，「アレキサンダー」，「オートレー」，「アーリーハーベスト」，「マダームユータン」等，数種(49).

○愛媛県で夏ミカンの栽培が始まる(1).

○小澤善平が「葡萄栽培法」を刊行，剪定を刈り込み法と記す(30).

○弘前の菊池楯衛が国内各地を旅行し，りんごの調査実施(145).

○滝口倉吉が東京府日本橋坂本町に洋酒醸造所建設，幾那葡萄酒，ブランデー，ウイスキー，シェリー，ベルモットなどを製造(214).

○東京府浅草花川戸で神谷伝兵衛が模造葡萄酒の製造開始，後に蜂印香ざん葡萄酒(214).

1880（明治13）

・1 ○長崎県立缶詰試験場が設立され，主任の松田雅典が桃，枇杷，苺などの缶詰を勧農局へ納付(29, 49).

・3 ○播磨国加古郡印南新村の地，三十町二反余歩を買収してフランス法葡萄栽培試験園（播州葡萄園）を開設し(61, 256)，御用掛福羽逸人が事務を担当．開設に当っては，池田謙蔵と福羽逸人の建議による(25, 29, 170, 172) 12年説(29)，三田育種場の所属，明治18年頃にフィロキセラ大発生，明治20年頃，民間に払い下げ(49).

○和歌山県日高郡由良町で原孫左衛門が有田郡から温州ミカン導入，病害虫無く，肥料はニシン，草木灰，人糞尿，山野草，灰肥(49).

・7 ○菊池楯衛が弘前代官町に接木伝習所開設(145).

○本年度中，各地方からの請求により，頒布した果樹苗木，33,800本(170).

○鹿児島県の増田勇之進が西南の役の帰途，熊本河内を通り，温州ミカンの枝を持ち帰り，自宅の樹に接ぎ木，苗木生産を開始(49).

明治・大正時代

○秋田県能代市の山本勇吉が新潟から梨,「幸蔵」,「早生赤」その他数十本の苗木導入し, 砂丘地に栽培開始 (49).
○山梨の大日本山梨葡萄酒会社がアメリカから葡萄苗木5,000本取り寄せ (49).
○札幌地方の野生苺, 札幌官園産の李, 梨, 林檎, 葡萄, 桜桃等の果実で缶詰を4,649個製造 (29).
○この頃, 北海道七重農事試験場でリンゴにカイガラムシが大発生し, 全樹伐採 (25).
○北海道仁木町の仁木竹吉が開拓使からりんご苗木数十本下付 (49).
○岡山県今井村 (現笠岡市) の渡辺淳一郎が長崎産夏ミカン栽培開始, 明治22年, 宮内省に納入 (49).
○勧業寮から長野県に配布したリンゴ苗木にワタムシ発生 (61).
○青森県でリンゴが初結果, 以降, リンゴ1樹で米14俵の売り上げ, 貨幣価値で253円58銭 (56).
○フランス・ボルドー理科大学のミラードが葡萄露菌病予防にボルドー液が効果があることを発表 (61).
○三河の国の神谷伝兵衛が浅草で葡萄酒の一杯屋を開業 (49).

1881 (明治14)

・3　○第二回内国勧業博覧会を上野公園で開催 (170). 北海道と新潟から果実, ジャムの缶詰出品, 果実を丸ごと砂糖煮したもの (49), 北海道開拓使から出島松造製造のカーレンツ砂糖煮, グランベリー砂糖煮, キイチゴ缶詰, やこう桃缶詰, 新潟県勧農場からジャム缶詰, 頸城郡安国寺村の小股健次郎から桃, 梨, 蜜柑, 金柑出品 (49).
　　○農商務省が「甲州葡萄栽培法」,「柑橘品位一覧」を刊行 (49). 前者は局員の福羽逸人が著す (170).

・4　○農商務省を設置, 農務局に陸産課樹芸係で果樹振興担当 (25, 29, 49, 61, 170, 172, 190). 缶詰は水産課所管 (49).

・5　○開拓使第一, 第二官園を民間に払い下げ (49).

・6　○東京府下に栽培している果樹等の栽培法を府が編集した「農事要覧」を農務局から府県に頒布 (170).

・10　○果樹種苗配布先と配布果樹: 鹿児島県 (葡萄) (29), 鹿児島県が農商務省育種場からブドウ枝蔓, 10,024本を下付され, 新上橋苗木場で育苗, 明治16年までに15,000本の苗木を生産し, 同4月に希望者に払い下げ (49).
　　○この年, 幣制整理が始まり, 農村不況となり士族授産として各地に試作された果樹栽培が好結果で本格的栽培が始まる (56).
　　○この年から全国の外国産葡萄栽植本数が急増, 9,560本. 自給自足の自然経済から無理矢理商品経済に追い込まれた農民が主として地主達を中心に有利な換金作物として果樹を選択したため (56).
　　○岩手県でリンゴが初めて結果する. 盛岡の古沢林氏の邸内 (37).
　　○長野県勧業課の年報にリンゴの結実記載 (61).
　　○この頃の長野県から県外に出荷される果実は天竜川を利用した伊那谷の干し柿, 東京で, 正月の必需品, 串柿1,778個, 311円, 黒柿470貫, 100円 (61).

明治・大正時代

○この当時のリンゴの価格，1果で10銭，1樹で数十円の収入 (37).
○明治8年から14年までに，開拓使から約4万本，勧農寮から約1万2千本の苗木が配布される (49).
○長野県北佐久郡中佐都村 (現小諸市) の池田清作が軽井沢の米国人からペルシャグルミ「フランケット」の種子を入手して播種．欧米改良種の始め (49).
○この頃，長野県更級郡共和村で桑園の間作にリンゴを植える (61).
○鳥取県東伯郡下北条村の岩本諒蔵が摂州池田からリンゴ苗木購入，庭に植栽 (49).
○農商務省播州葡萄園長の福羽逸人が兵庫県印南新村の同園内に葡萄室を作り，欧州葡萄の室内栽培を始める (9).
○新潟県北蒲原郡木崎村の梨栽培，夏季に湛水し，病害も多発して大部分伐採 (25).
○明治14〜15年，愛媛県伊予郡中山町で栗園で栗栽培開始 (49).
○この頃，鳥取県の柴田徳四郎が岡山からナシ早生赤苗木を導入して，鳥取県で初めてナシの営利栽培開始 (48).
○和歌山県有田郡で寛永時代から続いた「蜜柑方」を改善して，柑橘同業組合の前進である「蜜柑方会議」を組織 (49).
○西長野，松本の蟻ヶ崎にあるリンゴ「祝」園でリンゴワタムシが初見 (61).
○東京神田市場に温州ミカンがお目見え (151).
○三河の神谷伝兵衛が輸入葡萄酒を再製して販売，翌年,速成ブランデーを製造販売，18年に蜂印の商標設定 (49)，香ざん葡萄酒 (渋みを抜き，甘味を強くしたもの) 明治の終わりに発売された鳥井の赤玉ポートワインと大正まで競争 (214)．1822年 (61, 141).
○大阪の薬種商清水多三郎が除虫菊粉をイギリスから輸入 (172).

1882 (明治15)

・4　　○博物局に園芸課を置く．園芸課では庭園を扱い，果樹は陸産課担当 (12, 29, 49).
・秋　　○新潟県北蒲原郡五十公野村の白勢和一郎がフランスに遊学しオウトウ苗木を持ち帰り新発田町に開園 (49).
・晩秋　○富山県新川郡下野方村友道 (魚津市友道) で加賀前田藩士だった木下六右ヱ門が金沢から梨苗木を導入，栽培開始 (49).
・11　　○福羽逸人著，「紀州柑橘録」農商省農務局蔵版刊行，図40枚 (11, 12, 20, 49).
　　　　○駒場農学校にドイツ人のマックス・フェスカを招聘．13年間，穀物，野菜，果実の実地調査など実施 (223).
　　　　○農務省が「舶来菓樹目録」，「舶来菓樹栽培及び繁殖略表」刊行 (49).
　　　　○長野県勧業課の年報にナシの病害記載，ソブ病 (赤星，黒星などと推定) (61).
　　　　○この頃，和歌山県の画家，井瓦缶翁が名古屋市のみかん問屋美濃屋文四郎の紹介で尾張温州苗木を購入し，甘味が強い変わった一本を明治20年頃に発見し，丹生 (にゅう) 部落の農家に穂木を分譲し増殖した．「丹生系温州」となる (49).
　　　　○静岡県庵原郡杉山村方面に温州ミカンが盛んに増殖される (49).
　　　　○静岡県志太郡子持坂村の杉山力蔵が和歌山県有田郡糸我村の林小右衛門からナツミカンと八代ミカンの苗木導入 (49).
　　　　○奈良県高市郡明日香村の上平田，幸田喜三郎，桐田三次郎が摂津池田から平ミカン，コウジなどの苗木を導入し，栽培開始 (49).

明治・大正時代

- 小澤善平が米国から多数の葡萄苗木を持ち帰り，上野公園裏に撫種園と称する葡萄園を開設 (29)，「デラウエア」も含まれる (49).
- 桂　二郎が「葡萄栽培新書」刊行，仕立てを樹木の形作り，剪枝を剪定法 (かりこみ) と記し，初めて「剪定」という用語が使われる (30).
- 三田育種場がこの年に頒布・売り渡した種苗，果樹及び各種植物は336種6升及び，株数63,722本など (29, 170).
- この年，導入した果樹．米国から醸造用葡萄7品種 (29).
- 山形県米沢市でリンゴ紅玉を導入 (49).
- 農学校を駒場農学校と改称，外国人教師はフェスカ (農学)，ヤンソン (獣医)，トロエストル (獣医)，ケルネル (農化) (49).
- 青山試験場を北海道へ全面移転，不成績のため，リンゴや梨樹を焼却，一部を駒場農学校に移植 (駒場における果樹栽培の開始)，一部葡萄は払い下げ，駒場移植分の一部は，後に川崎の果樹園に移植 (25).
- 欧米からの果樹導入と試作は当初は失敗に終わり，試験研究は米麦に限り，果樹のような贅沢品は手を染めてはならなかった (25).
- 弘前士族の大道寺繁禎が購入した苗木に害虫付着，田中芳男の鑑定で綿虫と判明 (145).
- 導入した水蜜桃，害虫防除に袋掛けを福羽が開発 (25). 大日本農会報告に発表 (49).
- この年，ブドウネアブラムシ (フィロキセラ) がアメリカから苗木について侵入とされる (61).
- この頃，長野，安茂里の青木佐太郎が長野市の菓子商室川十蔵と共同で生アンズの缶詰考案 (61).
- 15年から25年頃，川崎の梨栽培が稲田村，生田村に拡大 (31).
- この頃，長野県諏訪郡下諏訪村で梨栽培開始 (49).
- この頃の長野県の伝統産業として，下伊那の干し柿があり，元旦の儀式に使用していたが，改暦後に廃止され，養蚕の振興で生産額低下．当時の食料品，氷豆腐，干アンズ，寒天，干し柿 (61).

1883 (明治16)

・4
- 青森県津軽地方では，弘前市の藤田和次郎が葡萄酒醸造のため，札幌農事試験場長桂二郎からブドウ数種 (キャンベルアーリー等) の苗木を譲り受け，栽培開始，繁殖やトラカミキリで当初，苦労する (49).

・8
- 大日本農会第1回農産品評会 (果樹) を東京で開催，果実331出品 (172, 190).

・11
- 東京日比谷に鹿鳴館完成，毎夜豪華な宴会が開かれる (1, 141).
- 神戸山本通りに一町七畝の土地を求め，苗木仕立て所を増設 (29).
- 果樹種苗配布先と配布果樹：兵庫県 (葡萄，梨，桃，林檎，李) (29).
- この当時，金沢では，「ワリンゴ」が人体に有害との悪評があり，宣教師ウインが排除に努力し，リンゴの市価が高まる (49).
- 宮城県石巻市門脇に明治初年に移住した士族がリンゴを栽植，10年後，病害虫で廃園 (49).
- この年，米国からマンゴスチン13株を導入，小笠原に植える (29).

○民間有志により，盛岡市でリンゴの品評会開催，60余点出品 (49).
○農務局育種場編纂「舶来果樹目録」刊行 (12, 26, 49).
○この頃，農商務省が神戸にオリーブ園を設置し，搾油して払い下げたが，需要がなく廃止 (29).
○鹿児島原産の日本スモモ品種「米桃」米国へ導入され，サツマ・プラムと呼ばれる (24).
○大分県青江蔵冨（現津久見市）の川野伸次が「青江早生」発見 (221).
○16, 7年頃，香川県でリンゴ栽培開始，34年頃に綿虫被害 (25).
○香川県三豊郡麻村で大西米治がミカン栽培開始 (49).
○この頃より，高知県香美郡山北村の桑名国次が温州ミカンを，長岡郡長岡村の山崎巌が紀州蜜柑と温州ミカンを栽培開始，高知で初 (49).
○広島県豊田郡生口島で県勧業課長十文字信介が夏ミカン奨励 (49).
○愛媛県松山市の三好保徳が萩よりナツミカンを持参 (49).
○愛媛県北宇和郡吉田町の立間ミカンが東京へ初出荷，好評 (49).
○青森県中津軽郡藤田葡萄園欧米種を栽培し，醸造を試み，26年に「ブラックハンブルグ」を献納 (25).
○岡山県御津郡野谷村の山内善男が兵庫県赤穂の葡萄園から西洋ナシ「バートレット」を導入 (49).
○新潟県中蒲原郡新飯田村の丸山三吉が直江津から馬の背に梨を積み，長野県伊那地方に販売に来て，栽培適地と判断，明治19年に丸山栄吉を派遣して栽培開始 (61). 苗木も新潟や安行から仕入れて馬の背で販売 (61).
○岡山県の大久保善一郎が米国宣教師ケリーから缶詰製造を学ぶ (49).

1884（明治17）

・3　○福岡県直方市の長富彦七が山口県萩市で夏ミカン穂木を入手し，田主丸町の光行佐太郎に分譲し，苗木育苗を依頼，夏ミカン苗木生産開始 (49).

・7　○竹中卓郎「舶来果樹要覧」一冊完成 (12). 大日本農会三田育種場発行 (214), 明治初期に導入された品種を記載 (49, 61).
　　○この頃，園芸の指導奨励機関は駒場農学校だけとなり，英国人ジョンスが講師 (29).
　　○農務省が「内国産そ菜果品一覧図解（柿実の部）」を刊行 (49).
　　○静岡県志太郡，益津郡のみかん商人が申合組合（改良組合）設立．荷造り改善する (49).
　　○津軽産業会主催で果実の品評会開催．青森県りんご品評会の始め (49). リンゴ初出品 (145).
　　○青森県で津軽産果樹会が組織され，リンゴの名称を統一して命名 (25, 49). 私立農談会にリンゴ栽培のグループが誕生し，後に津軽果樹研究会となる (145).
　　○青森県でリンゴ「印度」が初結実，育成者は弘前市の菊池九郎 (49).
　　○秋田県鹿角郡花輪村士族の佐藤要之助が盛岡からリンゴ苗木400本を購入，本格的に栽培開始 (49).
　　○東京で開催された第10回重要農産物共進会に愛媛県の立間ミカン出品し，1等賞受賞，18年も連続受賞 (49).

　　　　明治・大正時代

- ○17, 8年頃, 愛媛県興居島で田村氏がリンゴ栽培開始, 34年頃綿虫被害 (25).
- ○17, 8年頃, 愛媛県越智郡盛口村の松岡梅吉が広島から温州ミカン苗木を購入, 栽培開始, 越智郡島山嶼部方面, 温泉郡東中島, 西中島方面の温州ミカンは広島県御調郡, 豊田郡の系統が入る (49).
- ○静岡県庵原郡高部村の深沢耕一郎が親戚の山口県勧業課長近藤弘から, 同じ頃, 庵原村の天野久太郎が親戚の大森鐘一からナツミカン苗木導入 (49).
- ○山梨県塩山市の雨宮竹輔が上京し, 谷中清水町の小沢善平所有のブドウ園・撰種園に師事, ブドウ栽培と葡萄酒醸造技術を学び, 明治19年秋に帰郷, 多数の品種を導入, この中でデラウエアーのみ良い結果を残す (49).
- ○神奈川県多摩川の桃栽培が, 三田育種場からアムスデンジューン他10数品種を導入して発展の基礎となる (49).
- ○マルメロ産地の長野県諏訪で製糸工場の糸祝の献立帳, 五つ盛りにカリンとあり, マルメロが食卓に乗った初出 (61).
- ○17,8年頃, 淡路島の池本文雄がリンゴ栽培開始 (25).
- ○宮城県宮城郡利府村の日野藤吉が梨「小雪」,「真鍮」,「淡雪」,「幸蔵」など150本を栽植 (49).
- ○埼玉県南埼玉郡で五十嵐八五郎が群馬, 千葉から梨栽培技術を導入し, 副業としての栽培が開始 (49).
- ○大阪府中河内郡堅下村 (現柏原市) の中野嘉平が大阪府勧業課から葡萄「甲州」の苗木を導入, 栽培開始 (49).
- ○17, 8年頃, 京都に桃の清国種が導入されるが, 虫害で中絶 (25).
- ○岡山県のブドウでフィロキセラ発生 (143).
- ○前年の成功に気を良くして, 愛媛県北宇和郡吉田町の立間ミカンの東京出荷が百数十箱試験出荷したが, 腐敗が多く失敗, 以後, しばらく出荷中断 (49).
- ○長崎県伊木力村の蜜柑仲買商松尾福次郎が長崎港カラウラジオストックに蜜柑を積み出し, ウラジオストックに市場開拓 (49).

1885 (明治18).
- ・4　○長野県共和地区, 新田地籍へ柳浮亀作が勧業試作所からリンゴ苗木購入, 栽培開始 (49).
- ・5　○三田育種場で米国から導入した葡萄苗木に葡萄フィロキセラ発見, 直ちに全国調査し, 土壌消毒と被害樹の焼却を実施し, 30万本処分 (29, 49).
- ・9　○大日本農会第12回農産品評会を東京で開催, 果実など387種, 出品者51人 (190).
- ・10　○地方に偽葡萄酒出現し, 販売厳禁, 鹿児島県大島で葡萄, 李, イチゴ, ヤマモモ, クワ等の果実の表皮や花びらで作った赤葡萄酒が販売された (214).
- ○播州加古郡印南新村の葡萄園に4.5坪のガラス室で葡萄栽培開始 (172).
- ○梅原寛重・濱村半九郎により「栗樹栽培法」剪枝 (えだうち) と記載する (30).
- ○「救荒植物集説」にアクシバ, クロウスゴ, クロマメノキ, コケモモが救荒植物として上げられ, ジャムとしての利用が記載. クロマメノキは糖蔵, コケモモは葉を乾燥して, ウルシの代用「防腐収斂薬」と記載 (51).
- ○佐藤勝三郎, 長谷川誠三等, 藤崎村の商人, 地主, 士族, いずれもクリスチャンが7.5haの大リンゴ園を開設, 明治24年から配当開始, 資本主義的大経営の創設

(49).
○青森県でリンゴの大経営が増加 (55).
○青森県藤崎に敬業社創立，資本金900円，代表・佐藤勝三郎，翌年藤崎村真那板縁に大リンゴ園開設，最大時7町5反歩 (145).
○弘前市で宅地内に競ってリンゴを植栽 (1).
○18から30年頃，弘前でりんごが次第に園圃栽培に移行 (49).
○長野県で中澤貞五郎がリンゴ15品種を横浜市で購入 (61).
○この頃，播州ブドウ園（全国の葡萄園）でフィロキセラ大発生 (49).
○和歌山県有田郡の上山英一郎が米国植物会社のアーモアー氏に蜜柑を柳行李に詰めて送付．和歌山の蜜柑米国輸出の初め (49).
○除虫菊種子をアメリカ滞在の玉利喜造がカリフォルニア農学校から駒場農学校農場へ伝植 (172).
○除虫菊の種子を輸入し，和歌山県で栽培 (49).
○温州ミカンをカナダへ，静岡県がサンフランシスコへ初輸出 (3)，清水市の保田七兵衛がアメリカへ温州ミカンを輸出，陸揚げが遅れて腐敗 (165)．サンフランシスコの在住日本人との取引 (49).
○和歌山県有田の有志が「改良組」を組織し，「蜜柑方」による帆船輸送から，日本郵船の汽船遠江丸による輸送に変更．航海安全，日程短縮 (49).
○山形県鶴岡市鳥居町で東田川郡役所の書記，鈴木重光が新潟県の行商人から購入して植えた二本の柿の一つが「平無核」．酒井調良が東京帝国大学園芸教室の原教授にアルコール脱渋を学び，焼酎で成功し，苗木生産，普及．当初は「核無柿」，「調良柿」と呼ばれ，後年，原が「平核無」と命名 (49).
○この頃，神奈川県茅ヶ崎から平塚にかけての湘南で桃栽培が急激に増加，明治末期唐大正8，9年は100町歩と超える (49).
○この頃，雨宮彦兵衛が「甲州葡萄手引草」刊行，長梢剪定記す (61).
○この頃から，神奈川県御幸村の梨栽培が開始 (25).
○この頃，川崎から水蜜桃が東京に出荷 (25).
○京都府綴喜郡大住村の沢井文三郎が兵庫県川辺郡から大李を購入，繁殖．「寺田李」，「牡丹杏」，「甚三桃」，「甚稔桃」，昭和初期に桃に転換 (49).
○この頃，岡山県御津郡柏谷村山内善男が水蜜桃栽培に和紙製の袋掛け技術を導入し，これによって，岡山県の桃栽培が増加する (49, 61) 大被害を受けていたヒメシンクイムシ対策 (61).
○18～19年頃から，柑橘害虫ルビロームシが長崎市内で発見されていたと思われる (29).
○全国のブドウ栽植本数は67万本，多い順に愛知県，兵庫県，東京府，岡山県，広島県，青森県，北海道，山口県，栽培者数全国で945名 (56).
○長野県中佐都村の池田清作が県からクルミ苗を配布され，フランケット種活着，長野県内の長型種の多くはこの実生から増殖 (61).

1886(明治19)
・3 ○農商務省，ブドウ栽培，ブドウ酒醸造法研究のため，福羽逸人をフランスに派遣 (1).

・7 ○駒場農学校と東京山林学校が合併し，東京農林学校と改称（11, 12, 49, 172, 190, 214），園芸学はジョンソン（明治19～22年），玉利喜造（明治20年より）が教授する（49）．
・秋 ○福島県庭坂村の鳴原佐蔵が梨栽培開始，萱場梨と呼ばれる（49）．
○岡山県野谷村柏谷の山内善男が播州ぶどう園の温室に習い，ガラス室を建設し，ぶどうを栽培（岡山の温室ぶどうの開始）．神戸市在住の外国人が消費（49, 172）．21年に6貫目を初収穫（49, 256）．
○岡山県柏谷村の山内善男が桃袋掛け．各地に瞬く間に普及（256）．
○岡山県の大久保重五郎が小山益太に7年間師事した後，雑木林を開墾して桃主体の果樹栽培開始，小山から分譲された「上海」の種子を播種，明治32年，最優良系統を得て，34年に「白桃」と命名公表（49）．
○南津軽郡黒石に興農社創立，資本金6,060円，社長 北山費小作，翌年山形村福民に約10町歩のリンゴ園開設（145）．経費の最大な項目はリンゴ泥棒防止の見回り人夫賃であり，地力掠奪農業のため，出資への配当が巨大だった．このため不毛な土地まで高騰，村の共有地のまぐさ場に30年間の小作権を設定して配分（145）．
○山梨県東山梨郡奥野田村の雨宮竹輔が小沢善平から，ブドウ43品種を導入試作，「デラウエア」のみ残った．以降，栽培増加（49）．
○山梨の大日本山梨葡萄酒会社が醸造法の未熟から往々変敗酒を出し，解散．甲斐産商店に引き継ぐ（後に三楽オーシャン（株））（49）．
○長野県下伊那郡上郷村で新潟の人，丸山三吉が梨園を開設，伊那梨の初め（61）．
○静岡県志太郡長の松田寅卯が岡部町に柑橘見本園開設栽培奨励（49）．
○大分県日出町大字仁王の藤井久太等がみかん苗を購入（221）．
○和歌山県上南部で，徳川中期から梅が免租だったが，内本幸二郎が梅を目的に畑を経営開始（49）．
○信濃毎日新聞に新潟県におけるナシ害虫の点火誘殺，捕殺防除が記載．ナシ栽培に害虫問題あり（61）．
○愛媛県西宇和郡で日上村の二宮嘉太郎と，三崎の宇都宮誠集がナツミカンの栽培開始（49）．
○山口県萩市の中村正路園で「伊予柑」が発見される（5, 49）．
○福島県信夫郡庭坂村の鴫原佐藤が梨栽培開始（25）．
○静岡県清水の保田七兵衛が温州蜜柑苗木を携えて渡米，カルフォルニア州に蜜柑苗圃を開園．後に寒波で失敗（49）．
○アメリカのコキレットが青酸ガス薫蒸を開発．以降，柑橘のイセリアカイガラムシ駆除に利用（61）．
○農商務技師高峰譲吉がアメリカカロライナ州チャールストンの燐鉱を持ち帰り，大阪の硫酸会社で過燐酸を製造（172）．
○長野県更級郡の中沢貞五郎の文書に，この年，米1升5銭6厘，リンゴ1貫匁20～30銭で販売と記載（61）．

明治・大正時代　　（115）

明治１０年代（1877-1886）
　　　○司法省御雇英国人，カークードが赤坂新坂町邸内に温室設置（29）．
　　　○岡山県児島郡の高橋重吉，御津郡の山内善男，小田郡の渡辺淳一等が梨「島田」，「土用金子」，「泡雪」，「瀬川」等を栽培開始（49）．

明治初期
　　　○この頃以降もしばらく，果実は間食として，軽視されていた（161）．

１８８７（明治20）
　　　○この年まで，政府によるリンゴ苗木配布実施（61）．
　　　○この年以降，鉄道の発達により，国内市場が拡大，各地に果樹栽培が定着するきっかけとなる（56）．
　　　○欧米からの導入果樹は夏乾燥地帯原産であり，夏湿帯気候下の日本で栽培し，整枝果樹方式で管理したため，各地で失敗したが，この頃から技術的工夫がなされ，良果生産可能となった．工夫の一つが袋掛け（256）．
　　　○この頃，病害虫で被害が多かった長野県の桃栽培に袋掛け導入（61）．
　　　○北海道のリンゴ栽培でワタムシ防除のため，石灰油，粗製テレピン油，煙草煎汁等を塗布（49）．
　　　○この頃から，青森県で地主自作経営のリンゴ栽培が発展（56）．
　　　○青森県の菊池三郎，竹内清明，渋川伝蔵等，10数人の士族，豪農，商人等が株式会社「興農社」を設立，山形村福民に10 haの大リンゴ園を開設（145）．29年に配当，36年に赤字に転落（49）．
　　　○青森県の東奥義塾（地方私立学校）が経営安定のため，板柳村に9.6 haの大リンゴ園を開設（145）．この園と興業社，敬業社を三大リンゴ園として有名．これが刺激となり従来の宅地栽培を脱し園圃栽培へと板柳村中心に1 ha以上の開園が続出，水田地帯へ進展（49）．
　　　○この頃，香川県の八木次郎吉が興津の恩田鐵弥から「紅魁」，「成中小」を導入，普及（49）．
　　　○この頃，神奈川県川崎大師河原でセイヨウナシの栽培が普及（49）．
　　　○静岡県田方郡内浦村，西浦村方面に温州ミカンが導入．西伊豆ミカンの始まり（49）．
　　　○この頃，大分県の西国東地方，豊後高田市草地の西岡虎吉が津久見から温州ミカン苗木導入，栽培開始，病害虫防除不必要で剪定技術も無し（49）．
　　　○この頃，山形県寒河江の本多成允が桜桃を試作し，苗木を周辺に配布，産地化の基礎を築く（49, 99）．
　　　○この頃から，夏橙が山口県外に移出増加（56）．
　　　○この頃から，和歌山県由良町のナツミカン栽培が盛んとなる（49）．
　　　○この頃，山口県大島郡西方村長崎の山本万之丞が発見，接き木で普及，明治37年頃より，みかん栽培が奨励され，普及．恩田鐵弥が「山本系」と命名（49）．
　　　○この頃，愛媛県越智郡東中島の森田六太郎が和歌山から温州ミカン苗木100本を購入（49）．

○横浜市磯子区杉田梅林から，小田原市曽我の穂坂銀次郎が結実の良い樹の穂木を譲り受け，「杉田梅」として，青梅用，漬物用に栽培開始．昭和33年に増殖(49)．
○兵庫県津名郡野島村は安永時代からのビワ産地で，この年，奥野栄次郎等により「庸びわ」導入(49)．
○立花伯爵家農事試験場創立，柑橘，林檎，梨，その他各種果樹を栽培(25)．
○和歌山県有田郡の上山英一郎が温州ミカンをサンフランシスコへ輸出(3)．除虫菊種子の引き合い交換(49)．
○この頃，導入した果樹の内，米国葡萄は最初から良く結実したが，酸味が多く，臭気のため，食用にしなかった．(25)．
○岡山県今井村の渡邊淳一郎が福羽逸人の勧めでオリーブ導入(49)．
○福岡県浮羽郡田主丸で各種果樹苗木生産が盛んとなる．夏ミカン苗木は2万本程度生産(49)．
○京都府綴喜郡八幡町の梨栽培，土用金子を導入(25, 49)．
○この頃，北海道札幌のリンゴ園にカイガラムシが再発生(25)．
○この頃，山梨のブドウ園で白渋病発生，37年に大発生(49)．
○この頃，横浜の英国人貿易商，コッキングの江ノ島の別荘に温室建設(29)．
○愛媛県北宇和郡喜佐方村の大木幸次郎が，当時，非常に小規模で人力に頼っていたミカン経営に大分県より大八車を導入(49)．
○大分県で二杯入負笊(ざる)(馬笊)が製作，魚肥使用開始(221)．
○この頃間での肥料は厩肥，堆肥，人糞尿，草肥等の他，販売肥料として，魚肥，油粕，米糠等(49)．
○この年前後から，駒場の肥料試験の結果が公表され，特にリン酸肥料の効果が顕著で，果樹への施肥が本格的に取り上げられる(49)．
○明治6年からこの年までに北海道で無償で配布した果樹苗木は67万2,600余株(29)．屯田兵にも割り当て，日本一(145)．
○この頃から，長野県下伊那で養蚕が発達し，柿散在巨木が伐採，桑園へ．畔畦や庭に残り，往時の一割，串柿から干し柿に変換(61)．
○この頃から，川崎の柿，「禅寺丸」が東京方面へ手車で大量出荷．7集落の合計で348トンと記録(222)．
○三重県飯南郡大河内村の松田斎三郎がカチ栗を製造し，31年から東京へ出荷，34年頃には全国一と賞賛，明治末期より衰退(49)．

1888(明治21)
- 3 　○播州葡萄園，神戸オリーブ園とも5377円で前田正名に払い下げ(29, 55)．
- 春 　○松戸市大橋の松戸覚之助が梨「二十世紀」の実生を分家石井佐平のゴミ捨て場で発見(49)．
　　　○田中芳男が大日本農会報に枇杷「田中」を紹介し，廣く知られるようになる(40)．
　　　○千葉県産梨「新太白」を，池田伴親が「廿世紀」と命名(172)，22年説(214)．
　　　○東京農林学校教授の佐々木忠次郎が米国農務省の依頼で桃の害虫，ヒメシンクイガの生活史とその防除を研究し，米国の雑誌「Insect Life」に掲載．害虫防除の袋掛け法を提唱(171)．
　　　○名和昆虫研究所長の名和靖がこの年から，岐阜県師範学校に勤務し，附属農場で

桃を栽培，モモノゴマダラメイガの被害対策として，田中芳男から袋掛けを教わり，実用化(168)。
○北海道庁第二部の永根平教著の「果樹栽培心得」刊行，人工型整枝法が日本に適さないことを指摘，自然形を推奨(30, 49)。
○この頃，英国宣教師が別荘を建てた軽井沢でアメリカ生糸商人のボアンカレーから小諸市の池田清作がペルシャグルミをもらい，実生した．長野県のペルシャグルミの初め(61)。
○21,22年頃，長崎県西彼杵郡伊木力村でヤノネカガラムシの被害が確認．浦濱關右衛門の柑橘園で発生が多く，同氏が長崎から持ち帰った害虫として「關右衛門サバイ」と呼ばれた(29)。
○21, 2年頃，北海道札幌郡上手稲村のリンゴ園にシンクイムシ発生し，全道に蔓延(25, 49)。
○長野県山辺村の豊島が群馬県妙義山麓で欧米ブドウ8町歩栽培の小沢善平(アメリカ帰り先駆者)に弟子入りし，22年に欧米系ブドウ品種を持ち帰る(61)。
○マレー原産で小笠原に自生していたバナナの小笠原種を沖縄に導入，栽培開始シマバナナの元となる(157)。
○福島県瀬上町の阿部又兵衛がリンゴ「紅玉」，「倭錦」，「紅魁」，「旭」等を作付け(49)。
○21, 2年頃，米国で花卉栽培をしていた和歌山出身の堂本氏が，同郷の柑橘栽培農家矢船傳にネーブルオレンジの苗を送付，ここから各地に拡がると思われる(29)。
○静岡県小笠郡大池村の高島甚三郎が義弟の安田七郎の斡旋でワシントン・ネーブルの苗木10本をアメリカより導入したが，枯死，翌年移植に成功，24年初結果(49)。
○静岡県庵原郡高部村梅ヶ谷の久保田峻が山口県萩地方からナツミカン苗木数百本(数千本)導入(49)。

1889（明治22）

- 春　○岡山県赤磐郡可真村の小山益太が梨栽培開始，苗木を養成し，品種栽培技術を研究し，周辺に指導(25)。
- 8　○静岡県の鈴木泰助が「柑橘栽培録」を刊行(49)。
- 10　○青森県車力村の七里長浜にアメリカの巨大帆船チェスボロー号が漂着，果物の缶詰が海岸に流れ着く．漂着物にセイヨウナシがあり，隣村の中村貫一郎が種子を播き，成木となる(192)。
   ○梅原寛重が「菓樹栽培新書」を刊行(30)。
   ○東京農林学校の猪俣徳吉郎が「実験缶詰製造法」を著し，金柑缶詰法，蜜柑缶詰法，蜜柑凍膏(ゼリー)製造法，蜜柑煮膏製造法，柚皮糖蔵法，葡萄缶詰法，葡萄凍膏法，平果の缶詰法，梨の缶詰法，桃・桜桃・梅・杏・栗等の缶詰法，李の缶詰法，マルメロ缶詰法，ストロベリー缶詰法等を記載(29)。
   ○紀州ミカン，アメリカに初めて輸出(1, 214)。
   ○明治22年〜23年頃，カナダへ温州ミカン輸出とされる(49, 165)。
   ○和歌山県那賀郡の藤田繁之助，堀内仙右衛門，胴元英之進，藤田孫八が輸出組合を組織し，蜜柑2000箱を輸出(49)。

明治・大正時代

○玉利喜造と静岡県小笠郡の高島甚三郎が別々にアメリカからオレンジ「ワシントンネーブル」を導入 (5, 9, 22). 玉利は米国から帰国時に携帯し, 宮崎県飫肥に仮植えする. (29).
○和歌山県安楽川村の堀内仙右衛門がネーブル苗木を導入 (22, 49).
○22, 23年頃, 田村利親が命名前の日向夏を広く紹介, 奨励 (49).
○22, 23年頃, 山形県神町で山形市の苗木商から, 岡田圓蔵が埼玉県からリンゴ苗木300本を購入 (49).
○兵庫県川辺郡伊丹町の増井健三が東京新宿耕牧園から洋種葡萄100余種を取寄せ, 栽培開始, 「カタウバ」を北村ブドウと称した (49).
○カナダ人のキップがリンゴ, 17品種を札幌農学校に寄贈 (25).
○農商務省, 種子島でハワイ産レモン苗木の栽培に成功 (1).
○愛媛県の三好保徳が山口県の萩の「穴戸みかん」の接ぎ穂を求め, 繁殖, 後の「伊予柑」となる (49).
○この頃, 岡山県の桃農家が幼果が落果するのがチョッキリゾウムシによることを観察し, 蚊帳で防除, 樹体が弱るので, 菓子袋を掛け, 藺草で口止め (61).
○長野県諏訪の土田槙蔵がマルメロの塚作りを創案, 水田中に直径2m内外, 高さ25～30cmに盛り土, 普及 (61).
○この頃, 長野県長野地方にリンゴ栽培普及 (61).
○この頃, 山口のナツミカンが東京に現れる (25).
○22から24年頃, リンゴが東京に現れる (25).
○この頃まで, 青森のリンゴ栽培は無剪定 (61).
○越後高田の川上善兵衛が岩の原葡萄園開設, 米国種の葡萄の栽培を開始. ブドウ酒製造の先駆者 (25). 四百余種の品種を導入して品種改良を実施, 苗木を各地に配布 (29, 49, 256), 23年説 (49).
○福島県瀬の上町の阿部又右衛門が山形からオウトウ「若紫」, 「珊瑚」などを持ち帰り, 栽培開始, 戦後, 霜害激発で減少 (49).
○長野県山辺村の豊島理喜司が東筑摩郡宗賀村の官有地 (通称,桔梗ガ原) を払い下げられ, 松林を開墾して葡萄園造成, 欧米系統25～6品種, 3,000本, 後にコンコードが優良とされた (61), 23年説 (49).
○22, 3年頃, 岡山県, 備中国, 備前, 美作の梨産地を記載 (25).

1890 (明治23)

・6　○新潟県の川上善兵衛が新潟県中頸域郡高士村 (高田市郊外) に「岩ノ原ぶどう園」開設 (49). 昭和9年に「ことぶきぶどう園」と改称. 昭和10年元名に戻し, サントリーが経営 (49), 15年掛けて23町3反歩, 321品種, 菊水葡萄酒を製造 (141).
・8　○数度の台風来襲, 不作 (117). 青森県で3日間の風雨でリンゴ, 梨, その他の果物とも大被害 (49).
・10　○青森県弘前のリンゴ士族グループの楠美冬次郎・佐野　熙「苹菓要覧」を著す (1, 37, 145).
・11　○鉄道が盛岡まで開通し東北, 北海道のリンゴが東京で販売開始 (25, 37), 岩手県から本格的に出荷 (49).
　　　○福島県伊達町の小野伍茂がリンゴ「紅玉」, 「倭錦」, 「紅魁」, 「旭」等を作付け (49).

○岡山県の大森熊太郎が温室ブドウの加温栽培に成功 (49).
○長野県北佐久郡三岡村地方で，塩川貞五郎・塩川伊一郎がモモ水蜜桃栽培開始，軽井沢近郷に出荷後，京浜市場に進出 (49, 61).
○和歌山県那賀郡東貴志村でみかん栽培奨励 (49).
○和歌山県那賀郡田中村の胴元英之進が安楽川村の堀内仙右衛門らとアメリカからネーブルオレンジを導入し，夏ミカンと共に第二の柑橘として一世を風靡 (49)，21～23年頃，堂本説 (29).
○香川県三豊郡仁尾町曽保の浅野多吉が伊勢参りの帰途，和歌山で温州ミカンの苗木購入，試作 (49).
○23から24年頃，高知県長岡郡久礼田村の徳橋喜三郎が宮崎で日向夏の苗木購入，高知へ導入 (49).
○静岡県引佐郡西浜名村の河野万七が愛知県豊橋からナツミカン苗木導入．西遠でのナツミカンの始め (49).
○広島県出身の村上治作が福岡県京都郡薪田原の荒れ地を開墾してナシ園を開設し，福岡県のナシ栽培の始め (49).
○友高猪之助が「洋種林檎之栽培」を刊行，盃状形の仕立を記載 (30).
○高野正誠が「葡萄三説」を有隣堂から刊行 (49).
○津田仙が「菓実栽培」を刊行 (49, 61).
○この頃，青森で，菊池楯衛の研究を中心にして，佐藤六弥，楠美冬次郎が補佐役となり，リンゴ品種の調査がなされ，奨励品種が決定される (37).
○弘前を中心とした中津軽郡でりんご園が85 haとなる．青森県全体では，141 ha (49).
○ギップ氏，札幌農学校にリンゴ「旭（マッキントッシュ・レッド）」を寄贈 (9, 49).
○この頃の青森でのリンゴは「梨屋」と呼ばれた果物屋が士族屋敷に成った果実を仕入れて狭い間口の店に並べたり果実を天秤棒で担いで売り歩いた．「1樹で米16俵分の収穫有り」とされた (145).
○この頃になると，導入果樹の果実が八百屋，水菓子やに並び始める．東北，北海道のリンゴ，中国，四国のモモ，ブドウの産地形成，産地付近に売る程度 (161).
○ナシ，カキ，ブドウのような在来果樹は改良されず，従来の方法を実行 (161).
○立花伯農事試験場と佐賀県の草場久八が九州でリンゴ栽培開始 (25).
○第三回内国勧業博覧会審査報告に，岡山県津高郡野谷村の大森熊太郎から，温室栽培の西洋種ブドウが成熟している鉢植えが出品されたと記載される (25, 26)．岡山の加温温室ぶどう栽培の開始 (49, 256).
○23, 4年頃より，札幌辺りで日本梨の栽培が拡大．品種は川崎，千葉の八幡，新潟の北蒲原から導入し，50品種近く存在する (25).
○長野県東筑摩郡入山辺村（現松本市）の豊島理喜司が宗賀村に企業的葡萄園を開設 (61).
○この頃，山形県北村山郡大石田町の阿部与左衛門が伊勢参りの途中，オウトウの先進地を見て「ナポレオン」苗木50本購入栽培開始 (49).
○岩手県盛岡の佐藤谷次郎が初めてリンゴに袋掛け実施 (61, 256).
○秋田県鹿角郡花輪町の佐藤要之助がリンゴを28 kmの山道を越え，盛岡へ運び，一

　　　　関から鉄道輸送，東京へ初出荷 (49)．
　　○岡山県の河田一郎が村田銃の発条を利用して剪定鋏を創作．剪定技術と作業能率が顕著に向上 (49)．
　　○茶筒製造業の長野県上水内郡三輪村 (長野市) の雨宮伝吉が丸アンズの砂糖煮缶詰製造 (61)．雨宮缶詰所 (49)．
　　○岡山県の大久保善一郎が製缶工場建設し，岡山で桃の缶詰加工開始，日清戦争の軍需物資供給のため創業 (49)．

1891 (明治24)
- 1　○静岡蜜柑が紀州蜜柑に続いてアメリカに輸出 (214)．
- 9　○日本鉄道，上野－青森間全線開通，鉄道による青森リンゴ東京出荷始まる (1, 56, 145)，これ以前の遠距離輸送は海上輸送 (49)．
- 11　○秋田県でリンゴの品評会，品定開始，優良品種として，「祝」，「柳玉」，「赤竜」，「チョセスウーテ」，「国光」，「青光」，「紅玉」(49)．
　　○松岡玄達が「梅品　上・下」を刊行 (49)．
　　○立花寛治が「内外果樹便覧」を刊行 (49)．
　　○この頃，羽州鉄道開通により，桜桃が東京に出荷，一樹で20～30円の収入 (25)．
　　○24～25年頃，静岡県庵原郡で官民による柑橘奨励が本格化 (49)．
　　○ジャムを家庭で作る方法，雑誌掲載増える (1)．
　　○青森の「東奥日報」に初めてリンゴ販売の広告2件掲載 (1, 145)．宅地栽培のリンゴ生産量が津軽での地場消費には，過剰生産となっていた (145)．
　　○この頃，青森の佐藤勝三郎のような大経営の販売担当者が青森港から船でリンゴを品川に輸送，外崎嘉七等清水村生産者は函館の商人を頼って移出 (145)．
　　○愛媛県北宇和郡吉田町の生産者が和船で瀬戸内都市，九州方面へ箱詰めミカンを出荷，三田尻港に三光丸がミカン購入のため来航，「ミカン船」来航の初め，以降各所から来航 (49)．
　　○この頃，青森のリンゴは青森の2,3の問屋に卸し，その一部が県内消費され，大半は函館，京浜方面に船で移出 (49)．
　　○岩手県の中川良八ら，初めてリンゴに和紙で袋かけを行う (1)．
　　○明治24～25年頃，福島県双葉郡の梨栽培が病害虫で伐採 (49)．
　　○岩手県のリンゴ推奨品種は「紅魁」，「祝」，「柳玉」，「紅玉」，「国光」(49)．
　　○この頃より，川崎の大師河原村の梨栽培が隆盛になる (25)．
　　○24～25年頃，川崎からセイヨウナシの出荷始まる．大師河原村の石渡七左衛門が三田育種場から「早生洋梨」，別名「炭団屋」の払い下げを受け，石川徳兵衛が普及させた．(25)．
　　○24～28年，神奈川県川崎大師河原の木村作次郎が津田学士からセイヨウナシ「バートレット」を栽培，成功 (49)．
　　○24～25年頃，神奈川県橘樹郡の梨栽培が増加，品種名記載．品質が優れる品種が増えてくる (49)．
　　○24, 5年頃から，北海道で梅の代用品として日本杏の実生が栽培増加 (25)．
　　○24, 5年頃，新宿御苑に現代式温室新設，果樹の洋式栽培開始，見習い生を養成 (29)．

明治・大正時代　　（ 121 ）

　　　○24, 25年頃まで，青森のリンゴ栽培では，フランス人の指導で春に強剪定（一文字刈）を実施し，花芽が付かず (30, 61).
　　　○青森県北津軽郡のりんご面積，19 ha，三戸郡 9 ha，青森県全体 141 ha (49).
　　　○リンゴの海外輸出開始 (56).

明治20年代初期
　　　○果物屋店頭に桃の「上海水蜜」，「天津水蜜」が現れる (29).

明治時代中期
　　　○兵庫県津名郡広名村（淡路島）に温州ミカン導入 (49).
　　　○広島県因島で温州蜜柑が経済栽培に入る (49).
　　　○この頃，広島県豊町のミカンは産地商人（問屋）ができて，買い入れ販売となる (49).
　　　○愛媛県與居島（よごじま）で林檎を栽培し，暖地林檎として早熟するので市場で著名であり，中国地方に産地が点在したが，綿虫のため減少した (29).
　　　○明治中期以降，長野県でニホンナシ栽培が大きく伸びる (61).
　　　○明治中期，長野県南穂高の梨栽培が病害虫で一時衰退 (49).
　　　○明治中期，文久3年から始まった岡山県の梨栽培が，赤磐郡可真村で発展 (49).
　　　○1980年頃，鹿児島県佐波町の旧薬草園に樹齢80年のグアバ古木があり，この頃，導入されたと推定 (87).
　　　○明治中期，新潟県白根市の梨栽培が病害虫，黒星病で一部桑園に改植，ボルドー液普及で復興 (49).
　　　○明治初期から中期，北海道の果樹はリンゴが主流，病害虫で一時衰退し，梨が多くなる．品種は在来の「文月なし」，「三吉なし」．内地からの移入種，外来種 (49).
　　　○京都府紀伊郡下鳥羽村の千葉弥四郎が久世郡佐山村から梨「瀬川」を導入．大正6年には10 ha．鳥取から二十世紀が京都市場に出荷されるようになり，衰退 (49).
　　　○和歌山県南部川村晩稲の内中源蔵が荒れ山約4 haを開墾して梅栽植 (138).
　　　○この頃，京都府紀伊郡堀内村の柿栽培でカイガラムシが大発生し，荒木吾平により枝折法が考案される．カイガラムシの付いた枝を全部折って焼却し，翌年隔年結果させる (49).
　　　○福羽が西洋の果樹栽培法を紹介し，これを実行する者が多かったが，気候や台木の違いにより，失敗多い．在来果樹で実施されていた従来の方法を改良する動機となる (161).
　　　○この頃から大陸や台湾などへナシが少量輸出 (49).

明治時代中後期
　　　○この頃から，大正中期に掛けて，木曽の名産櫛の材料に長野の梨古木が伐採 (49).

1892（明治25）.
・2　　○読売新聞の記事に，天然痘の流行で口熱を取るという「ブドウ」が品切れとなる．卵1個が1銭の頃，ブドウ1粒が2銭5厘 (214).
・春　　○岩手県の佐藤谷次郎，リンゴ袋を古新聞紙から考案使用 (1), 23年 (61).
・4　　○新宿植物御苑にガラス室完成，果樹と花卉を栽培 (190).

| ・6 | ○長野県下伊那郡和田村ほか4カ村に栗害虫のテングス発生 (61).
| ・10 | ○小島銀吉著の「作物病害編」が刊行され，その中に，明治15年フランスで発明されたボルドー液が紹介される (29, 172, 256).
| ・12 | ○榊原昌彦「梅史」を作り，梅に関する故事を網羅 (12, 26).
○果実の海外輸出開始，果樹栽培が各地に定着し始める (56).
○東京神田の問屋で青森リンゴの取り扱い開始 (1, 145).
○この頃の青果問屋は3月に紀州蜜柑を売ると，後はめぼしい物が無く，開店休業. 3月に出る青森のリンゴ「国光」は7月まで販売できる貴重な商材 (145).
○この頃から，東京にリンゴ専門の問屋が発生し，産地には，リンゴ移出商が続出. 秋収穫時に買い入れ，貯蔵して，4月以降の果物端境期を狙って出荷 (145).
○渡瀬寅次郎が種苗店東京興農園を設立し，自社生産の苗木販売 (29).
○25～30年頃，ナシ優良品種や栽培技術が普及，生産が隆盛 (25).
○この年より，千葉県八幡の梨栽培が発達し，全国的産地となる．百年以上の歴史有り (25, 49).
○明治18年の水害で原野と化した長野県東穂高，南穂高村では，開拓し梨栽培開始，品種は「土用丸」，「小雪」，「幸蔵」，「晶露」，「囲いナシ」等 (61).
○長野県でニホンナシに赤星病確認，堀正太郎が翌年にビャクシンで冬胞子堆形成を発見，33年に赤星病と命名 (49)．東京で発見 (172).
○25, 26年頃から，導入した優良品種のモモ栽培が増加し始める (25, 29)．産地は岡山県と神奈川県川崎辺り (29).
○この頃，山梨県中巨摩郡五明村地方がスモモ産地として，有名となるが，養蚕が盛んになり一時衰微 (49).
○この頃，大分県青江村の川野仲次ミカン園で早生温州の第一号「青江早生」発見，明治16年説，25年説などある (256).
○奈良県磯城郡纏向村穴師で堀内嘉蔵が池田より，池田温州を導入し桑畑に植える (49).
○この頃から，広島県大長で夏橙の栽培開始 (49).
○愛媛県の三好保徳が湯川村で10 aを開墾し，梨「赤龍」300本を植栽 (49).
○この年，川崎の六郷河畔に農科大学直属の果樹園開設 (172)．桃の害虫防除のため，玉利が紙袋掛けを奨励 (29).
○この当時の山形県のリンゴ栽培は面積4～5町歩，放任栽培が多く，整枝法は無く，剪定は混んだ枝を適時取り除く程度，収量は比較的高い (49).
○長野県諏訪郡中州村で梨栽培開始，この頃は，在来の梨大木に「花魁」，「江戸龍」等を接ぎ木 (49).
○江戸時代から続いた広島県豊田郡大長町の大長桃栽培がこの頃，最も盛んで生産額2万円，日清戦争を転機に柑橘に転換 (49).
○新潟県月潟村の佐藤沢治がセイヨウナシ11品種を栽培，「ジュッセスダングレーム」，「バートレット」，「パッスクラサン」等 (49).
○北海道果樹協会がリンゴの優良品種13品種を選定し，番号で呼ばれていたのを改め，和名の品種名を命名 (25).
○25, 6年頃より，北海道のリンゴ栽培では，品種の重要性に気づき，改植や高接ぎ

　　　　○25,6年頃より、北海道で桜桃の栽培が増加、札幌と小樽中心、「ハート」、「ビガロー」主体 (25)。
　　　　○この年、アメリカでブランコケムシ駆除に砒酸鉛使用 (61)。
1893 (明治26)
- 2　○長野県産アンズ缶詰が東京で評判 (61)。
- 4　○国鉄信越本線の軽井沢・横川間が開通し、全線開通、長野県の果実が東西大市場への輸送が可能となり、葡萄栽培が増加、松代のアンズ栽培再開 (61)。
- 6/8　○愛媛県で41日間干害、果樹被害大 (49)。
- 9　○川崎大師河原 (現川崎区日の出町) の当麻辰次郎が梨の「長十郎」発見 (31, 49, 256)。
　　　　○愛媛県の三好保徳が3 ha開墾し、モモ、リンゴ、ナシを植栽 (49)。
　　　　○長野県で桑園が大凍霜害により、桑からリンゴへ転作が進む (61)。
　　　　○弘前の佐藤弥六著「林檎図解」刊行 (37)。リンゴ160品種の図解、津軽産の品種61も載せる (11)。接ぎ木の方法も付録 (12)。
　　　　○山形県の佐藤文太郎が津田仙の「農業雑誌」でリンゴの名称を統一することを提唱 (145)。
　　　　○この頃、長野のリンゴ栽培でワタムシと鉄砲虫が大害虫 (61)。
　　　　○石川理紀之助「苹果品定」を刊行、27, 29年にも各一冊 (12)。
　　　　○恩田鉄弥著「苹果栽培法」刊行 (145)。
　　　　○青柳浩二郎が「通俗菓園法」を刊行、剪定整枝法と樹形を記載 (30)。
　　　　○この頃より、北海道で西洋ナシの栽培が始まるが、「腐らん病」のため衰微。栽培品種は「バートレット」、「フレミッシュビューチー (日面紅)」、「ウインターネリス (青茶)」(25)。
　　　　○明治26年〜27年頃、北海道余市のリンゴを札幌の商人が購入し、船便で東京市場に出荷。品種は49号 (国光) が主で、週1回約20箱、出荷時の値段100個入り10円、120個入り8円50銭。この価格に刺激されて、青森、秋田、長野、香川などでリンゴ急激に増殖 (49)。
　　　　○この年以降、新潟県中蒲原郡茨曽根村の小池左右吉がウラジオストックへ梨を輸出、明治35年頃より、清国より中国梨が入り、激減。西洋ナシ輸出に転向 (49)。
　　　　○新潟県の川上善兵衛が自園に気象観測装置を設置すると主に、雪害対策のため、ブドウの川上式棚仕立て法を考案 (49)。

1894 (明治27)
- 5　○仙台市で連合共進会が開催され、北海道、青森、岩手、山形、秋田、新潟から委員が出てリンゴの第一回りんご名称選定協議会を開催。四十余品種の名称を統一 (25, 29)、18品種を決定し、津軽代表は脱退 (145)。議長は恩田鐵弥 (49)。29年まで開催 (256)。
- 6　○弘前で津軽地方苹果名称一定会開催、65品種を決定、佐藤喜一郎一派は不参加、「津軽地方苹果要覧」を印刷各地に送付 (145)。
　　　　○熊本の梅干し騰貴 (1)。
- 7/8　○愛媛県で37日間干害、果樹に被害大、熊本県で大干害 (49)。

- 8   ○日清戦争開始(1)，動員総兵力24万人．
    ○日清・日露戦争で軍隊に梅干し納入し，輸入化学染料で販路を失っていた京都の青谷梅林が復活，石田伝吉著の「梅のもつ興国性」(1931年刊行)では，全国の梅干しを戦地の食料として徴発，現地でも保存無し(138)．必須軍需食品としての梅干しのため，需要急増(61).
    ○日清戦争で戦時食料として缶詰が活躍(29).
    ○長野県産生アンズ缶詰，1万個が東京へ移出(61).
- 9   ○静岡県沼津市の高島一太郎が西郷従道，大山巌の別荘から「天津水蜜」，「上海水蜜」の穂木をもらい，在来桃「皿桃」に接ぎ木更新，増殖，産地化(49).
- 11 ○淡路島の池本文雄が農政界の大物前田正名を頂いて，日本果物会を創立し，主宰の「果物雑誌」創刊(49, 145).
- 12 ○第二回りんご名称選定協議会を札幌で開催，以後，2回の会を開催し，58品種の名称を統一(25).
    ○日本果物会設立(49).
    ○この頃，大分県津久見市でミカンバエ発見．昭和20年頃，被害は平均40％に達する(49).
    ○明治27～28年頃，兵庫県佐用郡江川村でクリタマバチ発生．明治37～38年にも発生し，勝栗と称した(49).
    ○横浜植木株式会社が米国よりリンゴ，10品種を輸入し，札幌農学校に寄贈(25).
    ○長野県佐久の三岡地方では，古くから土用桃，野良桃等と呼ばれた在来桃があり，「佐久モモ」と呼ばれたが，この頃，塩川貞五郎，伊一郎らが欧米種，中国種を導入(61).
    ○27, 8年頃，川崎の洋梨栽培が盛んになる．木村作治郎が津田学士の手を経て，米国より，「バートレット」を取り寄せ，栽培し，収量多く，東京へ出荷(25).
    ○長野県北佐久郡三岡村の塩川伊一郎がモモ園を開園，周囲に広まり，集団団地となる．品種は「水蜜桃」，「日の丸」，「上海水蜜桃」，「黄肉桃」，「天津水蜜桃」．北佐久以外の桃産地は在来品種の栽培(61).
    ○この年から明治30年頃，青森県内全域にリンゴ新植が盛ん，著しく増加(49).
    ○大分県津久見市蔵冨で「川野夏橙（甘夏柑）」発見(221).
    ○大分県でみかんに金肥使用開始(221).
    ○青森のリンゴが東京に出荷される(37).
    ○青森リンゴ113斤を函館から清国へ初めて輸出(1). 68 kg, 6円(49).
    ○日清戦争後，青森リンゴが全国主要都市市場に出荷(49).
    ○和歌山県那賀郡の蜜柑輸出組合の藤田俊夫が渡米し，輸出蜜柑の販売を担当，継続輸出して好評(49).
    ○岩手県でリンゴに袋掛けが始まる(49).
    ○大分県青江村の川野仲次が明治25年頃から着色の早いミカンに気付き隣村の宮崎勝蔵におくったが，これが早生温州が世に出た始まり(9, 19).
    ○愛媛県八幡浜市向灘の大家百次郎が九州筑後のミカン栽培の名声を聞き，九州からナツミカン，温州ミカン，ネーブル苗木約3,000本を導入，海辺の水田に植える．向灘ミカンの始まり(49).

○白井光太郎が温州ミカンの通称「あばたみかん」に「そうか病」と命名 (19).
○27, 8年頃, ネーブルオレンジが米国から導入される (25, 26).
○この年, 白峰村で採集された木の実の量と一石当たりの価格は, クリ (400石, 50銭), トチ (680石, 2円), クルミ (10石, 5円) (46).
○長野でリンゴワタムシ防除に石灰水を藁タワシに浸して木を擦る. 届かない小枝は切るとされた (61).
○東京都中央区銀座に高級果物店「銀座千疋屋」創業, フルーツパーラーを開発, 篤農家と契約栽培, 生産指導実施, 業界代表店 (49, 214).
○新潟の岩の原葡萄園で川上善兵衛が葡萄酒醸造 (8石). その後, 日本葡萄酒 (株) に組織変更 (現サントリー岩の原葡萄園) (49).
○長野の雨宮缶詰所が杏ジャム, 杏シラップ漬け製造開始, 国分商会へ納入 (49).

1895 (明治28)
・1 ○東京朝日新聞の記事に, 蜂印香ぶ葡萄酒を真似た蜻蛉印, 蝶印などが次々登場, 商標も酷似, 神谷伝兵衛が特許局に請求して無効とする (214).
・2 ○愛知県碧海郡根崎で大雪, ミカンが大被害を受け, 桑へ転換, 廃園 (49).
・3 ○神奈川県三浦半島北下浦村に静岡県庵原村から温州ミカン導入 (49).
○京都の當尾村の吉岡多十郎が柿の剪定法を考案し, 第四回内国勧業博覧会に出品し, 表彰される (25).
○京都で開催された第4回内国勧業博覧会に枇杷先進地の鹿児島, 和歌山から枇杷が出品されたが, 何れも在来品種で, 唐枇杷はこの当時普及していなかった (40).
○第三回リンゴ名称選定会を盛岡市で開催し, 第三回でほぼ決定し, 明治33年頃に統一 (49, 61).
○この頃, 神奈川県川崎市の当麻長十郎が梨新品種を発見, 「長十郎」と命名, 明治40年頃から急速に全国に普及 (214).
○モモ「金桃」, 「六々園水蜜桃」岡山県赤磐郡可真村の小山益太郎の園で発見 (24, 25, 49, 172).
○岡山県勧業課の村上長造がサンフランシスコの種苗店からブドウ「キャンベル」を輸入 (49).
○日清戦争終了後のこの頃より, 果実の需要が高まり, 果樹栽培を志す者が増加 (25). 特に普通作に不適な荒廃地や傾斜地に発展 (29).
○日清戦争終了後, リンゴで外国品種の導入が盛んとなる (49).
○日清戦争後, 果実類の価格騰貴と交通の便の改善で奈良県の梨栽培が増加 (49).
○日清戦争後, 鉄道発展し, 果樹栽培に真剣に取り組む者増加. 民間栽培家の奮闘, 岡山県の落葉果樹 (渡邊, 小山, 大森, 長尾等), リンゴで岩手県盛岡の果樹協会, 青森県 (菊池, 楠美, 外崎, 相馬), 山形県 (酒井), 新潟県 (川上) (161).
○日清戦争後, 日本産でなく, 中国からの渡来種である梅より「桜が上」を小学校で教育, 染井吉野の開発普及もあった. しかし, 本来日本人は梅好き (138).
○この頃から西洋果実が東京市中に出回る (55).
○愛媛県道後村の三好保徳が桑原村東野に4町歩の梨園を開設. 32年に小野村に10町歩の内田真香園開設. 大規模梨園経営始まる. 44年には14町歩, 園員50人, 5万貫収穫 (49).

明治・大正時代

- ○鳥取でナシの棚作り栽培開始 (48).
- ○北海道江部乙町に入植の屯田兵中隊本部がりんご苗木共同購入．下士官が剪定指導，「樹上で振り袖を着て，舞える程度に間隔を広く」と指導，肥培管理は無し (49).
- ○青森県三戸村の金沢金三郎がゾウビムシ防除のため，モモ，ナシに袋を掛け，ついでにリンゴにも袋を掛ける（リンゴの袋かけの始まり）(49, 61).
- ○この頃より，市場への出回り果物の品種が増える．この頃までの東京市場での主要果物と産地は，小みかん（和歌山，静岡，神奈川），ブドウ（山梨），枇杷（千葉），柿（広島），近在の梨，桃，李，が旬に入荷 (28).
- ○東京では果実を水菓子とよび，桃，栗，梨，柿，蜜柑，林檎，枇杷，葡萄から苺の類まで，なかなか多い．栗は目黒・雑司ヶ谷，梨は大森に産する．新領土の台湾からバナナ，龍眼，パインアップルが輸入 (206).
- ○この頃，津軽のリンゴ栽培家が芝口二丁目に果物店を開き，リンゴの販売開始，東京で多量な販売の開始 (56).
- ○この頃までの柑橘類の種類と産地は，紀州小蜜柑（和歌山），八代みかん（熊本），桜島みかん（鹿児島），駿河柑子（静岡），相州柑子（神奈川），雑柑として，平戸文旦（長崎），阿久根文旦（鹿児島），夏柑（広島，山口，和歌山），金柑，三宝柑，鳴門柑が少量入荷．みかんと言えば，親指大の30g前後の九年母と柑子であった (28).
- ○フランスのミラードにより，盗難防止用のボルドー液が薬効があることが証明される (37).
- ○青森産の林檎が小樽港からウラジオストックへ輸出，1,614 kg (49).
- ○和歌山県の名古屋伝八が温州蜜柑を果汁を瓶詰めにして大阪で販売，日本初の果実飲料 (44)，「みかん水」(49).

1896（明治29）

・3
- ○法律第17号「害虫駆除予防法」制定 (49, 61, 190).
- ○鹿児島県の栽培者が台湾から潮州産の ポンカン 苗木を導入，大正13年に鹿児島県農業試験場が取り上げた (49).
- ○福羽逸人が「果樹栽培全書」刊行，人工型整枝法を詳記 (30, 61).
- ○京都府竹野郡浅茂川村の松本国蔵が岡山から桃「サキガケ」苗木を導入．シンクイムシが増え，袋掛けで防除し，砂丘地に増殖 (49).

・4
- ○平瀬作五郎，イチョウに精虫があることを講演 (11, 12).
- ○長野県千曲川沿岸，川中島で大霜害が発生し，桑より，霜害に強いリンゴ栽培が普及 (49, 61).

・6　　長野県で全県的大水害発生，桑園からリンゴへの転作が進む (61).

・9
- ○神奈川県橘樹郡大師河原村出来野の当麻辰次郎，ナシの新品種を発見し，長十郎と命名 (1, 5).
- ○青森県が「害虫駆除予防規則」を制定．リンゴ関係は葉捲虫，ケムシ，綿虫，キジラミ，象鼻虫．前三者の対策は，①夜間点灯して，蛾を誘殺，②馬酔木，煙草茎等の煎汁，もしくは生石灰，硫黄等を煎熱して，注ぐ，③子虫の時，枝葉に群集するものを剪伐もしくは焼き殺す．象鼻虫駆除は子虫，成虫は拾い取り，もしく

　　　　は樹幹を揺らし，墜落させて捕殺 (49)．
・10　○北海道深川市で屯田兵山田少尉の進言で各戸にりんご無償配布 (49)．
・11　○東京府の市場行政が警視庁に移され，警視庁令第48号「食品市場取締規則」が公布，問屋，仲買，技師により市場組合を組織 (49)．
　　○秋田の石川理紀之助編集，「苹果品定」発行．明治25年，リンゴの種苗交換会で品種の評価，栽培法を検討し，取りまとめたもの．
　　○山形県置賜郡長井町で第4回苹果名称一定会開催．「マッキントッシュ」を「旭」と命名 (49, 61)．
　　○愛媛県宮内村の佐々木秀次郎等がネーブルオレンジの栽培開始 (49)．
　　○愛媛県の三好保徳が小野村の山林7 haを開墾，リンゴを植栽 (49)．
　　○全国にナシの黒斑病が蔓延，病気に強い長十郎が普及 (1)．
　　○名和昆虫研究所長の名和靖が岡山県の技師，岸　歌治にモモノゴマダラメイガ対策のための袋掛けを教え，以降岡山県で実用化，冬場が袋作りとなる (168)．
　　○「タンカン」が台湾から鹿児島県に導入される (5)．
　　○長野県南安曇郡穂高地方の梨が望月八十八により，再開，害虫のため収穫皆無．嘲笑される (49)．
　　○長野県小布施村の栗に「白髪太夫」(クスサン) 大発生 (61)．
　　○長野県でリンゴワタムシの防除に未精製石油を刷毛に浸して樹を洗浄した．石油利用の始まり (61)．
　　○菊池秋雄の父が青森でビャクシンの苗木300本を取り寄せ，リンゴ園の間作としたところ，この年，赤星病が発生．平塚直治に病害と指摘され，庭のソナレ古木を含め，ビャクシン類を伐採，ビャクシン伐採の始まり (61)．
　　○東京市中に果物屋が増え，リンゴ等が普及．行商の八百屋も果物を持参 (1)．
　　○山形県の鈴木重光がカキ「平無核」発見 (172)．
　　○この頃から，葡萄がほとんどの一般の八百屋で販売される．米国葡萄の臭いの強い「カトーバ」が一般に販売 (56)．
　　○神田多町側が貨車輸送された青森のリンゴを初めて荷受け (145)．
　　○青森県弘前の菊池三郎，函館・東京神田神保町にリンゴ販売の支店を開設 (1)．
　　○大阪にざこば北青物市場開設 (56)．
　　○硫酸アンモニアをオーストラリアから輸入 (61)．

明治20年代 (1887-1896)
　　○この頃，東京都杉並区荻窪の市川喜兵衛の茶園で栗「豊玉早生」発見 (49)．
　　○この頃から，リンゴのモニリア病が青森県の風土病と言われた (49)．
　　○この頃，長野県東筑摩郡山辺村の甲州葡萄栽培が白渋病の大発生で衰退 (61)．
　　○岡山県赤磐郡の小山益太が中心となり，梨の品種選択，剪定，肥培，病虫害防除を研究し，産地育成 (49)．
　　○岡山県で果樹栽培熱大いに高まる (143)．
　　○明治初期からこの頃まで，春の花は梅の観賞が衰退し，桜が格上とされた (138)．
　　○この頃から福井県三方梅林で品種改良が行われた．平太夫，助太夫の庭先にあった梅干しに良い樹の種子を田辺市太夫と今井安左ェ門が実生し，紅映 (べにさし)，

剣を選抜，旧西田村を中心に普及 (49, 138).

1897（明治30）
- 1　○大分県の郡役所がネーブルオレンジ苗3本を津久見に導入 (49).
- 3　○広島県向島の安保源助が和歌山からワシントンネーブルの苗木購入，明治36年初結実．桑園，桃園，除虫菊園が転換．大正初期に40 haの団地形成 (49).
- 春　○青森リンゴに巣虫（リンゴスガ）が大発生，捕殺防除するも，弘前市付近では廃園が数多く発生 (37)．明治35年まで続く (145).
- 5　○茨城県牛久町の神谷葡萄園でボルドー液を初散布 (9, 29, 49, 61, 256, 172)．34年に神谷醸造場設置，葡萄酒製造開始 (49).
- 10　○弘前の蝦名昌一，菊地楯衛等がアメリカから噴霧機を輸入試用 (49).

○青森県南津軽郡竹館村唐竹に「苹果栽培同志会」結成，明治37年に竹館園芸同志会に改称．後に竹館産業組合となる (145).

○内務省令により，すべての果汁は透明果汁に限定される (49).

○この年より，大日本農会が農産品評会を開催，果樹の出品あり (25).

○この年，出版された松村松年著「害虫駆除全書」にユキレット氏合剤として石灰硫黄合剤が紹介される (49).

○リンゴのウラジオストック輸出開始 (56).

○この頃から，長野県でリンゴの経済栽培が増加 (61)．霜害地，水害地の桑園に植え付けたが，病害虫で少収量 (49).

○この頃のリンゴ病虫害対策は，苛性ソーダ溶液や木灰汁の上澄みを手製のたわしに浸して胴から枝先まで丁寧に洗う（樹幹洗滌）．害虫や卵を潰した．腐らん病対策のためガビケズリという粗皮削りを実行，豪農・豪商の資力と水田小作人の安い労働力があったため (145).

○青森のリンゴはサルスベリのようにきれいな肌をし，田舎の雑貨屋は何処でも木洗い用のタワシを売っている (145).

○この頃までリンゴ栽培が各地で流行，秋に米国よりリンゴ綿虫が苗木とともに導入される．本害虫を知らないため，防除を怠り，被害が急速に拡大 (25).

○この頃，青森県のリンゴ，病害虫による恐慌時代始まる (61).

○この頃から，岡山県で赤星病などの病害が蔓延 (49).

○明治9年から始まった秋田県北部のリンゴ栽培で病害虫の発生始まる (49).

○長野県伊那のナシ栽培で竜吐水という水鉄砲式噴霧器導入 (61).

○この頃の広島県に於ける柑橘類の病害虫は天牛，カイガラムシ，アゲハチョウ幼虫，煤病，ジカキムシなど，防除は針金で刺したり，石油の石鹸，生石灰加用液を箒で塗る等 (49).

○川上善兵衛がブドウ「キャンベルアーリー」を育成者のキャンベルから購入 (5).

○新潟県の川上善兵衛がこの年から年産500～600石の葡萄酒醸造，全国に販売開始 (49).

○長野県の桔梗ヶ原で豊島がブドウ「コンコード」主体に8 ha拡大，葡萄酒作り備える．35年に信濃殖産会社を設立し，葡萄酒製造 (49,61).

○長野県善光寺の「善光寺ブドウ（竜眼）」が発展し，善光寺参りのおみやげとして有

名となる (61).
○この年，沖縄県農業試験場に石原助熊が赴任し，場内にバナナ，パインアップル，サボジラ，マンゴー等が栽培中と記録．この頃，沖縄県から東南アジア，南洋諸島に開拓移民多し．県内の無名古木はこの時期の導入 (90).
○この頃，三重県南牟婁郡有井村志原尻の港谷蔵が新宮の坂下種苗店から購入した温州ミカン苗木に混入していた「春光柑」発見，夏九年母として販売．その後，梨桃柑，志原尻蜜柑とし，販売が増えたので，春光柑とした (49).
○この頃から岡山，神奈川に桃生産県で品種改良熱が起こる (61).
○モモの「土用水蜜桃」が岡山県小田郡新山村長尾圓澄の園で発見 (24, 25, 49).
○この頃，長崎市で柑橘の害虫，ルビーロウカイガラムシ発見の記録 (142).
○岡山県で梨の赤星病・黒星病が蔓延，伐採廃園が多発し，小山益太がビャクシンの伐採とボルドー液の散布を実施・普及 (25, 49).
○岡山県御津郡横井村の石谷栄吉がナシの袋掛けに藺草の代用として25番線針金を切断して使用，止め金の始まり (48).
○川崎の梨産地で黒星病が大発生し，長十郎が注目される (31, 49).
○リンゴの害虫駆除に石油乳剤が普及 (1).
○この頃，静岡県富士郡周辺の梨栽培が増加 (25).
○この頃，京都府久世郡富野荘園村付近の梨地帯で「長十郎」，「独逸」，「鎮錀」，「幸蔵」等が導入され，150 ha近くまで拡大 (49).
○ブドウの「聚楽」がこの頃まで京都で栽培されていた (25).
○この頃，葡萄のガラス室栽培が京都で開始される (25).
○皇国ブドー園（中垣秀雄）が神奈川県都筑郡二俣川にブドウ園を開設し，同時に我が国で初めて葡萄酒の醸造開始．昭和17年の醸造高は1,300余石 (49).
○神奈川県中郡国府村で杉崎住吉が温州ミカンのむろ貯蔵により，4月まで貯蔵成功 (49).
○明治30年前後，静岡県富士梨の栽培がかなり増加 (49).
○明治初めまで散在樹であった長崎県茂木の枇杷栽培が，この頃，梅木寅次郎が果樹園として開園，本格的栽培開始 (49).
○この頃より，北海道余市地方のリンゴ栽培が市場で評価確立 (25).
○この頃から愛媛県で立間村を中心にミカン栽培が産業的に発展 (49).
○この頃，鉄道がかなり整備され，果実生産量も増加して，全国的に流通となる．産地商人も出現し，収穫前に園単位で買い入れる「山売り」屋農家の庭先で売買する「庭売り」が一般的 (49).
○一部に産地市場が成立し，一度売買された果実が商人によって消費地市場に出荷，生産者の津郷で出荷可能，公正な取引となる (49).
○この頃以降，果物の需要が拡大し，各地に青物市場が開設，商品化が増大 (56).
○この頃からリンゴが産地で貯蔵される (49).
○この頃の薬剤散布用具は水鉄砲や龍吐水 (256).
○広島県の浅枝缶詰所，加藤缶詰所などがじょうのうのまま加工されたスペイン式ミカン缶詰を出荷 (49).
○神戸市で開催された第二回水産博覧会に果実缶詰出品される．東京（小笠原から

明治・大正時代

鳳梨甘露煮7点），茨城（水戸から栗砂糖煮1点），静岡（浜名郡から蜜柑1点，沼津から枇杷1点）(49)．

明治30年代(1897～)．

○30年代に入り（中頃から(29)），温州みかんが市場に入り始めた(28)．
○30年代から40年代にかけて，紀州蜜柑に代わって温州ミカンが逐次高接ぎ更新された(49)．
○30年代から奈良県の梨栽培が盛んとなる(49)．
○30年代後半，リンゴでシンクイムシが大発生，袋かけが必須となる(145)．
○30年代に入り，東京市場への出回り果物が広域化した．産地県名と品種記載(28)．

1898(明治31)

・2　○静岡県熱海町の小松精一がアメリカよりジョッパ・オレンジの苗木6本を導入(49)．

・3　○福岡県浮羽郡田主丸町の今村米吉が長崎県農事試験場よりネーブルオレンジの穂木を譲り受け，明治32年に和歌山県有田郡の堀田千左衛門から栗木市太郎と共同で，1本13銭で1000本の苗木を購入し，これらを元にして，明治33年3月，15,000本を育苗(49)．

・9　○松戸覚之助が梨「二十世紀」の成熟果実を初めて収穫(49)，育成(256)．
　　○青柳浩二郎著の「果樹栽培法」刊行(30)．
　　○この頃から，自然条件を無視して栽培し，病害虫に罹りやすくて，病害虫が多発，葡萄の白渋病，リンゴの胴枯病，梨の赤星病，リンゴの綿虫，果中虫，葡萄のフィロキセラ，柑橘のイセリア介殻虫，梨姫心喰虫，防除法は袋掛けが主体(56)．
　　○長野県小布施村の栗に「白髪太夫」（クスサン）大発生(61)．
　　○青森県でリンゴにワタムシ，スムシが発生開始．廃園が多数(49, 61)．
　　○島技師が青森リンゴ恐慌第一期を21年から33年とし，31年リンゴスムシで廃園続出，ほぼ5割の減反(61)．31年から38年まで，ハリトーシ，スムシ，ワタムシ，カイガラムシ，各種病害虫発生で各地に廃園発生(49)．
　　○青森県のリンゴに病害虫が発生し，大経営が破綻(55)．
　　○秋田県のリンゴにワタムシ，スムシが大発生．石川理紀之助を中心に果樹談話会を開催し，防除等を研究，以後，園芸懇談会に発展(49)．
　　○岐阜県巣南町の小倉長蔵の宅地内にあったカキが福島才治により岐阜県農会主催カキ展覧会に「富有」と命名されて出品される(5)．
　　○31年から41年までの間，前後5回，米国と独逸からリンゴ品種を導入し，大正4年時点で東北農科大学果樹園に試作中のリンゴは43品種(25)．
　　○川上善兵衛(1868～1944)，新潟県中頸城郡高士村で，菊水ブドウ酒，菊水ブランデーを大量生産し販売する(1)．
　　○神奈川県田島村の吉沢寅之助が知人の庭の桃の枝を接ぎ木して「伝十郎」と命名．関東で広く栽培される(9)．
　　○この頃から長野のアンズ栽培で各種杏菓子製造が盛況となる．東京，横浜で販売

明治・大正時代　　（ 131 ）

　　　(61)．
　○山梨県勝沼町の若尾勘五郎が葡萄棚の支柱を針金の支線で補強する工法を開発
　　(49)．
　○茨城県新治郡志築村の長谷川茂造が安行から栗苗木を導入し，雑木林を開墾して，
　　栗栽培開始，茨城の栗栽培の初め(49)．
　○長野県佐久のモモが東京・横浜へ出荷したが，輸送費が増加，事故品発生が多く，
　　利益が薄くなり，加工販売の必要性が増す(61)．
　○１本管型噴霧器を国産(49)．
　○この年以降大正４年までに前後３回，米国と独逸から西洋ナシ16品種を導入(25)．
　○明治31年から35年までの果実輸出の年平均は12万１千円，内訳，蜜柑10万円
　　(29)．
　○広島県豊田郡生口島でナツミカン栽培が著しく盛んになる(49)．
　○広島県豊町大長へ和歌山県からレモン苗木導入．大正初期には，ロシアへの貿易
　　品となる(49)．
　○和歌山県那賀郡安楽川村は寛永時代からの桃産地で，この年，摂津から改良種の
　　導入，品種更新(49)．
　○佐賀県唐津港から蜜柑を朝鮮に輸出(49)．

1899(明治32)

・3　○大日本農会が第34回農産品評会を宮崎で開催，果実等1,316種(190)．
・5　○明治初期に導入され，明治30年頃まで「雪の下」と呼ばれた晩生のリンゴ品種が，
　　　「晩成子」と改名された後，皇太子(大正天皇)のご成婚にあやかって「国光」と改
　　　名(49)．
　　○信濃毎日新聞に，この頃，葡萄酒が滋養強壮に良いとされて，爆発的人気を呼び，
　　　価格も高く，病気見舞いの貴重品，「香ざんブドウ酒」と呼ばれた東京日本橋の近
　　　藤利兵衛商店の蜂印香ざんブドウ酒が著名で，10社余が製造．東京衛生試験所が
　　　不良品摘発(61)．
　　○青森高等小学校での第五回陸羽区実業大会で「苹果」を「林檎」と改称を提案
　　　(61)．
・8　○農商務省農事試験場部制が整備．7部(種芸，農芸化学，昆虫，病理，煙草，報告，
　　　庶務)(190)，病理部新設され，葡萄の白渋病，リンゴの胴枯れ病，梨の赤星病の
　　　防除試験開始(29)．
　　○32～33年頃より，大正初めにかけて，リンゴ綿虫の加害が猛烈となり，廃園続出．
　　　中でも暖地の岡山，香川，愛媛は全滅．岩手も盛岡市以外は放棄(29)．岩手県で
　　　腐乱病，綿虫蔓延，大減収廃園の原因となる(49)．
　　○リンゴ綿虫の被害が最大となるとともに，剪定整枝が悪く，収益が上がらなくな
　　　り，盛岡のリンゴは壊滅．岩手県の二戸地方で増加，青森では弘前周辺は廃園化
　　　するが，南津軽で成績良好．山形のリンゴ産地は廃園，秋田も産地移動，北海道
　　　も栽培が衰える．(25)．
　　○この年より，リンゴの苗木が巣虫(リンゴスガ)の関係で販売出来なくなる(37)．
　　○この頃から，山形県神町のリンゴ栽培に綿虫発生，結実不良で伐採，明治41年頃
　　　に再開(49)．

明治・大正時代

○この頃から福島県伊達郡で桃の本格的栽培開始，日露戦争後，山地開墾で増殖 (49).
○松村松年が「ブランコケムシ」を記載 (61).
○青森県の堀内喜代治，ウラジオストックの商況を視察し，青森リンゴを輸出 (1, 145)，ウラジオストックと上海へ輸出開始 (55).
○明治32,33年頃，東京市神田の果物店「萬惣」に桃「天津」が陳列，珍しくて立派な桃として1個15銭で飛ぶように売れる (186).
○この頃，欧米からの客を饗応するとき，デザートの果物が貧弱で主人が困る (186).
○鳥井信治郎 (1879-1962)，鳥井商店 (サントリーの前身) を開業し，ブドウ酒の製造販売を開始 (1, 141).
○明治製菓が缶詰の天然オレンジジュースを発売，一大キャンペーンを実施して，50万ケースを販売し，ソフトドリンクブームのきっかけとなる (214).
○ボルドー液調整法 (斗式) が制定，ブドウ，梨，柑橘に普及 (49).
○柑橘類の潰瘍病が福岡県と静岡県に発生 (172).
○岡山県で「白桃」発見，命名は明治34年 (61).
○神奈川県で桃「伝十郎」を発見 (61).
○明治32年～34年頃，栃木県那須が原と越後岩が原が日本一のブドウ産地で那須大島ぶどう園から各地に苗木が発送 (49).
○山梨県で葡萄の白渋病防除に初めて石灰ボルドー液を散布 (29).
○新潟県中頸城郡高土村の川上善兵衛がブドウフィロキセラ抵抗性台木を導入 (61).
○農商務省農事試験場で苗木の青酸ガス薫蒸試験実施 (49)，35年公表 (61).
○十字文商会が初めて散粉機を製作販売 (49).
○青森で噴霧機販売 (49).
○明治32～33年，青森県の皆川藤吉がリンゴを輸出 (49).
○青森県の堀内喜代治がウラジオストックを視察し，輸出業者として初めて，北海道の港経由でリンゴを輸出開始 (49).

1900 (明治33)

・5　○第6回陸奥区実業大会果物部会が盛岡で開催，リンゴ主要5品種の名称決定．青森と他県の対立解消 (145)，「鳳鳥卵」を「鳳凰卵」，「満紅」を「紅玉」，「晩成子」を「国光」，「柳王」を「柳玉」，「中成子」を「祝」に変更 (61).

・春　○33,4年頃，「モニリア病」の発生のため，北海道の西洋李栽培は壊滅 (25)，青森で大発生，皆無作園も生じる．以後，津軽リンゴ最恐の病害となる (145).

・6　○内務省令第30号「清涼飲料水営業取締規則」が制定され，混濁，沈殿物がある清涼飲料水の製造，販売が禁止され，果実飲料の製造が不可能となった．昭和22年撤廃 (44)．全て透明果汁で，天然果汁が育たなかった (49)．ラムネに限って7月から施行 (214)．内務省令30号「清涼飲料水営業規則」が官報告示．ミカン水，シロップ，天然果汁の種類，名称が定まる (214).

・7　○横井時敬と恩田鉄弥が欧州，英国出張，園芸の重要性認識 (223).

・12　○九州日々新聞のに，食い合わせ「混食についての心得」で「鰻と梅干し」は一命に

明治・大正時代　　（133）

　　かかわる．「酒とくるみ」は血を吐くとした (214)．
　○池本文雄著の「苹果栽培書」刊行，自然形の円錐形を推奨 (30)．
　○鹿児島県が模範果樹園設置 (49)．
　○果樹の根頭癌腫病がアメリカから和歌山県へ輸入したサクランボ苗に発生 (172)．
　○長野県小布施村の栗に「白髪太夫」(クスサン) 大発生 (61)．
　○硫安をイギリスから輸入 (172)．
　○長野善光寺のご開帳で門前町の仲店に善光寺土産としてリンゴ登場，30万余の全
　　国からの参詣人にリンゴが知られる (61)．
　○山梨県勝沼の郵便局長，初めて鉄線で葡萄棚を架設 (61)．
　○モモ「離核水蜜桃」が岡山県御津郡横井村石谷来吉により発見される (25, 49,
　　61)．
　○千葉県安房郡で，在来種にかわり，枇杷品種「田中」を導入 (49)．
　○岡山県の大久保重五郎が白桃の離核化のため，「離核水密」と「白桃」を交配，大正
　　末期に選抜，「白水桃」と一旦命名．昭和2年，岡山県農試の石川技師が「大久保」
　　と命名．桃の交配育種の最初 (49)．
　○札幌農学校の南会頭が北海道のリンゴ優良品種として，「紅魁」，「中成子」，「紅
　　絞」，「旭」，「晩成子」，「満紅」，「柳玉」，「倭錦」(49)．
　○島技師が青森リンゴ恐慌第一期を21年から33年とし，33年実腐病発生 (61)．

1901（明治34）
・2/3　○玉利喜造が大日本農会報233, 234号に「柿の実に就いて」発表（最初の学術論文）
　　　　(49)．
・2　　○九州日々新聞の記事に，静岡と和歌山を中心にミカン栽培の大規模化が進展し，
　　　　「温州ミカン」，「紀州ミカン」といった地方の名を冠したブランド名が全国的に認
　　　　知 (214)．
・4　　○岡山県吉備郡高松村に岡山県農事試験場が設立され (172)，園芸部で果樹苗木の取
　　　　り締まり，果樹病害虫防除の実地指導開始，果樹園2反歩 (29)．
・5　　○岐阜県立農事試験場設置，大正初期から昭和初期にかけて始まった柿栽培と共に
　　　　研究開始 (49)，4月 (172)．
・8　　○長野県三岡村の塩川らがモモの荷造り輸送が困難なため，加工のために「桃養合資
　　　　会社」設立，後に「日本桃養株式会社」と変更．京浜大都市，ウラジオストック，上
　　　　海，シンガポールに輸出 (61)．
・10　 ○青森県で強風のため，リンゴ多数落果 (49)．
・11　 ○広島県で果実協会（協進会）結成，39年には共同販売開始 (49)．
　　　 ○果樹研究の国立試験場の設立予算が議会で成立．曾弥子爵大蔵大臣が尽力 (25)．
　　　 ○岡山県可真村の大久保重五郎，もも「白桃」を発見 (5, 49)，命名公表 (49)．「上
　　　　海水蜜」の実生の中から，被害が大きかった炭そ病に強くて品質がよい「白桃」を
　　　　育成 (256)．
　　　 ○ミカン栽培の大規模化により，紀州ミカン，温州ミカンの名が全国に知られ，果
　　　　物への関心が高まる (1)．
　　　 ○青森県黒石の西谷彦太郎が共同で南津軽郡山形村袋の部落有地を借りてリンゴ園
　　　　開園．この頃から傾斜地へ進出が盛んとなる (145)．

明治・大正時代

- ○青森リンゴ14万5,000箱の大豊作となり，価格暴落 (1)．
- ○農商務省農事試験場の岩渕直治技師が青森県リンゴ栽培を調査し，生産者に土穴貯蔵法を勧め，弘前市の楠美冬治郎が貯蔵庫を初めて建設 (49, 61)．
- ○島技師が青森リンゴ恐慌第二期を34年〜35年から明治末期までとし，リンゴヒメシンクイ，アカダニ，花腐れ，実腐れ発生 (61)．
- ○この春から青森でモニリア病が大問題となる (37)．
- ○34, 5年頃，青森で発生していた「モニリア病」が北海道亀田地方に発生し，全道に蔓延．病害防除のための集約的栽培の必要性から，リンゴの仕立てが「高木仕立て」から「低木仕立て」に改良 (225)．
- ○長野県諏訪のマルメロ栽培でシンクイムシ，カイガラムシが大発生，37年頃より，青酸ガス薫蒸実施 (61)．
- ○大阪府中河内郡のブドウ栽培で黒痘病発生 (49)．
- ○明治34〜35年頃，新潟県で梨の黒星病が初めて記録される (49)．
- ○この頃，丹波地方でリンゴ，バナナが食用される．阪鶴線の開通により，果物が鉄道輸送されたため (1)．
- ○小川安村（三田育種場技師）が「梅譜」刊行．梅を九つに大別し，343品種を列挙 (26), 346品種 (140), 野梅性，豊後性，杏性，紅梅性等 (138), 栽培管理法，防除法，梅花名鑑，梅林，調理法，しだれ品種140余品種．太宰府大梅林設置計画を記載 (140)．
- ○和歌山県上南部で内中源蔵が4町歩の梅畑を開墾し，加工場を設置して，画期的な事業開始 (49)．
- ○和歌山県で梅の加工工場開設 (138)．
- ○この頃，長野のリンゴは県内販売で善光寺の仲見世に並ぶ (61)．
- ○茨城県牛久町の神谷葡萄園で醸造場設置（現合同酒精牛久シャトー）．戦前の最盛期には，160 ha，13万本の葡萄樹，860 kℓ の醸造量 (49), 甘味葡萄酒とは反対の生葡萄酒 (214)．
- ○広島県豊町のミカン栽培で果物共進会が共同出荷を実施し，広島県の問屋を指定し，委託販売 (49)．
- ○静岡市寺町の蜜柑商人岡部豊蔵が蜜柑275梱（550箱，1,155貫），35年には440梱，36年に440梱アメリカ，サンフランシスコに輸出，純益が35年で3円，36年1円50銭で，その後輸出断念 (49)．

1902 (明治35)
- ・4 ○三重県四日市市西阿倉川字上野で植松栄次郎がマメナシ「イヌナシ」を発見 (49)．
- ・5 ○嘉仁皇太子（後の大正天皇）が信越北関東巡啓の際，26日には岩の原ブドウ園製造の菊水印葡萄酒に感嘆し，予定になく，29日に人力車で高田の岩の原ブドウ園を見学．川上善兵衛に対し，「アフリカにもあるか」，「如何にして醸造するや」，「日本人が己れ一箇の資力にして是だけの事業を成せしは感心の至なり」等，御下問 (74)．
  ○農商務省農事試験場から刊行された農事試験場要報，第11号，「農作物の病害，4) 果類の病害（桃縮葉病，李嚢果病，梨腫葉病，梨黒星病，梨及へい果赤星病，へい果腐爛病，へい果腐敗病，柑橘類煤病，葡萄露菌病，葡萄白渋病，葡萄果腐敗病，

苺斑点病，殺菌剤のボルドー，硫酸銅「アンモニア」，炭酸銅「アンモニア」，松脂合剤，温湯）を記載.

・6 ○農商務省農事試験場に園芸部を興津に設置(172, 256)，組織的な園芸研究が開始. 内外の優良品種の収集とそれらの肥培管理の研究が課題，初代部長は恩田鉄弥，果樹関係の技師2名，技手1名(29, 49)，園芸部園芸試験地として敷地34,058坪(内民間借入地11,749坪).

・9 ○二個の台風が前後して，本州を横断，日本海から北海道北部へ，青森県でリンゴの落果と樹木の側伏等の大被害(49).

・秋 ○長崎県西彼杵郡農会が伊木力温柑振興のため，西彼杵模範園芸場を創設，大正時代のヤノネカイガラムシはここの配布苗木で拡大(49).

・11 ○広島県豊町大長の秋光八郎と木下慶造が大分県青江村(現在津久見市)の川野仲次の園で1カ月早く熟する早生温州を発見. 足袋3足で穂木の分譲を受け，「早生温州」の初め(青江早生)，36年に興津の園芸部に送付，瀬戸内産地に分与，日露戦争後に異常拡張(49).

・12 ○長崎県西彼杵郡で生産されるミカンを当時すでに知られていた「伊木力みかん」と郡農会が統一(49).
○静岡県庵原郡柑橘同業組合が農商務省農事試験場園芸部長・恩田鐵弥，同技手・田村利親を講師として柑橘栽培の短期講習会開催，柑橘長期講習会の始め. この時の講習生により後に日本柑橘会組織(49).
○北神貫著の「苹果栽培全書」刊行(61).
○大分県北海部郡農会が「津久見みかん栽培録」出版(221).
○リンゴ害虫蔓延に対し，道庁が害虫駆除励行の告諭を発する(49).
○この頃，埼玉県安行の果樹苗木生産が320万本になり，果樹生産が盛んになることが示されている(61).
○この頃から，一般に何処でもリンゴが販売される(56).
○この頃から果樹栽培が段々盛んになり，日露戦争と欧州大戦後に経済が好況となって果物の需要が激増(186).
○この頃までは農村で葡萄，梨，柑橘が多少，栽培され，果樹で生計を立てているところもあったが，ほとんどは宅地，畑に点植されて，自家用で販売目的は極めて少ない(186).
○熊谷八十三が大日本農会報252号に「温州蜜柑の種子なきことに就いて」発表(温州みかんに関する最初の論文)(49).
○農商務省が愛知，兵庫の試験場で大規模な園芸試験を開始. 以降，京都，神奈川，滋賀，山形，愛媛，島根，三重等の農事試験場で園芸試験開始(161).
○広島県大長村の秋光八郎らが大分県の「青江早生」を現地視察し，36年から導入. 栽培，奨励し，その後著名となる(256).
○和歌山県南部川村の高田貞楠が近隣の勇惣左七から梅「内中梅」の実生苗60本を購入栽培. この中から優良樹を確認. 無名の優良樹として栽培普及し，昭和40年に「南高梅」として登録(49, 156).
○山形県立農事試験場がリンゴ綿虫防除に青酸瓦斯薫蒸と煙草燻煙法を公表(29).
○硫酸加里をドイツから横浜カール・ローデ社が輸入(172).

明治・大正時代

- ○柑橘の潰瘍病が長崎県で発生 (172).
- ○35, 36年頃, 山梨の葡萄栽培が白渋病で大打撃を受ける. 38年頃にボルドー液で防除 (25).
- ○新潟県北蒲原郡木崎村の森田盛治がナシの黒星病防除に初めてボルドー液使用 (61).
- ○長野県佐久の桃養合資会社が桃の果実剥皮器考案 (61). 苺ジャム製造開始 (49).
- ○長野市の池田元吉らが森村で丸杏の缶詰製造開始 (49, 61).
- ○岩手県でリンゴの腐爛病, ワタムシ等の蔓延で急激に不作, 37年以降に淘汰整理される (49).
- ○35, 36年頃から各地のリンゴ園でシンクイムシが発生し, 袋掛け始まる. このため, 樹形が改善された. (30).
- ○国鉄篠ノ井線開通, 長野県の果実が東西大市場への輸送が可能となり, 葡萄栽培が増加 (61).
- ○この頃, 愛媛県北宇和郡吉田町の立間みかんが大阪商船の定期船で阪神市場に初出荷, 西宇和郡八幡浜, 内灘のミカンが商人により, 中国, 九州地方に初出荷 (49).
- ○この頃, ナシの「早生赤」が栽培面積首位 (186).
- ○明治35, 36年頃, 山形県寒河江市の井上勘兵衛が桜桃の遠距離輸送のため缶詰加工開始 (49).
- ○この年のリンゴ輸出量は650 t, 86,000円に及ぶ (49).
- ○新潟県の小池左右吉による梨のウラジオストック輸出が清国の中国梨に押され, 激減西洋ナシに転向, バートレット1個6銭 (49).
- ○明治35～36年頃, 岡山県の桃生産が過剰となり, コレラの流行もあって, 販売に苦慮, 京阪神に販路開拓 (49).

1903(明治36)

- ・3　○第5回内国勧業博覧会が大阪で開催, 青森県リンゴ大量出品, 直売店を開設して宣伝 (145). 出品者の一人, 外崎嘉七が帰路に和歌山により, 傾斜地の柑橘園を見学し, 傾斜地へのリンゴ栽培を提唱 (49, 145). 林檎, 柑橘等が集まり, 優良品種が紹介される (25, 172). 果実類の審査報告に「柑橘, 野菜, 梨を主とす (中略) 之を前回に比すれば共に著しく増加せり, 以て明らかに果実栽培の発達を徴するに足れり」と記載 (49).
- ・4　○日本柑橘会が「果樹」創刊, 10号 (明治37) からは「果樹」と改称, 238号 (大正12) からは「中央園芸」と改称.
  ○静岡県庵原郡柑橘同業組合の柑橘講習会修了者100余名により, 日本柑橘会が結成され, 庵原村に本部を置き, 「柑橘」刊行, 明治37年から「果樹」と改題 (49).
- ・5　○東京, 合名会社明治屋設立 (1).
- ・春　○柑橘の瘡力病に対して, ボルドー合剤を散布 (29).
- ・6　○三重県四日市市西対倉川で植松栄次郎が梨「アイナシ」を発見 (49).
- ・9　○神谷伝兵衛が茨城県牛久沼に120町歩の葡萄園開設 (141). 葡萄酒醸造開始. 現合同酒精牛久シャトー (49).
  ○大阪朝日新聞の記事に, 様変わりしたギフト, 盆の贈り物によく使われた刺鯖, 暮

明治・大正時代　（ 137 ）

- ・10　○農商務大臣が14項の「農事の改良増殖に関する諭達」を発す．第6項目が「重要作物・果樹・蚕種等良種の繁殖」(172)．
- ・11　○秋田県鹿角郡柴平村の兎沢徳蔵が種苗交換会で「小坂鉱山の煙害でりんごが落果，果皮汚染，大館まで及ぶ」と報告 (49)．
    ○農商務省農事試験場園芸部で見習い生採用開始，初年度は5から6名程度 (223, 256)．
    ○岐阜県川崎村居倉の福島才治がこの地の柿の在来品種「居倉御所」(別名，水御所) を関西府県連合会共進会に出品，審査長の恩田鉄弥が優秀性を認め，「富有」として広く紹介 (256)．
    ○台湾バナナ初めて輸入される (1)．都島金次郎が台湾バナナ7籠を西京丸で商業輸入 (157)，台湾の商人が神戸へ移入 (49)，評判良く，以降，大量輸入 (214)．
    ○西洋ナシ「ラ・フランス」導入されるとされる (5)．
    ○農商務省農事試験場園芸部，「バレンシアオレンジ」を導入 (5)．
    ○農商務省農事試験場園芸部，米国から無花果の良品種7種導入 (25)．
    ○大分県でみかんの剪定開始 (221)．
    ○新潟県の小池左右吉が西洋ナシ栽培開始，44年頃よりウラジオストックに輸出開始 (25, 49)．
    ○岡山県でモモ栽培が盛んになり，備作果物組合設立 (25)．
    ○長野県で桃の缶詰製造が開始，桃栽培が盛んとなる．生産の大部分が缶詰用で，東京などに移出し，ウラジオストック，上海，シンガポールに輸出 (49)．
    ○この頃から北海道でリンゴを小樽港からウラジオストックに輸出開始，余市町の服部精介 (49)．
    ○長野県東筑摩郡松本付近の栗に「白髪太夫」(クスサン) 大発生．集めて，海外に輸出もされる (61)．
    ○リンゴ綿虫防除に，ニュージーランドで実践されてる免疫台木利用を桑名が紹介 (29)．
    ○青森県でシンクイムシ対策のためリンゴに袋掛け開始，4年後には県内に完全普及，果皮が滑らかになり，色づきが良くなって「袋掛けリンゴ」として高値で売れるおまけが付き，急速に普及 (145)．
    ○この頃から，長野県の桃栽培で縮葉病発生が激しくなる (61)．
    ○明治36年から40年までの果実輸出の年平均は73万9千円 (29)．
    ○この頃，東京ですら果物専門店は何軒というくらいで，八百屋に少しづつ貧弱な果物が並べられていた (186)．

1904（明治37）
- ・1　○日本柑橘会が発行の「柑橘」が10号から「果樹」と改称．
- ・3　○門司港で，夏柑と少量の蜜柑を軍納物質として積み込み．この船は旅順港の閉鎖のため，広瀬中佐とともに，自沈．この時蜜柑を運んだ10斤入りの「小箱みかん」をメートル法改正時まで市場では「満鮮箱」と呼ぶ (28)．
- ・春　○鳥取県の北脇永治が松戸覚之助からナシ「二十世紀」苗木10本を導入，鳥取の二十世紀梨栽培の開始 (48, 49)．

- 7 　○時事新報の記事に，梨，林檎，イチゴ，杏，檸檬などの輸入エッセンスで色と香りを付けた果実シロップが夏の清涼飲料水として普及．水を足すと果実の汁の如く成る (214)．
- 8 　○池田伴親が「園芸果樹論（後に果樹生態論と改題）」を成美堂書店から刊行，我が国初の学術的園芸書 (49)．
- 10 　○「飲食物取締法」による「飲食物防腐剤取締規則」が実施，殆どの防腐剤が使用禁止 (214)．
　　　○柿の炭疽病を熊本県下で発見 (172)．
　　　○北海道園芸協会設立，余市果樹組合 (29)．
　　　○池田伴親が農学会報60，63号に「柑橘に於ける無核果の生成 (Parthenokarpie) に就いて」発表 (49)．
　　　○原田友作著の「園芸新説」刊行 (30)．
　　　○北神　貢著の「果樹栽培講習全書」刊行 (30)．
　　　○草場榮喜著の「実用園芸学果樹篇」刊行 (30)．
　　　○前田曙山著の「園芸文庫全12冊」刊行．温室の紹介，梅について記載 (140)．
　　　○福岡県西谷村高野の安部熊之輔が全国のミカン栽培地を踏査し，「日本の蜜柑」を秀英舎から発行．温州蜜柑の有望性を説く．特に愛知県で見いだした尾張系温州を推奨 (256)．
　　　○進物に籠入り果実が流行 (1)．
　　　○この頃，水蜜桃の栽培が盛んになる (1)．
　　　○37年から38年，愛媛県南与地方でミカンそうか病が大発生 (49)．
　　　○37年と38年，岩手県でリンゴに腐乱病と綿虫蔓延，大減収．廃園の原因となる (49)．
　　　○青森のリンゴに巣虫と心喰い虫が大発生．心喰い虫の防除に岩手県で実施されていた梨の袋掛けをリンゴに応用する方法を導入 (37, 55, 56, 61)．青森県の外崎嘉七が初めて実施，38年から急速に普及 (29, 49)．
　　　○青森の大規模リンゴ栽培は袋掛けが田植えと重なり，雇用労力が得られず，防除が出来ずに自然放任的となり，地主制度の強化とともに，小作に出したり，田や畑に戻された (56)．
　　　○北海道のリンゴにカイガラムシ発生，堅雪時期にすり落とす (49)．
　　　○和歌山県田辺市三栖で，古くから李「ウィクソン」，「ハランキョ」等が栽培．この年，宇井惣左エ門が西牟婁郡万呂村から「プラムコット」導入，特産化 (49)．
　　　○明治20年頃発生したブドウの白渋病が山梨で蔓延し，品種「甲州」の栽培面積が激減．石灰ボルドーの予防効果が明らかにされる (49)．
　　　○明治37〜38年，兵庫県佐用郡江川村でクリタマバチ発生，勝栗と称した．明治27〜28年も発生，この時は日清戦争である (49)．
　　　○日露戦争の戦時食料として缶詰が活躍し，80万缶に達する (29)．
　　　○滋養強壮のため，軍が葡萄酒を大量購入し，岩の原ぶどう園の「菊水」の危機を救う．
　　　○家庭で漬ける物だった梅干しが，日清日露の戦役で，和歌山の梅干しが軍需用に大量注文を受け，商品化の道を開始 (214)．

○神奈川県前羽村の石塚八郎が土蔵式温州ミカン専用貯蔵庫設置 (49).
○ジャム製造業者が増加し，技術も進歩し，果実加工業の基礎を作る．主に苺ジャム (1).
○山梨県北巨摩郡双葉町で小川新助が登美葡萄園を開設．大正元年に醸造開始．大正2年大日本葡萄酒（株）となり，現在はサントリー（株）山梨ワイナリー (49).
○山梨県の葡萄酒醸造家の宮崎光太郎が葡萄果汁に砂糖を加えた果実飲料「宮崎ぶどう液」を製造 (44, 49, 61).
○長野県東筑摩郡芳川村（現松本市）の大和寿雄が芳川村八幡原，塩尻村桔梗ヶ原に企業的葡萄園を開設 (61).
○長崎県西郷村に酒井八十八が3町2反のネーブル園，酒井三丁目園を開設．観光農業の先駆け，後に日米合同潰瘍病防除試験実施 (49).
○この頃，種苗商渡瀬寅次郎と東京帝大の池田伴親，千葉県八柱村の松戸覚之助の作った梨「新太白」を「二十世紀」と命名 (5, 49).
○この頃から，静岡県加島村（現富士市）の梨栽培が「長十郎」主体となる．大正時代初期には70％となる (49).
○この年，静岡県で梨「長十郎」が異常高値販売 (49).
○カイガラムシの袋内侵入防止のため，岡山県の小山益太が果梗の綿巻を開始 (48).
○長野県三岡村の桃栽培で洋桃「上海水蜜桃」のみ，縮葉病に酷くやられる (61).
○明治37～38年，福島県相馬郡で凶作，梨が植え付けられる (49).
○この頃，茨城県新治郡新治村下土田（現千代田町下土田）で矢口魁之介が梨栽培開始 (49).
○渡米していた和歌山県の楠瀬義太郎が砂糖大根にレモンの穂木を刺してアメリカから故郷に送付．
○大分県で柑橘の高接法が流行 (221).
○この年から，愛媛県の温州ミカンが辻新太郎の指導で尾張系に変わっていく (49).
○この頃，北海道では，リンゴを馬籠に詰めて駄鞍に乗せ，遠くまで小売り，商人に卸す (49).
○この頃，静岡県高洲村の志太梨が石油箱に詰めて藤枝駅から鉄道で浜松，豊橋に輸送販売開始 (49).
○愛媛県の果樹生産増加，ミカン101,000本，モモ210,000本，ナシ97,000本 (49).

1905（明治38）
- 冬　○愛知県尾張，西三河で大雪，柑橘に被害（39年の可能性）(49).
- 5　○日本園芸研究会が「園芸の友」刊行 (49).
- 6　○長野県三岡村の塩川貞五郎がボルドー液で上海水蜜桃の縮葉病を完全防除 (61).
- 10　○駒込伝中の花戸，高木孫右衛門が「梅花集」を発行，八種，八部に区分，320余品種を記載 (26).
- 11　○大日本缶詰連合会創立，アンズとモモが先鞭 (61).
　　○池田伴親が農学会報70号に「再び無核柑橘に就いて」発表 (49).
　　○東京帝国大学教授・佐々木忠次郎著「果樹害虫編」刊行 (148, 171).
　　○農商務省農事試験場園芸部が果樹苗木の生産と配布を開始．明治41年に予算化され，明治42年から大規模に実施，昭和7年まで継続配布総数は延べ54万6,000

余本（無償）に達した (29)．
○農事試験場の恩田鐵弥が愛媛県で蜜柑の摘果を奨励したが，普及せず (49)．
○果樹苗木のカイガラムシ等の試験防除のため，補助金により埼玉県下安行村に薫蒸室を建設し青酸ガス薫蒸を行った．これがその後の移出苗木の防除や，天幕薫蒸の普及に役立った．兵庫，愛知，福岡でも普及 (29, 49)．
○和歌山県有田市の上山勘太郎が台湾に旅行し，ポンカン苗を数本持ち帰る．直ちに江川万治郎を派遣し，捕里社支庁から分譲を受け，紀州に導入移植 (49)．
○この頃，大阪泉南の人，奥徳平が千葉県から梨を持ち帰り，奈良県大淀町薬水に約10 haに植え付け，「二十世紀」を「勝利梨」と命名して周辺に普及し，鳥取県に苗木の予約販売実施，パラフィン紙で黒斑病防除を考案し，果実を通信販売 (49)．
○沖縄県の宮城新昌がハワイからパパイヤの優良品種種子を黒岩恒に送る (85)．
○山梨県中巨摩郡在家塚村の中込絞蔵が京都府下久世郡寺田村からスモモ「寺田」を導入 (49)．
○京都府久世郡寺田村のスモモ「巴旦杏」を福羽逸人が農会に勧告し「寺田すもも」と改称 (49)．
○青森県の楠美冬次郎はリンゴ園を開設し，栽培拡張・普及のため，苗木配布，共著で「りんご要覧」を出版などでリンゴ栽培に貢献 (49)．
○この年より，園芸農産物及びその加工品の生産統計が農林省統計表に記載される (29, 61)．ミカン，雑柑，リンゴ，ブドウ，ニホンナシ，モモ，ウメ，カキの8種の果物調査．この頃，果実が脚光を浴び，農事大会で決議も出て，果樹を取り上げざる得なくなったため．果樹調査項目は集団栽培（町），散在栽培樹数（本），推収高（貫）で昭和15年まで継続 (49)．
○この年の果樹栽培規模記載（梅，桃，梨，柿，蜜柑等）(161)．
○ミカンの栽培面積1万2,071町歩と1万町歩を超え，生産量は8万7000 t (1)．
○リンゴの栽培面積5,177町歩と5,000町歩を超え，生産量は2万3,000 t (1)．
○この年前後，岡山県の果樹栽培面積1,015 ha，内，モモ65 haで名産地となる (143)．
○明治38年～39年頃，栃木県のブドウ生産は11～12万本植栽，生産量1,350 t，全国生産の1割，全国一位 (49)．
○明治38～40年頃，長野県のブドウ栽培が養蚕の好況と病害のため衰退 (49)．
○北海道産のリンゴにシンクイムシの被害が著しく廃園多発 (25)．
○北海道余市のリンゴが成木となり，収量増加．ウラジオストックへの貿易もあり，隆盛となる (49)．
○青森産リンゴに心喰虫が多発，袋掛けを断行．梨の袋掛けを応用 (37, 49)．
○戦争終結後，園芸熱が高まり，専門の試験場，学校が設置 (25)．
○戦争終結後，園芸に関する各種の講習会が開催され，技術の普及が図られる (25)．
○戦争終了後，早生温州「青江早生」異常拡張，全国に普及 (49)．
○戦争終結後に果実品評会が各地で開催され，優良品種の発見につながる (25)．
○この頃，カンキツの販売は温州，鳴門，穴門，夏橙と続き，9月，10月が端境期 (25)．
○北海道の果樹栽培は粗放で病害虫の被害が著しく，この年より，北海道庁が集約

明治・大正時代

的栽培法と防除の励行を指導開始（25）．
○カナダ等へ輸出した温州蜜柑が病害虫のため，焼却処分となり，翌年から「そうか病」等の病害虫防除が奨励される（29），数千箱焼却（256）．
○柑橘の樹脂病が鹿児島県下で発生（172）．
○長野県佐久の桃養合資会社が桃の除核器考案（61），桃養酒醸造開始（49）．
○38〜39年頃，長崎市内で生息していたと思われるルビロームシが西彼杵郡の柑橘園に伝播，桑名技師が出張の際に発見し，命名（29）．
○38〜39年頃，山梨県勝沼町の葡萄園で米沢式手桶噴霧器が使用開始，普及し，これ以降，防除器具の改良進み，散布が効率的に実施（256）．
○戦争終了後，青森県で生産者からリンゴの移出が分離し，移出業者が出現，消費が伸びる一方で，多くの青年が復員し，多額の資金を政府から受け取り，これを元に移出業者となる（145）．
○東京・大阪のガス会社で日本最初の副生硫安製造（172）．
○大豆粕が魚肥を圧倒して金肥の中心となる（61）．
○山梨県に登美葡萄園創設，大日本葡萄酒会社を経て，現サントリー山梨ワイナリー（49）．

1906（明治39）
- ・2　○青森の皆川簾吉が上海にリンゴ500箱輸出して失敗．4年連続失敗後，明治42年に販売成功．上海に皆川洋行を開店（145）．
- ・3　○草場久八著の「成功之果樹界」，瑞穂園から刊行（30）．
- ・4　○農商務省農事試験場園芸部，見習生制度の開始（後の農業技術養成研修課程），甲種農学校卒業生対象，大正時代からは農業専門学校及び農科大学卒業生も入学（29, 223）．都道府県推薦（223）桜会結成，36年開始の見習い生を制度化（256）．
- ・5　○農商務省農事試験場園芸部の見習い生が蔬菜果実の水煮，糖煮，果膏，ゼリー等の缶詰製造の伝習開始（29, 49）．

○千葉県八柱村大橋の松戸覚之助が「梨樹栽培新書」を東京興農園から発行．袋掛けしても鳥の被害を受け，ムクドリの大群に襲われることを記載．人間が追い払う以外に防除法なし（256）．
○農商務省指定で岩手県農事試験場においてリンゴワタムシ駆除試験開始．大正7年まで，マルバカイドウ利用の根部には寄生しないことを発見（49, 61）．
○農事試験場園芸部の同窓会「桜会」が会報発行，45年に「園芸の研究」と改める（49, 256）．
○神奈川県土肥村で蜜柑樹の剪定技術が普及講演，静岡県にも愛知県の剪定事例が紹介される（49）．
○広島県豊田郡田熊村東組，岡野末吉宅に安政年間（1850年代）からあった柑橘に，恩田鐵弥が「安政柑」と命名，瀬戸田で広まり，耕三寺の土産として販売（49）．
○この頃，宮崎県農会が命名前の日向夏の苗木を配布奨励，普及（49）．
○青森県で「津軽りんご輸出同業組合」創立．団体による輸出の始まり（49）．
○静岡県庵原郡柑橘同業組合がウラジオストック方面への柑橘販路調査実施（49）．
○静岡県庵原郡辻村の石月為吉が温州ミカンをウラジオストックへ輸出（49）．
○和歌山県有田郡湯浅町の上山英一郎がウラジオストックと大連に五間間口の店舗

を開設し，除虫菊輸出を実施．その際に蜜柑も輸出．有田のソ連向け輸出の始まり (49)．
○明治28年 (38年) に開始されたリンゴの袋掛けが青森で一般に実行されるようになる (49, 145, 256)．
○弘前市の乳井祐介がリンゴ製袋業を家内工業として発足 (49, 61)．
○この頃，長野県北佐久郡三岡村中心の桃栽培は100 haに発展し，生食用から缶詰加工に発展 (61)．
○静岡県加島村の富士梨生産者が「申し合わせ組合」設立 (49)．
○この頃，長崎県のビワ栽培でゾウムシ防除のため，茂木村の前田瑞穂により，袋掛け導入 (49)．
○北海道江部乙庁のリンゴ園で腐爛病が発見，削り取り，コールタールまたは昇汞水を塗布 (49)．
○この年から翌年，農事試験場病理部の堀正太郎が温州蜜柑そうか病防除のため，静岡県庵原村でボルドー液の一斉散布を実施し，完全防除成功．堀は駿河地方でミカンの神様とされた (256)．
○愛媛県中島の生産者30名が神戸市場にミカンを共同出荷 (49)．
○広島県豊田郡大長村の共進会がミカンの共同販売を開始し，下関，門司に出荷 (49)．
○岡山で無限責任「吉備果物販売購買組合」発足．敦賀の承認を介して桃2万箱をウラジオストックへ輸出 (49)．
○明治39年～40年，唐津港から蜜柑をロシア，支那へ輸出 (49)．
○この頃，柘榴の盆栽が流行し，「柘榴名寄表」に29品種記載 (26)．
○日本最初の硫安会社として，日本窒素肥料会社設立 (61)．
○国鉄，中央東線が開通し，諏訪への出荷が容易になり，長野桔梗ヶ原の葡萄栽培が進展 (49) 長野県の果実が東西大市場への輸送が可能となり，葡萄栽培が増加 (61)．

明治30年代

○愛媛県の夏ミカンは10貫入りの竹籠かカマスか箱に詰めて，高松，丸亀に搬出，安いカマスが主流 (49)．

明治30年代～40年代

○長野県で治山，治水の不備から千曲川，犀川が時々，氾濫．桑園，水田に変わり，水害に強いリンゴ栽培が増加 (49)．
○この頃の長野県のリンゴ品種，病害虫を記載．健全果実は1樹から100～200個で経済栽培が困難なため，反当たり40～50樹栽植 (49)．
○この頃，長野県佐久地方の桃栽培が100町歩を越す大産地となる．当時の桃産地は岡山，神奈川，愛知，長野 (61)．
○リンゴの袋掛けが実用化される前は，害虫による甘露にスス病が発生し，外観が著しく劣った．袋掛けで見事な外観となる (168)．
○この頃の梨の主要品種，太平，赤穂，早生赤など (186)．
○明治30年代から神奈川で温州ミカンの貯蔵開始，本格化は40年代から (49)．

明治・大正時代 （ 143 ）

　　　　○リンゴ輸出の主要取引先はウラジオストックを筆頭にマニラ，上海，香港等 (49).
　　　　○青森県の外崎嘉七がリンゴ樹の一階仕立て剪定法を開発，樹形改造 (49).

1907 (明治40)
- 冬　　○大分県で大降雪，柑橘樹甚大被害 (49, 221).
- 2　　○佐賀県大川村青年同志会で果樹栽培が論議され，会長藤田竹治が杵島郡江北町の草場久八氏園を訪ね，ナシ，リンゴ，モモ苗木を注文し，前年の秋に原野を開墾，40年2月に植え付け，大川梨の始め (49).
- 4　　○静岡県興津町の井上侯爵柑橘園 (25) に長崎県口之津から導入した温州ミカン苗木により，ルビロームシが伝播 (49).
- 7　　○愛媛県で台風害，最大風速27 m/s，梨に大被害 (49).
- 9　　○東北帝国大学農科大学に園芸学講座新設，初代教授に星野勇三，北海道での果樹研究の開始 (49).
- 11　○青森県苗木取締規則制定，① 販売に免許，② 青酸瓦斯薫蒸または生石灰乳浸漬で病害虫駆除，③ 輸入苗木の植栽の届け出，④ 違反者に科料 (49).
　　　　○農商務省農務局が主要果樹の植栽初年から15年間累年栽培収支計算を明細に調査．42年「園芸業に関する調査書」として配布．果樹園経営改善指導基準とする (49, 61).
　　　　○池田伴親が「The fruit culture in Japan」を刊行，海外に日本の果樹園芸を紹介，各種品種記載 (49).
　　　　○この年から，岡山農試がナシの導入と優良品種選定を開始，明治40年に30品種，大正5年にセイヨウナシ69品種導入，昭和14年までにチュウゴクナシ20品種導入，有望品種はニホンナシ9品種（二十世紀，新高，愛宕，晩三吉），セイヨウナシ3品種（好本号，パッス・フラサン），チュウゴクナシ2品種（鴨梨）(143).
　　　　○この頃から，岡山で薪炭をオンドル方式で燃やして加温する温室ぶどう栽培が一般化 (49).
　　　　○40年前後，岡山，静岡等で開催された園芸大会で不正・不良種苗の横行が問題となる (29).
　　　　○40年前後，青森のリンゴ栽培で悪徳商人が進出，その後43年頃には産業組合法による生産販売購買信用組合の設立に向かう (37).
　　　　○仲買，移出問屋によるリンゴの販売から生産者による販売にするため，青森県竹館生産販売購買信用組合結成 (49).
　　　　○この頃から青森県で傾斜地帯にリンゴ新植，著しく拡大 (49).
　　　　○福島県瀬の上町の阿部勉治が水田にリンゴを栽培し，福島県へのリンゴ導入の先駆けとなる (49).
　　　　○和歌山県伊都郡かつらぎ町島の山本長左衛門が東京興農園から柿「富有」苗木を導入，和歌山の柿栽培の初め (49).
　　　　○青森県が果樹苗木取締規則を策定 (49).
　　　　○津軽リンゴ地帯一円に袋かけが普及 (1).
　　　　○青森県の田中英が浪岡町に55 haのリンゴ園共同経営．44年解散後も21 haを所有，指導層のリンゴ産業への投資活発 (49).

○この頃，長野県で干霜害により桑が減収し，りんごへ転作 (61).
○香川県各地で岐阜から柿「富有」の苗木を導入，本格的柿栽培開始 (49).
○宮城県蔵王町の桃栽培が大水害で発展，「天津」，「上海」導入 (49).
○仙台伊達家養種園が米国コロンビア大学デイーン教授よりスモモ「ソルダム」を送付される (5).
○レモン「リスボン」が導入される (5).
○戦後の好景気から，この頃，東京市の果物店が雨後の竹の子のように各区で増加 (161).
○この頃，東京の果物屋に西洋ナシが現れる (24).
○この頃，凱旋兵士の働き場所が無く，傾斜地の開墾による果樹栽培が増加，静岡県のミカン栽培は数年で約3倍 (161).
○この頃，30年頃から流行となっていた京都南山城の梨栽培が最も極に達する．品種は「長十郎」が主流 (25).
○中国原産と思われ，日本，中国，朝鮮等に分布するナシヒメシンクイムシが明治40年前後より，猛威を振るうようになる (29).
○この頃，京都で桃の「離核水蜜」，「伝十郎」栽培開始 (25).
○この頃の京都の桃栽培で袋かけにより果色を美しくさせていた (25).
○この頃，香川県のリンゴ栽培で綿虫発生，硫酸ニコチンの開発普及で防除，暖地リンゴとして栽培 (49).
○徳島県勝浦郡横瀬町の滝花和次郎が温州ミカンの主枝，亜主枝等の太枝に藁，菰をあてて結束する寒害防止法（通称，和次郎防寒法）を考案 (49).
○この頃，農商務省が米国よりオリーブ苗木を導入し，三重，香川，鹿児島を指定して試験させた．香川のみ成功する (29, 49).
○この前後から，リンゴ，柑橘，無花果，柿，枇杷等の病害が注目され，ボルドー液の散布が奨励されて，効果がでる (29, 56).
○この前後から，独逸で造られた全自動式噴霧器シムプレックス型が国産される (29).
○アメリカから砒酸鉛輸入，普及せず (61).
○大分県で柑橘の共同害虫駆除開始 (221).
○この頃から，フィロキセラ免疫台木や石油乳剤が普及 (56, 49).
○石灰硫黄合剤が落葉果樹に，松脂合剤が常緑果樹に使用開始 (49).
○農林省農事試験場桑名技師と長崎県農事試験場の共同調査で柑橘のヤノネカイガラムシと命名，ルビロームシも発見 (49).
○ヤノネカイガラムシ防除のため，長崎県立農事試験場に青酸ガス薫蒸室設置 (49).
○この頃から柿「富有」の栽培を奨励，真剣に取り組む者少なく，大正7，8年頃から店頭に少しづつ陳列 (186).
○この頃から，梨の「長十郎」が急速に全国に普及 (214).
○明治40年から44年までの果実輸出年平均，蜜柑 (15,282千斤，765千円)，林檎 (4,515千斤，376千円)，その他果実及び核子 (184千円) (29).
○長野県下の杏植栽樹数は約4万7,000本，生産杏実9万1,000石，生杏の価格，大粒上等品25円，中等20円，下等18円内外，大粒優良品種への品種更新進む

明治・大正時代　　（145）

(61).
○この当時の長野県リンゴ栽培主要品種記載，7年生樹の1反歩で400貫収穫，100円の粗収入，59円65銭の純益(61).
○この年から大正8年頃まで，長野県のリンゴ栽培順調に増加(61).
○長野県のナシ生産量47,000本660 t，リンゴより17,000本多い(61).
○愛媛県の温州ミカン，20万本，面積130 ha，生産量1,313 t(49).
○愛媛県のカンキツ栽培，面積545,8 ha，2年後の42年2,3倍の増加，特に南予地方．ナシは151 ha，2年後311 haで2倍に増加(49).
○岐阜県のクリ栽培面積1,196,942本，生産量10,949石(49).
○岐阜県のカキ栽培面積217,491本，生産量3,269 t(49).
○三重県の果樹生産額，336,923円(49).
○鳥井信次郎が甘味葡萄酒に「赤玉ポートワイン」と命名・発売し，滋養剤として印象づけた(61).
○長野の雨宮缶詰所がリンゴジャム，リンゴシロップ漬け製造開始．この頃，桃の湯剥きも県下で始めて試行(49).
○洋酒問屋鳥井商店の鳥井信次郎が壽屋と改名して，甘味葡萄酒「赤玉ポートワイン」製造販売(214).
○香川県の明定缶詰（後の香川缶詰）が桃の缶詰製造開始．高松市産の土用水蜜，白桃を原料とし，舞鶴の海軍調査部に販売(49).
○長崎県で枇杷の缶詰製造し，東京へ出荷(49).
○この年前後から温州ミカンが朝鮮，満州，支那，ロシアに本格的輸出(49).
○愛知県知多郡内海町の大岩金右衛門が朝鮮に蜜柑輸出，極めて好評(49).
○進物に柿，ミカン，リンゴ，葡萄，ザボン，梨，バナナなど果物が大流行(214).

1908（明治41）
・1　○岡山県でリンゴワタムシ，カイガラムシの青酸ガス薫蒸のための小松原式ガス薫蒸覆が開発され，薫蒸が本格化(49).
・4　○農事試験場園芸部，優良果樹苗木配布事業開始，42年頃より果樹苗木を毎年数万本生産し，全国に無償で配布．セイヨウナシ「ラ・フランス，ウインターネリス」等（29, 49, 61）．
　　○農商務省により，オリーブ「ミッション」導入．補助金を出し，香川県立農事試験所に試作製油させる（5, 26, 29）．香川県は小豆島に，三重県は鳥羽に，鹿児島県は鹿児島市に約一町歩の土地を得て，試験開始．香川以外は結実不良で約二十年後に鹿児島は各学校に見本として配布し，三重は河芸郡に移植し，個人に委託経営（29, 49）．
　　○東京の貿易商野沢源次郎がアメリカからオレンジ，レモンの苗を輸入し，静岡県興津町の井上侯爵柑橘園と農商務省農事試験場園芸部に寄贈する．後に大発生するイセリアカイガラムシがレモン苗に付着していて，侵入(49).
・5　○山陰線鳥取停車場が開設され，「二十世紀梨」の東京出荷開始(48).
　　○青森県津軽地方にモニリア病大発生，隔年結果となる（37, 61）．
・9　○青森県リンゴ生産における剪定と栽培技術の指導者，外崎嘉一の経営するリンゴ園，向陽園に東宮行啓．弟子の対馬竹五郎も同席（37, 145）．外崎の剪定は「心下

明治・大正時代

　　　　　　ろし」(37, 49, 145).
・10　○「同方会誌」10月号に「東京市内の水菓子屋その数374店, 本年1月元旦から7日までに紀州ミカン4,600万個を売り捌きその額22万3,625円也」と記載(49).
・12　○東京日々新聞の記事に, 鉄道の発達で紀州特産みかんが東京で居ながらに食べられるようになる. 遠隔地の果物が都市へ輸送(214).
　　　○京都府の園芸産地紹介の「京都府園芸要鑑」刊行. 果樹は梨, 桃, 李, 梅, 柑橘, 柿, 葡萄, 林檎, 枇杷, 栗の9種, 34産地を紹介(49).
　　　○園芸品評会に東京新宿種苗株式会社が梨「二十世紀」を出品. 東京農科大学教授稲垣乙丙博士審査長と東京府立園芸学校教諭菊池秋雄とが褐色梨万能の伝統を打破し, 他を圧して一等賞を授与し, 一般的に優秀品種として認知(61).
　　　○北海道のリンゴ栽培では, シンクイムシ防除のため, 袋掛けが必須となる(25).
　　　○北海道リンゴにミノムシ発生, 亜ヒ酸加用石灰硫黄合剤で防除(49).
　　　○北海道のリンゴにスムシ発生, 群棲時に握りつぶす. 成長して, 糸を引くと, ぼろ布に石油を浸して点火し, 焼殺(49).
　　　○この頃, 青森県でリンゴの小経営が発展(55).
　　　○長野県が45年までリンゴ栽培を奨励(49).
　　　○この頃の長野県のナシ2大産地, 南安曇地方16,000本, 諏訪地方7,300本(61).
　　　○長野県真島村の中沢貞五郎がリンゴ受粉にミツバチ導入(61).
　　　○長野県で梨の黒星病が大発生, 収穫皆無(49).
　　　○この頃, 山梨県から葡萄棚作りが長野に導入. その前は株作り(61).
　　　○信濃産業史によると, この年の長野県の桃の生産は, 北佐久, 東筑摩, 上水内などで115,967本, 254,147貫(61).
　　　○山形県神町で, 明治32年以降綿虫で全滅したリンゴ栽培再開(49).
　　　○山形県置賜地方のブドウ棚が菊池秋雄の指導で針金棚に改良, ボルドー液を初散布(49).
　　　○尾張温州の苗木が米国へ輸出(49).
　　　○福岡県が浮田郡田主丸を中心として, 果樹苗木の「苗木薫蒸」事業開始(29).
　　　○農商務省園芸試験場で柑橘そうか病の防除試験開始(29).
　　　○柑橘そうか病の指定試験が和歌山県で開始(大正1まで)(29).
　　　○山形県が農商務省の指定により, 欧米より桜桃51品種を導入して「桜桃に関する試験」開始, 昭和12年完了. 優良品種を決定し, 大正7年, 12年に発表(29, 61).
　　　○明治41年～44年までの果実輸出の年平均は161万5千円(29).
　　　○静岡県がカナダ向け温州ミカン輸出開始(165).
　　　○愛知県知多郡内海町の大岩金右衛門がウラジオストックに蜜柑輸出, 2～23年間継続(49).
　　　○この年以降, 台湾バナナが商業ベースで多量に移入(49).
　　　○鳥取県の二十世紀梨が東京に初出荷(49).
　　　○明治41年から44年までの果樹生産平均, 蜜柑, ナシ, リンゴなど記載(29).
　　　○この年の長野県葡萄園は112,062本, 生産量149,068貫(東筑摩郡が61,330本, 73,596貫)(61).
　　　○東京銀座の明治屋, ダイヤモンド印のオレンジ, レモネードの清涼飲料水を販売

(1, 214).
○東京新宿の果物専門店フルーツパーラー「新宿タカノ」創業 (49).

1909(明治42)
・7　○京都市で第三回全国園芸大会が開催され，京都府が「京都園芸要鑑」および「京都林泉写真帖」を発行 (25).
・9　○皇太子殿下（後の大正天皇）福井の松平試農場に行啓，梨の「早生赤」に注目．農場一覧を奉呈，この中に果樹園の種・品種記載 (148).
・秋季　○望月正次郎がアメリカから持ち帰った石灰硫黄合剤を静岡県駿東郡小島村の柑橘園に試用 (172).
・10　○万歳新聞の記事に，鉄道の発達で越後特産の梨が東京で居ながらに食べられるようになる．遠隔地の果物が都市へ輸送 (214).
　　○川崎の「禅寺丸柿」を天皇陛下に献上 (222).
　　○この頃，千葉県安房郡岩井町宮谷の福原鼎司が柚にジョッパを高接し，不活着で境目から発芽し，「福原オレンジ」となる (49).
　　○農務局が明治40年に各府県に照会して主要果樹の栽植してから15年間の累年の栽培収支計算を調査，この年「果樹十五年累年栽培収支調査書」，「園芸業に関する調査書」として刊行頒布 (29, 49).
　　○恩田鐡弥著「実験園芸講義」に農商務省収集の果樹品種，ナシ，リンゴ，柑橘類など記載 (49).
　　○この頃，長野県の桃栽培で炭疽病，心喰い虫被害が多発し，生産が後退，特に明治44年激甚 (61).
　　○42～43年頃より，農事試験場園芸部（興津）で正確な種苗性の生産と優良品種の奨励普及のため，苗木配布規程を設け，場内で養成した果樹苗木を道府県の試験機関等に配布 (29).
　　○農事試験場園芸部（興津）で谷川利善により，モモ，ナシ在来品種，導入品種の選抜と，セイヨウナシと日本梨との種間交雑，ブドウの育成開始 (34)，43年 (256).
　　○山形県立農事試験場に農商務省指定の桜桃品種試験圃が設置．51品種，大正13年に英国から20品種を導入，選抜の結果，奨励品種として，「日の出」，「黄玉」，「ナポレオン」等 (49).
　　○山形市でオウトウ名称一定会開催，名称統一 (61).
　　○梨赤星病の指定試験が岡山県で開始（明治44まで）(29).
　　○山形県が葡萄の欧米種，和種，69品種を導入し，大正8年に7品種を追加して「葡萄品種試験」開始，大正14年完了 (29).
　　○新潟県新津市の川崎栄次郎の宅地内にあるカキの古木，「八珍」が山形県農会主催の品評会に出され，審査長の原が「平無核」と命名 (5).
　　○長野県で戸隠山の河川沿岸に特別経営事業として約1万本の鬼グルミ苗木を植える (61).
　　○岡山県立農事試験場が缶桃の適品種を選定し，以後栽培が盛んとなる (49).
　　○広島県廿日市町の桝井光次郎がカルフォルニア州からイチジク「桝井ドーフィン」を導入 (5).
　　○この頃から，鳥取県の梨「二十世紀」市場出荷が始まる．品質良好で好評 (49).

明治・大正時代

○長崎県から導入した接ぎ穂と苗木により，佐賀県でヤノネカイガラムシが大発生 (49)．
○日本統治下の台湾に柑橘害虫イセリアカイガラムシ発見，総督府技師の素木得一がベタリアテントウをニュージーランド，カルフォルニア，ハワイから輸入し，駆除成功 (142, 172)．
○青森にりんごのモニリア病が大発生 (37)．
○この頃より，秋田，青森にりんごの赤星病，黒星病，紫紋葉病，白紋葉病発生 (37)．
○青森リンゴ大豊作のため価格暴落，販売拡張論起こる．生産量は前年の約2倍の1,274万3,000貫 (47,788 t) (1)．
○長野県が東京農科大学から杏「ムーアパーク」，「ローヤル」，「ハーレイ」等の苗木を取り寄せ，埴科郡森村の南沢茂吉に栽植を命じる．成木後に村内に分与 (49)．
○長野県森村杏改良組合が杏加工開始 (後に森食品工業(株)) (49)．
○壽屋，赤玉ポートワインを発売 (1)．
○川崎の柿，「禅寺丸」が国鉄横浜線の長津田液から名古屋の枇杷島市場に出荷開始 (222)．
○佐賀県玉島郡が販路拡張のため，朝鮮に調査派遣，輸出開始 (49)．
○農林年次統計の記載果物にネーブルオレンジ，夏ミカン，西洋ナシ，オウトウ，ビワ，クリを追加 (49)．
○この年から昭和4年までの20年間，愛媛県の果樹栽培は面積230％，生産量379％と増加．昭和14年までの30年間で面積333％，生産量611％と増加 (49)．
○三重県の果樹生産額，444,445円 (49)．
○この年の果樹生産の統計が記載，主要府県別統計（樹数），枇杷，オウトウ，干し柿 (49)．

1910（明治43）

・1　○明治41年から42年に掛けて，輸出増進に関する資料として蜜柑林檎等の園芸植物や各種缶詰瓶詰めについて調査し，農商務省農務局が「園芸業に関する調査書」刊行 (29, 49)．
　　○山陽新聞の記事に，果物が消化不良や疫痢の原因となり，子供の命を奪うことが多かったため，この頃，子供にとって，果物や不消化で危険な物という観念が強かった (214)．
・3　○勅令第28号で農商務大臣の下に生産調査会が設置され，生産に関する重要事項を調査．市場整備などを検討 (49)．
・4　○草場計起著の「果樹剪定整枝法」，成美堂書店から刊行 (30)．
・5　○福井の松平試農場が松平康荘の名で柿の栽培体系を確立し，「The Culture of Kaki（柿の栽培）」をロンドンで開催された日英博覧会で発表，名誉賞受賞 (49, 148)．
　　○農商務省農事試験場が英国ロンドン市で開催された日英大博覧会に日本代表として「二十世紀」梨を出品し，東洋種として梨界の最高栄誉を受けた．この結果，業界内外の感心を呼び，大きな伸びとなる (61)．
・6　○長野県で桃の炭疽病が発生報道，6割被害 (61)．
・8　○中部，関東，東北地方で台風による暴風雨，天明以来の大水害 (117)，埼玉県南埼玉郡白岡町の梨園で棚上まで洪水 (49)．

・11 ○静岡県江尻町（現静岡市）の望月庄次郎が1,237箱の温州ミカンを米国経由でロンドンに輸出，50日以上掛かり腐敗で失敗(49)．
○清野主が米国よりペカンを園芸試験場に寄付，その後，米国人スイングルが寄付する(29)．
○東京帝国大学教授，佐々木忠次郎が「園芸害虫編」刊行(171)．
○農事統計の果樹調査項目に農事試験場収支計算の事例調査，販売苗木本数調査，加工品統計（ジャム，フルートジェリー調査），貿易統計（清国外18国の輸出入額）実施(49)．
○農商務省農事試験場園芸部の職員，見習い生，卒業生の組織，桜会の機関誌「園芸の研究」創刊．
○43年と44年に，農商務省農事試験場園芸部（興津）が全国から五千余点のカキ品種を集めて，優劣を比較，系統的分類，異種同名異名同種を調査し，45年に農事試験場特別報告28号「柿の品種に関する調査」として公表(25, 49, 256)．
○岡山農試がリンゴの導入収集を開始，30品種について，大正7年まで調査，適応する優良品種の選定が出来なかった(143)．
○大日本園芸会主催，山形市で「桜桃名称一定会」開催(61)．
○長野県穂高地方で，中央線の開通に伴い，梨園下の山葵栽培が盛んとなる．昭和2年に山葵に置き換わる(49)．
○長野県南安曇郡の梨栽培，19,450本，97,250貫で県下一(61)．
○長野県更埴郡森村で森杏改良組合が設立，干杏の共同販売と優良品種の発見，接ぎ木増殖を実施，干杏に「鏡台丸」，缶詰用に「清水号」を増殖．その後，昭和初めに「昭和」，缶詰用「平和号」発見(61)．
○和歌山県の林庄吉が高接ぎ園から温州ミカン「林系」を選抜(49)．
○青森県のリンゴ生産量1,312千箱(49)．
○43年と44年に日本園芸会の主催で，番号で呼ばれていた桜桃について，桜桃品種名称会を山形県立農事試験場で開催し，14品種について北海道と東北で用いていた旧称に改正(29)．このうち「北光」は小樽の藤野果樹園で養成した実生品種(25) 協定名称とし，日本園芸雑誌1910, 1911に記載(49)．
○43～44年頃，長崎市および伊木力村方面でルビロームシとヤノネカイガラムシの発生甚大，これ以降，農商務省は特殊害虫として，二十年間に渡り延べ数十万円以上の駆除奨励金を交付(29, 49)．
○長野県農事試験場で赤星病菌の越冬がビャクシン樹で行われる事を解明(49)．
○山形県でリンゴワタムシが大発生(49)．
○長野県で「クロコ」（リンゴスムシ）が大発生，発芽前に石油乳剤を「毛はらい」に浸して殺す(61)．
○この頃から，岡山の桃の袋に新聞紙が使用される(49)．
○神奈川県が「温州蜜柑貯蔵試験」開始，大正7年完了(29)．
○岡山で，ブドウコナジラミが発生(29)．
○石灰窒素肥料が初めて市場に出回る(172)．
○りんごが大豊作(37)．
○この頃から大正2年頃まで，青森リンゴの好況時代(61)．

○東京港区南青山に最高品質や珍果を販売する宮内庁御用達の果物店「紀ノ国屋」創業 (49).
○東京渋谷区渋谷駅前道玄坂に高級果物店, フルーツパーラーの「西村」創業 (49).

1911(明治44)

・1　○暖冬で, 和歌山県海草郡の柑橘「八ッ代」が大腐敗, 貯蔵庫から掻き出し, 輸送中も腐敗し, 海草郡柑橘同業組合が解散 (49).

・2　○青森県弘前市の楠美冬治郎所有のリンゴ貯蔵庫からウラジオストックへ初出荷 (49).

・3　○農商務省農事試験場が農事試験場特別報告, 第二十六号,「介殻虫ニ関スル調査成績」刊行. 介殻虫飼育試験成績,「サンホゼー」介殻虫ニ関スル調査成績を記載.

・5　○国鉄中央西線と東線がつながり, 中央本線全通, 中京への出荷が容易になり, 長野桔梗ヶ原の葡萄栽培が進展 (49). 相当数量の生柿を名古屋・大阪に出荷 (61).
○青森県弘前市の楠美冬治郎所有のリンゴ貯蔵庫から東京神田へ初出荷 (49), この頃, 南津軽郡藤崎の富谷元太郎が「雪巻貯蔵庫」考案 (49).

・6　○青森県津軽地方で降雹, 平均5寸径, りんご園20町歩全滅 (49).

・7　○恩田鉄弥著の「苹果栽培法」, 博文館から刊行 (30).
○長野県の桃の炭疽病調査に農商務省農事試験場の堀正太郎が出向き, ボルドー液散布と製造法を指導 (61).
○東北日報の記事に, 果物の水分は貴重で, ミカン, 檸檬の汁に含まれる炭酸カリが半身不随に効果があり, パイナップルはタンパク質の消化を助け, 咽喉カタルを治す (214).
○山陽新聞の記事に, 食品衛生の取り締まりが厳しく, 各県の警察が小売り, 飲食店, 宿屋などを巡視. 清涼飲料水の防腐剤, 甘味料違反や混濁腐敗を見つけ, 廃棄処分. ラムネ, シャンペン, サイダー, リンゴ水, ミカン水などは1割程度が廃棄 (214).

・8　○東北日報の記事に果物料理紹介, バナナと桃や林檎使用 (214).

・9　○静岡県興津町の井上侯爵邸の柑橘園でイセリアカイガラムシが発見される (256). 貿易商の野澤源次郎が米国カルフォルニアから取り寄せた柑橘苗木を井上邸に植えたためとされる (29), 5月に発見 (49, 142, 223).
○この頃, 果実生産拡大. ボルドー液散布と袋掛け普及 (190).

・10　○第一回全国柑橘大会が静岡市で開催. 輸出ミカン改善問題, 輸出及び内地容器の寸法統一問題を論議 (49).
○明治42年に米国からイセリアカイガラムシの天敵, ベタリアテントウムシを導入していた台湾から4回に渡り天敵を移入し, 静岡県立農事試験場に補助金を交付し, 飼育配布事業を実施, 放飼, 7200本の柑橘の青酸薫蒸実施 (29, 49, 142, 256). 天敵利用による害虫防除の第一号 (256).
○イセリアカイガラムシの天敵, ベタリアテントウムシを台湾から農事試験場興津園芸部と長崎県農事試験場へ移入 (172).
○青森県立農事試験場にりんご病理部新設 (37, 49).
○青森県がリンゴ販売拡張奨励, 販売関係者に補助金交付 (49).
○青森県が農産物種苗の改良奨励方法, 苗木に関する事項を訓令, ① 果樹10種指定,

②県農事試験場で試験紙，優良苗木，接穂を配布，普及，③母樹園設置奨励，④病害虫検査方法の講習，⑤苗木の病害虫駆除予防(49).
○岡山県農事試験場がモモの交雑育種開始．大正6〜12年，昭和11〜16年にかけて組織的に交雑．明治44年の交雑から岡山3号，大正時代の交雑から500号，446号(山陽水蜜)を発表，これらは昭和10〜25年頃まで優良品種として普及，昭和16年の交雑種から画期的缶詰専用種の「明星」，「映光」を昭和27年に発表(143).
○岡山農試がモモ優良品種を選定し，中生種4品種，晩生種2品種の穂木配布・普及(143).
○オウトウの名称統一会開催され，品種名が統一(256).
○米国，カナダへ輸出する蜜柑の病虫害について，農商務省の指導監督の下に，紀州柑橘同業組合連合会と静岡県柑橘同業組合連合会が検査実施(検査事業の初め)(29, 49).
○静岡県でミカンの青酸ガス薫蒸が大規模に実施(49).
○岩手県がオーストラリアからリンゴワタムシ抵抗性品種，10品種を導入．以降育種も盛んになる(61).
○この年，岡山，山口，福岡でイセリアカイガラムシ発見．後の二県は台湾から導入した苗木からの持ち込み(29).
○この頃，中南米原産のコスタリカグアバ(*Psidium friedrichsthalianum* Niedenzu)が台北苗圃から枝梢として農林省園芸試験場に導入(63).
○岡山県でモモハバチが大発生(29).
○この年発行された「信濃産業史」にセイヨウナシ11品種が記載，品質極上として，中生は「グルーモルソー」，「ラ・フランス」，「ローレンス」，晩生は「ドワイアンヌジュコミス」(61).
○この頃より，新潟の小池左右吉が西洋ナシをウラジオストックに輸出開始(25).
○青森のリンゴに褐斑病(落葉病)発生して減収(145).「夏土用に全山一葉も留めず」，「竃消し(倒産)」とされた(145).明治44年から大正8年に掛けて，カッパン病，モニリア病，アカダニ等発生(49).
○北海道のリンゴ生産量は61万本，366万貫．数年前は青森より多くて日本一，近年，青森の生産が急増(25).
○長野県のリンゴ生産量126,937貫，全国生産量の1.2%，順位7位(61).
○長野県森村の杏栽培農家は450戸，栽培樹数は1万本余，6,000貫，年額約1万円(61).
○長野県北佐久郡三岡村を中心とする10カ村で桃栽培拡大，この頃，92,000本植栽，前年当たりから炭疽病などの病害虫が蔓延し，大正初期から衰退．栽培品種は「天津水蜜」，「上海水蜜」，「日の丸」，「青水蜜」，「黄金桃」の5主要品種と，稀に「半兵衛」，「白水蜜」，「太平桃」(61).
○興津で学んだ林五一が長野県塩尻の桔梗ヶ原に帰り，梨園を開園．「二十世紀」1町3反5畝など，長野県での本格的な果樹園の最初．大正7年に「二十世紀」を大阪市場，神田市場に出荷，信州からの県外出荷の始まり．開園は恩田の設計指導(61).
○長野県下高井郡の柿が名古屋の商会がウラジオストックへ輸出(61).

- ○石灰硫黄合剤を東京王子からサンソー液と命名販売 (172).
- ○青森県で中畑巽がリンゴを香港に輸出 (49).

明治時代末期

- ○農事試験場園芸部に貯蔵庫を建設し，柑橘の貯蔵庫を奨励 (29).
- ○農事試験場園芸部に加工部を設置し，加工品の生産開始 (29).
- ○農事試験場園芸部の研究，内外優良品種の選択，剪定，整枝，施肥，耕転等の栽培技術研究が不完全だが，一通り，進行し，指導奨励出来る程度になる (161).
- ○この頃より，大正初期にかけて京都府が「果樹新種改良」試験実施．梨，柿で高接法実施 (29).
- ○鳥取県東伯郡に林檎栽培が一時期非常に隆盛となるが，綿虫のため衰退 (29).
- ○この頃，山梨のぶどうに白渋病が大発生し，明治当初300町歩の面積が64町歩に減少 (49).
- ○神奈川県橘樹郡の梨栽培で「長十郎」が過半を占める (49).
- ○この頃の梨の品種は「太平」，「赤穂」，「早生赤」から「長十郎」に変わる (186).
- ○この頃，無花果は一般に食わず嫌いで好まれず．産地は広島，岐阜，島根などに局部的 (186).
- ○好況時代，梨「長十郎」手取り，1貫目40〜50銭，温州ミカン40銭，副業的に3反歩果樹栽培して，1戸平均1,200〜1,300円の収入 (186).
- ○明治から大正にかけて，福井県のミカン樹，8,000本，120tの生産でソ連にも輸出 (49).
- ○桃に炭疽病が大発生し，栽培が増加していた導入品種の大半が壊滅，罹りにくい品種のみ残る．また，国内で改良した品種に更新．大正から昭和にかけて各地に新品種が発表 (29).
- ○この頃，栗の栽培が盛んとなり，年産額では桃，ナシ，リンゴより多くなる (49).
- ○この頃までは，栗は木材が主目的で，果実は副産物．品種改良は行われていない．名称も大型の物を「丹波栗」，「美濃栗」と呼び，早生を「盆栗」，「彼岸栗」とし，小型の物を「芝栗」と呼んだ．この頃から栗を果実として研究開始 (29).
- ○この頃，長野県では野生クリを利用，野生栗の樹数約29万6,000本，種実生産量1万3千石，産地は上伊那・下伊那・東筑摩・小県など，上伊那郡長藤村西澤山では，80戸の全員が栗拾い，1人1日に1斗5升から2斗，多いと4斗，柴栗の大美林があった (61).
- ○鉄道の延長に伴い，鉄道枕木として，各地の柴栗が大量伐採 (61).
- ○明治40年代，広島県では柑橘の産地商人の取引が横暴で，柑橘同業組合連合会により，柑橘の選別荷造り販売の改善が実施される (29).
- ○大正1年から5年までの果実輸出の年平均は192万8千円 (29).
- ○この頃の全国の青果市場数は約250カ所 (29, 49).
- ○明治末期から大正初期に，櫛材料のツゲが切り尽くされて，その代用品としてナシの古木が伐採される．伊那の箕輪町にはそれまで，300年生程度のナシが各家に2本程度植えられていた (49).
- ○明治40年代になり，リンゴが珍重な果物として賞味されるようになる (49).

- この頃の長野県共和村のリンゴ栽培では，「倭錦」が主体で「祝」，「紅玉」，「国光」，剪定，防除が未熟で小玉，被害果実多く，隔年結果 (61)．
- この頃まで，長野県では，入手可能なあらゆるリンゴ品種を導入試作，この結果「倭錦」と「柳玉」が主幹品種となり，大正年間と昭和4年頃まで継続 (61)．
- 和歌山県伊都郡九度山町の坂中由太郎が温州ミカンの大規模経営開始．昭和に入って20 ha，戦後農地解放 (49)．
- 愛媛県東予，中予地方に愛知，岐阜地方から尾張系温州ミカンが盛んに導入され，平地に比べて品質の劣る傾斜地のナシが温州ミカンに転換 (49)．
- この頃から，天津甘栗の需要が次第に増加 (61)．
- 江戸時代，北陸，奥羽地方で在来の油桃が栽培されていたが，この頃に導入種と交代して，利用されなくなる (61)．
- この頃，果実の選果が始まる (49)．
- この頃，各地で生産者や産地商人による団体の結成，共同出荷始まる (49)．
- 川崎の柿「禅寺丸」が道路事情が良くなって，荷車で出荷開始 (222)．
- 栃木県で，地主が生産力の低い畑地を大面積低労力で経営するため，落ち葉も利用できる栗を栽培開始 (49)．
- 京都府加佐郡神崎町のビワ栽培は100年生も含む自然木 (実生群) からの採集栽培 (49)．
- 明治末期から大正初期，鹿児島県奄美大島でグアバの野生状態の樹あり (87)．
- タデ科熱帯果樹のウミブドウ (*Coccoloba uvifere* Linn.) 渡来 (63)．
- 熱帯果樹のセンニンサボテン (*Opuntia dillenii* Haw) 渡来 (63)．
- 熱帯果樹のトマトノキ (キダチトマト，*Cyphomandra betacea* Sendtn.) 渡来 (63)．
- 果実の生産消費・流通の歴史を昭和15年までで4期に区分すると，明治末期までが第1期で「果物問屋の居据り時代」，生産者に対して「持ってこい，売ってやる」，小売商に対しては「欲しければ分けてやる」，生産者も小売商も問屋資本に隷属状態 (49)．
- 広島県豊田郡大長村の共進会がミカンを関門，阪神，東京，北陸，大連，京城，ウラジオストックへ共同出荷 (49)．
- 北海道江別乙町のリンゴが九州，留萌，釧路，十勝，岩見沢に小売り，行商 (49)．

明治時代末期～大正初期
- この頃，東京市の果物小売屋が増加，問屋の有名店が素地を備えた．東京神田須田町万惣 (青木惣太郎)，銀座千疋屋 (斎藤義政)，新宿タカノ (高野吉太郎)，京都・大阪にも専門店が生まれ，京都市祇園石段下の八百文 (石井一之助) (49)．
- 専門店は豊富多彩な商品と積極的な販売政策を実施．華族や有産階級の趣味園芸やマスクメロンを買い入れたり，横浜入港外国人から海外果実を購入，篤農家と提携して，新品種出荷促進 (49)．
- 文化人中心の果物試食会を専門店が開催．清光会 (銀座千疋屋)，三果会 (三越)，銀座千疋屋がフルーツパーラーを，須田町万惣が西瓜糖開発 (49)．
- 愛媛県でミカン価格，1貫当たり10銭台，時ともに，20銭台，30銭台と上昇 (49)．

明治40年代
- ○この頃の長野県のリンゴ産地を記載(49).
- ○この頃,岡山県で赤磐郡西山村の花房省吾,小山益太により西洋ナシの栽培が盛んになり,ウラジオストック輸出が盛んになり,備前洋なし組合を組織(49).
- ○愛媛県南予の蜜柑が朝鮮,清国,台湾などに移出(49).
- ○福井県の松平試農場によるリンゴ栽培の研究と研修により,福井県がリンゴ栽培の全盛を迎える(148).
- ○日清,日露戦争の軍隊保存食として梅干し利用が急速に増加し,実梅栽培面積が12,000 ha,生産量は60,000 t以上となり,栽培品種が13品種(140).

明治40年代初期
- ○長野県佐久の日本桃養㈱管理の桃栽培が100 haに達した(49).

明治40年代後半
- ○この頃より,桜花崇拝の呪縛が解け始め,梅林が造成開始(138).
- ○この頃の岡山の桃栽培における肥料は,自給肥料,ナタネ粕,魚粉などの有機肥料(143).

明治時代後期
- ○この頃,果樹の栽培は栽植距離が2～3間(3.6～5.4 m)四方で,整枝方式のため,枝が徒長,花芽着生不良.このため小石を植え穴に敷き,突き固めて苗木を植えたり,断根実施(256).
- ○京都府久世郡のスモモ栽培で結実不良となり,再び桃に転換(49).
- ○南洋諸島のマングローブなどの樹皮から採取した「カッチ」が輸入され,普及,漁網の網染め剤として,柿渋に取って代わる.以降,柿渋製造が衰退(196).
- ○ナシの大陸や台湾などへの輸出が本格化(49).

明治時代後半～大正時代
- ○温州みかん輸出で大陸市場において,乱売模様から供給過剰(49).
- ○リンゴ栽培に於いて,土着種の害虫化が急激に進み,栽培が再三窮地に陥る.1918年の防除暦の制定で克服(243).

明治時代
- ○この時代になるまでは柑橘は「紀州ミカン」であり,明治に入り,温州ミカンが普及始まる(256).
- ○沖縄県農事試験場にマンゴー導入(5).
- ○明治時代,長野県諏訪地方の梨品種,「早生赤」,「中屋」,「平氏」,「淡雪」,「太平」,「オイラン」,「マリバコ」等(49).
- ○岡山の果樹の剪定はフランスの真似で年間を通じて極度な切返しを実施.樹形は垣根作り,棚作り,ピラミッド形,盃状形の立木作りが奨励(143).
- ○明治時代に入り,太宰府の神苑に梅林が造成され,300品種余を東京の三田から導入(140).
- ○この時代,財産心身を果樹栽培に尽くした功労者として,越後の川上善兵衛,京都山科の城山菊太郎,青森の楠美冬次郎,外崎嘉七,相馬貞一,岡山の小山益太,愛媛の三好保徳(186).
- ○京都府天田郡雲原村で古くから渋柿「橋谷柿」を利用した櫛柿(正月用祝柿)製造・

- 近郊に販売 (49).
- ○福岡県では，明治時代になって柿「伽羅」，「葉隠」，「小春」が散在果樹として植栽 (49).
- ○明治時代の佐賀におけるミカンの貯蔵法は丸太を並べて杉の葉を敷き，ミカンを3尺巾に盛って杉葉と藁で覆う (49).

明治時代～大正時代
- ○この頃，武田酔霞編の「園芸部類花信風」刊行．梅の文化史，67品種，命名記録を記載 (140).
- ○この頃の神奈川県におけるミカンの販売は現物取引や見切り売り等，容器は樽詰め，俵詰め (49).

明治時代後期～昭和初期
- ○台湾バナナが北九州の門司港に大量輸入，「叩き売り」が門司から全国に普及 (157).

大正時代初期
- ○この頃，各県では果樹の指導技術者が皆無で，未経験者の果樹経営のため，無鉄砲な経営で各地に失敗続出 (161).
- ○この頃，都市近郊の生産者は従来の方法で荷造り方法で従来の取引問屋へ出荷して問題が無かったが，遠距離地域の生産者は荷造りに不慣れ，鉄道の荷扱いが乱暴で輸送日数が掛かり，出荷後開封すると荷痛みが多く，問屋も不親切で横暴，買い叩いた．産業組合が出来るまで続く (161).
- ○各種果樹の品種が淘汰され，肥料その他により，形状風味が改善されて見事になる．柑橘類，リンゴ，梨，カキ，モモ，ブドウ等が特に著しい (161).
- ○この頃，金沢では外国毛桃の栽培が盛んになり，在来油桃衰退 (49).
- ○京都帝大植物学教室に送られた「ポポー」が京都府立農事試験場に渡されて初結果 (29).
- ○大阪府泉北郡山滝町を中心とするミカン産地が全国第二位の産地となる (49).
- ○奈良県明日香村のミカンが平ミカンから温州に代わる (49).
- ○この頃，米国から，果実及び核子の輸入が10万円程度 (29).
- ○この頃の岩手県のリンゴ栽培は没落，主要品種は「柳玉」 (49).
- ○この頃の，各地市場における果実別入荷先記載 (61).
- ○島技師が青森リンゴ恐慌第三期を大正初期からとし，150余の害虫，30余の病害観察，特にアカダニ，褐斑病発生 (61).
- ○長野県諏訪地方の梨栽培，「早生赤」が80％，長十郎」18％，「二十世紀」，「大正」等2％ (49).
- ○新潟県白根市のこの頃までの梨品種「赤穂」，「晩六」，「古賀」，「三吉」など，その後「長十郎」，「二十世紀」，「菊水」，「新高」が普及 (49).
- ○この頃まで，長野県上伊那郡箕輪町，長岡，諏訪郡諏訪湖周辺，上高井郡須坂町，小布施町付近等で各戸に200から300年生位の梨巨木が存在．古くに栽培が奨励された証拠．明治中後期から伐採 (49).
- ○この頃，広島県大長のレモン栽培が盛んとなり，ソビエトロシアへの貿易品の一つとなる (49).

- ○愛媛県に噴霧器の販売代理店が出来て、小川式、牛田式、自動式、鈴木式、進木式、中塚式、文代キリフキ、ハイカラ噴霧機などを販売し、柑橘産地に噴霧機が普及(49)。
- ○この頃、コカコーラが日本に入る(184)。
- ○この頃から、青梅の需要も増え、増殖されて、梅が果樹として栽培管理されるようになる(61)。
- ○この頃の、長野産各種果樹の出荷形態記載(61)。
- ○この頃、京都で葡萄「デラウエア」を栽培し、1反歩千円を上げた者がいて、数年後近畿地方で著しく栽培増加、「カトーバ」等の品種が衰退(186)。
- ○この頃から、長野県の荒井仁三郎が毎年、数千本のクルミ苗木を無償配布、普及に努める(61)。
- ○愛知県東三河、西加茂で柿「富有」、「次郎」が導入され、養蚕業の不振と連動して、発展(49)。
- ○この頃から、市場で品質一位の折り紙を付けられていた島根県の「西条柿」が「田舎者だとさげすむうちに、西条(最上)西条と招かれる」と唄われて増殖(49)。
- ○この頃から、福岡県で柿「富有」の営利栽培開始(49)。
- ○大正に入り、愛媛県で篤志家屋苗木商が柑橘の接ぎ木を切り接ぎで小規模に開始、苗木生産や高接ぎ品種更新開始(49)。
- ○「因島の柿渋製造法」(下)(大正6年刊行)によると、この頃の柿渋の主な用途は漁網染色、和紙の塗料(渋紙)、家屋や船舶への木材塗料(196)。
- ○大正に入り、製缶事業が独立し、缶詰製造も急速に工業化(49)。

大正時代

1912(明治45,大正1)
- ・1　○三皇孫殿下が園芸試験場を見学、ミカン収穫(223)。
- ・4　○東京洋酒缶詰同業組合が設立、各種缶詰の輸出検査開始(49)。
- ・6　○長野県のリンゴ園でモニリア病発見(61)。
- ・7　○大正と改元.
  ○読売新聞の記事に、バナナ、パイナップルが夜店で安売り、1銭から5銭(214)。
- ・8　○アメリカが植物検疫法を改正し、日本からの輸出植物に国の官吏による検査を要求(29)。
- ・9　○愛知県で大暴風雨、洪水、高波. 三重県で果樹に大被害. 多気郡佐奈村の「べにみかん(紀州みかん)」がほとんど倒伏枯死. 尾張温州に改植(49)。
  ○低気圧が秋田県沖を通過し、強風で青森県中部のリンゴの約3割が落果(49). 秋田県で台風. 風速22.9m/s(49)。
  ○暴風により、青森県南部のリンゴが落果. 被害膨大(49)。
- ・秋　○恩田鉄弥、清国視察、三東省の果樹園を中心に視察. 莱陽(ライヤン)で此処が原産の中国ナシ「莱陽慈梨」と其の受粉品種「鴨梨」の接ぎ穂を大量に貰い請け帰国(5,79,223). 興津に植え、「虎の子」と呼ばれ、果実は皇室、宮家、元勲に献上(223)。

・12　○長崎県でヤノネカイガラムシ，ルビロームシの一斉駆除のため，県令で区域告示．大正2年1月58,030本の青酸ガス薫蒸実施 (49)．
　　　○佐賀県玉島村でヤノネカイガラムシ防除のため，防除資材を県が貸与，購入斡旋して，全部落単位で青酸ガス薫蒸の共同防除実施 (49)．
　　　○農事統計の果樹調査項目に加工品統計 (ジャム，フルートジェリー調査)，流通統計 (市場の価格) 実施 (49)．
　　　○ Osawa, I. (大沢一衛) が東京帝国大学農科大学紀要4号に「Cytological and experimental studies in Citrus」発表 (49)．
　　　○長野県農事試験場が「苹果栽培法」を発行し，県がリンゴの普及を積極的に着手 (61)．
　　　○農事試験場園芸部の見習い生，同卒業生，職員の会，桜会発行の会報が「園芸の研究」と改められる (256)．
　　　○この頃，恩田場長が大きな剪定鋏を持って場内見回り，剪定鋏はフランス，ビルモーラン製の剪定鋏 (石原助熊技師の持ち物) を手本に興津の鍛冶屋・阿武隈寛次が特製，国産第一号 (223)．
　　　○長野県南安曇郡穂高地方で梨園品評会開催，出品者94名，穂高梨の全盛期，品種は「長十郎」，「早生赤」，「晩三吉」，「太白」，販路は松本市中心で，中央線開通で甲府・東京・名古屋へ出荷 (61)．
　　　○この頃，長野県上伊那郡伊那町の唐沢為次郎が伊那谷に初めて「二十世紀」を導入 (61)．
　　　○農商務省，アメリカへ輸出する苗木の検査を神奈川県農事試験場で実施 (29)．
　　　○8年まで，果樹苗木の県営検査を国が助成 (49)．
　　　○8年頃までに政府が果樹苗木等の主産地，埼玉県安行地方，愛知県中島郡地方，兵庫県川辺郡地方，福岡県浮羽郡地方に重要農産物同業組合法による種苗同業組合，または準組合を結成させ，県に監督費と病害虫防除薫蒸費を補助，査察実施 (49, 61)．
　　　○岡山県がリンゴ綿虫について移出入の苗木の検査を実施 (29)．
　　　○山口県が2,300円を計上し，イセリアカイガラムシの駆除 (29)．
　　　○鳥取県八頭郡郡家町宮谷，小谷小渓園でナシのオールバック整枝採用 (48, 49)．
　　　○農林省園芸試験場の谷川利善がカンキツの交雑育種を開始．「谷川温州」，「谷川文旦」を育成 (19, 34)．
　　　○東京帝国大学の原教授が柿「平核無」と命名 (49)．
　　　○山形県北村山郡東根町の佐藤栄助が桜桃の「ナポレオン」と「黄玉」を交配して新品種を育成．昭和3年，中島天香園の岡田東作が「佐藤錦」と命名 (49, 61)．大正3年命名 (256)．
　　　○長野県佐久の桃養合資会社の塩川富三郎・波蔵がソーダ煮による剥皮法開発 (61)．
　　　○この頃，米国人，スイングルが アボカド を寄付し，園芸試験場 (興津) に植栽したが，暴風のため，枯死，静岡県蒲原にも植える (29)．
　　　○熱帯果樹のカリッサ (*Carissa carandas* Linn.) 導入 (63)．
　　　○長野県が核果類やリンゴ，ナシなどの害虫「タマカタカイガラ」を記載 (61)．
　　　○長野県が「ブドウスカシバ」を記載 (61)．

明治・大正時代

　　○中村鼎著の「中村果樹園芸」刊行(30).
　　○この頃より，昭和4年頃まで，愛知県の柿生産者は豊橋市場に個人出荷(49).
　　○山梨県北巨摩郡双葉町で小川新助が登美葡萄園を明治37年に開設，大正元年に醸造開始．大正2年大日本葡萄酒(株)となり，現在はサントリー(株)山梨ワイナリー(49).
　　○青森県中津軽郡のりんご園，1,158 ha, 北津軽郡622 ha, 三戸郡32 ha(49).
　　○大正1年から5年までの干し柿生産の年平均，3,529千貫(29).
　　○大正1年から5年までの果実輸出の年平均，1,928千円(29).
　　○大正1年年から5年までの果実輸出年平均，蜜柑(22,362千斤，1,112千円)，林檎(7,848千斤，536千円)，その他の果実及び核子(280千円)(29).
　　○この年の愛媛県南予からの蜜柑の朝鮮，清国，台湾などへの移出量は蜜柑21,000貫，夏ミカン3,000貫(49).
　　○大正1年から5年までの果実輸入の年平均，113千円(29).
　　○大正1年から5年までの果樹生産平均，蜜柑等(29).
　　○岐阜県のクリ生産量4,269石(49).
　　○岐阜県のカキ栽培面積158,086本，生産量930 t(49).
　　○三重県の果樹生産額，455,680円(49).
　　○この年の神田市場における月別出回り果実記載(49).
　　○この頃の「泉州みかん」は尺箱(縦の長さが33 cm)と呼ばれる小箱で出荷，貯蔵期の4月頃には5寸箱と半分になる(49).
　　○この頃，果物品種が多様，主な果物(リンゴ，梨，枇杷，桃，サクランボ，イチゴ，柑橘類)，リンゴ(祝，国光，紅玉)，梨(二十世紀，長十郎)，柑橘類(紀州，温州，九年母，文旦，三宝柑，ネーブルなど)(214).
　　○中国からポンカンが初めて輸入(214).
　　○高級果物店の千疋屋が日本初のフルーツパーラー「銀座千疋屋」開店(214).
　　○広島県竹原町の米原歌喜知が梅酒と桃酒を初めて製造(214).

1913(大正2)
・1　○日本柑橘會から「果樹病虫害篇」出版．「ナシノシンクイガ」と「モモノゴマダラ」の防除に幼果への袋掛けを記載(173).
・4　○読売新聞(5月，10月も記載)の記事に，果物が遠隔地からの輸送が可能になり，鹿児島から枇杷，愛媛からネーブル，夏ミカン，青森からリンゴ，小笠原からスイカ，台湾からバナナ，パイナップルなどが東京の市場に続々入荷，専門店の店頭を飾る(214).
・5　○農商務省が省令「販売ノ目的ヲモッテ輸出又ハ移出スル蜜柑ノ容器ノ件」で輸出蜜柑の箱の規格を決める．米国向けは1号小箱，東洋向けは2号小箱と石油半箱又は石油本箱(農産物の規格統一の初め)(29, 49).
　　○長崎県が果樹苗木検査取締規則を制定，カラタチ苗木は青酸瓦斯薫蒸なければ域外搬出を禁止(49).
　　○神奈川県で相州蜜柑組合設立，北米，カナダへの輸出も扱う(49).
・8　○台風が日本海北部に達し，青森県五所川原地方で暴風によりリンゴの落果2,800箱(49).

| ・10 | ○大正2,3年,京都府農事試験場主催で栗の名称調査会が綾部分場で開催,8府県と朝鮮から合計113点の出品があり,調査協議して品種名の統一と地方ごとに優良品種を選定(29, 49, 256),「栗の品種」京都府農事試験場臨時報告第21号として大正3年に公表(49). 大阪府能勢町に150年程前からあるクリが京都府立農事試験場綾部分場で開かれた栗品種名称調査会で「銀寄」と統一される(5). 山口県玖珂郡美和町で数百年前から栽培されていた栗が「岸根」と命名.その後,奨励品種となり,県内に普及(49). |

・12 ○青森県のメソジスト弘前教会と青森聖公会,青森凶作救済会を作り,活動し,青森リンゴの行商団を東京に派遣(1).

○高橋郁郎が「柑橘の栽培」を成美堂から出版(49).

○日本園芸会長野支会と長野県農事試験場が主催し,長野県杏品種調査会が設立され,大正4年までの3年間,県下の杏品種,408系統を調査,「鏡台丸」等を選抜し,優良品種への更新を推進(61).

○北海道江部乙町りんご栽培で大凍害,これに伴う腐爛病大発生(49).

○北海道でリンゴが病害虫で廃園化進む.空知支庁での報告では,病害により伐採(9,322本),病害で伐採予定(895本),虫害で伐採(798本)(49).

○岡山県の栽培者がリンゴの「デリシャス」を輸入(49).

○青森県の外崎嘉七がリンゴで袋の二度掛け法を考案(256),「紅玉」の黒点病予防に成功(37).

○京都府竹野郡網野町で梨「二十世紀」導入.黒斑病で振るわず,昭和5年頃,克服(49).

○この頃から大阪府中河内郡のブドウ栽培でフィロキセラ等の病害虫発生し,全滅の危機.抵抗性台木「ブイアラ」導入(49).

○大正2〜3年頃から,鳥取県の二十世紀梨栽培で黒斑病が発生開始(49).

○岩手県がリンゴ苗木を購入し,希望者に無償配布,9年まで継続(49).

○山形県北村山郡東根町の岡田東作が同志13名と共に神町果樹組合を結成.リンゴと桜桃栽培開始.「紅玉」栽培に成功(49).

○大正2〜3年頃,宮城県利府村から貨車で梨を仙台,東京,名古屋,大阪に出荷(49).

○埼玉県が農事試験場種苗配布規程により果樹苗木の無償配布開始,昭和15年まで継続(49).

○広島県で柑橘のルビロームシを県内で初発見.昭和25年にルビーアカヤドリコバチを九州から導入して防除(49).

○ナシの害虫防除にヒ酸鉛散布が急速に普及(49).

○中国福建省から導入されていたヤマモモの穂木を徳島県に導入し,「瑞光」として普及始まる(5).

○山梨県白根町西野の小野義次と在家塚の中込紋蔵が山梨と福島を視察し,オウトウ「高砂」,「ナポレオン」苗木600本を購入,栽培開始(49).

○夜店でバナナ,パイナップルを販売,バナナ100匁(375g)パイナップル(1個)1銭〜5銭の安売りも現れる(1).

○神奈川県農事試験場で菊池等により,梨の肥料三要素試験開始.昭和14年終了

明治・大正時代

　　　　(49).
　○桑名伊之吉の奨励により，関東酸曹会社が石灰硫黄合剤を試作 (29).
　○山口県で光国が夏ミカンのマーマレードジャムを製造 (49).
　○東京市の大日本ジャム製造会社社長の佐藤泰作が森村杏改良組合と生杏購入契約を結び杏ジャム製造開始．石油缶 1,000 缶 (49, 61).
　○「日本水産捕採誌」(1911-1912) の「網の保存法」に，柿渋による網染めおよび柿渋に関する詳細が記載 (196).
　○この頃，杏干の色沢向上の硫黄薫蒸法開発 (61).
　○東京都台東区上野，上車坂にバナナを独自販売する「百果園」創業 (49).
　○長野県の果樹栽培面積，リンゴ 400 町歩，ナシ 150 町歩，モモ 300 町歩，ブドウ 100 町歩，マルメロ 20 町歩 (61).

1914（大正 3）
- ・1　○恩田鉄弥・草野計起が「実験和洋梨栽培法」を博文館より出版 (49).
　　○桜島大噴火 (172)，桜島村の柑橘類 692,000 本，359,800 万円の生産が著しい被害 (49)．以降 3〜4 年間生産が極めて少なく，苗木の再配布で復旧．大正 5 年には 840,590 本，230,900 円となる (49).
- ・2　○岡山県で最低気温 −11.5 ℃の寒波，オレンジ類全て枯死，夏橙も大損傷 (143).
- ・3　○イセリアカイガラムシ侵入とベタリアテントウの導入成功が一つの契機となり，輸出入植物取締法が制定され，11 月施行，農商務省所管の植物検査所が新設．本所を横浜，支所を神戸，長崎，四日市，敦賀，門司に，支所出張所を大阪，下関に，植物検査官吏派出所を小樽他 11 港に設置．初代所長，桑名博士．15 年に港湾行政統一により農林省は取締法運用に限り，他の業務は大蔵省に移管 (29, 49).
- ・4　○日本で初めて青果小売業界の組織である京都青果商組合設立 (49).
- ・5　○大阪洋酒缶詰輸出海産物同業組合設立．果実缶詰検査開始 (49).
　　○鳥取県気高郡で風害，モモの約 25 ％に被害 (49).
- ・8　○第二回栗品種名称調査会を京都府農事試験場綾部分場で開催，14 府県から 121 点参加，大正 4 年に京都府農事試験場綾部分場臨時報告第 1 号「栗の研究その 2」として大正 4 年公表 (49).
　　○熊本県で台風により，高潮で潮風害．果樹前年の半作 (49).
- ・10　○大日本農会第 32 回大集会が栃木で開催，原　熙が「栗に就いて」講演 (190).
　　○欧州の商工業が停止し，輸入国が輸出国となって，未曾有の好景気．果実価格が 2〜3 倍に高騰．1 反歩の収入が 500〜600 円から 800 円となる生産者が少なくない (161).
　　○この頃以降，新興産地が栽培法を改善し，従来の本場産地が遅れ，本場産地の交代が進む (161).
　　○繭価格が暴落し，長野でリンゴへの転作に繋がる (61).
　　○岡山農試がモモ優良品種を選定，「白桃」他 1 品種普及 (143).
　　○この年，神奈川県にイセリアカイガラムシが侵入．大正 4 年に青酸ガス薫蒸．5 年にベタリアテントウムシを放飼 (49).
　　○静岡県庵原郡柑橘同業組合と日本柑橘会が広島県大長村と大分県津久見村から青江系早生温州の穂木と苗木を購入 (49).

○青森県立農事試験場の三浦道哉技師が外崎嘉七リンゴ園でボルドー液散布に成功．嘉七が強力なボルドー散布支持者となる (145)．
○ドイツから輸入していた硫酸ニコチンの輸入が途絶し，鳥取県ではモモ，リンゴの栽培が害虫のため栽培不能化，「二十世紀」梨に改植 (48)．
○鳥取県の互華園組合の高田豊四郎が大阪市場で洋万 (なだまん) での米国オレンジの包装紙を見て，ナシ包装紙を試作使用 (48)．
○長崎県茂木のビワ栽培で伊達木仙一が袋かけ栽培を提唱 (49)．
○京都府が「果樹品種改良」試験で丹波栗の試験開始，優良品種の普及を計る (29)．
○ミカンの栽培面積，2万1,076町歩と2万町歩を超える (1)．
○静岡県江尻町の望月兄弟商会が静岡県多賀産の橙をビーバー・ブランドのマーマレード・オレンジとしてアメリカへ輸出，橙輸出の初め (49)．
○米国へ送付した温州蜜柑以外の柑橘果実とカラタチ台木苗木に柑橘潰瘍病があり，蔓延し，輸入が禁止される (29)．
○青森県技師の三浦道哉がリンゴのモニリア病防除にボルドー液散布を試験実施 (37)．
○この頃から大正8年頃まで，青森リンゴ不況 (61)．
○この頃からリンゴの貯蔵が本格化 (49)．
○この頃の鳥取県の梨栽培品種，「長十郎」，「太平」，「早生赤」，「二十世紀」，「明月」，「独逸」，60％は「長十郎」(48)．
○福島県の桃が北海道市場へ初出荷．以降，早生は北海道，晩生は東京方面へ出荷 (49)．
○菊池秋雄が東京府立園芸学校で梨の品種改良開始 (29)．転任に伴い神奈川県農事試験場園芸部に引き継がれる (49)．
○世界大戦のため輸出が止まり，経済が混乱，葡萄価格が急落 (61)．
○長野県更級郡農会が柿の品種更新を開始し，5年間で1万本以上を高接き更新．在来品種が減少 (61)．

1915 (大正4)

- 4　○愛媛県で温州ミカンの剪定が本格的に開始 (49)．
　　○青森県三戸郡南部町で弘前の藤田からブドウ「キャンベルアーリー」の苗木を分譲され，栽培開始，繁殖法が不明で，トラカミキリの被害が多発 (49)．
　　○長野県小県郡東部町で，大正天皇御大典記念に和産業組合長の深井功が組合員に胡桃苗を1本づつ配布．同時に関重が北佐久郡から優良樹の穂木を接ぎ木繁殖．園地造成，日本の接ぎ木胡桃園の初め (49)．
- 9　○長崎県に長崎市，伊木力，大草で植木や ブンタン でイセリアカイガラムシ発生，427本を薫蒸焼却 (49)．
- 10　○日本園芸研究会から「明治園芸史」刊行 (49)．
- 11　○日本育種学会第1回総会開催 (190)．
- 12　○佐賀市で開かれた佐賀県物産共進会に来た農商務省技術者を西松浦郡大川村立川に招聘し，現地調査して，ナシの適地と鑑定．以降，急速に増殖 (49)．
　　○青森県立農事試験場の三浦道哉技師が「苹果病害ニ関スル調査」(農事試験成績第15号) 刊行 (145)．

○菊池秋雄によりナシの交配育種が開始 (34)．東京府立園芸学校で神奈川県農事試験場園芸部の富樫常治らと相計り実施 (256)．
○神奈川県農事試験場園芸部で富樫常治と川口正英が桃の品種改良を開始．「白鳳」，「昭和」等を育成 (49)，大正6年開始 (256)．
○岡山県農事試験場の石川禎治がモモの交雑育種開始 (256)．
○香川県果樹試験地を綾歌郡端岡村に設置．圃場2町歩，技手1名 (29)．
○レモン「ユーレカ」が導入される (5)．
○この頃，福岡県城内村の宮川謙吉の宅地内にあった普通温州の枝変わりが発見され，大正14年に田中長三郎により「宮川早生」と命名 (256)．
○静岡県周智郡飯田町の一木籐三郎がカキ「次郎」の優良系統選抜で「一木系次郎」選抜発見 (49)．
○サンキスト・レモンが試験的に販売される (28)．
○アメリカ農務省のスイングルが農商務省農事試験場園芸部にアボカド「フェルテ」寄贈 (5, 94)，大正末期に寒波で枯死 (94)．
○この頃，一次中絶した西洋ナシの栽培が再開され，栽培方法や有望品種が判明し，増加している (25)．
○この頃，北海道で栽培されているリンゴの品種は「紅魁」，「祝」，「旭」，「紅玉」，「国光」，「柳玉」，「倭錦」，「緋の衣」等 (25)．
○青森県でリンゴ「紅玉」の黒点病除に入梅前小袋掛け実施 (37)．
○大正4年～5年，青森県のリンゴ栽培でボルドー液散布開始 (49)．
○岩手県がリンゴの剪定，薬剤散布の指導実施 (49)．
○この年，「二十世紀」梨に黒斑病が全国的に蔓延し，「二十世紀」梨栽培の先進地，愛媛，愛知，新潟，静岡で栽培の断念が出る．鳥取は産地が新しく，樹齢も若くて存続 (48)．
○札幌農学校を卒業し，奈良県吉野郡大淀町に5haの果樹園「薬水園」を拓いて苗木販売をしていた奥徳平が「二十世紀」の黒斑病に悩み，この年，東京の農事試験場のト蔵梅之丞を訪ね，ミカンの腐敗防止にパラフィン紙の袋を掛けることを提案される．改良を重ね，摘果後に石灰ボルドーを散布し，パラフィン袋掛け技術を確立 (236)．
○鳥取県から大阪市場に「二十世紀」が初出荷 (48)．
○博多市で開催された第9回園芸大会で200年余，博多城で部外秘とされていたナシ「博多青」が公表 (48)．
○この頃，岡山県で西洋ナシの栽培が盛んになり，神戸，東京などに出荷，ウラジオストックに輸出 (25, 29)．この他に新潟県，北海道 (品種「日面紅」)，秋田県能代，熊本において栽培 (29)．
○この頃，柿の優良品種を園として栽培するようになる (25)．
○繭価格が暴落し，長野でリンゴへの転作に繋がる (61)．
○この頃，福島と長野でリンゴ栽培が著しく増加 (25)．
○この頃，栗は勝栗として，甲州，丹波等で古くから栽培されていたに過ぎない．鉄道枕木用に植林する者多くなる (25)．
○この頃，無花果の在来種を広島県と愛知県の一部で栽培 (25)．

○この頃の京都へ出荷する果物産地は南山城（久世，綴喜，相楽郡）で梨，桃，李，柑橘等 (25).
○この頃，京都の宇治，伏見以南では柿の老木が畑地に3,4本あり，果実で地租を得ていた (25).
○この頃の北海道の日本梨品種は「長十郎」，「早生赤」，「細口」，「泰平」(25).
○この頃の北海道の葡萄品種は「デラウエアー」，「ハートフォルドプロリフィック」，「コンコード」等の米国種 (25).
○大阪のブドウ園でフィロキセラを発見 (49).
○「柘榴名鑑」に45品種記載 (26).
○大正3年4月に崩御された昭憲皇太后の御陵広庭とするため，江戸時代から著名な梅の名所，京都伏見の梅渓が消滅，御香宮東方付近には大正4年まで存続 (137).
○前年 (1914) に勃発した第一次世界大戦のお陰で軍需景気となり，経済成長し，果樹産業まで成金が発生し，リンゴ需要が高まる．1箱1円であった産地価格が15円となる (145)．自家労力を十分に持つ小農の栽培改善意欲を高めた (145)．長野の葡萄価格が急騰し，桔梗ヶ原に葡萄成金が出る (61).
○欧州大戦が勃発し，缶詰の需要が増し，缶詰の海外進出が盛んとなり，輸出産業としての基礎が確定 (29).
○三重県の果樹生産額，511,641円，カキが約1/3の産額を占め，次いでミカン，梨，梅，夏橙，ネーブルの順，主として農家の副業，年々増大将来有望事業と記録 (49).
○この年の主要果実の道府県別総産額（円）記載，全国での割合，静岡 (6.54％)，和歌山 (6.34)，神奈川 (4.54)，兵庫 (3.68)，福岡 (3.59)…(49).

1916（大正5）

- 3　○宮崎県都農町の友永百二が兵庫の苗木商から梨「晩三吉」の苗木導入 (49).
- 6　○山梨県東山梨郡塩山町でオウトウショウジョウバエ発見 (49).
- 8　○愛媛県で長崎から導入したミカン苗でヤノネカイガラムシ発見 (49).
- 12　○大分県日田郡夜明村の福沢鉄次が田主丸から梨「晩三吉」の苗木導入 (49).
- 冬　○この年と大正6年にかけて，異常寒波，高知市の久保敏哉氏の園に設置された農商務省助成，高知県農事試験場委託のレモン品種栽培試験樹が全滅.
  ○この頃，果実缶詰の輸出急増 (55).
  ○農商務省は山梨県立農事試験場でフィロキセラの指定試験開始．葡萄害虫試験地を西山梨郡里垣村に設置．8反歩，技手1名．昭和10年廃止．抵抗性台木11万7千本，90％の普及 (29, 49).
  ○山形県置賜地方で須藤氏の園のブドウにフィロキセラ発生 (49).
  ○青森県農事試験場に苹果部を設置 (29).
  ○この頃の長野県のリンゴ栽培では，シンクイムシ被害果が5〜6割．アブラムシ，ワタムシの防除が困難．食葉害虫は亜ヒ酸亜鉛，除虫菊散布で防除 (49).
  ○5から6年頃，北海道江部乙町のりんご栽培でシンクイムシ防除に袋掛け開始 (49).
  ○大阪市の河崎産業株式会社社長，河崎助太郎が宮崎県串間市に河崎農場開設，台湾からポンカンを導入する．兵庫から早生温州等移入し，昭和初期に18 ha,

○18,000本，昭和10年27 ha，恩田鐵弥が顧問（49）．
○宮崎県の永友百二が梨園経営を開始（49）．
○江戸時代から栽培されていた新潟県のイチジクが，8 ha（49）．
○北海道でシンクイムシ防除のため，袋掛けを本格的に実施（49）．
○北海道でブランコケムシなどのケムシ類大発生（49）．
○この頃，青森県のリンゴ生産は病虫害の被害激甚のため，絶滅の危機．農薬の散布が実施されていなかった（37）．
○広島県豊田郡が現地駐在技術員制度を創設．柑橘産地で最初（49）．
○大正5年～6年頃，徳島県で平屋根式本格的ミカン貯蔵庫建設（49）．
○大阪府羽曳野市の奥野重次郎が堺の苗木商「あかねや」からイチジク「桝井ドーフィン」購入，普及（49）．
○卜蔵によりナシ黒斑病が名称統一（48）．
○この頃，朝鮮の大邱のリンゴが大阪，九州の市場に継続出荷される（37）．
○千葉県東葛飾郡大泊村大野で二十世紀×独逸の交配で梨「石井早生」誕生．10年結果・命名（29）．
○ロシア革命により，ウラジオストックに輸出されていた北海道などのリンゴが奢侈品になり，輸入禁止（49）．
○兵庫県川辺郡中谷村猪渕で栗の共同集荷を行い，神戸市の貿易商日野徳太郎が「今北」120石を南方航路でアメリカへ輸出．日本の栗輸出の始め（49）．
○大正5～6年頃，広島県豊田郡大長村の加島正人がアルカリ剥皮のミカン缶詰を初めて本格製造（49）．

1917（大正6）

・1　○読売新聞の記事に，「当季の珍菓珍菜珍禽」を紹介，飛び抜けて高い物や珍しい物として，温室物のイチゴ（1粒10銭），温室物メロン（1個2～5円），貯蔵物として，甲州葡萄（100匁1円），西洋梨（1個20銭）（214）．
　　○高知県のネーブルオレンジが寒波襲来で枯死などの被害．以降，衰退．徳島県で低温になり，降雪も多く，ミカン類が凍結被害（49）．
・4　○香川県小豆島で「マンザニロ」等オリーブ9品種導入．苗木配布（49）．
・9　○青森県が「リンゴ減収と救済策」を発表．①園地の整理と間伐（12年頃までに1,000町歩を整理），②病虫害防除，③地力の維持増進（37）．
・9　○長野県主催で「干し柿製造講習会」開催，各地の主産地で開催し，加工技術の普及に役立つ（61）．
・9/10　○台風で東海道，関東以北で被害（117），強風により，青森県南部下で落果被害．千葉県東葛飾郡，八幡町，市川町の梨約20 haの棚破壊，約8万円被害．千葉県房州の枇杷で潮風害で落葉，倒木．翌年に減収．愛知県で数度にわたる風水害，洪水（49）．
・10　○田中長三郎が植物学雑誌に「早熟；praecox」と早生温州に学名を付けて発表（9）．
・11　○輸入された米国産リンゴにコドリンガ幼虫発見．以降，毎年，横浜，長崎で米国産，カナダ産の果実や容器から幼虫や蛹発見（61）．
・11/1　○徳島県で極低温,小雨でミカンに寒害（49）．
・12　○長崎県で伊達木仙一が中心となり，420名で茂木村枇杷共同販売組合設立．これ以

・12/1 ○佐賀県で積雪尺余，近来希なる厳寒，柑橘が枯死 (49)．前は立木売りで商人が採取した (49)．
　　○大正5年と6年にかけて，農事試験場園芸部が都道府県の試験場と農会に依頼して，在来品種を含む「日本梨品種調査」実施（未発表）．収集点数，1,034点，園芸収集品種数390 (49)．
　　○富樫常治が「実験果樹園芸 上中下巻」を裳華房から出版 (49)．
　　○青森県立農事試験場の島技師による調査報告書「青森県苹果減収の原因と其救済策」刊行，栽培改善運動指針となる (145)．
　　○農事試験場園芸部（興津）で谷川利善により，ビワの交配育種が開始，「津雲」（昭和11年6月，99号に命名），「瑞穂」（同年，645号），「戸越」（395号），「大房」（昭和42年，703号）を育成．三井合名の波多野承五郎が三井合名山林部の事業として資金援助 (34, 40)．
　　○農事試験場園芸部（興津）で谷川利善により，イチジクの交配育種が開始 (34)．
　　○農事試験場園芸部（興津）で谷川利善がニホングリの渋皮剥皮性改良のため，ニホングリと朝鮮，中国の在来クリ間で種間交雑実施 (34)．
　　○農事試験場園芸部（興津）で恩田鐵弥により，柑橘（トムソン・ネーブル・オレンジ）の台木に関する調査を開始，大正14年，結果発表 (78)．
　　○繭価格が暴落し，長野でリンゴへの転作に繋がる (61)．
　　○青森県のリンゴ生産量1,006千箱 (49)．
　　○熊本県にカンキツ類の整枝・剪定技術導入 (49)．
　　○京都府相楽郡上狛町の峯宗太郎が大阪府から葡萄「デラウエア」の苗木を導入して栽培開始 (49)．
　　○長崎県から静岡県に早生温州苗木に付着してヤノネカイガラムシ侵入 (49)．
　　○清水市の多喜六次郎が石灰硫黄合剤の新製法を発明 (49, 61)．
　　○愛媛県北宇和郡立間村の薬師寺長吾が急傾斜ミカン園の果実搬出と肥料搬入のために軽便索道を考案 (49, 144)．
　　○鉄道省が農務省と協力し，鉄道の冷蔵庫，通風車の果実輸送試験を実施，主として，バナナ，次にモモ，ブドウの輸送に利用 (49)．
　　○この頃，和歌山県那賀郡粉河町で柑橘輸出のため，水力発電の昼間電力でミカン運搬用の索道を運転，借金のため休業 (49)．
　　○アメリカ，かいよう病のため輸入柑橘検疫令により東洋からの柑橘輸入禁止（温州ミカンは非罹病果実のみ例外）(3, 19, 29)．温州ミカンには果園検査と選果検査の励行を要求 (49)．
　　○青森県立農事試験場園芸部（後のりんご試験場）黒石町に新設 (37)．
　　○栃木県野木町の館野英が大正6から7年頃，高接ぎ栗苗実用化 (49)．
　　○和歌山県田辺市で牟妻販売組合により青物市場開設．篭，モッコなどに入れ，金輪の荷車又は肩により，運搬，販売した果物はミカン，平ミカン，キンカン，青梅，ネーブルなど (49)．
　　○山口県で椿農会が落果夏ミカンを利用してクエン酸製造 (49)．
　　○洋酒缶詰問屋の「サドヤ洋酒店」が東洋葡萄酒醸造所を買収し，「サドヤ醸造場」を設立．以後，本格的ワイン醸造のため，昭和11年に自家農園設置．フランスから

明治・大正時代

- 品種を導入，商品名「シャトーブリアン」(49)．
- ○愛媛県八幡浜市の清水谷巌が不良夏ミカン果実の処理のため，クエン酸工場を建設，大正10年に山口県萩市にも建設 (49)．
- ○大正6年から10年までの果実輸入の年平均，678,000 (29)．
- ○大正6年から10年までの果実缶詰生産の年平均は915,000 (29)．
- ○大正6年から10年までの果実輸出年平均，蜜柑 (20,918千斤, 1,710,000円)，林檎 (3,216千斤, 430,000円)，その他の果実及び核子 (351,000円) (29)．
- ○大正6年から10年までの果樹生産平均記載 (29)．
- ○長野県諏訪地方がマルメロの産地で，この年, 7,640本 (長野県全体8,725本), 27,361貫 (29,225) (61)．
- ○この年出された「因島の柿渋製造法」(上下) に柿渋の製造，貯蔵，販売の詳細が記載．(下) に清酒の滓下げ剤として，柿渋が利用され，特に5年以上の生赤渋は一樽34円で灘へ納入，現在でも多く利用 (196)．

1918（大正7）

- ・1 ○高知県のネーブルオレンジが寒波で枯死などの被害，以降衰退 (49)．
- ・2 ○九州日々新聞の記事に，葡萄酒ブームで偽物横行．葡萄酒として赤玉と蜂印が勢力を二分 (214)．
- ・3 ○山梨県中巨摩郡白根町にあった樹齢100年のカキを「大和百目」と命名し，栽培開始 (49)．
- ・5 ○青森県りんご赤星病駆除予防規定制定，毎年6月30日までに駆除予防．実施しない場合は市町村が代行し，費用を生産者から徴収 (49)．
- ・6 ○西谷順一郎著「実地経営苹果栽培講義」日本柑橘会から刊行 (145)．
- ・7 ○熊本県で豪雨，八代市の樹齢600年余の小ミカン樹が流出 (49)．
- ○台風で西日本が被害 (117)，島根県で風水害．果樹に病害虫発生 (49)．
- ・9 ○青森県中部，南部地方で，強風のため，りんご園が被害．「紅玉」の8割，「国光」の6割が落果，10年生以下の若木はほぼ全滅 (49)．
- ○長野県上伊那郡小野村の天狗原にある「枝垂れ栗」が天然記念物に指定．以前は山中に多く自生 (61)．
- ・11 ○青森県農事試験場が「苹果病害予防駆除剤」という小冊子頒布．病害防除暦の先駆け (49, 61, 243)．
- ○青森県内務部が島　善隣による病害虫防除便覧を発行し，「苹果病害虫防除暦」を乗せ，全国で引用される (61)．
- ○北海道大学教授星野勇三が薬剤撒布暦を創始 (49)．
- ○大正7～8年頃，新進果樹栽培家の利益は驚くべき額となるが，終戦後，不況になり専業の大農家は労賃の高騰で利益が薄くなる (161)．
- ○この頃，一般人に果実への嗜好がますます深く浸透 (161)．
- ○大正7～8年頃より，貨車による輸送が急増 (29)．
- ○長野県で初めて，東筑摩郡宗賀村桔梗ヶ原の林　五一が西洋なしをウラジオストックへ輸出 (61)，地元や横浜，神戸に出荷しても売れなかったため，プレコースとバートレットを30ポンド1箱4～5ルーブル，その後，ルーブルの下落で中絶 (49)．

○大正7〜8年頃，好景気となり，鳥取県の梨「二十世紀」が都会で珍重歓迎され，栽培面積急増(49)．
○大正7〜8年頃，大分県日田郡で梨「晩三吉」の栽培が普及(49)．
○大正7〜8年頃から柿の「富有」が店頭に出る(186)．
○青森県でリンゴ栽培改善運動が展開(145)．
○秋田県北部のリンゴ栽培がモニリア病で全滅(49)．
○この年と翌年，佐賀の梨園にノコギリバチが大発生．収穫皆無(49)．
○北海道でスプレイ・キャレンダーが紹介され，徹底防除実施(49)．
○この年，島根県安来の梨に赤星病，黒星病，黒斑病大発生(49)．
○兵庫県が苗木の移出検査開始(29)．
○山形県が農商務省の指定により，65品種を導入して，「洋梨に関する試験」開始．昭和13年完了．(29)．
○繭価格が暴落し，長野でリンゴへの転作に繋がる(61)．
○長野県で，第一次大戦後，食糧不足による米価格高．米国の生糸製品需要増加で養蚕が有利になり，繭景気，果樹園廃園化(49)．
○静岡県三ヶ日地方で阿利孝太郎創設の開南組が三ヶ日町釣の官有地十町歩を借用して柑橘園開墾，好調な養蚕業と寒風害で衰退していた浜名湖地方の柑橘栽培が復興(49)．
○この頃，愛媛県今治市の櫛部国三郎が柿「伊予蜂屋」(後の愛宕)を品評会に出品し，入賞し，以後，増殖(49)．
○神奈川県が「桃新品種育成」試験開始，「日出」，「富士」，「東王母」，「昭和」，「白鳳」，「湘南」，「瑞香」，「神無月」等を育成(29)．
○梨棚が竹棚から，幾見式の鉄線棚に．川崎で導入(31)．
○佐賀県玉島村でミカン採集が竹べら使用から鋏使用に変わる．能率向上し，貯蔵力が増す．以降，昭和の初めに各地に普及(49)．
○弘前市在府町のブリキ屋，山口幸吉が果実袋のブリキ留め金を考案(49, 61)．
○この頃から東京や大阪で無花果が盛んに賞味される(186)．

大正時代中期

○この頃，園芸試験場長恩田が中国に出張し，莱陽からチュウゴクナシ「慈梨」，「紅梨」，「白梨」を持ち帰る(29)．
○この頃の，岡山におけるモモの整枝剪定は10a当たり75〜130本植え，盃状形，主枝を二分し，著しく開張，側枝に摘芯と切返しを実施(143)．
○蜜柑の欧州輸出，林檎の南洋及び欧州輸出，干し柿の米国輸出の試験販売に奨励金ないし補償金を交付(29)．
○この頃まで，長野の善光寺参道では，早生，中生，晩生品種のリンゴが同一時期に混然と販売されていた．昭和に入っても，早出しの長野の宿命で晩生の「国光」さえも年内販売に重点(61)．
○長野県上伊那郡中川村桑原地区，下伊那郡生田村等に相当数の野生桃があり，古くから果実を利用し，一部は初歩的な栽培実施．この頃まで，里方まで籠を背負って販売(61)．

明治・大正時代

○この頃，ガラス室栽培葡萄は1貫目40円，昭和9年には4.5円に下落 (186).
○京都府葛野郡嵯峨村で梅「林州系」を導入して栽培開始，大正末期には青谷村から梅「豊後」を導入して，本格的梅栽培開始 (49).

1919（大正8）

・8　　○大井上康が静岡県下大見村に「大井上理農学研究所」開設．ブドウ新品種7品種育成 (49, 61, 256).

・10　　○農商務省農事試験場園芸部が「園芸家必携」第一版刊行．
○戦後の好景気で果物需要が高まり，ナシでは「二十世紀」の価格が「長十郎」の数倍となって「二十世紀」の栽培意欲が高まる (48).
○戦後の繭景気で長野県において，明治末から大正元年に植えられた結果樹齢に達しない10年生以内のリンゴ樹が廃園し，桑畑になり，果樹面積が30％程度減少 (49).
○鳥取県で黒斑病が蔓延し，「二十世紀」梨の栽培危機到来．奈良県生駒郡安堵胡内力松園で，黒斑病防除にパラフィン紙袋が防除効果のあることを発見．被害平均30％，全滅園も発生 (48, 49).
○長野県諏訪郡，東筑摩郡，佐久地方の梨，梅園等で，タマカタカイガラムシが多発，除虫菊加用石油乳剤等で駆除 (49).
○関西府県農会連合がミカン輸出と大消費地販売の円滑化のため，販売幹旋所を大阪神戸に設置 (29, 49).
○国の指示により埼玉県が苗木業者による植物商同業組合を作り，県の薫蒸施設で果樹苗木を処理し，県の証明書を発行 (29).
○農務局農産課の園芸担当増員し，技師一名，技手一名，嘱託一名，雇二名となる (29, 49).
○広島県が「柑橘苗木育成事業」開始，昭和13年完了．約28万本配布 (29).
○長野県更埴市の南沢小重郎がアンズの偶発実生に「平和」と命名 (5).
○東京都北多摩郡宮前村の井上倉右衛門が明治15年にもらった実生の栗から「大正早生」を発見 (49).
○この年から福士貞吉により，リンゴとナシの赤星病抵抗性品種の研究開始．ニホンナシに抵抗性品種なく，セイヨウナシに被害少ないと記載 (61).
○外崎嘉七等清水の生産者がリンゴ園中耕に朝鮮牛導入普及 (145).
○青森県の島技師がリンゴの薬剤散布暦を発表 (37).
○長野県農事試験場が「殺菌剤駆虫剤要覧」発行，防除指導，実施の指針 (61).
○星野勇三がリンゴ，梨，桜桃の自家不親和について発表し，この頃より，受粉問題が検討される (29).
○愛媛県北宇和郡で簡易索條機が建設 (29).
○大分県下浦村，青江町に大分セメント徳浦工場が出来，ミカンに公害が発生「洋灰防塵事件」と呼ばれる (49).
○津軽林檎同業組合，津軽林檎輸出商組合設立 (49).
○茨城県新治郡志築村の兵藤直彦が栗園開園．胴枯れが凍害によることを発見し，高接ぎ苗による被害回避を開発 (49).

- ○佐賀県東松浦郡叢木で県下で初めて，浦川内カンキツ共同販売出荷組合を設立．他県にさきがけ共同販売を行い，全販売期間のプール計算実施 (49)．
- ○奈良県吉野郡西吉野村で重労働の養蚕に換わる作物として，柿「富有」栽培が奨励，大正10年の寒波でカンキツが全滅し，柿が増加，昭和35年頃から一大集団産地化 (49)．
- ○長野県高森町下市田の上沼正男が市田柿の火力乾燥法を開発 (61)．
- ○長野県下伊那の柿生産，生柿約20万貫 (24,000円)，干し柿約2万2,000貫 (17,000円)．干し柿は仲買人，菓子商が農家から買い集め，松本，諏訪，静岡，名古屋に出荷 (61)．
- ○大正6年に輸入禁止になった温州ミカンのアメリカ輸出が特例として許可 (49)．
- ○神奈川県山北町のミカンがカナダ，アメリカへ輸出 (214)．
- ○兵庫県川辺郡中谷村の農会が栗を一括集荷し，神戸の貿易商平出商会より，「今北」200石をアメリカへ輸出 (49)．
- ○リンゴ園の桑園化増加 (61)．
- ○この年の果樹生産の統計が記載，主要府県別統計 (樹数) (49)．

1910年代

- ○鹿児島県の奄美大島，屋久島へ，パパイヤのブラジル種，タイ種，台湾交雑種など在来種化した物が半ば野生状態で栽培 (86)．

1920 (大正9)

- ・6　○恩田鉄弥が「果樹園経営法」を東京博文館から発行 (37, 49)．
- ・7　○長野県小県郡西内村の枝垂栗自生地が天然記念物に指定 (61)．
  - ○長野県農事試験場がリンゴの赤星病対策のため，ビャクシン類の伐採を勧告 (61)．
- ・10　○コドリンガを理由に米国産リンゴの輸入禁止令が出される．在留外人やホテルは米国産の香気を理由に，毎年数百万円の輸入リンゴを利用していて，輸入最終船が500t，直前に入港 (61)．
- ・12　○長野県農事試験場時報にリンゴワタムシの生態と防除法が記載 (49)．
  - ○広島県安芸郡倉橋島村でイセリアカイガラムシを県内で初めて発見．大正10年苗木を焼却処分．天敵のベタリアテントウムシを大正12年 (12,900頭)，13年 (30,480頭)，その後，年々20,000頭内外放飼．昭和1年被害皆無となる (49)．
  - ○大分県で柑橘園の整理に補助金交付 (221)．
  - ○長野県が「果樹・蔬菜病虫害駆除予防奨励金交付規定」制定．防除徹底のため，補助金交付の目安として防除暦を13年制定 (61)．
  - ○岡山農試がカキ「西条」の優良系統の収集開始．22系統収集し，昭和11年までに特性調査 (143)．
  - ○トルコのスミルナ地方原産のマルメロ「スミルナ」がアメリカ・カリフォルニアから導入 (61)．
  - ○農商務省が園芸協議会講習会を開催し，荷造り販売の改善を講習．これ以降，各地で講習し，荷造りの改善が図られる (29)．青果物の全国的流通量が増加したため (49)．

○神奈川県が農林省指定試験として「日本梨新品種育成」試験完了．早生種「八雲」，「二宮白梨」，「祇園」等，中生種「菊水」，晩生種「新高」等を育成 (29)．
○繭価格が大暴落し，長野県で養蚕不況となり，これ以降リンゴ栽培者が急増 (61)．
○果樹病害防除薬剤としてフランスで考案された銅石鹸液が農商務省農事試験場堀正太郎技師により，我が国で発表 (48)．
○ナシ黒斑病防除に明礬石鹸液塗布袋の効果が岡山農試の鋳方末彦により確認．この頃から，渋引き新聞袋が使用される (48)．
○鳥取県の高田豊四郎が大発生した「二十世紀」の黒斑病対策のため，奈良県の奥徳平を訪ね，パラフィン袋掛け技術を習得 (236)．
○鳥取県農事試験場の永野健がパラフィン袋の利用とボルドー液散布で黒斑病を防除，袋ののりつけの代わりに永野の妻が考案したミシン掛けが貢献 (256)．
○この頃の梨の果実を害する害虫，ナシミバチ，モモチョッキリゾウムシ，ナシヒメシンクイ，ナシオオシンクイ，6月上中旬に袋掛け，発芽期に除虫菊石鹸液等，発芽後にヒ酸鉛加用ボルドー液を散布 (49)．
○第一次世界大戦の所産毒ガス・クロールピクリン燻蒸による害虫駆除法を山本亮研究 (172)．
○青森県りんご試験場に動力噴霧機が輸入される (49)．
○大正4年に1箱2円程度であった「二十世紀」梨が10円に高騰し，鳥取では，モモ，リンゴから「二十世紀」梨に改植され，新植も増加 (48)．
○この年の果樹栽培規模，樹種別に本数と生産量記載 (161)．
○ミカンの生産量208,600 t，リンゴの生産量28,600 t (1)．
○果実生産の一位はミカン，208,600 t，このうち国鉄貨物取扱量は柑橘が170,000 t (214)．
○ベトナムのサイゴン植物園から島田弥一がブンタン「晩白柚」を台湾総督府士林園芸試験場に導入．1930年に鹿児島県果試へ導入 (5)．
○長崎市付近と伊木力村の柑橘園でミカントゲコナジラミの大発生が確認された．地元では，以前からあり，メジロと呼ぶ (29)．

1921（大正10）
・1 ○神戸又新日報の記事に，赤玉ポートワインの人気にあやかって，各種類似品が販売開始，ヘモクロポートワイン，7月の山陽新聞の記事にヒグルマポートワイン，神戸又新日報の記事に白玉ポートワイン (214)．
・2 ○青森県リンゴ関係者が鉄道運賃軽減運動展開 (145)．
・4 ○農事試験場園芸部を廃止して，園芸試験場を創設，化学部が新設，初代場長は恩田鉄弥 (29, 49, 172, 190, 256)．業務は国内外優良品種収集と品種試験，整枝剪定と肥培管理試験，モデル栽培および優良母樹からの苗木育成と配布 (256)．
○青森県が訓令で青森県病虫害駆除予防委員を警察官まで含めて任命し，赤星病の中間宿主のビャクシン，ハクジを伐採 (37)．
・8 ○長野県が青森県農事試験場園芸部主任，島 善隣を招き，リンゴ栽培について高等農事講習会を県会議事堂で開催，長野のリンゴ栽培技術は青森から導入．随想録「リンゴの香り」の中で，当時の長野のリンゴ栽培として，褐斑病多発，密植，剪定の不統一，袋を枝掛け，早，中，晩を同時に出荷 (49, 61)．

・9	○台風で関東，中部，関西が被害 (117)．青森県南部，東部の山地リンゴが落果，約10万箱，損害約40万円 (49)．
・12	○農商務省園芸試験場が園芸之研究17号に「柑橘減量歩合調査研究」，「温州蜜柑結実状態調査研究」発表 (49)．
・冬	○奈良県などで大寒波，柑橘が全滅．柿に換わる (49)．

○長野県が桑園からリンゴ園への転換のための講習会を開催 (49)．
○長野県共和地区リンゴ栽培で県の技師の指導で栽培技術が飛躍的に向上 (49)．
○大正10年～昭和4年にかけて，青森県でモニリア病と間伐法により，リンゴ園の整理実施 (49)．
○愛知県西加茂郡猿投村の祭礼で磯村伊三郎がカキ「富有」を購入した中に「愛知早生富有」発見．昭和28年頃から普及 (49)．
○東京帝大教授，佐々木忠次郎「駒場叢書 果樹害虫篇」刊行 (171)．
○和歌山県にカンキツの整枝・剪定技術導入 (49)．
○三宅市郎がクロルピクリンを土壌消毒に初使用 (9)．
○広島県で柑橘にイセリヤカイガラムシ発生 (49)．
○和歌山県で長崎から導入した苗木に付着してヤノネカイガラムシ侵入し，発見 (49)．
○矢後正俊が横浜植木会社を通じて米国より，ブラックリーフ40 (硫酸ニコチン) を輸入し，静岡農事試験場梨害虫研究所でナシヒメシンクイムシ防除に使用 (49)．
○この頃より，米国から硫酸ニコチンが輸入され，リンゴ綿虫防除に効果 (29, 49)．
○マメ科デリス属植物から作られる殺菌剤「デリス剤」の効果試験開始 (61)．
○この頃までに落葉果樹の袋掛け栽培が全国に普及 (256)．
○和歌山県海草郡加茂村の前山繁太郎が急傾斜ミカン園の果実運搬に軟鉄8番線と人力車のリムを使用した簡易索道を設置 (49)．
○この頃から，西洋式から脱して，果樹の生理生態に合った栽培法の啓蒙が菊池や大崎により実施 (256)．
○この頃から，岐阜県本巣郡の柿栽培が経営として定着 (49)．
○この頃から，長崎県西彼杵郡茂木町の枇杷が生産増加により，阪神，東京に大量に出荷，それ以前は北九州まで (49)．
○愛知県蒲郡では，この頃まで，商店が「山売り」で買い集めた (49)．
○この頃，埼玉県入間郡毛呂山町桂木の串田が畑の在来ユズを出荷し，15 kgが米の価格と同じ5～7円，栽培開始 (49)．
○津軽林檎同業組合と津軽林檎輸出商組合が合同して，青森県林檎同業組合を結成 (49)．
○この頃の長野県リンゴ品種は「倭錦」(50 %)，「紅玉」，「国光」，「祝」，「旭」が次ぎ，「柳玉」，「紅魁」，「生娘」，「キングダビッド」など多品種 (61)．
○この頃まで，梨「二十世紀」は店頭に極少量で，価格も高価 (186)．
○10年から13年頃，川崎の梨栽培地帯に鉄線とコンクリート支柱が導入される (31)．
○弘前市の田中商会が動力噴霧器を輸入 (37)．
○この頃，川崎の柿「禅寺丸」生産が最盛期となり，関東，名古屋に出荷され，柿生

- 村の生産量は938t(222).
- ○長野県下伊那郡市田村のカキ研究同好の有志が焼柿と称せられていた干し柿を東京一流市場に出荷するため,「市田柿」と命名,県外へ初出荷(61).
- ○長野市山間部のリンゴ園でスムシ発生.それ以前にも南佐久郡川上村で「にしゃどっち」という害虫発生,残っていたワリンゴも被害(61).
- ○この頃,東京都御蔵島では,スダジイの林があり,表年には,一回一斗から一斗五升を拾い,年に5,6回収穫,煎ったり,粥にしたり,米と混ぜシイ飯,1958年頃,三宅島でも商店で販売(183).
- ○長野県上高井郡小布施村のリンゴを東京等へ県外出荷開始(61).
- ○愛媛県八幡浜市の清水谷厳が不良夏ミカン果実の処理のため,クエン酸工場を山口県萩市にも建設(49).
- ○この年以降,園芸組合,同業組合による取扱量が急増.個人が選別梱包した物を共同で出荷(49).

1922 (大正11)

- ・2　○古川電工がヒ酸鉛を製造販売(61, 172).
- ・7　○弘前市で動力噴霧機が導入(49).
- ・11　○日本園芸会長野県支会主催で第6回園芸品評会が開催.リンゴ「国光」,「紅玉」が有望とされた(49).
- ○長野県主催,第一回リンゴ立毛品評会開催.
- ○農商務省が苗木需要地方長官に対し,根頭癌腫病の警告文書を出す.栗苗,柿苗は7〜8割が罹病,発病苗の焼却と生石灰液親戚を指導(61).
- ○農林統計の果樹調査でクリの調査中止(49).
- ○大正11〜14年,岡山農試でセイヨウナシ,ニホンナシの交互交雑実施.昭和12年から優良系統の現地試験実施.昭和10年に「新世紀」(長十郎×二十世紀),「満月」,「甘露」,「太平洋」,「大西洋」発表(143).
- ○農商務省園芸試験場が園芸試験場報告1号に「我国に於ける主要果樹の栽培の現状」,「果樹品種試験成績」発表(49).
- ○山梨県の奥山七郎が葡萄園の除草に畜力を導入するため,棚内の支柱を外して,吊り棚架設法を考案(49).
- ○新潟県の川上善兵衛が独学で外国教科書を勉強し,ブドウの交配育種開始(49, 256).
- ○長野県でクワコナカイガラムシが発生.袋の止め口に綿を捲く(49).
- ○大正11年,長野県の梨栽培は約100町歩,諏訪地方が中心,次いで南安曇郡,和梨が中心,セイヨウナシが10%.品種は「長十郎」,「早生赤」,「二十世紀」,「バートレット」(49).
- ○前年冬の寒波で養蚕,柑橘が全滅し,奈良県天理市で柿「富有」,「平無核」栽培開始(49).
- ○大正11年から15年に掛けての樹種別栽培面積記載(29).
- ○大正11年〜15年までの果実輸出の年平均は2,805,000円(29).
- ○大正11年〜15年までの果実輸入の年平均,1,584,000円(29).
- ○大正11年から15年までの果実缶詰生産の年平均は1,257,000円(29).

○大正11年から15年までの干し柿生産の年平均，3,175千貫，2,956,000円 (29).
○長崎県が「柑橘母樹選抜及苗木育成」試験開始，大正13年完了．伊木力系蜜柑の系統選抜を行い，伊木力6, 9, 11, 36, 43号の5系統を選抜．その後，1,000町歩に普及 (29).
○青森リンゴ一挙に200万箱を突破し，253万箱の大豊作 (1).
○鳥取県東郷組合が「二十世紀」梨を東京市場に初出荷 (48).
○祭原商会，台湾にパイナップル缶詰工場を設立，のちに原料の栽培も開始 (1).
○長野県でリンゴ品種が「倭錦」から「紅玉」，「国光」に更新開始 (49)，5割は「倭錦」(61).
○神奈川県のミカン出荷が大箱，小箱に統一 (49).
○大和西瓜が出現し，各地に栽培熱拡大 (214)，梨消費に影響．
○この頃，木曽の細工師が櫛材とするため，諏訪盆地上伊那地方のナシの大木を買収 (61).
○青森県の堀内民次郎がリンゴを台湾に初めて輸出 (49).
○大正11年から15年までの果樹生産平均，面積，収穫量，反当収量記載 (29).

1923（大正12）

- ・1　○三重県北勢地方で寒波で果樹に大被害．多度町平坦部のミカン園約40 haが枯死 (49).
- ・冬　○愛知県で大雪，蜜柑に大被害 (49).
- ・3　○中央卸売市場法を公布，11月1日より施行 (1, 9, 29, 49, 172).
- ・4　○鳥取県で風水害と降雹，県下，梨はほぼ全滅，モモ，ウメ，50％被害 (49).
- ・5　○福島県福島市で−0.5℃，二本松で−2.0℃．野田村の梨は笹木野を除いて，ほぼ全滅 (49).
  ○東京麹町区富士見町の富士見軒に75名の研究者が集まり，園芸学会創立．初代理事長は東大教授，原 (6, 49, 61).
- ・6　○長崎県の茂木枇杷共同販売組合長の伊達木仙一が東京，大阪の市場を視察し，「茂木」への品種統一，肥培管理の指導，袋掛け励行，出荷容器荒涼と商標添付等を実施 (49).
- ・9　○関東大震災で伊豆の山葵栽培が壊滅し，長野県の山葵が増加して，共存栽培されていた梨が衰退 (49).
  ○神奈川県でみかん園などの果樹園が崩壊 (49).
  ○神田多町の神田市場施設が焼失，秋葉原に新市場移転決定 (49).
- ・10　○長野県がリンゴ栽培技術の研修のため，青森県の外崎嘉七と対馬升五郎を招き，講習会開催，リンゴ栽培を一変 (49, 61).
  ○日本柑橘会が刊行していた「果樹」が238号から誠文堂新光社で「中央園芸」として刊行 (49).
  ○農商務省園芸試験場が園芸試験場調査報告1号に「本邦各地産温州蜜柑の調査」発表 (49).
  ○農商務省園芸試験場の収集保存品種，樹種別品種数記載 (49).
  ○震災による蜜柑の国内需要が不振で，米国へ集中輸出．米国より輸出の統制が要請される (29).

明治・大正時代

○愛媛県が「リンゴ新品種育成」試験開始，昭和13年完了．「フォスター」×「紅玉」から「紅姫」，「玉姫」を命名 (29)．
○災害後の東京の物価騰貴せず．野菜，果物は低落傾向 (1)．
○リンゴ「ゴールデンデリシャス」青森県農事試験場がアメリカから導入 (5, 37, 49, 61)．
○青森県の島技師，欧米から帰朝し，機械耕転機，施肥方法の確立，薬剤散布暦，農薬品の輸入，展着剤カゼイン，硫酸ニコチン，ゴールデン・デリシャスを輸入 (37)．
○長野県農事試験場が「果樹栽培要覧」を発行し，希望者に無償配布 (61)．
○長野県がリンゴワタムシに対する硫酸ニコチンの効果を確認し，生産者が使用開始 (61)．
○この頃前後までに青森県では，山仕事と雑穀生産の畑作で生活していた山の村が村を挙げてリンゴ栽培に転換し，20年足らずで村全体が豊かになり，多くの豪農が発生し，「国光」を貯蔵する立派な土蔵が軒並み建てられた (145)．
○青森県弘前市の町田商会が糊状ヒ酸鉛を初輸入導入 (61)．
○大正10年から発生した広島でのイセリヤカイガラムシに対して，この頃からベタリアテントウムシを放飼 (49)．
○この頃，大阪府立工業試験所の荒川がアメリカの缶詰雑誌の杏剥皮の記事にヒントを受け，ミカンの内果皮をアルカリ処理して，剥皮した (49)．
○群馬県碓氷郡松井田町，安中市などの一部農家が畦畔などにあるウメを青梅のまま東京に出荷高収益を得て，果樹園的梅栽培が始まり，集団化 (49)．
○この頃から，長野県上水内郡中郷村の桃園で立枯症状発生 (胴枯れ病) (61)．
○長野県南安曇郡穂高村，諏訪郡中洲村等でナシカキカイガラムシ発生 (49)．
○この年，島根県郡賀，八束地方のブドウに晩腐病，黒とう病，安来地方の梨に黒星病大発生 (49)．
○鉄道開通，中央卸売り市場開設により，この頃より，長野県のリンゴ栽培が盛んとなる (61)．
○長野県諏訪湖畔，北安曇郡大町，平村，上高井郡小布施村，都住村等の梨，リンゴ園でナシハナゾウムシ発生 (49)．
○岡山県芳賀村 (現岡山市芳賀) のネーブルが寒害で全滅 (49)．
○この年から3年間連続，鳥取県で気象災害発生，果樹栽培壊滅の打撃 (49)．
○大正12～3年，鳥取県の「二十世紀」栽培で黒斑病大発生，7～8割被害 (49)．
○この頃，和歌山県の柑橘販売は産地商人の取引が横暴で，共同出荷が急増し，柑橘選別荷造り販売の改善が実施 (29)．
○長崎県の茂木枇杷は商人の取引横暴により，茂木枇杷同業組合が出来て選別荷造りの改善実施 (29)．
○福岡県浮羽郡田主丸町の行徳正助が柑橘苗 (宮川早生，伊木力，山田系等) 35,000本を中華民国柳州に国外初輸出 (49)．
○果物の生産消費・流通の歴史で，明治末期以降から中央卸売市場開設までを第2期とし，鉄道国有化で遠隔地からの輸送が容易になり，問屋に新興勢力が誕生．集荷競争が激化し，出買，迎買，荷引の違約行為が公然化，問屋が生産者から販売を委託され，小売りに，仲買に相対売りの形が誕生 (49)．

- ○銀座千疋屋の斎藤義政がフルーツポンチ開発 (214).
- ○千疋屋の成功を見て，神田須田町の万惣，新宿高野がフルーツパーラー開店 (214).

1924（大正13）
- ・1　○青森県の島技師と弘前市町田商会の努力で米国からフレンド式動力噴霧機輸入 (49)．2月農試に貸与し，以後続々輸入 (145).
- ・冬　○沖縄，台湾，千葉など，全国42カ所から，ワシントンネーブルオレンジ果実を集め，農商務省園芸試験場で，果実品質調査，適地を判定 (77).
- ・3　○農商務省農務局が「園芸業要覧」を刊行 (49).
- ・6　○長崎県の枇杷集散場で問屋，仲買の談合で価格が暴落．以降，組合による直接出荷となる (49).
- ・8　○対米輸出の乱売を統制するため，農商務省商務局が輸出商50名で日本柑橘輸出組合を設立させ，統制．輸出蜜柑品質検査実施 (29, 49)．当初出資500口，一口で約1,000箱の出荷割り当て (49).
- ・9　○この年，徳島県勝浦郡で発見されたイセリアカイガラムシに対して，ベタリアテントウムシを放飼 (49).
- ・秋　○農商務省園芸試験場が，全国各地の梨「長十郎」果実の品質を比較，昭和1年発表 (80).
- ・11　○日本柑橘輸出組合会員以外の米国輸出を禁止する統制命令（輸出柑橘取締規則）公布 (29, 172).
  - ○長野県が年間通じての果樹病害虫防除法を記載した「防除暦」作成，ナシの防除暦を「長十郎」，「早生赤」中心に設定，「苹果病害虫防除略暦」を農事試験場時報に掲載 (61).
  - ○この頃，輸送園芸が発達 (55).
  - ○内田郁太が「実験葡萄栽培法」を養賢堂から出版 (49).
  - ○農事試験場園芸部（興津）で谷川利善により，チュウゴクナシとニホンナシとの種間交雑育種開始 (34).
  - ○この頃から農事試験場園芸部でブドウの台木の研究開始 (61).
  - ○大阪府立園芸学校創立（定員500名）(29).
  - ○11年と13年の行政整理により，園芸試験場の苗木養成と園芸加工部が廃止され，化学部が縮小される (29).
  - ○この頃，ナシミバチが各地に発生 (29).
  - ○奈良県にナシキコナムシが発生 (29).
  - ○山梨県甲運村のブドウ園でブドウヒメハダニ発生．昭和2年に大発生，休眠期の石灰硫黄合剤での防除法確立 (49).
  - ○三上喜太郎がリンゴの袋の14枚切り，留め金入り袋を考案 (37).
  - ○青森県立農事試験場の島　善隣が「リンゴの薬剤散布暦」を改訂し，ベレーの言葉「青い園は御家の寶，今一回の散布秋の千円，果樹の消毒は保険なり」と左右に記入，この頃から薬掛けが実施 (37).
  - ○「散布暦」13年版から弘前市の町田商会が刊行して，青森県へ寄贈し，生産者へ配布（昭和8年まで）(145).

- ○古河理科試験所がカゼイン石灰を国産化 (61).
- ○秋田県, 青森県でリンゴワタムシに対する硫酸ニコチンの防除効果確認. この結果, 抵抗性の品種「倭錦」等主体から, 「紅玉」, 「国光」等の品質優良品種に変わる (61).
- ○青森県のリンゴ「紅玉」でゴム病が画期的大発生 (37).
- ○広島県御調郡の藤田直義がネーブルオレンジ用動力選果機開発, 我が国での選果機の初め, 翌年, 温州ミカンとの兼用機開発 (藤田式) (農業共済新聞平成15年3月12日).
- ○この頃, 和歌山県西牟婁郡で商人に売っていた夏ミカンを農家300戸で選果場を設置して, 「飛, 天, 特, 松, 竹, 梅」に区分し, 船で大阪, 東京, 満州へ出荷 (49).
- ○日本柑橘南米輸出組合が創立, 大阪商船のサントス丸で温州ミカンをブラジルに初輸出, 失敗 (49).
- ○鳥取県東郷組合が貨車を貸切り, 「二十世紀」を東京市場に出荷 (48).
- ○台湾青果株式会社が設立され, 組織的に台湾バナナを輸入 (157).
- ○この年の果樹生産の統計が記載, 主要府県別統計 (樹数, 収量, 価格), 柑橘, 蜜柑類, 梨, リンゴ, 桃, ブドウ, 枇杷, オウトウ, カキ, 柑橘の順位 (和歌山, 静岡, 大阪, 愛媛, 大分) (49).

1925 (大正14)

- ・5 ○イタリーの昆虫学者シルベストリ博士が大正13年に来日した際に, 中国で柑橘のミカントゲコナジラミの天敵探索を依頼し, 伊木力で「シルベストリコバチ」を放飼導入 (19, 29, 49, 142).
- ・6 ○京都大学園芸第二講座新設, 果樹学担当初代教授菊池秋雄 (49).
- ・7 ○園芸学会が「園芸学会雑誌」創刊 (49).
- ・8 ○東京朝日新聞の記事に, 長崎と神戸でコレラが発生し, 東京でも警視庁が防疫体制, 8月末に真性コレラが発生, 2名死亡. 果物は皮を剥くように指導 (214).
- ・10 ○長崎税関植物検査課の石井悌がカンキツのヤノネカイガラムシ防除に機械油乳剤を散布 (9, 49).
- ○明治以降, 輸出は自由であったが, 果実輸出で利益を上げた翌年は過当競争という繰り返しで, 特に蜜柑で無秩序な輸出競争が激化したため「輸出組合法」を制定. 農商務省令「輸出柑橘取締規則」出検査実施 (49).
- ○菊池秋雄が「沿革及び植物生態学的見地から果樹の適地適作を説く」(55, 172).
- ○高橋郁郎が「柑橘」を養賢堂から出版 (49).
- ○大正14年から昭和9年, 園芸試験場でモモを使った剪定試験実施, 我が国風土にあった剪定法確立 (256).
- ○福岡県柳川市の宮川謙吉宅の在来系温州ミカンの枝変わりを田中長三郎が調査し, 「宮川早生」と命名・発表 (5).
- ○岡山県可真村の大久保重五郎, モモ「大久保」を発見し, 昭和2年に命名 (5, 49).
- ○岡山県の広田盛正がブドウの「マスカット・オブ・アレキサンドリア」に「甲州三尺」を交配し, 昭和7年に「ネオ・マスカット」を命名・発表 (256).
- ○この年か翌年, 岡山農事試が欧州系と米国系のブドウの交雑試験を開始し, 88系統の中から栽培容易な黒色系統を選抜して, 昭和18年に「スーパー・ハンブルグ

（大偶号）」と命名 (143).
○長野県小県郡東部町の唐沢登一郎がアメリカ人宣教師から入手した種子からクルミ「錦秋」を創成 (61).
○長野県更級郡森村の柏原けんが，摂政宮に生アンズを献上し，「鏡台丸」と命名 (61).
○鹿児島県農会長の大磯廉が皇太子ご成婚を記念して，一戸一本の阿久根文旦植栽を奨励 (49).
○農林省園芸試験場が普通温州の系統を集め，品種比較試験開始 (19).
○池田憲次が「最新枇杷栽培法」刊行，主要品種39品種，各地の散在品種54品種を記載 (40).
○広島県御調郡田熊村の橙を北米に初輸出，栽培増加 (49).
○北海道のリンゴ栽培で，半円形仕立てと剪定が一般化し，経営の集約化し，薬剤使用が急増 (49).
○竹棚に代わり，針金棚が鳥取に導入 (48).
○静岡県加島村のナシ栽培で，農林省ナシヒメシンクイムシ研究所を中心に開発した砒酸鉛，硫酸ニコチンによるナシヒメシンクイムシ防除が導入され始め，無袋栽培が可能となる (49).
○鳥取県の高田豊四郎が奈良視察時にパラフィン袋を「二十世紀」に使用していることを知り，鳥取県に技術導入，外観向上が明らかになる (49).
○山梨県の奥山七郎が醸造用ぶどうの晩腐病防除のため，果房への傘掛けを創案 (49).
○和歌山県伊都郡かつらぎ町の岡田正男が県試験場から柿「平無核」の穂木をもらい，繁殖．炭酸ガスによる地下ムロ脱渋を開発 (49).
○広島県豊田郡沖友村で米国より動力用選果機を導入 (29, 49).
○鳥取県の北脇永治が県下30組合を統合して，鳥取県梨共同販売所設立．統制共同販売開始．満鮮，台湾，上海に販路拡張 (49).
○長野県桔梗ヶ原の葡萄酒用「コンコード」が生食用に出荷されていたが，「お歯黒葡萄」と呼ばれ，この頃から，山梨・大阪のデラウエアや甲州葡萄と競合し，狐臭と歯が黒くなるのが嫌われて，生食用が没落 (61).
○大正末期から昭和1年にかけて，長野県と県農会は柿の奨励品種として，全県的に「平無核」，下伊那地方は「市田柿」として，統一し，巨大老雑柿の伐採と苗木新植，高接ぎ更新を実施．柿在来遺伝資源の消失 (61).

大正時代

○静岡県引佐町の安間家では，屋敷内にスダジイがあり，毎年2俵収穫，仲買人が購入予約．ツブラジイも収穫．家で，5～6俵を食用にした時期あり，12月に浜松の酉の市に荷車で運んで販売 (183).
○大阪府河内長野市でこの頃，神社のスダジイ・ツブラジイが収穫・利用 (183).
○この頃まで，鹿児島県川辺郡笠沙町でブリの一本釣用糸を柿渋で染めていた (196).
○この頃まで，柿渋が一般的な建築塗料 (196).

- 愛媛県のミカン栽培はこの時代に成る前は地方市場へ主に出荷し，大正時代になると阪神市場へ出荷，良質品を箱詰めし，定期船で託送(49).
- 愛媛県北宇和郡吉田町のミカンは生産初期に当たり，吉田港に来航したミカン船に大小混合で荷造り無く，バラで売り渡した(49).
- 愛媛県の温州ミカンの箱詰めは米国スタンダート石油会社の石油空箱，日本石油の上松印米松材石油空箱使用．戦後，ミカン箱を石油箱，3貫目箱を半石油箱と呼んだのは大正時代の規格が基準となったため(49).

大正時代～昭和初期

- 民間や府県の条例等に基づき，選果規格が設定，産地ごとに格付け出荷開始．産地の選別が始まる．個人による手選果(49).

大正時代末期

- 桜桃1貫匁が2円の高値(61).
- この頃，長野県の葡萄栽培が倍増，隆盛を極めていた製糸業界の女工の好みに合ったため，都市近郊に発達(61).
- この頃まで，庶民の生活では，木製容器が主流で，椀では，やっと陶器に移行，柿渋が漆の下塗りに利用されていた．東北では，一般家庭の庭に柿渋採取用のマメガキが栽培されていた．一本の樽の柿渋を作るのに使用するマメガキが120貫～130貫で，一軒の塗師屋で300貫程度のマメガキを利用，喜多方には70軒の塗師屋があり，合計21,000貫が必要．マメガキが栽培されていたと推定(196).
- この頃となると，大都市の果物問屋が遠距離産地と直接取引．問屋の過当競争から販売代金の回収に支障発生．府県の農会が大都市に連合して，販売斡旋所設置(49).
- この頃まで，果物専門店は「水菓子屋」と呼ばれた(49).
- 長崎県のビワ出荷はこの頃まで，35斤入り竹籠使用(49).

大正末期～昭和初期

- この頃が柿渋生産の最盛期，清酒生産や醤油生産のための搾り袋を柿渋で染色し，野田への出荷量は6,000樽(1樽は三斗五升程度)(196).
- 不景気で職がなく，柿渋製造のための柿たたきは重労働で若い女性の仕事(196).
- 温州ミカンの貯蔵が急増し，即売地域と貯蔵販売地域戸に分化(49).
- 兵庫県川辺郡中谷村の栗輸出は薫蒸庫を設置し，荷造りも実施し，全盛期(49).
- 愛媛県でナシがヒメシンクイムシの大被害を受け，次第に温州ミカンへ転換(49).

大正末期～昭和16年

- 愛知県知多郡内海町のミカンが満州国へ輸出，「内海蜜柑」として著名(49).

大正時代末期

- 梨の品種は明治末の「長十郎」の出現により，従来の品種が淘汰され，「長十郎」に統一されるとともに，栽培も増加する．これ以降，他の品種も栽培が始まる(29).
- 「大和西瓜」の急増により，梨「長十郎」の生産が縮小し，「二十世紀」の栽培が増加(29).
- この頃の岩手県のリンゴ品種は「紅玉」が主流で「国光」少し(49).
- この頃より，果樹栽培において，各地方に適した種類，品種の選択が提唱される(29).

○この頃まで，正月用のお飾り物，縁起物として，甘味保存食品として長野で串柿が利用される．生ガキの皮を剥ぎ，番傘の竹骨に5〜6個を串刺しして乾燥 (61)．
○長野の市田柿でこの頃より，20個程度を麻細ひもで果こうを結んで乾燥（つるし柿）(61)．
○この頃より，栽植距離の拡張と植え穴を深くすることが唱えられた (29)，この結果，盛果期間が著しく延長．これまでは桃では10〜15年程度 (29)．
○大正末期〜昭和10年頃，広島県因島のワシントンネーブル栽培が飛躍的に生産増加 (49)．
○大正末期〜昭和初期，和歌山県竜門地区でネーブル栽培に転換開始 (49)．
○大正末期〜昭和初期，リンゴ，ナシの大産地であった長野県上水内郡長沼村の津野，赤沼付近で神社，寺院のビャクシン類により，赤星病大発生 (61)．
○大正末期以降になり，リンゴ栽培が経済的な規模になる (61)．
○長野県桔梗ヶ原のブドウ「コンコード」生食利用が振わず，ジュース・葡萄酒の加工原料に転用するため，著名な辻村商会，有馬果汁研究所等に販売．生産者も甘味葡萄酒醸造に進出．大小10ヶ所余の醸造所出来る．販売が不振で在庫増 (61)．
○川崎の梨栽培が200 haを超え，関東一の梨産地となる (31)．
○この頃より，梨果のコナカイガラムシの被害が増加 (29)．
○京都府葛野郡嵯峨村では，平安時代に朝廷が導入したユズがあり，松尾一太郎が肥培し，西日本に出荷 (49)．
○この頃になっても，小売店は従来のように取扱量を少なくして，出来るだけ多くの利益を上げようとし，顧客の不明を利用して価値無き珍品種を無闇に高く販売，著名な大果物店に甚だしい (162)．
○この頃になっても，果樹栽培を軽視する者がある．特に政治家に多い (162)．
○安値対策として，宣伝の必要性が指摘 (162)．
○果物の海外輸出の必要性が指摘 (162)．

大正年間

○朝鮮産リンゴの輸入 (61)．
○天正年間に中国から導入されたとされる柿「西念来」が福島県中通りの岩代町に柿「身不知」として植え付け，その後，会津に移る (49)．
○田中諭一郎によると，大正期から興津の園芸試験場に ブルーベリー 鉢植えが保存 (125)．

昭和（〜30年）時代

戦後から平成時代まで
－戦争に翻弄された果物産業－

　第二次世界大戦時，果物栽培は抑圧され，生産や消費も一昔前の大正時代のレベルまで縮小したが，戦後，朝鮮戦争により好景気となって復活し，昭和47年のミカン大暴落まで，膨らみ続けた．次ぎにやってきたのは加工品や生果の輸入自由化という形の戦いであった．自由化後，時が経て，今日の果物状況を見ると，加工品の主体は輸入品になり，生果は国産と輸入品が棲み分けている．日本の露地で安定して栽培が出来ないバナナ，グレープフルーツ，レモン等は輸入品であり，収穫時期が異なる南半球・ニュージーランドからのキウイフルーツは出荷時期を棲み分けている．また，ナシやカキ等，日本の風土に適応し，技術体系が出来上がった果樹は高品質果実を国産で供給している．自由化で輸入されたリンゴも品質の悪さや，不揃い等で消費が伸びず，店頭で見かけなくなった．将来，同じ風土の地帯がある中国で栽培技術が向上した時，中国からの輸入果実と国産果実とが輸出先だけでなく日本国内でも競合してくることも考えられる．このように，日本の果樹産業は日露戦争後の好景気から始まり，輸入自由化まで，各種の戦争に翻弄されてきた．

　平成18年，日本の人口が減少し始め，高齢者の割合も増加している．このことは，果物を食べる胃袋の数が減り，大きさが小さくなることを意味している．消費を増やす各種の運動の成果が出ない限り，国産と輸入品とを合わせた消費量は減っていくことになる．また，団塊の世代は価格が多少高くとも，美味しい果物を多種類購入して楽しむのではなかろうか．生産地でも高齢化が進むが，国産果実の供給をどの産地がどの程度供給していくのか，国内での棲み分けの再編成が必要だろう．

昭和前期

昭和初頭
　　○葡萄果汁の消費が暫増したが，商品の主流は米国産のウエルチで，国産は宮城県で生産され，ほんの少し (49)．
　　○大分県の秋国一人が国東半島の柑橘栽培適正に注目，試作開始 (49)．

1926（大正15，昭和1）
・3　○梨黒斑病の指定試験が鳥取県で開始（昭和11まで），農林省のト藏梅之丞が派遣．国庫助成で黒斑病防除組合連合会結成．昭和4年完成し，ボルドー液散布パラフィン袋の利用技術完成 (29, 48, 49)．
・4　○熊谷八十三・上林諭一郎「実験果樹繁殖論」が明文堂から出版 (49)．
・5　○この頃から，長野県のリンゴ園でリンゴタマバエによる蕾の異常が観察され，

昭和（～30年）時代　　（ 181 ）

　　　　以降，増加 (61)．
・6　　○養賢堂が「農業及園芸」刊行 (49)．
・10　○福岡県田主丸町に林田隆寿の支援により「田中柑橘試験場」設立，場長九州帝
　　　　大講師田中長三郎，顧問 USDA スウィングル等，柑橘の収集導入 (49)．
　　　○ボルドー液散布の葡萄の色が不自然として静岡県が疑問を出す (61)．
・12　○昭和と改元．
　　　○この頃，愛媛県北宇和郡高光村の今城辰雄の園で村松春太郎が「南柑20号」を
　　　　選抜 (49)．
　　　○この頃，和歌山県那賀郡粉河町荒見の井関助三郎が早生の温州ミカン「井関早
　　　　生」を発見，広島県高根島の向井が高根島に導入 (49)．
　　　○この年，農商務省園芸試験場の見習い生を卒業した長野県上伊那郡飯島村の
　　　　桃沢匡勝が帰郷し，一等田を「二十世紀」梨園に転作，伊那の「二十世紀」の基
　　　　礎を築く，有望な青年に苗木を斡旋し，技術を教授して普及 (61)．
　　　○長野県伊那へ，藤原玉夫・桃沢匡勝がチュウゴクナシ「慈梨」導入，年末年始
　　　　の贈答用として人気，昭和15年の東京市場では70％が伊那産，晩霜被害が大
　　　　きく，衰退 (61)．
　　　○東京駒場で江口康雄がモモの花芽分化期を解明 (256)．
　　　○長野県伊那の二十世紀梨栽培でパラフィン小袋使用開始 (61)．
　　　○青森県弘前市の山口幸吉がリンゴのブリキ止め金入り袋の新案登録出願（昭
　　　　和3年却下）(61)．
　　　○柑橘樹脂病の指定試験が神奈川県で開始 (29)．
　　　○山形県が「桜桃の受粉に関する試験」開始，昭和8年完了 (29)．
　　　○長崎県が「茂木」枇杷の実生群から優良系統の選抜開始，20本の選定母樹から
　　　　6系統を指定 (40)．
　　　○長野県で大霜害発生 (61)．
　　　○青森リンゴ豊作のため大暴落，収穫量は統計上387万箱，実質500万箱と言
　　　　われる (1, 49, 145)．
　　　○和歌山県で共同選果，共同出荷の先駆けの共栄出荷組合設立 (49)．
　　　○岡山県が輸出果実（梨桃）の品質検査実施 (29)．
　　　○長崎県が枇杷，柑橘増殖計画により，毎年6万本の苗木配布開始 (29, 49)．
　　　○この年から翌年にかけて，アメリカとフランスからワタムシヤドリコバチを
　　　　輸入したが失敗 (61)．
　　　○静岡県が浜名郡芳川村に果樹蔬菜試験部を設置 (29)．
　　　○山梨県果樹試験地が東八代郡石和町に創立，葡萄，桜桃，柿，梨の試験開始，
　　　　技手1名，昭和7年廃止 (29)．
　　　○山梨県立農事試験場の富岡春雄がウメ「甲州最小」を興津から導入，山梨県内
　　　　に普及 (49)．
　　　○長野県の水井徳寿がリンゴ果汁を製造 (44)．
　　　○弘前の町田商会と牛田製作所が，国産動力噴霧機を初めて試作 (61, 145)．
　　　○広島県豊田郡大長村の越智流行が農用船に4馬力小型発動機を取り付け，島外
　　　　進出が促進 (49)．

- ○長崎県が柑橘増殖1,000町歩計画（別名，大村湾黄金化計画）推進し，伊木力ミカンが樹立(49).
- ○この頃，兵庫県川辺郡川西町の前川友吉が広島の桝井の勧めでイチジク栽培開始，都市近郊果樹として発展(49).
- ○この頃，満州産リンゴの輸入が増加，マンシュウリンゴヒメシンクイの問題生じる(61).
- ○茨城県で県下の11カ所にクリ指導園が開設され，改良伝習会開催，全県下に栽培が普及(49).

1927（昭和2）

- ・2　○農林省農務局「蔬菜及果樹栽培の状況」，「園芸要覧」刊行(49).
- ・3　○草場榮喜著，「果樹園芸学講義　上巻」(pp. 846) 六盟館より刊行，下巻は昭和4年6月発行，pp. 682..
  - ○田中柑橘試験場が「柑橘研究」創刊(49).
  - ○長崎県が柑橘，枇杷苗木配布規程を制定し，県立農事試験場で苗木養成，配布実施(49).
- ・4　○鹿児島県柑橘研究場創設(49).
  - ○小田急線が開通し，向ヶ丘遊園の客が梨を買い求めたのをヒントに，観光販売の「もぎとり販売」を小田急電鉄と協力して開始(31).
- ・5　○長野県で大凍霜害により桑が全滅し，翌年から桑園がリンゴ園に急速に転換(49, 61). 諏訪地方の梨が凍害(49). 秋田県で晩霜，桑園大被害(49). 愛知県尾張郡で晩霜，凍霜害，果樹枯死(49).
- ・6　○青森県立農事試験場の島技師が北海道帝国大学助教授に転任し，リンゴの無袋栽培研究開始，後任の須佐寅三郎技師着任(145).
- ・9　○台風で九州西部，京浜地区被害(117)，熊本県で潮風害，ミカン収穫皆無，梨も落果，県北部で顕著(49).
- ・12　○京都中央卸売市場開設第一市場(29, 48, 49) 中央卸売市場神田分場開場(61)，京都青果卸売組合結成，組合員109名(49).
  - ○ブドウの吊り棚をヒントに，栃木県で梨棚が竹材利用から鉄線利用の吊り棚に改良(49).
  - ○千葉県が「二十世紀」梨の試験を終了し，苗木配布開始(29).
  - ○神奈川県農事試験場の菊池秋雄，ナシ「八雲」，「菊水」，「新高」等，十五品種を命名，発表(5, 29, 48). 農事試験成績53号に「日本梨品種改良成績」として発表(49).
  - ○岡山農試が桃の優良品種として「岡山早生」を選定(143).
  - ○新潟県岩の原の川上善兵衛がブドウの「ベーリー」に「マスカット・ハンブルグ」を交配して育成した「マスカット・ベーリーA」が「川上3986」として紹介され，昭和15年に命名発表，合計22品種育成(256).
  - ○岡山農試が甘柿優良品種として「富有」，渋柿で「平無核」，「作州身不知」，「西条」等6品種を選定(143).
  - ○岡山県赤磐郡可真村の大久保重五郎がモモの新品種を発見し，「大久保」と命名(61, 256).

- ○広島県高根島ヘレモン導入，昭和13年のレモン価格高騰で一気に拡張 (49)．
- ○沖縄県の嘉数宣有が本部町にパイナップル「スムース・カイエン」を台湾から導入 (49)．
- ○農商務省園芸試験場が園芸技術員会議のため，梅の品種統一案に基づいて各県から梅を収集「梅ノ品種ニ関スル調査」実施．15県，合計181品種，普通型（大梅型，中梅型），小梅型，玉梅型，豊後型に分類 (140)．
- ○松崎直枝がクリミアからピスタチオの種子を受け，東京大学小石川植物園で実生 (63)．
- ○静岡県が「早生温州優良系統選抜」試験開始，昭和11年完了．「温州蜜柑優良母樹選抜」試験開始，昭和9年完了 (29)．
- ○岡山県が「果樹窒素肥料の試験」開始 (29)．
- ○愛媛県が「温州蜜柑肥料試験」開始，昭和13年完了 (29)．
- ○防疫課長「バナナは子供殺しの王様」と言明 (1)．
- ○昭和2～3年頃，京都府乙訓郡大枝村西長で栗「銀寄」栽培開始，昭和17年頃，クリタマバチで全滅 (49)．
- ○輸出組合法が制定され，北米柑橘輸出組合を設立して一元輸出 (3)．
- ○長野県桔梗ヶ原でブドウ販売が最悪，養蚕への転作も出る (61)．
- ○黒斑病で壊滅状態の鳥取県二十世紀梨生産が，農林省から復興資金25万円融資され，復興の足掛りとなる (49)．
- ○静岡県立農事試験場カンキツ病害虫研究所で野口徳三がカンキツの虫害研究開始 (19)．
- ○昭和2～3年頃，農林省園芸試験場にビーン社製とドイツ，カールプラッツ製の動力噴霧機導入，柑橘地帯で初 (49)．
- ○市場からの要請で千葉県安房郡の房州びわの出荷が容器ごと売買の化粧箱 (400匁) に変更，1箱50銭180,000箱出荷 (49)．
- ○岐阜県農会がカキの共販体制強化のため，出荷規格を6段階とする (飛，鶴，亀，松，竹，梅)，15 kg容石油箱．その後化粧箱も採用．戦後物資不足時には石油箱のみ (49)．
- ○愛媛県で国鉄予讃線が松山まで開通し，この地帯のミカン輸送が海上輸送から鉄道輸送に転換 (49)．
- ○大分県でみかんの選果機使用開始 (221)．
- ○佐高商店が薬品処理による蜜柑缶詰の製造開始 (49)．
- ○福岡県浮羽郡田主丸で土屋広美が米国に柑橘苗500本輸出 (49)．
- ○昭和2から3年頃，蜜柑缶詰の輸出開始 (29)．

1928 (昭和3)

- ・1 ○東京の中島商店が広島で，蜜柑缶詰製造を始め，欧米に見本17函輸出 (49)．
- ・4 ○福岡県果樹母木園を浮羽郡水縄村 (田主丸) に設置 (29, 49)．
  - ○和歌山県有田郡金屋町で八朔の栽植始まる (49)．
  - ○青森県立農事試験場で須佐主任の指導で「交配ニ関スル試験」(品種改良) 開始 (145, 256)．
- ・9 ○鳥取県梨共同販売所が東京の三越本店で二十世紀梨の宣伝販売会実施 (48)．

・11　○天皇即位礼挙行，長野県農事試験場のリンゴ，御大典御机上物として献上(61)．
・12　○中央卸売市場法の施行に伴い，多町青物市場が東京市神田区山本町一番地，中央卸売市場内，神田青果市場へ移転．4年には，仲買人196店舗，問屋218人，付属商64人，取扱数量134,663トン(28, 49)．
　　　○「日本農薬株式会社」発足(61)．
　　　○青森県の渋川伝二郎著の「リンゴの剪定」刊行(145)．
　　　○この頃，近郊園芸の集約化(55)．
　　　○この頃から佐賀県大川村全域に梨栽培普及(49)．
　　　○神奈川県根府川柑橘試験地が足柄下郡片浦村に設置(29)．
　　　○山口県が大島郡久賀町に大島果樹園芸指導地を創立し，温州蜜柑とネーブルの試験開始，技手1名(29)．
　　　○神奈川県が「柑橘優良系統の調査」開始，昭和12年完了，苗木配布開始(29)．
　　　○山形県東根市の佐藤栄助選抜のオウトウ「佐藤錦」が岡田東作により命名(5)．
　　　○岡山県の大久保重五郎がモモ「大久保」を育成(256)．
　　　○群馬県榛名町の梨「二十世紀」栽培で，白模造紙の小袋に新聞大袋の二重掛け方法から，ワックスペーパー袋に切り替え，外観が良くなる(49)．
　　　○鹿児島県立糖業講習所がスモモ「花螺李」を台湾から導入，名瀬で栽培(49)．
　　　○田中諭一郎が全国の実梅品種を収集・調査し，有望品種7品種を上げる(白加賀，花香実，浪花，城州白，島田八房，甲州最小，甲州深紅)(61)．
　　　○岡山，九州にモモハモグリガが発生し，硫酸ニコチン散布が有効と判明(29)．
　　　○昭和2年から始まった経済恐慌で長野県北佐久の桃缶詰業界が倒産．桃栽培も衰退(61)．
　　　○宿谷式国産動力噴霧機一号機完成(49, 61)．
　　　○神奈川県小田原市の鈴木小太郎がみかん動力選果機開発，出荷組合に設置．動力機の初めて(49)．
　　　○佐賀県西松浦郡大川町で肥料，袋，農薬などの生産資材の分配，バナナ籠利用の共同出荷のため，共同集出荷場建設(49)．
　　　○鳥取県，「二十世紀」梨の包装荷造りを石油木箱正味3貫500匁入りに県下統一(48)．
　　　○岐阜県本巣郡で柿を集めて東京の青物問屋に出荷．15kg入り石油箱，6等級(49)．
　　　○新潟県新発田市のイチジク生産者有志が「七軒町加工工場」を設立し，イチジク一次加工品製造(49)．
　　　○中島商店がアメリカに蜜柑缶詰17箱を見本として送付．翌年，輸出成功(49)．
　　　○この頃，梅干しは関東，関西はドブ漬けが好まれていて，和歌山県南部川村が大阪の漬物商，長谷川清太郎を招いて講習し，関西に販路を拡大(49)．
　　　○長野県下のリンゴ1反歩以上の栽培者は937名(61)．
　　　○この頃，長野県でリンゴの密植排除のため，間伐進む(61)．

昭和（～30年）時代　　　（185）

　　　　○化学肥料が普及し，硫安消費量が大豆粕と並ぶ(61, 190).
1929（昭和4）
・3　○山形県の杉山昌治著「実験桜桃栽培法」発行．山梨県の桜桃本数，明治42年(50本)，大正8年(721本)，大正13年(3,133本)(49).
・4　○長野県伊那の大島村の梨栽培で凍霜害発生(61).
　　　○青森県の安田元吉が農業倉庫業を経営，資材の保管，資金融通し，明治21年にリンゴ栽培開始．東奥義塾のりんご園の分譲を受け，26町歩の大規模経営を40年間実施．大日本農会から功績者表彰(49).
・6　○長崎県茂木びわ同業組合が上海で試食宣伝会開催，その後2回実施された茂木枇杷海外輸出に貢献(49).
・8　○青森県が取引の信用維持，品位向上のため，県営りんご検査（第一次）実施し，開始19日で廃止(49, 145).
・11　○青森県りんご組合連合会が第一回選果標準品評会開催(145).
　　　○神奈川県農事試験場園芸部の坂口　勇と富樫常治が大正4年から開始したモモ73品種の各種形質調査を「農業及び園芸」に発表(49).
　　　○鹿児島県県会副議長の奥亀一と鹿児島県柑橘試験場長の池田　基が，それぞれ台湾の苗木商と新竹農事試験場より高梢系ポンカン導入(49).
　　　○この頃，高知県の園芸部長，渡辺恒男が台湾新竹州からポンカンを導入，配布，このほか，親戚を通じて，台湾から多数導入(49).
　　　○池田伴親が「園芸果樹生態論」を泰弘館から出版(49).
　　　○静岡県田方郡内浦村にヤノネカイガラムシ防除のため，静岡県立柑橘害虫研究所設立(29, 49).
　　　○青森県が「リンゴの品種改良及び園地整理，病虫防除，施肥の改善方法」試験開始，昭和13年完了(29).
　　　○木村甚弥がリンゴの「奇形果」をウイルス病と推定(246).
　　　○大正年間からこの頃まで，長野県のリンゴの主幹品種は倭錦と柳玉，昭和4年の品種割合は倭錦(40％)，紅玉(20％)，祝(15％)，国光(10％)(61).
　　　○長野県諏訪地方の梨栽培，下諏訪町(8町歩)，平野村(5町歩)，中州村(4町3反歩)，四賀村(4町歩)．「早生赤」が最も多く，「長十郎」が次ぎ，「晩三吉」，「二十世紀」が少量(49).
　　　○新潟県農事試験場園芸部で果樹の品種改良開始，ナシ，加工用モモ，クリを育成(49).
　　　○経済恐慌が始まり，養蚕業不振対策で鹿児島県では，カンキツ増産　五カ年計画立案，昭和9年には1788 ha，生産量178万貫になる(49)．農村更正対策で果樹栽培奨励(256).
　　　○鳥取県の梨共同販売所が鳥取県二十世紀なし荷造り共進会を神田で開催，東京市場に鳥取産二十世紀の認識高まる(49).
　　　○長野県農事試験場が「果樹栽培要覧」を発行し，リンゴの品種を「祝」，「旭」，「紅玉」，「国光」，「デリシャス」，「エーケン」，「インド」の7品種に絞り，急速に「倭錦」が「紅玉」と「国光」に転換，主として硫酸ニコチンによりリンゴワタムシの防除可能が影響(61).

昭和（〜30年）時代

- ○岐阜県が「果樹苗木育成」事業開始．桜桃，栗，リンゴ，柿，葡萄，無花果を実施．昭和9年に一旦完了し，洋梨，桜桃を継続(29)．
- ○三重県が「柿脱渋法普及」試験開始．昭和7年完了．度合郡産蓮台寺柿の脱渋法完成し，県下各地にコンクリートタンクが普及(29)．
- ○昭和4年の果実の機関別出荷割合，生産者個人(14％)，生産者団体(42)，同業組合(7)，産地商人(29)，他都市市場業者(8)(49)．
- ○東京銀座の果物店千疋屋斉藤義政，アメリカから「スターキングデリシャス」苗木を持ち帰り，青森県弘前市対馬竹五郎に育成を依頼(1, 214)．原木は青森県弘前市細腰字大口沢87番にある(37, 61)．
- ○千疋屋と同時に青森県りんご試験場長の須佐寅三郎がアメリカのスターク商会から「スターキングデリシャス」を導入(49)．
- ○宮城県登米郡米谷町の高泉勝治が横浜植木会社を通じ，アメリカのスタルク会社から「スターキングデリシャス」と「ゴールデンデリシャス」苗木2本づつを購入，苗木価格は1本20円(49)．
- ○長崎県茂木枇杷同業組合が中国市場開拓のため，上海で試食会開催(49)．
- ○この頃，香川県で，一般作物より価格が良いため，柿「富有」の栽培が増加，昭和15年には900 ha(49)．
- ○この頃から長野県小県，佐久地方でクルミ栽培が盛んになる(61)．
- ○サンキスト・レモンが本格的に販売，輸入量は1万カートン，キロあたり5銭(28)．
- ○昭和4年〜5年頃，四国地方の重要農産物である除虫菊と養蚕が化学薬品や化学繊維に代わり，広島県では柑橘を転換作物とし，ネーブル，八朔，ミカンの苗木育成(49)．
- ○愛媛県で，女子作業員2名が小穴からみかんを落とす城南式選果機開発．1日50箱の能力，制作費7円(49)．
- ○蜜柑缶詰が初めて輸出品となる(29, 49, 55)．以後急増(49, 55)．中島商店がロンドン，セール商会に140箱輸出(49)．
- ○和歌山県が輸出移出柑橘の検査開始(29)．
- ○この頃，労働集約的果樹栽培技術進展(新品種，袋掛け，隔年結果防止)(190)．
- ○昭和4から5年頃，経済恐慌により，青森県のリンゴ園で廃園続出(49)．

1920年代

- ○リンゴの防除暦が洗練され，急速に普及し，害虫大発生が沈静化(243)．

1930(昭和5)

- ・2　○長崎県立農事試験場が茂木枇杷の優良系統選抜を行い，昭和13年度まで苗木を5万本余養成し，県下に配布(49)．
- ・3　○大井上康が「理論実際葡萄之研究」を養賢堂から出版(49, 256)．
- ・6　○鹿児島県の池田基により，台湾から「晩白柚」が鹿児島県農事試験場に導入(49)．

昭和（〜30年）時代　　（ 187 ）

- ・11 〇静岡県志太郡の蜜柑生産者が三井物産に委託して，ロンドン，ハンブルグ，パリに2,500箱輸出(49).
  〇竹館産業組合のリンゴ加工場でシャンパン製造開始(145).
  〇和歌山県橋本市の吉田蒸之助が岡山県からスモモ「キング」，「ソルダム」苗木を導入，別々に植えて，結果不良，その後，混植(49).
- ・12 〇農林省委託黒斑病防除試験の第一報発表(48).
  〇神奈川県三浦へ和歌山の「井関早生」温州ミカンが導入，早生ミカン栽培開始(49).
  〇この頃，静岡市麻機の杉山甚作の温州ミカン園から県母樹1号発見．その後，「杉山温州」と改称(49).
  〇鹿児島県大島郡(名瀬市)の小林富悦が台湾からポンカン苗木500本を導入(49).
  〇岡山県の入江静加が米国から帰国し，温室ブドウ栽培開始(49).
  〇農林省園芸試験場(興津)でブドウの育種開始，15年中止(33).
  〇東京都青梅市二俣尾の野本英一がウメ「玉英」を栽培開始．昭和35年登録(49).
  〇岡山県がブドウ新品種「ネオマスカット」育成(172).
  〇青森県りんご試験場が「ゴールデンデリシャス」に「印度」を交配，後に「陸奥」，「東光」を選抜(49, 61).
  〇青森県立農事試験場園芸部がリンゴ苗木配布事業開始．昭和16年まで継続，24万本(145).
  〇この頃からリンゴ園に草生栽培が導入(245).
  〇和歌山県有田郡清水町で岩本静雄等5名でネーブル栽培開始．戦争中伐採(49).
  〇和歌山県伊都郡かつらぎ町の岡田正男が広島から八朔の穂木を導入(49).
  〇山形県酒田市(庄内砂丘地方)にブドウ「甲州」，「デラウエア」初導入，戦時中に伐採(49).
  〇岡山農試が桃の優良品種として「大久保」を選定(143).
  〇山梨県東八代郡一富村の加藤重治が「白桃」，「大久保」の栽培開始(49).
  〇沖縄県八重山支庁が県庁を介して台湾からパイナップル「スムース・カイエン」種苗を数百本導入植え付け奨励(49).
  〇この頃，柿「平核無」の生産出荷が増加し，「庄内柿」と呼称始まる(49).
  〇世界恐慌，日本に波及(昭和恐慌)．農業にも恐慌起こる．1932年まで続く(1)，豊作飢饉(117, 172).
  〇全国農家の負債は1戸あたり700〜800円．このときでもクルミは1升50銭(61).
  〇この年以降農村恐慌により兵庫県佐用郡，宍粟郡で栗栽培急増(49).
  〇前年の世界大恐慌により，生糸価格の暴落で，長野県の養蚕業が打撃を受け，桑園の転換作物として果樹・野菜が急増(61).
  〇愛媛県で生糸価格が暴落し，養蚕とミカン栽培が逆転．桑畑からミカン畑に転換と開墾によりミカン栽培が急増．ミカン価格が1貫当たり30銭台から20

銭台に急落，数年継続 (49)．
○昭和農村恐慌以降，長野県でリンゴ品種が品種更新され，紅玉，国光主幹時代（国光：42％，紅玉：33％，祝：11％）に入り，昭和10年頃に完成 (61)．
○大正10年輸入の硫酸ニコチンとこれと前後して一般化されたヒ酸鉛による綿虫，葉巻への効果により，この頃，リンゴが安定生産可能となる．紅玉が主力品種となり得た (61)．
○この頃から長野県でリンゴの出荷が増加し，7月下旬から毎日，東京へ100箱輸送 (61)．
○この頃，愛知県下でウイルス病の「温州萎縮病」が発見される (19)．
○この頃から，岡山県にミカンコナムシ大発生．松脂合剤で防除 (29)．
○5,6年，北海道江部乙町のりんご，モニリア病で連続収穫無 (49)．
○有光式，続いて初田式，丸山式動力噴霧機が発売 (49)．
○長野県下の石油発動機台数12台 (61)．
○大分県でミカン栽培にリヤカー出現 (221)．
○この年まで，佐賀県西松浦郡大川町のミカンは近郊の炭坑や唐津に荷籠で小売り (49)．
○このころ以降，熊本県でミカンの面積が増加 (49)．
○この頃，軍隊食用の漬梅の需要が急増し，徳島県が梅「鶯宿」の苗木増産・配布 (49)．
○静岡県の清水食品（株）が県内で初めて蜜柑缶詰製造開始 (49)．
○ミカン缶詰の新技術がほぼ完成，生産量増大し，輸出に希望 (1)．
○蜜柑缶詰の生産が3万缶となる (29)．
○広島県の加島正人，ロンドンに蜜柑の缶詰を初輸出．以後，マグロ缶詰とともに輸出缶詰の花形となる (214)．
○愛媛県で神戸の貿易商を介して温泉郡浅海村の早生梨をスマトラ，ジャワに輸出．愛媛県の果実輸出の初め．以降，毎年500箱程度輸出 (49)．
○愛媛県中山町出荷組合が神戸の商社を介して栗を対米輸出．833箱（1箱7貫200匁）．6年は1,483箱，7年は380箱，8年は1,430箱 (49)．
○東京新宿二幸の果物部主任の林政一が三越仙台支店，札幌支店開設に尽力し，昭和9年に恵比寿駅前に独立 (49)．
○大阪府が栗の果実検査開始 (29)．
○この年の果樹栽培面積，約12万町歩，昭和10年には約14万町歩へ増加 (256)．

1931（昭和6）
・1　○中華民国がカンキツに対し，高率な輸入税を果たし，ミカンの輸出が減少 (49)．
　　○和歌山県で－8℃の寒波，柑橘「八ツ代」がほぼ全滅．刈り取り木炭製造販売，徳島県勝浦郡で21〜34cm積雪，朝に凍結－5.5℃，標高300m以上の柑橘園が全滅，その他も甚大な被害 (49)．
・4　○青森県農事試験場苹果部が独立して，青森県苹果試験場を開設．生産者のリンゴ栽培意欲が旺盛となる (49)．

・5 ○長野県のリンゴ園でリンゴタマバエ防除のため，異常蕾の摘蕾で防除．3年間実施して以降未発生 (61)．
・6 ○和歌山県の四菱食品 (株) が，日本で始めてマラスキノチェリー瓶詰め製造開始 (49)．
・7 ○7月から10月末まで，国鉄が長野で客車に貨車を連結し，リンゴの「輸送代用車」運行 (61)．
・8 ○佐賀県西松浦郡大川町のミカンは石油箱15 kg詰め，集荷場に集荷し，佐世保，佐賀などに東唐津鉄道のトラックで共同出荷，7年からは個人営業のトラック出現し，委託販売 (49)．
・9 ○島　善隣著の「実験リンゴの研究」刊行 (30, 37, 49, 145)．
○満州事変 (柳条溝事変) 勃発 (172, 190, 264)．
○大阪市中央卸売市場開設．大阪青果卸売組合結成 (49)．
・秋 ○福岡県で開催の柑橘中央協議会で和歌山県の吉益匡賢が全国的輸出組合構想提唱「日本柑橘中華民国 (満州) 輸出組合」11月に結成 (49)．
・10 ○農林省農産課の上遠章技師が米国からリンゴ綿虫寄生蜂のワタムシヤドリコバチ (アフェリヌス・マリ) を導入，青森で300匹放し，長野，山梨，富山等にも放し被害を軽減 (29, 49, 61, 145)．
○東北，北海道で凶作・冷害飢饉により農村の不況が深刻化，栄養不良児続出 (1, 117)．青森県，稲作の半作に対して，リンゴ豊作となり，このため，農家のリンゴ栽培熱が起こる．小農がリンゴ栽培に傾斜 (1, 145)．
○徳島県で従来，湯抜き脱渋していた蓮台寺柿に加圧炭酸ガス脱渋を実施 (49)．
○茨城県栗出荷組合連合会が米国へ栗輸出成功 (49)．
・11 ○北海道農業試験場がアメリカのスターク兄弟社からブラックベリー4品種，ラズベリー4品種を，兵庫の日の出花壇からキイチゴ5品種を導入 (49)．
・12 ○大阪の福島に中央卸売市場が開設．それまでは天満青物市場が中心 (28, 29, 49)．
○農林省農政課から，地方農会等が実施した特産物の収支経済的調査を取り纏め，「蔬菜及果実の生産費調査」を刊行 (49)．
○静岡県庵原郡由比町の石川広一の温州ミカン園で「石川温州」発見．昭和25年登録 (49)．
○宮崎県の在来柑橘を日向夏みかんと命名 (49)．
○川上善兵衛が「マスカット」とブドウの「ベリーA」の交配に成功 (214)．
○昭和6～7年頃，林博太郎伯爵がフェイジョアの種子を持ち帰り実生繁殖 (63)．
○和歌山県の南部村の小山貞一が高田貞楠が発見した高田梅 (後の「南高」) の穂木を譲り受け，繁殖し，昭和26年の品評会に出品．ここで評価を受ける (156)．
○この年，大寒害により，徳島県で柑橘の植え替えがあり，ヤノネカイガラムシが侵入，昭和22年に大発生 (49)．
○静岡県の「長十郎」主体の梨栽培でナシヒメシンクイムシの被害が発生．袋かけが導入 (49)．

昭和（～30年）時代

- ○台湾園芸協会協会報「熱帯園芸」刊行 (49).
- ○青森県りんご試験場が「国光」に「紅玉」を交配．後に「恵」を選抜 (49).
- ○青森県りんご試験場の須佐寅三郎がリンゴ園の草生の実験開始 (49).
- ○長野県で農業特定指導町村を指定し，ここを中心にリンゴ栽培が浸透 (61).
- ○長野県伊那の「二十世紀」梨が神田市場に初出荷され，好評 (61).
- ○長野県伊那の「二十世紀」梨で松川町大島で持ち寄り選果開始 (61).
- ○果樹園の浄耕法（深耕法）が千葉大学の三木泰治によりアメリカから導入 (49, 61).
- ○静岡県磐田市豊岡村敷地の伊藤功が山梨から火力乾燥技術を導入して，簡易乾燥機を考案して「立石柿」からコロ柿を製造 (49).
- ○大阪府が蜜柑，兵庫県が輸出用栗，愛媛県が輸出蜜柑，大分県が輸出蜜柑で果実検査開始 (29).
- ○和歌山県で産業組合が柑橘の共同出荷実施 (49).
- ○静岡ミカンの容器，品質・等級が無統制，雑多となり，市場の信用が失墜 (49).
- ○この頃，蜜柑の選果機として，和歌山の吉備式，畑式，愛媛の仙波式，神奈川の鈴木式，静岡の中村式，白柳式の動力選果機誕生．出荷団体の結成と連動して，後半に普及，特に鈴木式，リンゴなどの落葉果樹は手選果 (49).
- ○この頃から，林檎「デリシャス」が市場に現れる (186).
- ○山梨県でハトロン紙の渋紙で醸造用ぶどうの被覆栽培普及 (49).
- ○この頃，神奈川県三浦半島の桃産地が胴枯病でほぼ全滅 (49).
- ○青森県のリンゴにモニリア病大発生 (61).
- ○山梨市の奥山七郎がブドウの笠懸栽培法を考案 (61).
- ○長野県上伊那郡飯島村の桃沢匡勝が盃状仕立て法を試行 (61).
- ○長野県の更級杏ジャムが「壽商会」合資会社に名称変更 (49).
- ○長野県の桔梗ヶ原の林　五一が葡萄の「コンコード」を原料に葡萄果汁を製作．後に台湾へ移出したが，殺菌不良で失敗．戦争中は消費が急減．戦後グレープジュースとして順調に成長 (49).
- ○昭和6～7年頃，東京の森下商店がグレープジュース瓶詰め（500 cc 入りの化粧瓶）を300ケース宣伝販売 (49).
- ○福岡県企救郡企救町の長谷川三年等が葡萄酒醸造開始．仕込み数30,959石 (49).
- ○愛媛県が北米，カナダ向け輸出蜜柑検査規則を制定．病害虫検査開始 (49).
- ○大分県の津久見みかんが北米バンクーバーへ試験輸出 (221).
- ○東京都立川市曙町に果物販売が多い青果店「いなげや」創業 (49).
- ○昭和6～7年頃，東京の森下商店がグレープジュース販売，この頃，レモン，オレンジ，イチゴ，アップルなどの果汁が出回る．いずれも明治30年の内務省令で透明果汁に限定 (49).

1932（昭和7）

・3　○新潟県佐渡郡羽茂村農会の杉田清が菊池秋雄に「平核無」の産地化を相談し，山形の家老酒井調良より穂木15,000本と苗木2,000本を導入して産地形成開始，「おけさ柿」の始め (49).

- 4　○昭和6年，朝日新聞太平洋横断飛行記念懸賞に応募した米国人がアメリカ，ウエナッチ市に到着，征空記念に青森県りんご試験場長の須佐寅三郎がりんごの「リチャードデリシャス」の穂木分譲を要請，導入 (49).
- 5　○田中長三郎が「A monograph of the Satsuma orange with special reference to the occurrence of new varietis through bud variation」(温州蜜柑譜)を台北帝大理農学部発行，園芸教室報告第8号として刊行.
- 6　○和歌山県の四菱食品(株)がクリスタライズドチェリーを日本で初めて製造 (49).
- 8　○神奈川県が柑橘の検査開始 (29). ミカンの階級を7等級(特，天，鶴，亀，松，竹，梅) 縄の太さ，詰め方，レッテルを統一 (49).
- 9　○愛媛県温泉郡の久松共同選果場で電動選果開始 (49).
- 10　○川上善兵衛が「実験葡萄全書 上篇 栽培法」を西ヶ原刊行会から出版 (49).
○和歌山県がミカン販路拡張と販売の円滑化のため，県営販売斡旋所を全国で初めて設置 (49).
○佐賀県農事試験場園芸試験地が宮川早生を中心に温州ミカンの苗木を92,500本養成し，県内に有償配布し，集団産地を育成. 昭和12年まで継続 (49).
○和歌山県那賀郡粉河町荒見の上林勤の園で早生の「上林系温州」発見 (49).
○北海道にリンゴ「ゴールデンデリシャス」，「スターキング」を導入 (49).
○「ネオマスカット」や「白鳳」(桃)が初めて市場に登場 (214).
○川上善兵衛が「マスカットベリーA」を公表. 昭和2年，「ベリー」に「マスカット・ハンブルグ」を交配，昭和6年初結果 (49).
○山梨県東山梨郡勝沼町の土屋長男が岡山県の育成者広田盛正から「ネオマスカット」を導入試作 (49).
○長野県伊那の桃沢匡勝が梨の整枝法を改良し，主枝を4本，亜主枝を肋骨状に交互に直線的に配置，植え付け距離を拡大し，10a当たり48本とする「桃沢式整枝法」を提案 (61).
○徳島県でルビロウムシを発見. 昭和26年にルビーアカヤドリコバチを放飼 (49).
○この頃，戦火の拡大で輸入葡萄酒原料の確保が困難になり，大黒ブドウ酒醸造会社(後の三楽オーシャン，赤玉ポートワイン)が長野県桔梗ヶ原に工場設置 (61).
○この頃，寿屋(現在のサントリー)がりんご果汁を真空低温濃縮した「コーリン」を発売，当時としては画期的に技術水準が高い飲料.
○愛知県でカキ「次郎」のヘタ虫防除に砒酸鉛散布. カキの袋掛けがなくなる (49).
○この頃，青森県のリンゴ地帯で使用された動力噴霧機は，ビーン社(ポニー)，シムプリシテイ(ジャイアント，ジュプレックス，ベビーシムプリシテイ)，フレンド社(EXA)，CX，ヘース社，デミング社(ビクトリー，ジュニア)，島式高速度動力噴霧機，大島式動力噴霧機，自行動力噴霧機，発動機直結S.A.M.ポンプ (49).
○長野県が小県郡和村大室(現東部町)にアメリカから5品種を導入して，クル

　　　　ミ試験地を設置 (49).
　　○広島県が青酸ガス薫蒸開始 (29).
　　○熊本県が苗木の移入検査開始 (29).
　　○山口県が輸出柑橘検査規則を公布 (29).
　　○大分県が果樹苗木の移出入検査開始 (29).
　　○商工省臨時産業合理局に柑橘北米輸出改善委員会が設置され，柑橘生産者団体の大日本柑橘生産組合連合会に北米輸出の一部を許可 (49).
　　○愛媛県の業者が愛媛蜜柑を北米に輸出開始 (49).
　　○日本柑橘中華民国輸出組合が日本柑橘満州国輸出組合に名称変更 (49).
　　○この頃，愛媛県松山市を中心とする伊予郡，温泉郡の温州ミカンが激増し，1,000 ha 余に達する (49).
　　○愛媛県で県令でミカンの規格を全県的に8階級（天，特，イ，ヨ，ノ，ミ，カ，ム），品質（外観）は3段階（優，良，可）に統一 (49).
　　○静岡市広野で有志による桃の共同出荷開始．京浜市場で好評 (49).
　　○愛媛県で溝幅が変化する回転軸を持った仙波式選果機が開発．8年に普及．1台16円，毎時能力150貫 (49).
　　○昭和7,8年頃，香川県で明定缶詰が蜜柑缶詰をアルカリ法で輸出品として製造開始 (49).
　　○丸缶ジャムメーカーとして旗道園忠海工場（後の青旗缶詰（株））が創立．従来のイギリス風の苦みや酸味が強いジャムから，ネーブルに冬橙と夏ミカンを配合し，日本人好みの甘いマーマレードを製造・販売，本格的に輸出，内販用の蜜柑缶詰製造開始 (49).

1933（昭和8）
- ・1　○川上善兵衛が「実験葡萄全書 中篇 種類各論」を西ヶ原刊行会から出版 (49).
- ・2　○川上善兵衛が「実験葡萄全書 下篇 醸造法」を西ヶ原刊行会から出版 (49).
  　　○青森県りんご検査規則公布 (145).
- ・3　○農林省農務局から「園芸要覧」刊行 (49).
  　　○田中長三郎著「柑橘の研究」養賢堂から出版．
- ・5　○長野県で穀物検査規則を長野県農産物検査規則に改め，穀物検査所を農産物検査所に改称して，リンゴも検査項目に含めた．検査員が指定選果場で天，松，竹，梅の4等級に規格，その後，ナシ，クルミを追加 (61).
- ・8　○青森県でリンゴの県営検査復活（第二次），昭和45年7月まで継続 (49).
- ・10　○台風で西日本，近畿，長野，北海道が被害 (117)．青森県で収穫期のリンゴ暴風雨により損害20万円 (49).
  　　○長野県に青森県苹果試験場からワタムシヤドリコバチ200頭が配布される (61).
  　　○この頃から養蚕が減り，果樹が増加 (55).
  　　○この頃，静岡市賤機区牛妻の繁田熊平の園で早生温州「繁田早生」発見 (49).
  　　○愛媛県北宇和郡立間村の薬師寺惣一の園で村松春太郎が「南柑4号」選抜 (49).
  　　○和歌山県那賀郡長田村で八朔栽培開始．戦時中に転作 (49).

昭和（～30年）時代　　（193）

○昭和8年頃，和歌山県新宮市三輪崎の乾茂松がアメリカからアボカドの種子の送付を受けて，播種(49)。
○鹿児島県肝属郡高山町の中村作次郎が台湾から高梢系ポンカン苗木400本導入(49)。
○興津の園芸試験場で園芸技術者協議会が開催され，全国の著名な栗品種を集めて品種名の整理と優良品種の調査選定を実施。「銀寄」，「小布施1，2，3号」等選定(61)。
○神奈川県からモモの「白鳳」，「甘泉」，「昭和」発表(256)。
○昭和8年から12年頃，岡山県でモモの「馬場白桃」，「簔島白桃」，「高倉」，「高陽白桃」が注目，地方品種に留まる(256)。
○この年から12年までワタムシヤドリコバチを各県に配布(61)。
○青森県でリンゴ増殖ブームとなり，約3,500 ha増加(49)。
○青森県のリンゴ栽培でモニリア病大発生(49)。
○この年より，北海道農業試験場がナシ，ブドウ，ウメ，クリの品種改良開始(49)。
○北海道農業試験場がミシガン州立農試，アメリカ農務局からキイチゴを寄贈され，既存の物と併せて優良品種として「ラーザム」，「ニウボウ」，「ゴールデンクイーン」，「ブラック・キャップ」選定(49)。
○この年より，昭和14年まで，徳島県農業試験場の桂澄人がナシ品種改良開始。「桜」，「富士」，「真珠」育成(49)。
○広田盛正がブドウの「マスカット・ハンブルグ」に「甲州三尺」を交配して，昭和46年に「ヒロ・ハンブルグ」として種苗登録(256)。
○田中長三郎が「柑橘の研究」を養賢堂から出版(49)。
○この頃，業者の不当価格に不満が募り，和歌山県長田村で共同出荷開始(49)。
○岡山県の葡萄栽培家，広田盛正が大正14年から「甲州三尺」に「マスカットオブアレキサンドリア」を交配し，この年，「ネオ・マスカット」育成(49)。
○白桃，マスカットベリーAが市場に登場(214)。
○山梨県東山梨郡勝沼町等々力の土屋長男がこの年と昭和11年，13年にわけて，フィロキセラ抵抗性台木のテレキ系品種をオーストリアのテレキ研究所から導入し，普及(49)。
○この頃から島根県簸川郡（出雲地方）の葡萄栽培が大社町中心に増加(49)。
○植木の産地である埼玉県では，県内で最も古い梨産地の大宮市三橋地区が赤星病で栽培断念となるなど，被害が多く，中間宿主の伊吹等の掘り採り補償を県議会で採択，9年助成・伐採開始，被害面積128町歩，55％，8万1千円（現在で1億1千万円），植栽されてる伊吹20,196本，磯馴5,846本(49)。
○神奈川県農事試験場，モモ「白鳳」を命名，発表(5)。
○この年から昭和14年にかけて，熊本県のミカン生産量が顕著に増加(49)。
○ミカン缶詰の生産量15万箱に達し，輸出11万箱(1, 29)。
○愛媛県の伊予果物同業組合が大日本柑橘販売組合連合会を通じ，10,000箱，北米に蜜柑輸出(49)。
○大分県の津久見みかんを北米へ輸出(2,276箱)(221)。

○鳥取県梨共同販売所，二十世紀梨を中国，韓国，台湾に輸出 (3)．
○鳥取県東伯郡八橋組合が全国初の梨共同選果場建設 (48, 49)．
○広島県蜜柑缶詰工業組合が検査開始 (49)．

1934（昭和9）

・1　○リンゴが下痢に良く効くとリンゴの人気が急上昇 (214)．
・4　○神奈川県三浦に静岡県庵原村から「宮川早生」温州導入．高接ぎ，接木師の日当3円，穂代金800g 20円 (49)．
・6　○和歌山県の四菱食品（株）が日本で始めてエリスオジン3号をアメリカから輸入して，レッドチェリー缶詰を製造開始 (49)．
・7/8　○東北，北海道地方大凶作 (1, 117)，トチ，ナラ四分にヒエ6分を粥として食する (46) 作況指数61 (115)，飢饉 (123)．東北六県で出稼ぎに出た女性，5万8千173人 (123)．
・8　○農林省がマンシュウリンゴヒメシンクイの内地への進入防止のため，満州リンゴの輸入を禁止．12月に二硫化炭素薫蒸果実の輸入を許可 (61)．
・9　○室戸台風，関西地方を襲い死者2,500人 (1, 117)．各県の果樹被害記載 (49)．
○大日本柑橘販売組合連合会（日柑連，10府県参加）が生産者側により設立され，商工省との折衝の結果，日本柑橘北米輸出組合とともに，柑橘北米輸出改善委員会を設置，ほとんど一元輸出となる (3, 29, 49, 172)．
・10　○青森県で45両編成の初のリンゴ列車を運行 (1, 214)．
・11　○静岡県購聯柑橘部が蜜柑3,300梱のをアメリカ向けに輸出．団体による初輸出 (49)．
○秋田県，欠食児童救済のため，4人の家事の先生を東京市衛生試験所栄養試験部に派遣し，イナゴ，ドングリ，ワラビの根，ゴボウの葉等の調理を研究させる (1)．
○昭和11年まで，農商務省が繭価対策として，桑園を整理して果樹，茶，三椏の植栽を助成 (49)．
○和歌山県伊都郡かつらぎ町の向山喜久治が温州ミカン枝変わりの「向山系」発見 (49)．
○鹿児島県垂水市田神の宮迫泰男の園で温州ミカン有望株を選抜し，垂水柑橘分場で大正14年から調査し，この年に「宮迫6号，23号」を選抜 (49)．
○この頃，熊本県河内村の西村徳三郎の園で偶発実生として「河内晩柑」発見 (49)．
○弘前新聞社が青森県苹果試験場の後援で昭和9年～11年の3年間，青森県下苹果立毛品評会開催 (145)．
○農林統計の生産統計で果樹の品種別面積調査実施 (49)．
○この年，青森県のリンゴ栽培が栽培本数，収穫量で全国のそれぞれ，67％，86％を占めるようになり，約3分の2以上となる (145)．
○鳥取からナシ列車運行開始 (48)．
○この頃，埼玉県安行の落葉果樹苗木生産が盛んとなり，北足立郡二十一個町村で526万本生産 (29)，福岡県浮羽郡水縄村では柑橘苗を中心に267万本生産 (29)．

昭和（～30年）時代

- ○カンキツ輸出許可規則が公布され、関東州、満州を除く地域向け蜜柑輸出は農林、商工両大臣の許可が必要となる (49).
- ○この頃、戦火の拡大で輸入葡萄酒原料の確保が困難になり、壽屋がブドウ酒工場を長野県桔梗ヶ原に工場設置 (61).
- ○リンゴ栽培面積1万115町と初めて1万町を突破．1905年（明治38年）以来29年間に2倍になる (1, 214).
- ○青森県のリンゴ生産量が7,083千箱 (49).
- ○この頃、長野県農試からリンゴ綿虫寄生蜂を県下に配布 (61).
- ○北海道余市、仁木地方のリンゴ園でモニリア病大発生．同時に不作の原因は管理技術の不備、衰弱、隔年結果も一因 (49).
- ○島根県でナシノグンバイムシ大発生 (49).
- ○この頃、池田成功と大井上康がフェイジョア数品種を米国から導入 (5, 63).
- ○静岡県のミカン鉄道輸送量が90,040 t、和歌山県を抜く (49).
- ○江戸時代から発展していた京都府伏見のモモ栽培がこの頃、野菜に転換され、終戦時の食糧不足時代に急減 (49).
- ○砒酸鉛が出現し、柿の蔕虫防除に利用 (61).
- ○長野県で小型動力噴霧器を使用開始 (61).
- ○鳥取県で動力噴霧器導入 (207).
- ○長崎県の伊木力蜜柑は商人の取引横暴により、長崎県柑橘組合連合会が出来て選別荷造りの改善実施．蜜柑は箱入りとする (29).
- ○蜜柑缶詰の生産が53万3,000缶、輸出28万4,000缶 (29, 49).
- ○昭和9年から11年にかけて、麹や麦芽の酵素を利用して果汁の清澄剤が開発され、リンゴ果汁に実用化 (44).
- ○この頃、横浜の四菱食品株式会社が果実缶詰製造で低温殺菌の理論と装置を解明．一大革命．戦時体制に入り、軍需主力へ変化 (49).
- ○愛媛県で生産者団体が愛媛蜜柑を北米輸出開始 (49).
- ○秋田県が欠食児童救済のため、家事の先生4人を東京市衛生試験所栄養試験部に派遣し、イナゴ、ドングリ、ワラビの根、ゴボウの葉等の調理を研究させる (214).

1935（昭和10）

- ・2　○東京市中央卸売市場、築地市場開場 (1, 28, 29, 48, 49)．神田市場、江東市場開設 (49, 214).
  - ○中央蜜柑缶詰工業組合設立．蜜柑缶詰検査実施 (49).
- ・3　○福岡県行橋市の県農事試験場豊前分場で桃品種比較試験実施．「大久保」、「岡山早生」を選定、県下に普及開始 (49).
  - ○静岡農試臨時報告 No.35「日本産柑橘害虫総目録」刊行 (49).
- ・8　○鳥取県果実組合連合会設立 (49).
- ・10　○恩田鉄弥、浅見与七編「果物原色図譜」刊行 (49).
- ・11　○全国柑橘中央会と各柑橘産地で第1回柑橘祭挙行 (172).
  - ○神奈川県鎌倉郡中川村秋葉に6,000坪の温室を中心とした千疋屋農場開設 (49).

・12　○石井勇義著，「原色果物図譜 全」(pp.161) 誠文堂新光社から刊行．
　　　○「二十世紀」梨の原木が国指定天然記念物に指定 (48, 49)．
　　　○静岡県購聯が興津に農産加工場を設置し，蜜柑缶詰，マーマレード等の製造加工事業開始 (49)．
・冬/春　○静岡県で11年春にかけて大寒波，被害柑橘園753町歩 (49)．
　　　○この頃より，埼玉県の梨集団産地で結実不良が発生 (49)．
　　　○この頃から，国の園芸試験場でモモ，ナシ，カンキツなどの計画的育種が実施 (256)．モモの育種 (缶詰用) 開始 (256)．
　　　○鳥取県梨共同販売所が鳥取県果物組合連合会に発展 (49)．
　　　○昭和10〜12年，リンゴ，ナシの大産地であった長野県上水内郡長沼村の津野，赤沼付近で神社，寺院のビャクシン類伐採 (61)．
　　　○青森県苹果試験場長，須佐寅三郎がリンゴ人工交配実施提唱 (145)．
　　　○大塚義雄が満州でリンゴ果実の「さび果」が接ぎ木伝染することから，「満州さび果病」と命名し，ウイルス病と推定 (246)．
　　　○この年から戦時中まで，静岡県購買連柑橘部主催で静岡県かんきつ中堅青年長期講習会開始 (49)．
　　　○栗胴枯病の指定試験が奈良県で開始 (29)．
　　　○福岡県が苗木の移出入検査開始 (29)．
　　　○この頃，埼玉県菖蒲町小林でナシ「長十郎」に二重袋使用 (49)．
　　　○大分県津久見市の川野豊のナツミカン園で甘夏が発見され，1950年に「川野なつだいだい」として名称登録 (5, 49)．
　　　○この年以降，紙製天幕による夏期青酸ガス薫蒸により，ヤノネカイガラムシが一挙に防除 (49)．
　　　○岡山県の桃にナシノヒメシンクイ発生，大被害 (61)．
　　　○この頃以降，長野県伊那の梨栽培では，桃沢の観察結果から，深耕が徹底され，「伊那の梨園は果樹園の土木工事である」といわれた．多収穫となる (61)．
　　　○昭和10年〜16年頃，愛媛県の柑橘で従来，切り接ぎ法であったが，芽接ぎ法を実施 (49)．
　　　○この頃，大分県西国東では，柑橘でボルドー硫黄合剤散布のみ (49)．
　　　○京都府何鹿郡志賀郷村の松本豊がカキ「富有」の中から早生の枝変わり「松本早生富有」発見，昭和27年3月登録 (49)．
　　　○刺なし栗を山形県飽海郡田沢村と一条村で酒田営林署員が発見，山梨県北巨摩郡小泉村でも発見 (172)．
　　　○青森県中津軽郡のりんご園，3,576 ha，北津軽郡 1,377 ha 三戸郡 1,244 ha (49)．
　　　○ナシ「晩三吉」の南洋貿易開始，鳥取県のナシの海外販路は満州，朝鮮，台湾，支那，南洋で11万2,000箱に達する (48)．
　　　○この頃，山梨県の土屋長男がブドウの整枝法を研究開始．X字型自然形整枝法開発 (61)．
　　　○山梨県の土屋長男が岡山県より桃「大久保」を導入．峡東地方での栽培開始

○(49).
○この頃，葡萄酒人気が回復し，長野県桔梗ヶ原に醸造工場18軒，醸造石数2,050石余で山梨県の1,300石を抜いて日本一 (61).
○長野県の柿栽植樹数が48万本程度になり，以降漸減．不適地，老大木，不良品種が急減 (61).
○長野県が森村のアンズで，優良系統の接ぎ木による改良を助成 (61).
○福岡県浮羽郡田主丸の果樹苗木生産が300万本となる (49).
○茨城栗販売購買組合結成 (49).
○山梨県で枯露柿を三井物産を通じて，米国とハワイに輸出．手続きが煩雑で3年で中止 (49).
○この頃まで，鹿児島県薩摩郡上甑村でイカ釣り用の糸を柿渋で染めた柿樹が少なく，他の地域から購入 (196).
○この頃，青森，長野では，リンゴの規格が現在と余り変わらない色沢，一玉最低基準，各等級最低基準で選果 (49).
○和歌山県の四菱食品(株)がドレンドチェリーを約300 t英国に輸出 (49).
○昭和10年～12年，農林省水産試験場の木村金太郎，熊倉悟両の発明した「複式殺菌法」により，横浜の四菱食品(株)と東京府日野町の藤野缶詰(株)がフルーツ蜜豆缶詰製造，その後，森永製菓(株)が果実・寒天と赤えんどうを別々に缶に詰めた「アベック蜜豆」を製造 (49).
○昭和10年～12年，横浜市の四菱食品(株)がフルーツサラダ缶詰を初めて製造し，昭和貿易(株)を通じて英国に輸出．二種の果実を混合したTwo Fruitsや三種以上混合のミックスフルーツなどの缶詰もその後世界各国へ輸出 (49).
○この頃，明治製菓(株)が蜜柑缶詰製造用果粒選別機を開発 (49).
○この頃の全国の青果市場数は約880カ所 (29).
○長谷川庄司がカップ式飲料自動販売機を発明 (184).
○天津甘栗の輸入が増加し，この頃，天津，平壌からの輸入額は100万円以上 (61).
○青森県で機械冷蔵庫設置 (49).
○この年，肥料施用量(窒素成分量)で硫安が大豆粕を圧倒 (190).
○昭和初期の果樹栽培奨励で，昭和5年の果樹栽培面積約12万町歩から昭和10年に約14万町歩へ増加 (256).

昭和初期
○この頃，青森県三戸地区で冷害凶作により，りんごが産地化 (49).
○この頃，奈良県ミカン産地で桑園のほとんどがミカン園に変る (49).
○この頃の農商務省園芸試験場で栽培していた桃は88品種 (61).
○この頃，新潟県新津市の梨栽培が養蚕不況で桑園から転換 (49).
○この頃の桃の産地は早生を中心とした神奈川県と，熟期に拘らず風味に主眼を置いた岡山県 (29).
○この頃，和歌山県の林庄吉の園より，林系温州ミカン発見 (49).

○この頃，広島県因島の八朔栽培の基礎形成(49)．
○この頃，カキの幹にコウモリガ食害があると結実が良く，果実肥大が良いことからヒントを得て，環状剥皮技術を考案(49)．
○この頃の長野県のブドウ栽培は，庭の柿，栗等の立木に絡めたり，庭先に簡単な棚を作って栽培(49)．
○大正時代からこの頃までの梨の植え付け距離は10a当たり5本（2間×2間），整枝法は関西の傾斜地に発達した盃式仕立て（関西式），関東の平坦地に発達した水平仕立て（関東式）が大きな流れ(61)．
○この頃，袋掛けの結束用に藺草又は藁のミゴにかわり，岡山の生産者が20番ないし22番の細い針金を短く切って利用を考案(61)．
○この頃から神奈川県で温州ミカンの長期貯蔵量が増加(49)．
○この頃まで，長野県小布施の栗園では，番小屋をおいて，盗難を防止(61)．
○この頃，鹿児島県大島郡瀬戸内では，シイの実を収穫，一人一日一斗五升，家族三人で一週間，山に入る．シイ飯，シイ粥，オジヤ，シイ・カライモ・蘇鉄・黒稲の混合醸造(183)．
○鹿児島県大隅半島でマテバシイを利用，神奈川県三浦半島，静岡県伊豆半島でも垣根とし，実を収穫，団子，マテ餅，利用(183)．
○この頃，ミズナラの実が長野県南安曇山地，岩手県・秋田県・山形県・福島県・石川県・福井県・岐阜県・奈良県吉野山地などの落葉広葉樹林地帯で食用，おやきの餡，パン採集には山の口明けを設定，木や枝は薪炭利用(183)．
○この頃，宮崎県西都市の標高500m地区ではツクバネガシの実を食用，粉にして，晒し，コンニャク作成．栗の実も収穫(183)．
○この頃，果物を進物に利用する人が増加．贈られた果実を家庭で，または客に出すので，主婦が果物を買いに行かない．このため，果物の見分け方がまずい．欧米はデザート用に主婦が直接購入(186)．
○この頃は小都市でも果物の嗜好がだんだん増え，果物店が増えてきたが，14～15年程度は八百屋の果物兼業が多いと推定(186)．
○この頃の大都市の市場は改善されて，安心して取引できるが，小都市の市場は旧態依然安心して出荷できない(186)．
○ナシ「二十世紀」の栽培が増加し，大都市では，「長十郎」が軽視されて，好況時の半値，大衆向け果物として高級店以外では歓迎される．また，西瓜に圧迫(186)．
○葡萄の「デラウエア」の栽培面積が増加し，価格が暴落(186)．
○この頃になり，優良甘柿の「富有」，「次郎」，渋柿の「横野」，「身不知」等が人工的に栽培管理されるようになった．需要が年々顕著に増加(186)．
○無花果が知られるようになり，都市周辺での栽培が増加(186)．
○この頃の果樹の樹種別優良産地記載(186)．
○この頃，和歌山県で柑橘の害虫ヤノネカイガラムシ大発生．全県下でガス薫蒸による全域全滅作戦を実施，一斉防除体制が確立(49)．
○北大果樹園にリンゴわい性台木導入(49)．
○神奈川県農業試験場二宮園芸分場の佐宗がウメの系統選抜実施．曽我十郎に

因んで「十郎梅」と命名，小田原市曽我で普及 (49).
○温州蜜柑，林檎，二十世紀梨，枇杷，桜桃，桃の階級を産地別に記載 (186).
○福岡県浮羽郡田主丸の果樹苗木生産が100万本となる (49).
○このころ，ミカン価格が急上昇，米価を引き離す (49).
○和歌山県四郷の串柿は400年前からあり，この頃，東虎太郎が製法改良，規格統一共同出荷 (49).
○この頃まで，静岡県沼津市でエビ刺し網を柿渋で染めた (196).
○この頃までに，缶詰製造はほぼ現在の水準に到達．ミカン缶詰では荒川と加島により薬品剥皮法が開発，内果皮を除去した製品が製造 (49).
○この頃の果汁はレモン，オレンジ，苺，アップルなどで何れも透明果汁 (49).

1936（昭和11）

・12　○茨城県で開墾地と桑園整理跡地に梨，「菊水」，「八雲」が新植，両品種の進出は茨城が日本一 (49).
　　　○北海道にリンゴ「リチャードデリシャス」が導入 (49).
　　　○奈良県農事試験場がモモ「大和白桃」を発表，普及 (49).
　　　○青森県りんご試験場長の須佐が青森県内9カ所に人工交配指導委託園を設置して，リンゴの人工授粉研究開始 (49, 145).
　　　○昭和11年から14年までの果実輸出の年平均は650万8千円，内訳，蜜柑430万円．輸出先はロシア領アジアや満州から満州国，関東州に代わり，全体の3分の2 (29).
　　　○神奈川県が「ルビー蝋虫駆除」試験完了，松脂合剤の使用試験 (29).
　　　○島　善鄰が「リンゴのモニリア病に関する研究」をまとめる (37).
　　　○福岡県の桃にナシノヒメシンクイ発生，大被害 (61).
　　　○大井上康が「栄養周期説」確立 (49).
　　　○昭和11年から17年，永沢勝雄によりニホンナシの袋掛けの研究実施 (256).
　　　○静岡県の大井上康がブドウの「巨峰」を初めて作る (214).
　　　○田中諭一郎が「実梅の品種に関する研究」発表，約40品種記載 (140).
　　　○岡山農試が葡萄「キャンベル・アーリー」でコルドン整枝法（T型一文字仕立）の試験開始，昭和20年～22年に成果発表 (143).
　　　○蜜柑缶詰の生産が92万缶，輸出が76万缶 (29).
　　　○洋酒缶詰問屋のサドヤ洋酒店が山梨県で自家葡萄園を設置し，フランスから品種を導入，本格的葡萄酒製造開始，商品名'シャトーブリアン'(49).
　　　○熊本県調査，米価格（1石当たり）と種類別果実価格記載 (49).

1937（昭和12）

・3　○浅見与七が「果樹栽培汎論 結実篇」を養賢堂から出版 (49).
　　　○静岡県で蜜柑缶詰工場が相次いで新設され，3月で約40工場 (49).
　　　○群馬県前橋市で雹害，ナシ全葉落葉，短果枝等折損，収穫皆無 (49).
・4　○愛知県三河地方で晩霜，凍霜害，柿園150ha被害 (49).
　　　○山形県で凍霜害，桜桃の花，蕾に被害多発 (49).
・7　○日中戦争突入（蘆溝橋事件）支那事変勃発 (172, 190, 264).

昭和（～30年）時代

- ・8
  - ○山口県萩を中心とする夏ミカン産地の寒害対策として落果夏ミカンからのクエン酸製造加工場設置 (49).
- ・10
  - ○蜜柑缶詰工業組合連合会設立 (49).
  - ○昭和12年から14年にかけての平均で果樹栽培面積は約15万町歩 (29).
  - ○園芸試験場でカンキツの組織的育種が開始され，交雑育種，珠芯胚実生の系統選抜などが実施 (256).
  - ○大井上康がブドウの「センテニアル」に「石原早生」を交配し，昭和20年に「石原センテニアル」を育成し，「巨峰」と命名 (256).
  - ○この年あたりから，岡山県赤磐郡山陽町の藤原磯吉が発見した早生の白桃「高陽白桃」が普及した (49).
  - ○1157年 (保元2)，大分県で移植された柑橘古木 (尾崎先祖木) が天然記念物指定 (221).
  - ○徳島県でミカントゲコナジラミを発見．昭和25, 26年頃，高知県からシルベストリスコバチを導入・放飼 (49).
  - ○昭和12～13年頃，和歌山県新宮市佐野の土井春作，種吉兄弟がカルフォルニア州からアボカド導入 (95).
  - ○岡山農試の大崎守が温室ブドウの整枝法にパルメット整枝試験に着手 (49).
  - ○長野県上伊那郡中川村の吉澤伝吉が桃「白桃」を神田に出荷出荷時期が早くて高値 (49).
  - ○熊本県で芽接ぎによる温州ミカンの繁殖が開始 (49).
  - ○五大都市市場卸売高割合，東京 (48.6%)，大阪 (25.4)，神戸 (11.0)，横浜 (7.8)，京都 (7.2) (29).
  - ○昭和12年度の果実加工品，果実缶詰 (2,879,410缶)，葡萄酒 (19,276石)，その他果実酒 (733石) (29).
  - ○この当時，最も多く販売されていた果汁はリンゴで北海道の大日本果汁 (現ニッカ) や東京の明治製菓，濃厚品は壽屋のコーリン (49).
  - ○昭和12・13年頃，壽屋 (サントリー) がリンゴ濃縮果汁，果実飲料「コーリン」を発売 (44).
  - ○青森県がリンゴ増殖10カ年計画実施に着手 (10年後目標1500万箱) (145).
  - ○尿素製造を東洋高圧彦島工業所で工業化に成功 (172).
  - ○戦時体制下の船腹不足で「二十世紀」梨の海外出荷が前年の2割に減少 (48).
  - ○この頃から，戦争長期化に伴い資材不足，労力不足，硫酸ニコチン輸入難，砒酸鉛の原料の鉛不足で製造減．新聞紙不足でリンゴ無袋栽培化 (61).
  - ○長野県北佐久地方の桃缶詰工場が砂糖の入手困難となり，閉鎖．桃園も食料作物に転換 (61).
  - ○福岡県八女郡福島町に県購販連工場で蜜柑缶詰2000箱製造，関東軍に納入 (49).
  - ○栗胴枯病の指定試験が京都府で開始 (29).
  - ○梨黒斑病の指定試験が鳥取県で開始 (29).
  - ○福岡県浮羽郡の苗木生産は日本一，120万本，九万六千余円 (29).
  - ○大分県で大雹，カンキツ被害 (49).

昭和（〜30年）時代　　　(201)

- ○この頃より，桃の缶詰製造が隆盛．品種として「金桃」も再認識．缶詰用品種改良が始まる (29)．
- ○蜜柑缶詰の生産が122万4,000缶，輸出89万1,000缶 (29)．
- ○香川県の讃岐缶詰（株）が栗甘露煮を創始，製菓材料の道が開かれる (49)．
- ○愛媛県で東洋食品工業所（株）が夏ミカンの缶詰を製造．昭和12年度，5号缶2,000ケース，昭和13年1,400ケース (49)．
- ○この頃の市販ジュースはリンゴ果汁が主体で，ストレートジュースとしては，大日本果汁（現ニッカ）や明治製菓等のもの，濃厚な物は壽屋（現サントリー）のコーリンが真正濃縮品で附香された商品，その他は果汁に加糖したものが10種程度販売 (49)．
- ○昭和12〜13年頃，パインアップル缶詰の副産物からパイナップルジュース瓶詰めを製造，後に濃縮果汁も出現 (49)．
- ○昭和12年から14年までの果実輸出の年平均，8,599千円，昭和14年は10,214千円 (29)．
- ○昭和12年から14年までの果実輸入の年平均，683千円，昭和14年は168千円 (29)．
- ○昭和12年の朝鮮からの果実移入は19,770千斤，2,534千円で主として阪神，下関，門司，九州地方，内訳，梨 (83千斤，12千円)，栗 (4,607千斤，731千円) (29)．
- ○平均果樹園経営面積，愛媛県の温州蜜柑で二反三畝，青森県のリンゴで五反二畝，岐阜県の柿で六畝，岡山県の桃で一反六畝 (29)．
- ○昭和12年から14年までの果樹種類別生産平均（栽培面積，収穫量，反当収穫高記載）(29)．

1938（昭和13）

- ・2　○農林省園芸試験場東北支場を青森県藤崎町に設置し，リンゴの研究開始 (29, 49, 172)．3月5日，新津宏支場長，14年から育種開始 (256)．
- ・4　○農地調整法，農業保険法，硫酸アンモニア増産および配給統制法公布 (190)．
  ○国家総動員法公布 (172)，鉄鋼製品製造禁止令が出され，自動販売機の製造中止 (184)．
- ・4/5　○愛知県で旱魃と長雨．西三河地方の梨，桃，柑橘，栗大凶作 (49)．
- ・6　○満州が輸入税を軽減し，果実の輸出が伸びる (49)．
- ・9　○青森県七戸町で飴玉大の降雹，果樹類全滅．損害13万円 (49)．
- ・12　○農林省農務局に特殊農産課を新設し，園芸農産物及び工業原料農産物の改良増殖に関する事項を所管替え．果実蔬菜及びその加工品の販売取引改善に関する事項を販売課に所管替え．園芸担当者が技師一名，技手一名，嘱託一名，雇三名に増員 (29, 49)，初代課長・坂田英一 (49)．
  ○山梨県園芸分場が東山梨郡上万力村に創立，圃場2町5反歩，技師1名，技手1名，果樹試験実施 (29, 49)，同時に神奈川農試から桃「白鳳」導入，以降，山梨に広まる．(49)．
  ○13〜14年にかけて，支那事変による労力資材の不足に伴い，荷造り方法の改善調査を実施，改革案を各地に通牒 (29)．

昭和（〜30年）時代

- ○農林省が公立農事試験場に補助金を交付して指定試験実施，長野（アンズ）(61).
- ○神奈川県農事試験場がモモ「白鳳」命名 (61).
- ○岡山農試が桃優良品種として「中山金桃」他 1 品種を選定 (143).
- ○農林省園芸試験場でカキの育種開始 (256).
- ○青森県のリンゴ作付け 16,500 町歩，このうち国光 7,197 町歩，紅玉 5,837 町歩，その他 3,466 町歩，収量 44,208 千貫，2,500 万円となる．これまでに優秀品種の苗木配布は 21 万本に及ぶ (29).
- ○この年，レモン価格高騰し，広島県瀬戸田，高根島でレモン栽培一気に拡張 (49).
- ○昭和 9 年度〜13 年度の 1 人 1 年当たりの果実消費量は 15.3 kg (37).
- ○浜口文二がオレンジジュースを 5 号缶で 300 ケース製造し，米国に見本輸出．ジュース缶詰で初めて (49).
- ○和歌山の有田食品がジュース缶詰を製造し，英国に輸出 (49).
- ○温州みかんの果汁を初輸出 (44).
- ○長崎県の林兼商店缶詰工場で枇杷の缶詰製造開始 (49).
- ○昭和 13〜15 年頃，長崎県茂木の伊達木仙一が指導して，毎年 30 石程の枇杷酒を組合で醸造し，2 合容器で国内や上海方面で輸出 (49).
- ○ミューラーが DDT の殺虫効果を発見．
- ○ニップリングが不妊虫放飼法を構想．
- ○長野県農事試験場，リンゴを南方へ試験輸送 (61).
- ○四菱食品（株）横浜工場で蜜柑果汁缶詰を 5 号缶で 300 ケース，系列の有田食品（株）（現和歌山缶詰）で 200 ケース試作し，昭和貿易により英国へ輸出 (49).

戦前

- ○梨「晩三吉」，「支那梨」等が常温貯蔵，セイヨウナシが加工業者によって短期間低温貯蔵 (49).
- ○この頃まで，青森県下北半島の大畑町小目名地区では，どの家にもモモ在来品種（ネクタリン）「じんべえもも」が 5 本から 10 本植えられ，飢饉に備えて生食，干果，漬物，砂糖漬けなどの保存食とした (200).

1939（昭和 14）

- ・1　○大相撲春場所で「安芸ノ海」が「双葉山」の 70 連勝を阻止した一番では，座布団の他にミカンが弾丸のように飛んできた（勝った力士へのご祝儀，缶ビールや缶ジュースが無い時代の便利な水分・甘味補給方法（梶浦説））(263).
- ・3　○肥料配給統制規則公布 (61, 190)，果樹栽培への肥料施用規制 (256).
- ・5　○長崎県西彼杵郡茂木町で枇杷の傷果処理のため，枇杷酒製造開始，戦争による砂糖不足で昭和 17 年に中止 (49).
- ・6/8　○近畿以西で干害 (115, 117)，瀬戸内で 70 年来の惨劇．柑橘の枯死も発生 (49).

・8	○農務局長から「果実そ菜，荷造包装節約ニ関スル件」，「釘ニ関スル件，代用容器及ビ古釘又ハ竹釘ノ利用に努メ鉄釘ヲ節約スルコト」を通達 (49)．
・9	○第二次世界大戦始まる（～45）(172)．
・10	○物価停止令公布，当初，青果物は除外 (61, 172), クルミの自由販売が禁止され，全量供出，違反者検挙 (61)．

○農林省の助成で長野県更級郡森村に加工用アンズ試験地設置 (61)．
○日本園芸会創立 50 周年記念，「日本園芸発達史」編纂 (49)．
○この年から農商務省園芸試験場でニホンナシの育種開始 (256)．
○資材の配給や製品の統制のため，日本食料瓶詰工業組合連合会設立，検査された果実瓶詰の種類記載 (49)．
○カリ肥料の入手難，殺虫剤や硫酸銅の統制，ボルドー液散布が困難となる (48)．
○国家総動員法第二条を適用し，生鮮食料品の配給を統制，指定品目にミカン，リンゴ（国光，紅玉），ナシ（二十世紀）(48)．
○戦争優先のため，肥料・農薬の節約，空箱の回収，出荷荷造り資材の節約，綿製品製造禁止にともない綿の自給 (48)．
○この頃，「フランスがドイツに敗れたのは園芸のような国防と離れた平和産業に熱中したため」との意見があった (29)．
○この頃，福島県の大石俊雄が李の種子を播種し，昭和 27 年に「大石早生」を登録 (256)．
○葡萄の縮果病が硼素欠乏である海外文献紹介される (61)．
○岡山農試が桃優良品種として「神玉」を選定 (143)．
○鳥取県で受粉用品種の花を「二十世紀」の花につける花輪式人工授粉法が奨励・普及，これ以前は園内に受粉用品種を植えたり，高接ぎをし，自然受粉 (201)．
○昭和 14 年の種類別果実輸出記載 (29)．
○この頃，栗の北米輸出組合が出来，輸出量が増えて，輸送中の腐敗発生，この年から 3 年間農林省の指定で兵庫県宝塚分乗が腐敗防止試験実施．神戸からサンフランシスコまで安全輸送成功 (49)．
○ミカン缶詰の生産 274 万箱，輸出 154 万箱と新記録 (1)．
○果実缶詰輸出量，90,856 容器共千斤，22,626 千円，内訳，柑橘類 (46,723 容器共千斤，11,419 千円), 鳳梨 (28,227,4,514), ジャム類缶詰 (1,049, 433), その他の果実缶詰 (14,857, 6,260) (29)．
○農林省が輸出奨励で薫蒸庫設置補助実施 (61)．
○青森県リンゴ海外輸出用燻蒸庫を弘前など 4 カ所に設置 (61)．
○関東州，英領インド，海峡植民地へのリンゴ輸出向け果実のシンクイ類薫蒸防除とため，長野県上水内郡赤沼村に輸出用くん蒸庫を設置 (61)．
○蜜柑北米輸出が国際情勢の悪化で不振となる (29)．
○熊本県調査，米価格（1 石当たり）と種類別果実価格記載（1 貫）(49)．

昭和（～30年）時代

1930年代

　　　○この頃からリンゴ害虫相が一つの安定期になる．防除の成功と施肥改善により，樹の栄養状態が改善．リンゴハダニなどの新顔が台頭したが，新害虫の増加は峠を越し，頭打ち (243).

1940(昭和15)

・2　　○肥料の切符制実施 (172).
・3　　○硫安等生産統制規則公布 (172).
　　　○「生鮮食料品の配給及価格の統制に関する応急対策要綱」閣議決定「生鮮食料品の配給及価格の統制に関する応急対策の件」商工省発表，「青果物配給統制に関する件」農林省発表 (49, 256).
　　　○柑橘公定価格決定，温州11月～3月まで1貫匁当たり135銭 (221).
　　　○農林省が農業試験場に対し，不急の試験研究を整理．研究能率向上を指示 (190, 256).
・5　　○各地で晩霜害 (117)．長野などで大凍霜害発生 (49, 61, 172).
・6　　○日本リンゴ輸出会社設立 (61).
・7　　○「農林商工両省事務調整方針要綱」が閣議決定され，16年1月から青果物の生産・流通は農林省の所管に変わり，中央卸売市場法も商工省から農林省に所管換え (49).
　　　○青果物の統制令公布 (3, 61)．輸出入等臨時措置法に基づき，青果物配給統制規則公布 (49, 172)．果樹・蔬菜の作付け面積を統制し，花の栽培を禁止 (61)，果実は無選果時代に逆戻り (49)．農林省令第56号「青果物配給統制規則」(49, 214).
　　　○リンゴ袋にも切符制（配給制）を使用 (1).
　　　○青森県がりんご箱用材規格を設定，①5種類の仕組み板規格，②結束方法と標示法指定 (49).
　　　○台風のため，青森県津軽地方のリンゴ落果，100万箱 (49).
・8　　○価格統制令による「蔬菜及ビ果実類ノ販売価格」が告示され，青果物の小売価格に最高価格制．八百屋も新体制のスタートで目方売りとなる「農林商工両省告示第11号」(1, 49)．中央卸売市場の競り中止 (49).
・9　　○農業薬剤配給統制規定施行，硫酸ニコチン，砒酸鉛など11品目 (61, 256).
　　　○青森県五所川原町，藤崎町地方で，直径1寸大の降雹．リンゴが大被害 (49).
　　　○台風で九州南部が被害 (117)，熊本県で果樹被害，柿40～50％減収，ミカン45％，梨50％ (49).
　　　○農林省が帝国農会に委託して，適正な生産費を基準とする公定価格設定のため，「主要農産物生産費調査」実施，調査果樹はモモ，オウトウ，カキ，ビワ，ブドウ，オレンジ，夏ミカン，ウメ，ニホンナシ，セイヨウナシ，シナナシ，ミカン，リンゴ (49).
　　　○農林省から「園芸農産物要覧」刊行，一部加工品を含む果実の輸入額は98万円，生果実の輸入は「輸出入植物検査取締法」により，リンゴ及びナシなどの主要生果実は輸入禁止．柑橘類では，米国以外はほとんど輸入禁止．最近の

輸入はカンキツとクリ等，缶詰の輸入は国産が増えて，漸減，支那事変進展により，「輸出入品等に関する臨時措置法」が発動され，16年はほとんど輸入禁止 (49)．
○「園芸農産物要覧」に最近5カ年の平均輸出額，果実缶詰1,011円，内647万円は柑橘類缶詰（約60％は英国向け）(49)．
○「園芸農産物要覧」に最近5カ年平均の果実額は651万円，打ち主たる物はミカンと林檎で77％，ミカンの大部分は温州ミカンで430万円，内40％は関東州向け，約20％が北米（カナダ，米国）向け，中華民国向けは昭和6年の高率関税で輸出減少 (49)．
○「園芸農産物要覧」に満州国建国後，満州では，昭和13年6月輸入税を軽減し，ミカンの輸入がしやすくなり，満州と北支那への輸出が期待される．ロシア領アジアはソビエト連邦となり，生果が奢侈品と見なし，輸出断絶 (49)．
○「園芸農産物要覧」に米国では日本産ミカンが出回っていないが，はく皮が容易で大きさ中庸，甘酸適和で安いので，相当の需要が見込めるとし，日支事変，欧州情勢の進展で北米輸出は支障が出ていると記載 (49)．
○「園芸農産物要覧」に果実缶詰はミカン缶詰が躍進し，干し柿は最近5カ年平均で250万貫，209万円 (49)．
○「園芸農産物要覧」に大正1年から5カ年間の平均を100とした時の最近5カ年平均で消長を見ると，増植顕著オウトウ (271)，ブドウ (211)，カキ (169)，ビワ (163)，かんきつ類 (141)，リンゴ，ウメの順，減少はナシ (96)，モモ (72) (49)．
○戦前で果樹栽培がピークとなる (55)．
○果樹増殖禁止令（翌年公布）の噂によって，苗木価格が原価の5〜6倍となる (61)．
○千葉県木更津市の君塚万蔵が，昭和6年（1931年）に「新幸蔵」に「独乙」を交配し，極早生ニホンナシ「君塚早生」発表 (256)．
○盛岡高等農林の定盛兼介がリンゴの無袋栽培研究開始 (61)．
○香川県のオリーブに関する試験研究が農林省指定試験に編入 (33)．
○政府半額出資で資本金一千万円の日本輸出農産物株式会社設立 (29)．
○この頃，青森県三戸郡でりんご，特に紅玉が冷害対策作物として急激に増大 (49)．
○長野県で青果物統制の結果，リンゴ新植は多収で貯蔵のきく「国光」中心となる (61)．
○静岡県静岡市の杉山甚作園で発見され，1930年から品評会で注目されて，「杉山温州」と改称される (5)．
○岐阜県山県郡大桑村の土田健吉が中国系岐阜1号と在来の大桑大粒を交配して栗「利平」を育成，昭和25年登録 (49)．
○長野県伊那の中国なし「鴨梨」100箱を台湾に輸出 (49, 61)．
○京都府湊村の桃栽培が甘諸等への強制転換と忌地現象で急減 (49)．
○長野県で「二十世紀」梨の短期冷蔵販売実施 (61)．
○埼玉県安行の果樹苗木生産が700万本，最高生産量，戦争中は皆無 (49)．

昭和（〜30年）時代

- ○この年から昭和20年まで，福岡県浮羽郡田主丸の果樹苗木生産が農地管理令により極度の縮小 (49).
- ○静岡県の温州蜜柑輸出が国際情勢悪化で途絶える (165).
- ○果物の生産消費・流通の歴史で大正末期からこの年までを第3期と区分し，問屋の機能が法人卸売人に明け渡し，卸売人の役職員が仲買人となる．生産者・産地仲買から卸売人にわたり，仲買人と競りが行われ，小売りと仲買が相対取り引きをするようになる．これ以降，戦争中は，生産者から統制会社，統制組合，組合員の流れとなる (49).

1941（昭和16）

- ・1　○長野県下伊那で菓子の原料として柿の皮2000貫を貫当たり60銭で出荷 (61).
- ・2　○「国家総動員法」に基づく「臨時農地管理令」公布，農林大臣が作付けの命令・禁止を可能となる (49, 61, 190).
   ○食糧増産のため，耕地への果樹の新規栽培禁止令が公布 (221).
- ・3　○農林省農政局が統計表「園芸農産物要覧」刊行．大正1年から昭和14間での一覧記載，①果実の生産及び貿易一覧，②加工品の生産及び貿易一覧，③総生産額，④種類別生産，栽培面積，収穫高，価額（蜜柑，ネーブルオレンジ，夏橙，その他の柑橘，日本梨，西洋梨，林檎，枇杷，梅，桃，桜桃，葡萄，柿，栗，胡桃）⑤加工品の生産，数量，価額（果実缶詰，干棗，干柿），⑥果樹の主要産地別生産，⑦種類別輸出額（蜜柑，林檎，栗，梨，枇杷，その他），⑧主要仕向国別輸出額，⑨主要仕出国別輸入額，⑩内地における果樹苗木の生産，⑪本邦における園芸農産缶詰の種類別生産及貿易，⑫内地における硝子室並温床の面積，⑬朝鮮における園芸農産物並其加工品，⑭台湾での園芸農産物並其加工品，⑮果実価格の推移 (49).
- ・4　○果樹増殖禁止令公布，闇の増殖が昭和18年頃まで続く (61).
   ○九州，四国，和歌山，静岡で霜害 (117)．関東，東北で霜害 (117)．福島県で中通りの梨がほぼ全滅，モモ70％以上108 ha，リンゴ90 ha (49).
- ・7　○青果物販売価格を全面的に引き下げ，8月14日から実施．リンゴ高級品100匁30銭，その他19〜20銭 (1, 49)，農林商工両省告示第443号「蔬菜及果実の販売価格の指定」小売価格だけでなく卸売価格も指定 (49).
   ○長野県伊那のナシを盛んに東京へ出荷 (61).
- ・8　○国家総動員法に基づく，生活必需物資統制令による青果物配給統制規則制定，統制強化 (49, 61, 172)，帝国農会が具体的出荷先が指定，移出商人が決定的打撃 (49).
- ・9　○農林省が「中央卸売市場の機構整備の件」要綱を示し，仲買人が廃止 (49).
   ○生活必需物資統制令により，青森県青果物配給統制規則制定 (49).
   ○緊急食料対策を閣議決定（桑園10万町歩，茶園1,000町歩，果樹その他18,000町歩の整理転換）(145).
- ・10　○日本園芸会編の「原色図譜 果物蔬菜新品種」が賢文堂から刊行．
   ○農林省，農地作付統制規則を公布 (1, 172)．果樹がその他の制限作物に指定 (61, 49, 190, 256)．桃は貯蔵性に乏しい柔軟果実として，整理の筆頭，急速に減少 (61).

昭和(～30年)時代　(207)

- ・11　○青果物配給統制規則が実施され，県知事が都市別に指定青果物を定める(61)．
- ・12　○日本軍，ハワイ真珠湾空襲開始，対米英宣戦布告(1, 61, 190, 264)．
  ○農業生産統制令を公布(1, 55, 61, 190)．
  ○岡山農試が国産チュウゴクグリが中国産のように渋皮が剥けないのは生産環境によるのではなく，ニホングリ花粉によるメタキセニアによることを発見(143)．
  ○農林省が農業薬剤の適正円滑配給のため，農薬共販株式会社を設立．輸出品等臨時措置法に基づいて，農業薬剤配給統制規定を制定．共販機関指定．統制薬剤は，砒酸鉛，農業用硫酸ニコチン，農業用デリス根，デリス粉及びデリス製剤，農業用松脂合剤，松脂鯨油合剤，松脂展着剤及び支那産松脂，農業用硫酸銅製剤，農業用大豆展着剤(61)．
  ○川崎市内の水田利用の梨が強制伐採され，六分の一の36.5 haへと壊滅(31)．
  ○果樹園整理作付転換面積，全国で12万1277町歩，鳥取県は1800町歩(48)．
  ○長野県の果樹園整理は25町歩(61)．
  ○この頃の種類別果樹生産面積記載(29)．
  ○新潟県農業試験場園芸部が梨「新興」発表．昭和7年に「二十世紀」から採種(49)．
  ○岡山農試がこの年，交雑した桃実生から，画期的缶詰品種「明星」，「映光」を昭和27年に命名(49, 143)．
  ○桜桃栽培は輸送手段の改善のため，福島，山形の他，山梨，長野，新潟，中国地方高冷地に産地拡大(29)．
  ○農務局特殊園芸課の園芸担当増員し，技師二名，技手二名，嘱託二名，雇四名となる(29) 特産課と変更(61)．
  ○指定試験の開始に伴い，香川県小豆郡池田町の香川県立農事試験場畑作試験地内に1町歩のオリーブ試験圃場増設．明治41年，大正6年，昭和7年の3回にわたり，23品種が米国，イタリア，フランスなどから導入される(33)．
  ○山梨県にブドウ育種の指定試験が設置，醸造用ブドウ育種(256)．
  ○この頃，温州蜜柑の栽培が増加した結果，各地で多くの枝変わりが発生，研究が進展(29)．
  ○昭和16年から18年，梶浦　実により，カキの生理落果研究実施(256)．
  ○新聞紙不足，労力不足等により，リンゴの無袋栽培の研究が盛岡高等農林の定盛兼介により開始され，18年頃より，北海道，岩手で普及開始(49)．
  ○戦時下でもリンゴの収益がよく，非合法にもかかわらず，長野県では，新植される(61)．
  ○昭和16～17年頃，宇都宮高等農林専門学校果樹園で内田，海老原がナシの凍霜害防止に重油燃焼法を導入したが，灯火管制等で実用化に至らず(49)．
  ○鳥取県で梨の黒斑病被害30％(49)．
  ○この頃，岡山県でクリにクリタマバチの被害が見つかり，中国大陸から復員した兵隊により，持ち込まれたチュウゴクグリに着生していたと推定されている．昭和16年岡山県立農事試験場質疑応答録に発生分布が記録される．最初の被害発見記録は昭和19年5月12日赤磐郡布都美村から農事試験場宛の照

昭和（～30年）時代

　　会文 (49, 256).
○この頃の桜桃産地は北海道と東北，山梨，長野，香川で始まる (29).
○戦争下のビタミンC補給のため，農林省が協力して明治製菓，四菱食品，丸安食品，水垣食品，有田食品製造の5社がミカンの果実飲料を製造，三井物産と三菱商事が全国販売 (44, 49). 果汁率60％ (49).
○オレンジジュースの瓶詰めが完成し，三井物産，三菱商事などにより全国販売 (214).
○横浜の四菱食品がオレンジジュースの瓶詰め2ダース入り，10万ケースを製造販売 (49).
○ホットケーキや焼きリンゴが菓子の扱いになり，1個8銭の公定価格に．焼きリンゴは25銭したため，三つに切って販売 (214).

1942（昭和17）
- 1　○浅見與七著,「果樹栽培汎論 剪定及摘果篇」養賢堂から出版 (30, 49).
- 2　○食糧管理法公布 (61, 190).
- 7　○秋田県で降雹，果樹488 ha に被害 (49).
    ○果実に物品税課税 (61).
    ○永沢勝雄が「果樹園芸汎論」を明文館から出版 (49).
    ○農林省園芸試験場東北支場が青森・岩手・秋田3県のアンズ63種を収集，8種の優良系統を選抜 (61).
    ○農業賃金統制実施，鳥取県，袋掛け（女1円30銭），収穫（男1円50銭），荷造り（男1円80銭）(48).
    ○昭和17年～18年頃，京都府乙訓郡大枝村でクリタマバチの被害で栗園が絶滅し，柿「富有」の栽培が増加 (49).
    ○岡山県小田郡牛深町の服部オリーブ園が軍の要請で開園 (49).
    ○静岡県蒲原の日本軽金属工場のフッ素系ガスにより周辺ミカンなどが被害受ける，10 ha (49).
    ○この年から，山梨県山梨市にある日本カーボンからのガス害でモモなどの若芽枯死 (49).
    ○昭和17～18年頃，京都府乙訓郡大枝村西長の栗栽培がクリタマバチで全滅 (49).
    ○乾燥バナナが配給される (1).
    ○青森県りんご試験場が無袋栽培試験開始 (61).
    ○この頃，広島県向島，果樹の2割強制伐採．労力不足で果樹園が荒廃 (49).
    ○21年まで，紙不足，印刷難で防除暦配布困難．病害虫被害果率は多くは40～50％，酷いところは80～100％ (61).
    ○この頃，神奈川県の温州蜜柑貯蔵庫は3,000棟，400万貫，生産の40％となる (29).
    ○長野県北信地方でリンゴ栽培面積が非合法作付けで増加 (61).
    ○長野県上伊那園協が果樹園芸農家食糧増産協力運動を展開し，密植園の間伐を推進 (61).

1943（昭和18）

- ・1　〇社団法人日本缶詰検査協会設立（49）．
  〇北海道大学島教授が青森県黒石で講演，「時局とリンゴ無袋栽培」，リンゴを守るために無袋化せよと訴える（145）．
- ・3　〇リンゴ園耕作転換令が出る（1, 145）．
  〇青森県，作付統制令施行以降の新植リンゴ園約1,000町歩の伐採を勧奨（1, 145）．
- ・4　〇青森県でリンゴの洋名を和名に改称しようと懸賞募集（61）．
- ・5　〇「日本園芸発達史」を朝倉書店から刊行（49）．
  〇青森県が農業生産統制令を発動し，りんご袋掛けを強く規制（145）．
- ・6　〇青森県，水田除草前にリンゴの袋かけをした船沢村農民約30名を農業生産統制令違反で検挙（1）．
  〇農林省園芸試験場が種苗育成地を神奈川県二宮町に設置（61, 172）．
- ・10　〇農林省農政局から「果樹園生産調整に関する件」の通達が出る（61）．果樹園，桑園等の食料作物生産への転換を政府割り当てで実施（49）．18年度の整理（皆抜）4,000町歩（反当たり補助金190円），隔畦抜株7,000町歩（反当たり補助金95円）（49, 256）．果樹園の2割減反強行．食糧増産に転換する果樹園の見込み調査実施（61）．全園整理8,179 ha，隔畦抜株6,940 ha，ブドウは電波兵器部品製造に必要な酒石酸ロッシュル塩に必要で軍需省申し入れにより，整理対象から除外（256）．
- ・11　〇静岡柑試業績　第9号「日本産柑橘害虫天敵目録」出版．糸状菌24種，昆虫およびダニ類282種（49）．
  〇園芸作物（果樹・花卉）の栽培を抑制，食糧増産一本槍に転ず（172）．
  〇神奈川県農事試験場園芸部の藤田克治が傾斜地柑橘園での畦畔を利用したサツマイモの懸崖作り栽培法を考案し，神奈川県のミカン伐採面積を6％に食い止める（256）．
  〇藤原玉夫の「りんごと共に四十年」によると，果樹栽培者は非国民扱いされ，「警察の取り締まり，翼賛壮年団による整理抜根など厳しい推進運動が実施された」，長野の桔梗ヶ原葡萄園では，老廃園の整理，間作を実施，大島村ではナシ栽培専業農家に食糧配給規制（61）．
  〇「この国家非常時に腹の足しにもならぬリンゴづくりなどしているやつは非国民だ」として，翼賛壮年団の圧力や，警官が新植のリンゴ苗木を抜き取り，焼却．金属回収で林檎園周囲の有刺鉄線供出強制（61）．
  〇長野県では，果樹の減反命令に対して，伐採のみに頼らず，優良樹・成木は残存園に移植し，密植として生産低下を防いだ．桑園への混植もあった（61）．
  〇長野県上伊那園芸協会では，時局に順応し，荒廃園や経営に無理な面積を自発的に整理し，澱粉食物を作付け，密植園は隔畦伐採し，麦・芋類を植え付け（61）．
  〇昭和18年〜19年，青森県でリンゴ生産抑制，間伐奨励により廃園多発（49）．
  〇果樹の間作に麦，芋，南瓜を強く指示（61）．

- 伊勢市蓮台寺柿の産地では，戦時中，食糧増産のため，柿が伐採され，サツマイモが植栽，または，下枝を落とし，柿の結果層を3m程度に上げた．戦後，主幹を1m程度に切り下げ，樹形を作り直した (106)．
- 長野県で殺虫剤の接触剤不足で害虫増加 (61)．
- 小布施果樹組合が，主食増産の一助にリンゴ売却金の一部を積み立て，県に寄付 (61)．
- 労力・肥料・防除薬剤の不足が顕著となる (55)．
- 鳥取県ナシ栽培において選果を二階級に簡易化．箱を4貫詰めに大型化し，箱と荷造り資材の節約，代用釘の使用，袋縫用綿糸代用に絹糸使用，箱の回収，農薬肥料の空き瓶，空き袋を回収し，交換で販売．戦時規格採用 (48)．
- アメリカからの屑鉄輸入が途絶し，ナシ棚の針金回収 (48)．
- 青森県のリンゴ栽培で，戦争による資材と労力不足発生 (49)．
- 埼玉県蓮田町の小林金次郎が労力不足からナシ「長十郎」の無袋栽培開始 (49)．
- 果樹園の転作で甘藷，馬鈴薯，南瓜などの代用食栽培奨励 (48)．
- 果樹用の肥料の入手が困難になり，あらゆる堆肥材料を集めて園内に埋める．桑園用に配給された肥料を全て果樹に流用．稲作用の肥料とリンゴの交換を狙って，長野から新潟に出向く (61)．
- 香川県の柿「富有」栽培が面積半減 (49)．
- 鳥取では，「二十世紀」梨栽培が白眼視され，「県果物同業組合員証」を作り，各戸門頭に掲げて団結と協力を図る (48)．
- 宮城県の葡萄ジュース生産が1,600石程度となり，最高を記録．1/4は軍納 (49)．

戦前

- ナシの輸出は関東州，満州，中華民国向けがほとんど (49)．

戦時中

- 軍艦の甲板用塗料として柿渋使用．風船爆弾のコンニャク糊に柿渋を混入し，強力接着剤とする (196)．
- 軍の兵舎の塗装に柿渋が使用され，統制品となり，大阪と京都の柿渋屋が合同して組合を設立 (196)．
- 戦争中，和歌山県那賀郡田中町，那賀町のネーブル栽培が，サツマイモ栽培のため掘り採られる (49)．
- 戦時中，山形県庄内地方のブドウ栽培，伐採 (49)．
- 葡萄果汁の消費が激減 (49)．
- 沖縄県のパインナップル缶詰工業が戦争で壊滅 (49)．

戦時中～戦後

- 葡萄酒が軍需資材として酒石酸採取が国策として奨励され，糖分補強のための砂糖類不足から，低アルコール，酸不足の葡萄酒醸造となる．酸敗して葡萄酢に近い品質 (49)．

1944（昭和19）

- ・当初　○軍需省の要請で酒石酸のロッセル塩製造のため，ブドウを整理果樹から除外．葡萄酒だけでなく夏季剪定枝葉，未熟果も利用（49, 61）．
　　　　○ブドウが電波兵器資材の酒石酸製造原料に指定され，全量軍需品，生食用販売が禁止．販売は安定．品質でなく収量で価格が決定されたため，反収が少ない「デラウエア」から多い「コンコード」に変化（61）．
- ・1　　○スイカ，メロン等不急作物の作付けを禁止（1）．イチゴ，唐辛子，落花生など不急作物の作付け抑制が更に強化（214）．
- ・3　　○農業生産統制令公布実施（48）．
　　　　○日本缶詰統制（株）設立．缶詰検査も統制会社へ移管（49）．
- ・4　　○地方農事試験場を農業指導所と改称し，園芸作物，不急作物の試験廃止（172）．
　　　　○農事試験場に生理部，農業気象部新設．試験地を改組し，東北，中国，九州，北陸，東海支場及び盛岡試験地となる（190）．
- ・5　　○長野県で作付け調査の結果，違反が増大．約200件の悪質事例の80％を果樹が占め，しかしながら，昭和16年以降，作付け面積は増大した（61）．
- ・9　　○菊池秋雄が「北支果樹園芸」を養賢堂から出版（49）．
- ・11　○青森県中津軽郡清水村でリンゴ園整理．食料増産隊が出勤し，1,300本を間伐開始（145）．
　　　　○19年度の果樹園の整理4,262町歩（49）．
　　　　○石井勇藏篇で「園芸大辞典1〜6巻」を誠文堂新光社から出版（49）．
　　　　○第二次食糧増産対策により，果樹園の作付け転換．果樹新植園の調査と違反者の摘発，強制抜取り強行．果樹は第一種制限作物指定（48）．
　　　　○愛媛県がミカン園等果樹園の作付け転換（20％）奨励，全園整理と隔畦抜株合計1,600 ha，補助金約180万円（49）．
　　　　○戦時中，和歌山県那賀郡長田町の八朔が転作（49）．
　　　　○戦時中，熊本県荒尾の梨栽培が，200 haから100 haへ衰退し，壊滅寸前になる（49）．
　　　　○長崎県が果樹の全園整理で老木園10 haと隔畦抜株で90 ha（49）．
　　　　○パラフィン蝋の溶解に必要な石炭の配給がなく，薪を産地から送る．袋用古新聞購入に屑米持参（48）．
　　　　○この頃の長野県のリンゴ生産者，肥料，農薬は新潟まで買い出し．暗躍ブローカーの闇高値，買い出し列車，俵詰めや貨車へのバラ積み，買い出し人による野荒らし，盗難頻発．自警団組織，白ม視される中で軍部に供出（61）．
　　　　○青森県の林檎商関係の組合が青森県林檎施設組合となるが，18年に設立された農業会に吸収（49）．
　　　　○戦前から北海道大学農学部にブルーベリー樹の見本があったとされる（125）．
　　　　○壽屋が軍用「赤玉ポートワイン」醸造開始（214）．
　　　　○柿やリンゴの皮，落花生などを用いた戦時代用パンが出現（214）．

昭和（～30年）時代

昭和10年代
　　○袋掛けの留め金に空き缶などのブリキ板を細かく切って切断し，ブリキの筒や箱に磁石を付けて止めがね入れとし，左手甲に止めて能率化(61)．

昭和10年代後半
　　○岡山県で桃,「白鳳」,「高倉」,「山下」が有望視され，この時期の主要品種として広く栽培(143)．
　　○終戦まであった長野県の桃品種,「上海水蜜桃」,「天津水蜜桃」,「トライアンフ」,「金桃」,「大統領（丸型，長型）」,「太平桃」,「日の丸」,「小林水蜜桃」,「土用水蜜桃」,「橘早生」,「早生白桃」,「大久保」等(49)．
　　○青森県のリンゴ栽培指導者，外崎嘉七の弟子，対馬竹五郎の戦争中の名言,「青森県にリンゴが無かったらどうするのだ（リンゴ天恵論）」,「リンゴも又，米同様国家管理にして飛行機の燃料にするアルコールを作ればいい」「それで米農家から国賊呼ばわりされないですむ」(145)．
　　○この頃，長野県伊那の梨栽培で問題となった害虫はナシハバチ，ハナゾウムシ，ヒメシンクイムシ，クワコナカイガラ，ナシオオシンクイ，ダニ類，ハマキムシ類等，病害は赤星病，黒斑病，黒星病等(61)．
　　○戦前，桃の台木は朝鮮，済州島の野生桃が主，戦後は長野県，岩手県のヤマモモ利用(61)．
　　○戦前，桃の栽植は2間四方（反当たり75本）だったが，戦争中の間伐後，収量が高まったため，反当たり15から20本に変化(61)．
　　○明治時代からこの頃まで，クルミは実生繁殖(61)．
　　○戦争後まで，秋田県南秋田郡昭和町では，漁家の庭や屋敷に柿が植えられ，柿渋を製造し，網染めに利用(196)．
　　○戦前まで，新潟県中頸城郡大潟町で地引き網や刺し網を柿渋で染めた，山口県豊浦郡豊北町では，一本釣りの釣り糸を柿渋で染めた．高知県安芸郡奈半利町で，延縄，一本釣り釣り糸を柿渋で染めた(196)．

1940年代中頃
　　○リンゴ栽培で労力と防除資材が不足し，再度害虫が激発．紙不足で袋掛けができず，モモシンクイガ被害が3割を超えることあり(243)．

1945（昭和20）
・2　○青森で未曾有の豪雪，県内リンゴ樹ほとんど雪害で枝折れ(145)，秋田県で2m40cm積雪，県南部の梨全滅(49)，新潟県で雪害(49)．
　　○東京都中央卸売市場足立市場開設(49)．
・3　○東京大空襲(61)．
　　○大阪空襲(61)．
　　○この頃，窒素肥料激減，燐酸，加里肥料ほとんど皆無(190)．
・4　○酒類値上げ，果実酒二級品1本2円90銭(214)．
・8　○天皇「終戦の詔勅」を放送，終戦となる(1, 4)．日本の被害，戦闘期間3年9

カ月，戦死者155万人，空襲死者66万人，合計200万人，90都市空襲，建物破壊250万戸(158)，国内の戦争被害(19～20年)，死者26万人，負傷者42万人，全壊焼失家屋221万戸，罹災者920万人(172)，戦没者310万人説．
○沖縄，米国軍政下で琉球政府設置．
○農商省を廃止，農林省となる(1, 61, 172)．
○終戦とともに農地作付統制規則が実質的に解除(49, 61)．

・9　○青果物の統制撤廃を閣議決定(49, 61)．
○枕崎台風で全国的に被害，特に九州，中国，長野県のリンゴが落果被害(61, 115, 117)，石川県，大分県で被害，熊本県果樹被害70％(49)．
○果物1貫匁の公定価格，リンゴ上3円，ナシ2円60銭,カキ1円90銭(61)．

・10　○初の戦後企画映画「そよ風」封切り，「リンゴの唄」大ヒット(4, 145, 214, 256)サトウハチロー作詞，万城目正作曲，並木路子の歌(61)．

・11　○この頃，餓死者が続出し，東京上野駅で一日6人(1)．
○GHQの司令で青果物配給および価格統制撤廃，物価統制令廃止(48, 49, 61)．21年7月再統制(61)．
○青森県下リンゴ生産者大会開催，12月にも開催(145)．

・12　○GHQ「農地改革に関する覚え書き」を公布(1, 145)，第一次農地改革(172)．自主的な農業協同組合育成を指示(61, 190)．
○この月から昭和33年11月までに引き揚げ者名簿に記載された帰国者数は630万人(中国大陸，朝鮮半島，台湾，マニラ，南洋等からの引き揚げ者)(厚生省社会援護局中国孤児等対策室調べ)．
○園芸試験場九州支場を福岡県久留米市に設置(172)．
○久留米市草野町の今村芳太が昭和7年に田主丸から購入した尾張温州から「今村温州」を発見，昭和43年品種登録(49)．
○食糧難により，長野県に闇の買い出し部隊が押し寄せ，リンゴが高値となり，戦後のリンゴブームのきっかけとなる(61)．
○この年の長野リンゴの価格は紅玉が1貫が9月に8円，10月が15円，11月の国光で30円，12月が60円，戦争初期の40倍となる(37)．闇価格，米1升20円，リンゴ1貫匁10円(61)．
○終戦後，配給統制下で，闇横行，武装警官が闇取り締まり，1列車リンゴ数千貫摘発の例もでる．昭和24年頃まで継続(61)．
○戦前から使用されていた果樹関係の農薬，殺虫剤(ヒ酸鉛，除虫菊，デリス，硫酸ニコチン，マシン油，松脂合剤)，殺菌剤(硫酸亜鉛，無機銅，石灰硫黄合剤，硫黄)(49)．
○第二次減反指導が桃にあった(長野県)(61)．
○和歌山県日高郡由良町の枇杷栽培が病害虫防除が困難になり，大木化，収穫労力の問題から急減(49)．
○生鮮食料品の価格暴騰に対応して食糧緊急措置令を公布して価格，配給の再統制実施(48)．
○戦後の肥料，食糧事情悪化で和歌山県伊都郡九度山町のワシントンネーブル栽培樹が掘り採り(49)．

昭和（〜30年）時代

- ○昭和20年〜22年，戦後の荒廃期に当たり，熊本県では，ミカンが手入れ不足から異常落葉発生，収量は8,059 t，昭和12年の54 %（49）．
- ○静岡県中伊豆町の大井上 康が昭和12年にオーストラリアから「センテニアル」を導入し，「石原早生」と交配し，「石原センテニアル」を育成．後にブドウ「巨峰」を命名，発表（5, 49, 61, 256）．
- ○岡山県農事試験場園芸部の石川禎治技師がナシ「新世紀」発表（48, 172）．
- ○柑橘のルビーロウムシの天敵「ルビーアカヤドリコバチ」を国内で発見（19）．九州大学の安松京三が戦争中に大学植物園の月桂樹に寄生しているルビーロウカイガラムシから寄生バチのルビーアカヤドリコバチを発見，放飼．猛威を振るっていたのが実害がないまでに制圧（142）．
- ○この頃より，長野県上高井郡小布施町の栗園にクリタマバチ発生．一部の小布施栗の他，「銀寄」，「岸根」等が抵抗性品種で残る（49）．
- ○この頃から岡山でクリ「銀寄」以外の品種にクリタマバチの被害発生（143）．
- ○この頃から，関西の栗生産地で猛威を振るっていたクリタマバチが東上開始（61）．
- ○この頃のリンゴで問題となる病害，腐らん病，赤星病，モニリア病，うどんこ病，褐斑病，黒点病，紫紋羽病，ウイルス病1種（242）．
- ○この頃のモモで問題となる病害，炭そ病，縮葉病，胴枯病（242）．
- ○この頃のブドウで問題となる病害，黒とう病，晩腐病，うどんこ病（242）．
- ○進駐軍と共に「バヤリース・オレンジ」持ち込まれる（44）．
- ○愛媛県で国鉄予讃線が宇和島まで開通し，この地帯のミカン輸送が海上輸送から鉄道輸送に転換始める（49）．
- ○長野県のリンゴ，生産資材不足と風水害で大減産（61）．
- ○長野県伊那地方で，終戦と同時に，赤石山系に自生する野生桃の種子を使って桃苗木を増産，この地方の苗木生産の基となる（49）．
- ○この頃以降，長野県伊那の梨栽培が多肥になり，幼木期の胴枯病が問題となる．（61）．
- ○川崎で「禅寺丸」柿の市場人気が復活し，生産が加熱（222）．

戦後復興期（1945〜1954）

- ○戦後数年間，果実の輸送は貨車であれば型式を問わず，専ら量を確保．相当量が無蓋車で輸送（49）．
- ○果物の生産消費・流通の歴史で戦争を挟んで第4期となり，産地組織が格段に強化され，戦争の荒廃からの園地回復に時間がかかり，売り手市場に転換．京浜地方の小売商の力が強くなる．果実が戦時下で一般家庭に配給され，過程に密着し，戦後の大量消費に繋がった（49）．

1946（昭和21）
- ・1　○田中諭一郎「日本柑橘図譜」上巻を養賢堂から刊行（49）．
- ・2　○財団法人日本缶詰研究所設立，果実缶詰検査実施．22年3月解散．以後，輸出缶詰は食糧貿易公団，内需缶詰は食糧配給公団が取り扱う（49）．

昭和（～30年）時代

- ○第一次農地改革実施 (48, 61, 172).
- ○誠文堂新光社が「農耕と園芸」を創刊 (49).
- ○和歌山県吉備町で戦争中桑園が甘藷に代わり，戦後，桃園に転換．昭和34年頃のミカンブームで温州に再転換 (49).
・3 ○全国果樹団体結成準備会を興津で開催し，2日後，日本果実協会創立 (3, 49, 61, 256).
・4 ○食糧緊急措置令に基づき，青果物等統制令（勅令）を公布 (49)．青果物配給統制令を公布 (1)，再統制 (61)．この年度に都民437万人に統制切符で配布した果物は7,000トン5,700万円（キロ8円），一人の配給量は一日5g前後に当たる．20日間に蜜柑1個に相当 (28).
- ○静岡県果実協会が創立され，日本果実協会の傘下に参加 (49).
・5 ○鳥取県果実協会設立 (49).
・6 ○GHQ農地改革に関し政府勧告（第二次農地改革案）(190).
- ○青森県りんご試験場がDDT試験開始 (61).
・7 ○リンゴのヤミ屋が暗躍．立木契約で1箱1,000円の相場 (145).
- ○「果実日本」創刊 (3, 4, 49).
- ○物価統制令で果実の販売価格の統制額が再制定 (49, 61).
・9 ○青森県がリンゴ税徴収実施，付加税ともで1箱4円 (61, 145).
- ○農業会から分離して青森県リンゴ協会結成大会 (49, 145).
・10 ○農産種苗法公布（種苗名称登録実施）(172).
- ○青果物の自由販売 (172).
- ○畑作研究会が開催され，今後の改善方策の一つに果樹などの導入方策が上げられた (190).
・11 ○日本国憲法公布 (1, 4).
- ○果実専業者中心に東京，横浜，名古屋，京都，大阪，神戸，広島の7都市の団体で「日本果物商業組合連合会」設立 (49).
- ○全国青果小売商組合連合会設立，会長 大沢常太郎 (49, 61).
・12 ○信州りんご研究会主催の「りんご指導者錬成講習会」始まる．剪定に段位を認定 (37).
- ○青森県がリンゴ税を1箱10円と決定，昭和22年4月から付加税とも20円 (145).
- ○農林省園芸試験場（興津）に病害研究室を設置 (19)．本格的なカンキツ病害研究開始 (240).
- ○農業復興計画の一貫として，長野県で東信農産加工農業協同組合連合会三岡工場が設立され，桃缶詰製造再開 (61).
- ○財団法人興農学園農業科学研究所設立，柑橘の育種，有用植物の導入細胞遺伝学など研究．所長は古里和夫．アボカドの導入栽培試験，「巨峰」染色体数決定，柑橘天敵利用等の成果あり (49).
- ○佐賀県が東京市場に初出荷 (49).
- ○資材不足のためナシ果実とパラフィン，肥料，農薬を物々交換 (48).
- ○岡山県でクリタマバチの被害が激甚となり，農事試験場の白神虎雄が調査開

昭和（～30年）時代

　　　始（49）．
　○この頃，千葉県では，ナシを供出品にし，肥料の確保をした．
　○ハワイの日系人からクリスマス用に山梨県の枯露柿注文，輸出再開（49）．
　○終戦後インフレ下で果樹農家の儲けが大きく，不評を買う（48）．
　○果実の価格，りんご（中）1個23円，（小）16円，梨（中）23円，一カ月の給与で蜜柑15個，りんご6個に相当（28）．
　○リンゴの価格が戦争初期の80倍にもなり，長野のリンゴ園の前はリュックの買い出し部隊が門前市をなす（37）．
　○長野県の農作物反当たり労働報酬は米45円96銭，リンゴ459円09銭（61）．
　○長野県で数年生リンゴ幼木を栽植し，急造果樹園が各地に出現（61）．
　○青森県で終戦荒廃でりんご園の廃園増加（49）．
　○軍隊で発動機や機械の取り扱いを覚えた多くの兵隊が復員し，動力噴霧器の普及に貢献（61）．
　○DDT原体を日本曹達が試作，米国製の農薬加工試験実施（61）．
　○モモチョッキリゾウムシ防除に砒酸鉛散布実施．後にDDTに変わる（61）．
　○長野県がトラックにリンゴを積み，新潟から米をもらう（61）．
　○戦争直後まで，白峰村の貧農層では，ドングリを採集し，数種のドングリ食品を作って利用（46）．
　○戦前，20町歩程度残っていた長野県小布施の栗林が農地改革で開墾可能地として解放，急速伐採され，消滅（61）．
　○この年の夏まで食料飢饉，戦争中，酒石酸製造していた長野県桔梗ヶ原のブドウ生産は，販売代金が回収不能．在庫葡萄酒の腐敗，砂糖入手が出来ず，販売停止（61）．
　○砂糖の代わりに商工省から人工甘味料ズルチンが500 kg全国ジャム製造業統制組合に割り当てられ，代用ジャムを製造（49）．
　○戦争直後まで，南西諸島ではソテツの実（ナリ）が主食の一部，アラカシ，シャリンバイの種子も利用，ナリミソは平成には行っても利用（46）．
　○終戦後，米国政府が琉球にパパイヤのソロ品種の系統を導入（85）．
　○アメリカシロヒトリが東京，埼玉，千葉，神奈川の街路樹や果樹に発生（172）．
　○山口県農業会が青果物統制撤廃により，夏みかんの取り扱い開始，規格は1個重量により，「無類」450 g以上，「飛切」375 g，「萩」300 g，「夏」225 g以下，品質は優良に区分，包装は37.5 kgの竹籠，表示は優を赤縄，良を青縄，無類を5本，飛び切りを4本，萩3本，夏2本，柑1本の縄かけで出荷（49）．

1947（昭和22）
・4　○東北大学農学部園芸学研究室創設．初代教授は伊東秀夫（49）．
・5　○日本国憲法施行．
　　　○東京の果物組合は変遷し，東京果物商業協同組合に改組（49）．
　　　○大阪の果物組合が変遷し，大阪市青果物商業協同組合に改組（49）．
　　　○野菜種苗等の戦時統制（そ菜種苗等統制規則）廃止（49, 61）．
・6　○農林省園芸試験場（興津）でカンキツ虫害研究，加工研究部門を設置．
　　　○食料貿易公団設立．缶詰輸出10万箱，検査実施（49）．

昭和（～30年）時代　（ 217 ）

- 7　○BHCを鐘淵化学，旭硝子株式会社で試作 (61)．
  ○青果物等統制令廃止，青果物及び漬物配給規則制定 (61)．
  ○政府間貿易で蜜柑缶詰の英国輸出が再開，5万ケース (49)．
- 9　○長野県でリンゴ・カキ・アンズ・クルミ・ナシに対して1貫匁5円の法定外独立税の果実税設定，昭和23年廃止 (61)．
- 10　○青果物及び漬物配給規則をそ菜及び漬物配給規則に改め，果実を除外 (61)．
  ○果物など132品目の公定価格（丸公）を廃止 (1, 3, 49, 145, 214) 果実の配給統制撤廃 (61)．果樹生産復興にかける生産者の熱意が高まる (256)．
  ○輸入が禁止となっている柑橘の中で，潰瘍病に強くて例外となっていた温州ミカンに潰瘍病が発見され，アメリカ，日本からの温州ミカン輸入禁止 (3, 49, 165)．
  ○農産種苗法が制定 (49)．
  ○全国果樹主産県の代表が集まり，「日本果樹青年同志会」（後の全国果樹研究連合会）結成 (61)．
  ○BHC・DDTの原体を日本曹達・呉羽化学などで製造開始 (61)．
  ○仲買制の復活に繋がる果実代買制度の設置 (49)．
- 11　○この年の米不作，並びに果樹生産は昭和初期の三分の一に減産 (190)．
  ○農業協同組合法，農産種苗法公布 (3, 19, 49, 190)．
  ○静岡県で戦後初めて，清水港からカナダへ73,000箱，147,000箱の二回に分けて蜜柑輸出 (49)．
- 12　○農林省園芸試験場本場を興津から平塚（海軍火薬廠跡地）へ移転，興津は東海支場となる．久留米の工兵隊跡に九州支場設置 (4)．
  ○日本果実協会主催で三越本店で第一回果実展開催 (3, 49)．
  ○農林省園芸試験場でクリの育種開始．クリタマバチ抵抗性育種 (256)．
  ○昭和22年～35年の間，農林統計調査は水稲などの主要作物に重点が置かれ，果樹は「その他作物」として取り扱われ，一般に「マイナークロップス」と呼ばれた．これらは第一類から第五類まで区分され，果樹は第三類にリンゴ，ミカン，雑カン，ネーブル，オレンジ，第四類にブドウ，ニホンナシ，セイヨウナシ，クリ，カキ，第五類に夏ミカン，モモ，オウトウ，ビワ，ウメが区分．昭和35年からは果樹，野菜，工芸作物という区分に変更 (49)．
  ○岡山県経済農協連が「果樹」刊行 (49)．
  ○鳥取県果実共栄会が再発足し，機関誌「因伯之果樹」を発行 (48)．
  ○日本大学に果樹園芸学開講，講師富樫常治 (49)．
  ○臨時物資調整法により，ナシの肥料，薬剤，パラフィンなどの生産資材が統制資材に指定され，割当制となる (48)．
  ○アメリカからジクロンが輸入され，ジクロン主体の混合剤を北海道三共が昭和32年に開発し，青森県でリンゴのモニリア病がほぼ完全防除 (49)．
  ○北海道深川市のリンゴ園で高接き病発生，33年にウイルス病と判明 (49)．
  ○この年から，36年にかけて，静岡県沼津市西浦久連の興農学園農業科学研究所の古里和夫が新橋第一ホテル食堂からアボカド種子を分譲してもらい実生育成，その後品種を接き木 (94)．

昭和（～30年）時代

- ○終戦後，山梨県勝沼地方でブドウ「マスカットベリーA」が普及し始める(49).
- ○前掛型手動散粉機が発明，粉剤の散布が初めて実用化(49, 61).
- ○熊本県宇土郡三角町の江森一新が真鍮管による定置配管施設設置．以降，各地に普及(49).
- ○再統制の配給，価格統制が完全撤廃，「ヤミ」が無くなる．自由販売，自由価格に戻り，中央卸売市場に仲買人復活し，「セリ」再開(48).
- ○この頃，長野県では青果物規格条例を制定し，天，松，竹，梅，花の5等級とした(61).
- ○長野県でリンゴの栽培面積が増加に転じる．苗木が無く，既存の栽培者の密植樹の植え替え，桑園内林檎園の切り替えなどによる．3～5年生幼木の値段は1本1,500～2,000円(61).
- ○この年，リンゴ景気でリンゴ村に活気(61).
- ○長野県で桃の衰退が極となる．栽培面積50町歩，樹数3万本余を残すのみとなる(61).
- ○長野で新興種苗業者が猛烈に誕生(61).
- ○缶詰輸出再開(49).
- ○温州みかん北米輸出の再開，900tをカナダに，ミカン缶詰1,000tをイギリスに戦後初出荷し，輸出産業の花形に(3, 4, 165)，アメリカはアラスカ州を除き，再度輸出禁止に(49).
- ○リンゴ輸出，香港，フィリピンで再開(49).
- ○熊本県で輸出用蜜柑缶詰製造逐次開始(49).
- ○コロンバンがマロングラッセの製造開始(214).
- ○明治33年制定の「清涼飲料水営業取締規則」が撤廃され，果実飲料の製造が可能となる(44, 19).
- ○食品衛生法が改正され，混濁b，沈殿の果汁製造が許可，果汁飲料生産が伸びる(49).

1948(昭和23)
- ・2
  - ○鳥取県果実農業協同組合設立(48, 49).
  - ○食料品配給公団設置．検査局缶詰砂糖部が内需缶詰を検査．缶詰局がジャムの配給を統制．糖度45度以上，生産割当数量13,900本(18l缶，製造工場54社)，24年解散(49).
- ・3
  - ○青森県の「林檎日報」創刊(61).
- ・5
  - ○「園芸信州」創刊(61).
  - ○群馬県前橋市で雹害，ナシが全葉落葉，短果枝等折損，収穫皆無(49).
  - ○長野県全県で降雹被害(49).
- ・6
  - ○青森県にりんご課設置，りんご検査所も設置(61, 145).
  - ○NRS農業部より農業改良局あてに「農事改良実験所及び試験地」文書が送付され，GHQ主催の国及び都道府県農業関係試験場整備総合に関する委員会がブラウンの指導の元に開催され，機構改革が始まる(33).
- ・7
  - ○輸出入植物検疫法公布(172).

昭和（～30年）時代　　（ 219 ）

- 8　○愛媛県果樹園芸研究青年同志会が「果樹園芸」刊行 (49)．
　　　○青森県がリンゴの県営検査を復活実施 (61)．
- 9　○田中諭一郎「日本柑橘図譜」下巻を養賢堂から刊行 (49)．
　　　○アイオン台風で四国～東北（特に岩手）で被害 (115, 117)．山形県でリンゴ落果 (49)．
　　　○九州で50年来の豪雨，果樹被害甚大 (49)．
- 10　○果物類の統制を撤廃，青果市場の仲買人制度を撤廃 (1)．荏原市場では，神奈川に転農していた仲買人が復帰，代買組合を結成して，小売商の代理買い出し業務を開始 (49)．
　　　○中央卸売市場業務規程を改正し，東京中央卸売市場，果実部卸売人制度復活，仲買人総数528名 (1, 49)．
　　　○静岡県興津町に日本果実協会の呼びかけで450名が参集し，日本果樹研究青年連合会創立 (3, 48, 49)，第一回全国果樹研究青年大会開催 (49, 61)．
- 11　○菊池秋雄が「果樹園芸学上巻」を養賢堂から刊行 (49)．
　　　○朝倉書店が「新園芸」刊行 (49)．
　　　○台湾バナナ門司港に久々に約26トン入荷，1本40～50円 (1, 214)．
　　　○日本果実協会を母体にして，日本果実販売農業協同組合連合会（日果連）創立 (3, 4, 48, 49)，27年に日本園芸農業協同組合連合会（日園連）に改称 (49)．
　　　○東京都が中央卸売市場で果実部の卸売り業務を許可 (49)．
- 12　○青森県議会の発議で青森県林檎振興株式会社設立，38年解散 (49, 145)．
　　　○農産種苗法が制定され，名称登録制度開始，栽培者による枝変わりによる新品種育成機運が高まる (256)．
　　　○長野県で梨の肋骨状盃状整枝法が試行 (49)．
　　　○岡山農試の大崎守技師が前任地の園芸試験場での成績を元に，果樹全般に共通する原則事項を28項目挙げて解説した「果樹剪定原則」を発表，急速に普及 (61,143)．
　　　○福島県経済農協連が「落葉果樹」刊行 (49)．
　　　○日本園芸農協連合会（日園連）主催の果実展示共進会が開始．農林大臣賞，園芸学会長賞が授与 (49)．
　　　○この頃から，全国的に果樹苗木業者が復活 (61)．
　　　○静岡県の興農学園が東京電力の特別許可で柑橘園の集団電化実施．薬剤散布が手押し式から脱却．以降，各地に拡大 (49)．
　　　○DDTの果樹園導入 (4, 49)．
　　　○この年，DDTが長野県のリンゴ防除暦に搭載され，実用化 (61)．
　　　○長野県伊那の梨栽培で，大袋として，パラフィン大袋，新聞紙袋内にパラフィンの二重袋が開発．昭和35年頃まで使用．この頃まで明礬と石鹸溶液を新聞紙に塗布して使用．以降はパラフィン二重 (61)．
　　　○静岡県で20年前頃から発生していた温州ミカンの萎縮病について，園芸試験場で研究開始，1952年に論文発表 (246)．
　　　○長野農試下伊那分場が市田柿・平無核の硫黄薫蒸試験開始．26年から普及開始 (61)．

昭和（〜30年）時代

- ○青森県の岩館義博がリンゴ草生栽培を他に先駆けて導入実施 (49).
- ○戦後復興と緑化のため，琉球政府が琉球にグアバをハワイ大学からバーモント他品種を導入．その後，鹿児島大学指宿農場，鹿児島農試大島支場等から赤肉系統，白肉系統を，台湾から，白肉の東山月抜，梨仔抜を導入 (88).
- ○この頃から，広島県下の ハッサク に萎縮症状が問題になり，ステムピッチング病と判明 (19, 240) 1958年にトリステザウイルスと判明 (240).
- ○戦後の食糧不足と甘い菓子類不足から，長野県のリンゴ地帯では空前の「リンゴ景気」となる．「リンゴ成金」が100円札束を1尺積み上げて，宴を上げる「1尺祝い」が各地で営まれた (61).
- ○長野県ではリンゴの新植ブームとなり，24年までに23万本，翌年度には18万本の苗木が購入された (61).
- ○長野県上高井郡小布施町の栗園は平地林のため，開墾可能地とされ，食糧増産のために15町歩に減少 (49, 61).
- ○長野県が果実税，1貫匁当たり5円，付加税5円，計10円，1年間のみ (61).
- ○食品衛生法が制定され，清涼飲料水の成分規格と製造基準が制定，混濁果汁の製造が可能となる (44).
- ○宮崎県の椎葉村でクリタマバチ侵入，これ以前はシバグリを毎年5,6俵収穫，一部では，焼き畑の跡地の一部に山栗を植える習慣があった (183).
- ○長野県伊那で新植の果樹に深耕を指導開始 (61).
- ○長野県伊那でナシヒメシンクイ虫防除に食餌誘致を指導 (61).
- ○この頃，川崎の柿「禅寺丸」出荷は自動車利用開始 (222).
- ○熊本県玉名郡小天町小天農協が戦後初のミカン共同出荷を開始，最新の仙波式手回し選果機で貨車10両出荷 (49).
- ○愛媛県で温州蜜柑のカナダ向け輸出再開．初年度27,248ケース (49).

1949（昭和24）

・1
- ○静岡県柑橘農協連が「柑橘」刊行 (49).
- ○山梨県農事試験場園芸分場で農林省加工用桃委託試験開始 (49).

・2
- ○大阪府立大学農学部果樹学研究室設置．初代担当，平井重三 (49).

・3
- ○輸出品取締法に基づき，農林省輸出食料品検査所設立．加工食品科で輸出缶詰検査 (49).
- ○東京都の各市場の仲買人組合で東京青果仲買組合連合会復活 (49).
- ○静岡県志太郡大井川町の鈴木戸一郎が東海近畿農業試験場園芸部の依頼で梨「キー29」（1959年に「幸水」と命名）を接ぎ木 (49).

・4
- ○東京農林専門学校が東京農工大学農学部と改称，園芸講座設置．初代教授新津 宏 (49).
- ○玉川大学農学部農学科に園芸学開講．担当三木末武助教授 (49).
- ○蜜柑缶詰の英国向け輸出が政府間貿易から民間貿易に移行 (49).

・5
- ○台湾バナナ，東京中央卸売市場に8年ぶりに入荷 (1).
- ○新潟大学農学部園芸講座設置．初代担当，志佐 誠 (49).
- ○岐阜農林専門学校が岐阜大学農学部と改称，園芸講座設置．初代担当，渥美樟雄 (49).

昭和（～30年）時代　　（221）

	○三重大学農学部園芸講座新設．初代担当，藤村次郎(49)．
	○岡山大学農学部果樹園芸学研究室発足．初代担当，本多　昇(49)．
	○山口大学農学部が新設，園芸学研究室新設．初代担当，弥富忠夫助教授(49)．
・6	○青森県の中弘南地方で雹害(117)リンゴに甚大な被害(49)．
	○デラ台風で九州～東北（特に愛媛）で被害(61, 115, 117)，(5月12日)佐賀県の被害，モモ(28.8 ha,) 114,000円），ナシ(186.4 ha, 300,160円），ビワ(38 ha, 220,800円），大分県で被害，熊本県で果樹被害225 ha，宮崎県で果樹被害(49)．
・7	○青森県がりんご栽培奨励のため補助金交付(49)．
・8	○佐賀県大川村の果実農協が中心になって，梨の本格的共同選果，共同出荷を実施．暖地梨の始まり(49)．
・8/9	○キティ台風で九州～北海道で被害(61,115, 117)．青森県でリンゴ落果20万箱，秋田県で風速23.9 m/s，山形県で19 m/s，リンゴ，ブドウに被害，福島県で24.4 m/s，落果77 ha，426 t (49)．
・9	○リンゴ「陸奥」青森県りんご試験場が品種命名・登録．後にイギリスでクリスピンと呼ばれる(4, 5, 49, 61)．
	○佐賀県青年果樹研究同志会が「佐賀果協ニュース（後に佐賀の果樹）」刊行(49)．
・10	○青森県一帯で暴風雨，リンゴ落果200万箱(49)．
・11	○東京丸一青果株式会社，日本橋三越本店果物売場で，フルーツ・ジューサーの試運転と試飲会開催(28)．
・12	○「外国為替および外国貿易管理法」「輸出貿易管理令」が施行．輸入物資ごとに外貨予算が決められ，あらかじめ外貨割り当てを受ける制度と自動的に輸入承認が与えられる自動承認制が実施(49)．
	○この年，岐阜県の栗がクリタマバチの大被害を受ける(49)．
	○静岡県で，ルビロームシの天敵ルビーアカヤドリコバチを九州大学安松京三教授から分譲を受け，放飼，数年後被害皆無(49)．
	○宇都宮高等農林学校が宇都宮大学農学部となる．園芸学講座担当は佐藤清助教授(49)．
	○鹿児島高等農林学校が鹿児島大学農学部になり，園芸学講座新設．初代担当教授中村三七郎(49)．
	○島根県農業試験場大社試験地で黄肉桃品種適応性検定試験開始(49)．
	○日本果実協会が日本園芸農協組合連合会と改名(256)．
	○和歌山県で上南部村梅優良品種選定会発足．26年からうめ果実品評会開催，114個体出品，48系統を選抜，昭和30年に「白玉」「改良内田」「薬師」「地蔵」「高田（南高）」「養育」の6系統を選抜命名(156)．
	○佐賀県のミカン園で土壌流亡防止のため，草生栽培導入(49)．
	○長野県でリンゴの草生栽培が生産者で試行(61)．
	○長野県下伊那分場の柴本一好がモモの着色増進袋考案(61)．
	○この頃，シンクイムシ類の発生が多く，優秀な農薬がなく，補虫瓶による誘殺実施(61)．

昭和（〜30年）時代

- 24〜25年頃（特に25年），長野のリンゴ栽培で虫害果が多く，ジャムにもならずに川に流す (61)．
- この頃の岐阜県石徹白地区（山深い山村）の主食はヒエ，アワ，ソバ，トチ，昭和20年代まで，この地方では木の実植の習慣が継続 (46)．
- アメリカの炭酸会社製のオレンジジュース，初めて我が国に輸入される (1)．バヤリース・オレンジ (214)．
- オレンジ果汁10%程度のソフトドリンク「バヤリースオレンジ」の製造・販売権をクリフォード・ウイルキンソン・タンサン鉱泉やアサヒビールが取得．
- この頃，食品衛生法が成立し，大手企業や中小清涼飲料企業がジュース製造に参入．
- 長野県でリンゴが最高高値，貫当たり240円を記録 (61)．
- この頃まで，長野でリンゴの買い出し部隊続く (61)．
- 兵庫県の栗園でクリタマバチの被害甚大．農林省東海近畿農業試験場園芸部の福田，奥代が兵庫県と共同で調査開始．抵抗性品種，「銀寄」，「岸根」，「今北」，「豊多摩早生」，「長兵衛」，「金赤」，「鹿ノ爪」等を確認 (49)．
- BHC登録 (49)．長野県のリンゴ防除暦に搭載され，実用化 (61)．
- この頃，リンゴ病害虫防除暦にDDT採用．無袋栽培実用化 (243)．
- 殺菌剤のジラム登録 (49)．
- 動力噴霧機が水冷式から空冷式に，噴口もスズラン噴口から水平多頭噴口へ変化し，軽量，能率化する (49)．
- 愛媛県北宇和郡立間町の薬師寺和三郎が中古のダイハツ製自動三輪車を県下の果樹経営者として初めて導入 (49)．
- 長崎県多良見町の伊木力に九州一の大選果場建設．鈴木式選果機導入，共同出荷が開始され，戦後初めて東京に出荷 (49)．
- 佐賀県で食料不足の緩和に伴い，この頃から旱魃水田がミカン園に転換開始，本格的転換は昭和34〜35年頃 (49)．
- 昭和24年〜25年頃，戦後にアルコール分が不足し，酸っぱいワインも流行，高品質が要求されるようになり，山梨県などで「酸敗酒追放」運動展開 (49, 61)．
- この頃より，ユズの価格が上がり，埼玉県入間郡毛呂山町，越生町で桂木ユズの産地形成 (49)．
- 果実取引税に反対し，阻止 (3)．
- 国会議員で果樹振興議員連盟設立 (61)．
- 植物防疫法施行 (3)．
- 「二十世紀」梨，輸出再開でフィリピンへ輸出 (3, 49)．その後はシンガポールと香港が大きな輸出先 (49)．
- この頃，長野県伊那でナシ「二十世紀」の桃沢式整枝法確立．全国普及 (61)．
- 化学工業が復興し，化学肥料が増産され，果樹が回復．食糧事情もやや安定し，果実需要が更に増大 (256)．

1950（昭和25）

・1
- 和歌山県果樹園芸研究会結成，「和歌山の果樹」刊行．果樹研究連合会，果樹

昭和（～30年）時代　　（223）

・3　○岐阜県山県郡大桑村の土田健吉が実生から選抜した「利平ぐり」種苗名称登録 (49, 61, 256)．
　　　○愛媛県松山市太山寺町の鵜久森恵がネーブルの枝変わりの「鵜久森ネーブル」を種苗名称登録 (49, 256)．
　　　○岐阜県恵那郡中津町の林与八がクリの「笠原早生」に支那栗を交配し，その選抜樹の実生から「林一号」を選抜し，種苗名称登録 (49, 61)．
　　　○静岡県庵原郡袖師町の花沢政雄が由比町の石川広一宅の温州ミカンの枝変わりを昭和6年に発見し，「石川うんしゅう」として種苗名称登録 (49)．
　　　○昭和6年に青森県平果試験場が交配した「国光」×「紅玉」の選抜系統を「恵」として種苗名称登録 (49, 61)．
　　　○リンゴ大暴落現出，戦後のリンゴブーム終わる (145)．
・春　○長野県森村のアンズに花が枯死する病気が大発生 (61)．
・4　○園芸試験場が廃止され，果樹部門は新設された農業技術研究所園芸部，東海近畿農業試験場園芸部，九州農業試験場園芸部，東北農業試験場園芸部に再編される (4, 49, 172, 190)．
　　　○静岡大学農学科園芸学講座開設．初代担当は岩田秀夫教授 (49)．
　　　○香川県立大学農科大学設立．園芸第一講座（落葉果樹）初代担当，黒上泰治．園芸第3講座（常緑果樹と花き）初代担当，野呂癸己次郎 (49)．
　　　○農林省が山梨県立農事試験場園芸分場に龍王農事改良実験所日下部試験地を設置し，「ブドウ育種事業」開始．昭和26年に指定試験地として県に移管 (32, 33, 49)．
・5　○植物防疫法公布 (61, 172)．
　　　○農林物資規格法公布（日本農林規格JASの決定）(172)．
　　　○朝鮮戦争始まり，特需景気起こる (3, 4, 145, 172)．
　　　○1953年7月に終戦 (184)．
　　　○繊維と金属が活況を呈し，糸偏ブーム，金偏ブームと呼ばれる．自動販売機開発が再開 (184)．
・6　○農薬の統制配布廃止，果樹病害虫防除が急速に発達，農機具統制解除 (61)．
・7　○青森県がりんご集積倉庫建設に助成 (49)．
　　　○福岡県が果樹母木園光友分園設置，昭和36年に立花町に移管 (49)．
・8　○肥料配給規則改正公布（肥料統制解除）(61, 190)．
　　　○大分県北海部郡津久見町の川野豊が明治40年頃植えた夏ミカンから甘夏を，昭和10年頃に発見，「川野なつだいだい」として種苗名称登録 (49, 221, 256)．
・9　○ジェーン台風で四国以北（特に大阪）が被害 (48, 115, 117)．大阪府のブドウ園でジェーン台風後，フィロキセラが大発生 (49)，各県の果樹被害記載 (49)．
　　　○キジア台風で九州～四国が被害 (115, 117)．各県の果樹被害記載 (49)．
　　　○長野県で「青果物及び青果物加工品規格条例」が制定され，手数料を徴収して，果樹振興経費に充当 (49, 61)．

・12 ○毒物及び劇物取締法公布 (61).
○富樫浩吾著「果樹病学」が朝倉書店から出版 (19).
○愛媛県果樹試験場で温州ミカンの摘果試験実施. この頃より摘果が普及 (49).
○愛媛県が指定母樹園を設置, 昭和35年まで継続. 延153 a, 採穂数量380 kg (49).
○カリフォルニアからオリーブ12品種が香川県の指定試験地に導入 (33).
○終戦後からこの頃までの長野県でのリンゴの増殖は密植園からの転植や, 桑園が衣を脱ぎ捨ててリンゴ園に化ける等, 既存者のリンゴ園の拡大であった (61).
○日本農産輸出 (株) を解散し, 日園連貿易部に (3).
○鳥取県が「二十世紀」梨を香港, シンガポール, マニラ等南方へ輸出再開, 3万箱 (48).
○果実消費宣伝事業の取り組みを始める (3).
○学童果実給食試験実施 (東京都) (3).
○各地で果樹の増殖が始まる (4).
○この頃以前は収穫したリンゴの2～3割がシンクイムシ被害 (61).
○本年度に政府が助成して埼玉, 福岡で県営の果樹苗木検疫再開 (49).
○長野県伊那で梨の共同選果開始 (61).
○除草剤, 24- PA (2, 4- D) 登録 (49). 国産化, 尿素の使用開始 (61).
○山梨県勝沼町地方でブドウ「ネオマスカット」栽培が急速普及 (49).
○この頃から, 生食用ブドウ需要, 生産が漸増 (61).
○背負型動力散粉機が登場し, 普及 (49).
○農技研園芸部の浅見与七と森田義彦が傾斜地果樹園の等高線栽培提唱 (61).
○この頃から岩手県の一部でリンゴが異常落葉,「斑点落葉病」(242).
○ミカンウイルス病「温州萎縮病」(4) が接ぎ木伝染する事を発見 (19). 日本在来ウイルス病として命名 (240).
○この頃より, カンキツの「黒点病」の被害が問題になる (19).
○この頃から, 長野県森村のアンズに「アンズ枝枯病」が大発生 (61).
○愛媛県弓削町にクリタマバチ発生. 以降拡大29年被害最大 (49).
○山形県庄内地方, 畑作物が大旱魃. 葡萄栽培が復活 (49).
○農薬不足のため糖蜜を利用した害虫防除誘殺瓶のつり下げ実施 (48).
○鳥取県のナシ栽培でヒメシンクイによる果梗付近が食害される「エボクイ」発生, 誘殺に高圧水銀燈設置, DDT塗布袋普及 (48).
○長野県共和地区のリンゴ栽培で, 生産資材の不足と防除の不徹底から病害虫異常発生で大被害 (49).
○愛知県知多郡内海町で中村式10条手動選果機導入 (49).
○東北農業試験場園芸部でリンゴの水耕試験開始. 昭和30年に結実樹の水耕成功 (4, 49, 61).
○有機リン剤殺虫剤テップ, 有機フッソ剤フッソール登録 (241).
○この頃より, 柑橘園で有機燐剤, 有機塩素剤, 有機無機の硫黄剤利用開始

昭和（～30年）時代　　（225）

　　　　　(49).
　　　○長野県がクルミを中国に初輸出、26年にはアメリカ、オーストラリアへ輸出、
　　　　28年頃まで継続 (61).
　　　○非自由化物資のバナナが輸入割当方式で、輸入再開 (49).
　　　○東京新宿でバナナの叩き売り復活 (214).
　　　○長野県伊那谷からリンゴ、ナシ輸出再開 (49, 61).
　　　○徳島県から蜜柑がカナダに初輸出 (49).
　　　○愛媛県が蜜柑輸出のため、果樹園の病害虫防除推進のため、「輸出向け果樹園
　　　　病害虫防除施設補助金」計上 (49).
　　　○この頃まで、缶詰のための空き缶が入手困難 (49).
　　　○鳥取県のナシ選果規格が戦時規格の2階級から5階級に復元 (48).
　　　○広島県御調町の串柿で個人、庭先取引から、共同出荷へ移行 (49).
　　　○長野県のリンゴ収穫量1,500万貫、昭和2年の73万貫の20倍以上に急進 (61).
1951（昭和26）
・2　　○浅見與七著、「果樹栽培汎論土壌肥料篇」養賢堂から出版 (30, 49, 256).
・3　　○長野県共和地区で麻久保急傾斜地の10町歩40名が共同し、伊藤農機の設計施
　　　　工で共同防除施設を全国初に設置 (49, 61, 256).
　　　○全国青果卸売組合連合会設立 (49).
・4　　○岡山県で全果連モモ研究大会の開催（全果連研究大会の始まり）(3).
　　　○島根農科大学開学し、園芸学講座設置．初代担当教授倉岡唯行 (49).
　　　○兵庫県立農科大学に果樹園芸学研究室開設．初代担当教授桜井芳次郎 (49).
　　　○愛知県知多郡東浦町の日高啓夫が大正8年に入手した北朝鮮産支那栗実生か
　　　　ら選抜し、「相生」として種苗名称登録 (49, 61).
　　　○青森県のリンゴ花芽不足で不作決定的となる (145) 大不作 (49).
・5　　○伊那果樹振興委員会発足、「伊那の園芸」出版 (61).
　　　○長野県下で大降霜 (61)、伊那、松本、木曽、果樹被害516 ha、48,582千円
　　　　(49).
　　　○宮城県で凍霜害、リンゴ、ナシ、モモ、ブドウ、カキ、その他、カキ被害66,617
　　　　本、256 ha、果樹総額67,886,000円 (49).
・6　　○弘前大学文理学部農学科に園芸講座設置．初代教授、青木二郎 (49).
　　　○輸出ミカン植物防疫要綱通達 (4, 49).
　　　○財団法人日本缶詰検査協会設立．検査の民間主導へ移管するため28年3月解
　　　　散 (49).
　　　○12日静岡県中部の蜜柑地帯、山梨県のブドウ、モモ地帯で降雹し、激甚被害
　　　　(49, 61).
　　　○日本特殊農薬が有機りん剤（EPN 300）、ホリドールをドイツから輸入 (48,
　　　　61).
・7　　○青森県平果試験場育成の「ゴールデンデリシャス」×「デリシャス」の実生、
　　　　「王鈴」が種苗名称登録 (49, 61).
・8　　○長野県果樹研究青年同志会が「くだものニュース」刊行 (49).
　　　○東京都目黒区中目黒の倉方英蔵が朝鮮で交配育成したモモ、「倉方早生」が種

昭和（～30年）時代

　　　　　苗登録 (49, 61, 256)．
　　　　○愛知県春日井市の布目清が「白桃」等の混植園からの実生から選抜したモモ「布目早生」を種苗名称登録 (49, 61, 256)．
・9　　　○長野県下で縮果病が大発生 (61)．
・10　　○長野県でリンゴの木箱に変わりダンボール箱による神田市場への出荷を試験 (61)．
　　　　○ルース台風で全国（特に山口）が被害 (115, 117)．産地別被害記載 (49)．
・11　　○青森県で県下全般，暴風雨，リンゴ落果 (49)．
　　　　○長野県で零下14～16度になり，「国光」が全滅 (61)．リンゴ被害8,358 ha，192,000千円 (49)．
　　　　○日本果物商業組合連合会結成 (49,61)．
　　　　○アサヒビールを発売元として，「バヤリースオレンジ」が原液をアメリカから輸入して国内生産開始 (44, 49, 214)．
・12　　○青森・東京間トラック試験輸送実施 (145)．
　　　　○青森県で贈答用リンゴのダンボール詰輸送試験実施 (61)．
　　　　○リンゴ防除暦作成に関する協議会を青森で開催 (61)．
　　　　○農林省農業改良実験所を府県農業試験場へ統合 (172)．
　　　　○28年まで，果樹など園芸作物の種苗（果樹17種類）を政府が輸入し，試験研究機関に配布 (49)．
　　　　○埼玉県で梨の受粉樹として「新世紀」を普及，昭和33年には「新興」を普及 (49)．
　　　　○熊本県荒尾で荒尾果実農協が設立され，梨の県外出荷．南方輸出開始 (49)．
　　　　○農林省輸出食料品検査所と農林水産物検査所が合併し，農林省輸出品検査所設立，輸出缶詰の検査実施 (49)．
　　　　○三重県御浜町阿田和の奥地峰三が水田転換ミカン園で宮川早生を300本/10aの密植栽培，愛媛県の薬師寺清司の唱える「計画密植栽培」と東海近畿農業試験場園芸部の岩崎藤助グループとで論争 (256)．
　　　　○神奈川県足柄下郡，横浜市，川崎市でクリタマバチ被害発生 (49)．
　　　　○殺菌剤のチウラム登録 (49)．
　　　　○ホリドールの出現でナシヒメシンクイの防除が容易になり，ナシ「長十郎」の無袋栽培が可能となる (49)．
　　　　○岡山県で国庫補助により柑橘の害虫，ルビーロームシの天敵，ルビーアカヤドリコバチの増殖センターを設置し，22都府県に無償配布，農薬登録 (49)．
　　　　○ルビーアカヤドリコバチ登録，我が国で突然変異的に発生した天敵で九州大学の安松京三教授が紹介 (49)．
　　　　○除草剤の塩素酸塩（クロレート）登録．
　　　　○機械油乳剤が量産され，休眠期散布が長野で防除暦に搭載 (61)．
　　　　○青森県のリンゴ栽培で花芽不足により，不作 (49)．
　　　　○この年から3年間，柑橘生産主要6県（神奈川，静岡，和歌山，広島，徳島，愛媛）で柑橘潰瘍病無病地帯の設置事業実施，輸入解禁の対米交渉開始 (49)．
　　　　○ナシの黒斑病対策として有機水銀剤処理のパラフィン袋（防菌袋）登場 (48)．

昭和（～30年）時代　　（227）

　　○この頃，信州大学農学部の高馬進がクルミの温床利用による揚接法成功 (61).
　　○この頃から，長野県で赤星病対策のため，天然記念物も含め，ビャクシン類の伐採進む (61).
　　○二十世紀ナシのユズ肌対策に満州マメナシ台木苗木が登場 (48).
　　○長野県篠之井市共和，麻久保で我が国初の共同防除開始 (37).
　　○長野県伊那園芸連が香港などへ輸出，「二十世紀」梨1435箱,「ツーリー」(603箱),「早生赤」梨 (367 箱),「国光」(1069 箱) (49, 61).
　　○岐阜県農業試験場東濃分場で農林省の委託によりクリの品種改良開始．昭和38年,「東濃1, 2, 3号」選抜 (49, 256).
　　○石川県奥能登が特定開発地域に指定され，クリの栽培が開始 (49).
　　○農林省北海道農業試験場が米国マサチューセッツ州農業試験場からハイブッシュ・ブルーベリーを導入，品種「Concord」,「Dixi」,「Jessey」,「Rubel」 (7, 125).
　　○川上　繁が梅と杏と雑種について分類し，純粋梅，杏性梅，中間系，梅性杏，純粋杏とした (61).
　　○ガーデントラクターの国産化開始 (61).
　　○熊本県玉名郡小天町，小天農協に鈴木式 (2号) 動力みかん選果機導入 (49).
　　○ダンピング輸出防止のため，温州ミカンは輸出貿易管理令の別表に追加され，事前に輸出価格の審査実施 (49).
　　○みかん缶詰をアメリカ，イギリス，スウェーデンへ初輸出 (3).
　　○山口県経済農協連合会の萩加工場でナツミカンを利用した濃縮果汁製造開始 (44).
　　○愛媛県青果販売農協連合会の桐野忠兵衛会長がカナダ，アメリカに輸出蜜柑の調査に出張し，本格的な果汁加工が開始 (49).
　　○青森産リンゴ生産，初めて2,000万箱の大台に乗る．2,116万6,750箱 (145).
　　○薩南諸島の七島 (奄美) が本土に復帰 (177).

太平洋戦争後
　　○この頃，有機合成殺虫剤による新しい病害虫防除暦が作成された．単一の手段であらゆる害虫を処理することを理想とし，主眼はタイミングの指示であった．「同時防除体系」(243).
　　○この頃のリンゴ害虫記載 (243).

1952 (昭和27)
・3　○京都府何鹿郡志賀郷村の松本　豊が柿「富有」の早生化枝変わりの「松本早生富有」を種苗名称登録 (49).
　　○東京都南多摩郡稲城村の川島琢象が「二十世紀」×「長十郎」から選抜し,「清玉」を種苗名称登録 (49).
　　○和歌山県橋本市の米本常太郎がかつらぎ町の向山　博より温州新系統の穂木導入．その後，中生の向山系として登録され，急増 (49).
　　○京都府綾部市の松本　豊が富有の園からカキ「松本早生富有」を発見し，名称

昭和（〜30年）時代

　　　　　登録 (5).
　　　　○明治屋が濃縮オレンジジュースの製造開始 (214).
・4　○26年のリンゴ不作を受けて，人工授粉，摘果等の青森県りんご安定生産運動が発足 (49).
　　　○福島県安原町の大石俊雄，スモモ「大石早生」を名称登録 (5, 49).
　　　○長野県東筑摩郡広丘村のビャクシン 2,800本を伐採 (61).
　　　○サッポロビールが果汁成分10％程度の果汁入り清涼飲料「リボンオレンジジュース」発売 (44, 49, 214).
・5　○急傾斜地帯農業振興臨時措置法公布 (61, 172).
　　　○長野県農業試験場の知久，今村，小林が「二十世紀」梨の防病袋を開発．更に，コナカイガラムシ防虫に効果ある二重袋完成 (49, 61).
　　　○静岡県柑橘試験場の田中諭一郎場長がアメリカから柑橘類21種，桃6種，ブドウ4種，アーモンド4種，枇杷3種，アボカド3種，チェリモヤ3種，李1種，フェイジョア1種，グアバ1種をアメリカから導入 (92)，アボカドは30年代に枯死 (94).
　　　○秋田県で晩霜，山形県村山，置賜地方で降霜，果樹に被害．宮城県で凍霜害．リンゴ，ナシ，モモ，ブドウ，カキ，その他，カキ被害27,617本，126 ha，果樹被害総額31,860,615円 (49).
・6/7　○鳥取県で集中豪雨で梨の袋が破れ，黒斑病多発 (49).
・7　○青森県経済部に，りんご課設置，生産，販売，庶務の三係 (49).
・8　○日果連，日本園芸農業協同組合連合会（日園連）へ改称 (3, 4, 49).
　　　○青森県で県下全般，暴風雨，リンゴ落果74万箱 (49).
・9　○インドから長野県長沼村にリンゴの注文 (61).
・10　○長野県下でマンガン及びマグネシウム欠乏症が各地で発生 (61).
　　　○農林省が果実流通対策協議会を設置 (61).
　　　○静岡県が早生温州蜜柑を初めてカナダに42,000箱，全国では85,000箱輸出 (49).
・11　○愛知県豊橋市で大井上研究所より葡萄「巨峰」の芽を一芽30円で購入し，増殖開始 (49).
　　　○信州リンゴ1,000箱を香港に輸出 (61).
　　　○佐賀県で干し柿の火力乾燥法と硫黄薫蒸法を奨励・補助し，商品性を向上 (49).
・12　○全国果実品評会を東京三越百貨店で開催 (61).
　　　○青森県でリンゴを東京へトラック輸送試験実施 (61).
　　　○愛媛県青果連がポンジュース製造開始 (4)．原料用ミカンの濃縮果汁製造開始 (44)．松山市にジュース工場落成 (49).
　　　○日本缶詰輸出組合設立 (49).
・冬　○27年〜28年にかけての冬，北海道で異常寒波，各地で果樹が寒害で枯死．特にリンゴとブドウ．札幌以北のリンゴは平均60〜70％が被害．ブドウは全滅 (49)．リンゴは凍害の傷跡から腐らん病菌侵入 (242).
　　　○植物防疫所（植物検査所の後身）が横浜，神戸，門司に再発足 (172).

昭和（～30年）時代

○大井上康が「日本巨峰会」の母体である「日本理農協会」を設立（256）．
○和歌山県の南海果工（株）が原料用ミカンの濃縮果汁製造開始（44）．
○殺菌剤のジネブ登録（49）．
○有機リン剤殺虫剤パラチオン，メチルパラチオン登録（49, 241），ドイツ製品ホリドール，EPN 300，DN 乳剤などの有機隣剤が実用化（61）．
○大正14年に広東から導入したミカントゲコナジラミの天敵，シルベストリーコバチが非常に減少したため，保存増殖事業を福岡県に補助金交付で実施させる（49）．
○この頃，静岡県沼津市の山田寿太郎が古里和夫からアボカドの苗木の分譲を受ける（94）．
○この年から28年，愛媛県のミカン園，長野県のリンゴ園に固定配管式（パイピング）が設置され，器具が主体の共同防除方式が樹立，防除の組織化が図られる（49）．
○長野県小布施村でリンゴ園の定置配管大型動力噴霧機を導入（61）．
○福島県の大槻只之助がリンゴ「王林」を選抜，命名（5）．
○信州大学繊維学部付属農場でクルミの実生を育成し，昭和35年に選抜され，39年7月に「信鈴」と命名登録（49）．
○岡山農試が昭和16年に交雑したモモ缶詰用品種，「映光」，「明星」命名．この当時の缶詰生産に貢献（143）．
○ブルトーザーによる果樹園造成が和歌山県湯浅町の近畿大学研究所，広島県志和町で実施（49）．
○果樹園芸振興議員連盟結成（果樹農業振興議員連盟の前身）（3）．
○大井上康が「巨峰会」結成し，巨峰の育成普及図る（49）．
○この頃からリンゴで新品種へ更新．高接病が問題化（242）．
○果樹園でパラチオンの散布試験開始（4）．
○札幌市のリンゴ「国光」園で，果樹専門技術員佐藤吉太郎が黒星病を発見，43年に本州，岩手に伝播（49）．
○鳥取でナシに害虫防除と日焼け防止にホワイトウオッシュ塗布奨励（48）．
○この頃より，福島県でナシ「長十郎」の無袋栽培実験開始，昭和32年頃より普及（49）．
○この頃から農村で加工業が盛んになり，山形県でセイヨウナシが増殖．昭和30年頃より長野県で増殖開始（61）．
○埼玉県でナシ「長十郎」の無袋栽培普及（49）．
○果樹園の清耕法に代わり被覆栽培への転換提唱（48）．
○この年から福岡県京都郡の栗園でクリタマバチ大発生（49）．
○和歌山県橋本市谷奥深で梅の集団栽培開始（49）．
○青森県りんご試験場でリンゴ園の草生栽培を推奨．以後，リンゴ園では急速に普及（4）．
○青森県リンゴ試験場が薬剤摘果試験開始（61）．
○この年，全国で伐採された栗樹は約69万7,200本．その内，枕木として，43万7,000石，抗木として，1万6,200石，丸太約3,300石，残り24万石余が建

築用材 (61).
- ○鳥取県で「二十世紀」梨の選果荷造りの能率向上と統一のため、共同選果場建設3カ月計画樹立 (49).
- ○この年、鳥取で未開墾地の開放があり、梨が多く植栽 (198).
- ○昭和27年～8年、佐賀県大川村の梨が長崎から沖縄、香港に出荷 (49).
- ○農山漁村電気導入促進法、農地法、耕土培養法 (後に地力増進法)、共済基金法等制定 (4).
- ○広島県のカナダ向け蜜柑輸出開始、5,900ケース (1ケース、4.2 kg) (49).
- ○果実生産量が戦前水準 (昭和16－17年平均) に回復 (3, 19).
- ○岡山県の果樹生産が戦前の水準を上回る (143).
- ○美空ひばりの「リンゴ追分」レコード発売.

1953 (昭和28)

- ・3　○熊本県宇土郡網田村の益田信弥がビニールパイプ (10ミリパイプ) による定置配管施設設置、以降、各地に普及 (49).
- ・4　○名古屋大学農学部に園芸学講座設置、果樹担当鳥潟博高助教授 (49).
  - ○缶詰検査の民間移管に伴い、社団法人日本缶詰協会に検査部設置. 農林物資規格法の缶詰格付け機関に登録 (49).
  - ○長野県で低温になり、ナシ全滅地帯発生 (61). 4月17日以降、4回、果樹被害、3,248 ha、48,040千円 (49).
  - ○4月から、愛知県で異常低温、晩霜、干害が発生. 東三河はじめ県下の柿、桃、梨、被害、124 ha、223百万円 (49).
  - ○背負式ミスト機が開発され、濃厚少量散布が登場 (49, 61).
- ・4～5　連続的な凍霜害がナシ、リンゴ等多くの果樹で発生 (49).
- ・5　○宮崎県西旧杵郡三ケ所村でクリタマバチの宮崎県侵入を確認. 以後、昭和36年まで、819千本を伐採 (49).
  - ○福島県で中通り、浜通り北部で強い霜害. ナシ492 ha、リンゴ420 ha、オウトウ20 ha、その他817 ha (49).
  - ○大分県で豪雨、果樹園地が流亡多発 (49).
- ・6　○輸出取引法により日本農産物輸出組合設立し、ミカンの管理貿易 (3) カナダ向けミカンは他の組合の青果部門に北米かんきつ部会を設置 (49).
  - ○愛媛県松山市太山寺町の鵜久森丑太郎が「尾張温州」の枝変わり、「松山早生」を種苗名称登録 (49, 256).
  - ○高知県香美郡山南村の十万可章が「尾張温州」の枝変わりと思われる「十万温州」を種苗名称登録 (49).
- ・7　○朝鮮戦争休戦協定により、翌年にかけて、生食用ブドウ生産が爆発的に急増 (61).
  - ○住友化学が農薬パラチオン製造技術をアメリカの A.C.C 社から導入 (190). この年、パラチオン使用量は80万 ha (190).
  - ○中小企業等協同組合法に基づき、日本蜜柑缶詰工業協同組合設立. この頃の生産数量は210万函余、輸出は英国その他で129万函 (49).
- ・8　○青森県柏村古坂平太郎園の日本最古のリンゴ樹「紅絞」2本、「祝」1本が青森

昭和（～30年）時代　　（231）

県指定記念物となる (145).
・9　〇台風第13号で全国（特に近畿）が被害 (115). 各地の果樹被害記載 (49).
・10　〇岩崎藤助が「柑橘栽培法」を朝倉書店から出版 (49).
・11　〇永沢勝雄が「果樹園芸新説」を朝倉書店から出版 (49).
　　　〇長野県飯田市の街路400mにリンゴ苗木を植栽 (61).
　　　〇福島県で8月以降の低温が厳しく大冷害. 果樹被害1,868 t, 6億9,126万円 (49).
・12　〇東京, 青山に初のスーパーマーケット（紀ノ伊国屋）が開店 (1).
　　　〇奄美大島の本土復帰に伴い, ミカンコミバエ等12種を有害動植物に指定, その寄生植物の移動禁止 (49).
　　　〇菊池秋雄が「果樹園芸学 下巻 果樹生態論」を養賢堂から出版 (49).
　　　〇山梨県果樹園芸会が「山梨の果樹」刊行 (49).
　　　〇この頃から東北農業試験場園芸部の森　英男がリンゴの「革新剪定」を提唱. 青森県リンゴ協会の渋川伝次郎らが反論. 密植の弊害も出て, その後, 疎植大木栽培が提唱 (256).
　　　〇兵庫県でチュウゴクグリの形質を持つクリ品種の育種開始.「五十波」,「西播磨」育成 (256).
　　　〇岡山県立農業試験場が缶桃「シルバースター」を命名. 公表は45年 (49).
　　　〇この頃, 熊本県でミカンバエが発生年間被害約2,000 t, 吐酒石を基剤とした食餌誘殺で撲滅 (49).
　　　〇中小企業等協同組合法に基づき, 丸缶ジャム製造業者中心に日本ジャム工業協同組合設立, 45年解散 (49).
　　　〇合成植物生長ホルモンの2,4-Dが除草剤として, 一部の果樹園で実用化 (245).
　　　〇この頃, 岡山県の竹井栄一郎等がブドウの早期栽培の収穫労力の調整のため, 露地ブドウのビニール被覆栽培開始 (49, 256).
　　　〇長野県でリンゴ落果防止用ホルモンの使用が一般に普及 (61).
　　　〇長野県のリンゴ品種の栽培面積割合,「国光」(42％),「紅玉」(33), デリシャス系(8),「祝」(7),「旭」(4),「印度」等その他(7) (61).
　　　〇長野県のブドウ品種の栽培面積割合,「コンコード」(57％),「ナイアガラ」(21),「デラウエア」(15), その他(7), 成園面積281町歩 (61).
　　　〇長野市共和麻久保で伊東農機具相談所長, 伊東祐夫の設計により, 全国で初めて定置配管による共同防除施設完成 (61).
　　　〇この年から, 長野県伊那の梨栽培で生産安定と果形統一のため人工授粉が普及 (61).
　　　〇鳥取大学の林　真二と鳥県津ノ井分場の木下貞治らが梨の人工授粉で筆受粉を実用化・普及 (201).
　　　〇災害による樹勢回復と肥料購入の農林省補助事業実施 (61).
　　　〇農林省蚕糸試験場が霜害防止のため重油燃焼法を実施 (61).
　　　〇長野県伊那の梨凍霜害防止に薪, 鋸屑, 籾殻の焚き火で防止 (61).
　　　〇この頃から, 広島県で畑作の転換と山林開墾によりカンキツが著しい増反

昭和（〜30年）時代

　　　（49）．
○この頃から農林省園芸試験場育成の缶詰桃が養蚕代替作目として農家に普及，伊那で 60 ha (61)．
○福岡県浮羽郡田主丸町で柑橘ビニール接ぎ開始．昭和30年から本格導入 (49)．
○福岡県浮羽郡田主丸の果樹苗木生産が100万本に復興 (49)．
○この頃から，広島県大長の温州蜜柑栽培が急速に復興 (49)．
○ホリドール中毒発生 (48)．
○殺虫剤の有機リン剤マラソン (241)，殺菌剤のジクロン，キャプタン登録 (49)．
○この頃，長野県西筑摩郡山口村，読書村，下伊那郡遠山地方にクリタマバチが進入し，シバグリに大被害発生 (49, 61)．
○愛媛県で BHC 3％粉剤散布開始 (49)．
○この頃からブルドーザーによる開園が始まる．昭和30年頃，全国に普及 (61)．
○鳥取県の梨栽培で薬液を送る配管資材が真鍮からビニールパイプになる．これに伴い動力噴霧器も普及加速 (207)．
○愛媛県吉田町の宮本　保が派米後，ワックス処理機製造開始 (49)．29年説 (19)．
○この頃から，温州ミカンの計画密植開始 (61)．
○栃木県内で初めて，宇都宮梨農協が梨「長十郎」の東京市場への共同出荷を開始 (49)．
○薬剤散布の真鍮パイプに代わりビニールパイプ登場 (48)．
○テーラー型耕耘機が普及著しく，牛馬耕減少 (190)．
○キリンビールが果汁成分10％程度の果汁入り清涼飲料「キリンオレンジ」発売 (44) 29年 (49)．
○ミッションジュース発売 (49)．
○昭和28〜29年頃，オレンジ，グレープ，パイン，アップルなどの濃厚ジュースが業務用，進物用，家庭用に販売 (49)．
○ジュースが台頭して，ラムネの人気が落ちる (214)．

1954（昭和29）
・1　○英国向け蜜柑缶詰輸出再開 (49)．
　　　○昨年からの暖冬で佐賀県の貯蔵蜜柑が腐敗 (49)．
・1/2　○鳥取県八頭，岩美郡で大雪，180 cm，棚崩壊，枝折れ (49)．
・2　○佐賀県で暖冬のため枇杷が一カ月早く開花結実し，寒波の襲来で落果，2割減収 (49)．
・3　○(社) 日本果汁協会設立 (49)．
・4　○名城大学農学部果樹研究室発足，初代担当教授石井哲士 (49)．
　　　○長崎県で各市町村の果樹研究青年同志会が団結し，長崎県果樹研究青年同志会結成，35年に長崎県果樹研究連合会と改称，機関誌「長崎の果樹」刊行 (49)．

- ・5
  - ○佐賀県で21日に寒波，降霜・結氷，果樹被害，枇杷838 ha，444万円），梨 (22.0 ha，150万円），柿 (35 ha，420万円) (49).
  - ○小林　章「果樹園芸総論環境・結実栄養篇」が養賢堂から出版 (49).
  - ○パラチオン剤の個人使用が禁止され，共同防除の利用に制限 (61).
  - ○福島県北部で降雹，果樹被害はリンゴ 165 ha，モモ 88 ha，7,000万円 (49).
- ・6
  - ○愛媛県で25年に発生したクリタマバチが被害ピークとなる (49).
  - ○青森県県南で凍霜害，リンゴは 1,090 町歩，51万箱，2億 5,871 万円 (145).
- ・7
  - ○7月から愛知県で異常低温，長雨．東三河果樹減収 (49).
- ・8
  - ○台風第5号で九州・四国が被害 (115)．佐賀県で5, 6号による果樹被害．蜜柑1割減収，3,000万円，梨3減収 360万円，柿 2.5 割減収 650万円，その他 600 万円，大分で被害 (49).
- ・9
  - ○台風第12号で関東以西が被害 (115, 117)．13号，12号が連続来襲し，鳥取県の梨落果，被害4億 320万円．12号で佐賀県の果樹被害，柿，蜜柑，梨，1,181万円．大分県で被害 (49).
  - ○台風15号 (洞爺丸台風) により全国で被害 (115, 117)．北海道江部乙町のりんご，全部落果，倒木続出 (49)．青森県でリンゴ落果600万箱と推定 (145)，618 万箱 (49)．秋田県で風速 30.7 m/s，佐賀県で果樹被害 1,134 万円 (49).
  - ○愛媛県吉田町の宮本保がみかん用選果機試作 (49).
- ・10
  - ○高知県安芸郡吉良川町の戸梶　清がブンタンと柚の自然交雑実生と思われる「晩王柑」を種苗名称登録 (49).
- ・11
  - ○博友社が「園芸日本」刊行 (49).
  - ○青森県共同防除施設の第一号，浅瀬石に完成 (61, 145).
  - ○この月から1957年6月まで，31カ月間，「神武景気」(184).
- ・12
  - ○全国果実展示品評会を東京中央卸売市場神田分場で開催 (61).
  - ○カキの「松本早生富有」登録 (256).
  - ○長野県で，昭和27年からの2年間に果樹の栽培面積が毎年 500 ha 増加 (61).
  - ○粉末ジュース，市場に初めて出回る (1).
  - ○栃木県でクリタマバチ発生，他県より遅れたのは，抵抗性の「銀寄」主体のため (49).
  - ○茨城県北相馬郡守谷町にクリタマバチ発生，被害に遭う「大正早生」，と「中生丹波」が主体のため全滅となる (49).
  - ○茨城県鹿島南部で葡萄栽培始まる．「デラウエア」，「マスカットベリーA」(49).
  - ○神奈川県でミカンの隔年結果矯正品評会開催 (49).
  - ○苦土肥料施用奨励 (3).
  - ○この頃から，長野県の桃栽培が急速に回復し，昭和30年に戦前のレベルに回復，35年くらいまで急増 (61).
  - ○海外からの侵入病害，リンゴ「黒星病」が北海道札幌近郊で初発生．近くの米軍キャンプからと推定，9年間で道内に拡散 (242).
  - ○鳥取県で梨の赤星病が大発生，落葉 (49).
  - ○鳥取で草生果樹園に草刈り機登場 (48).

- 鳥取で人工交配簡易化のため，開花期の揃えと人工開葯法考案(48)．
- 長野県上伊那郡辰野町の小沢　登が梨の小袋の口に止め金の糊付け法を考案(61)．
- 長野市長沼で28年の滞水被害でリンゴ大樹50町歩枯死(61)．
- 長野県伊那の梨栽培で，凍霜害防止に石油缶で重油を燃やす，翌年には古タイヤ，簡易重油燃焼器導入，伊那谷は午前11時頃まで黒煙に覆われる(61)．
- 長野県伊那からモモのトラック輸送開始(61)．
- 昭和28年度〜29年度の1人1年当たりの果実消費量は14.6 kg(37)．
- 日本食品タイムス社が「オレンジジュース読本」を刊行し，「ひとり清飲業界にとどまらず全食界の彗星的問題商品として，ここ2〜3年の間にわが市場に登場し時々新たなる問題を提起しつつあるものこそオレンジジュースであろう．少し誇張していえば食品界の{現代のヒーロー}であろう」と記す(44)．
- 明治製菓が初の缶ジュース「明治オレンジジュース」発売．中身が見えず，普及に苦労(214)．
- 名糖産業が初の粉末ジュース発売(214)．
- 徳島県から沖縄に蜜柑初輸出(49)．

昭和20年代

- 静岡県で経済栽培のため，アボカドの植栽始まる(94)．
- 昭和20年代まで，リンゴは贈答品の域を出なかった．小売店の値段が驚くほど高く，生産者の販売価格より3〜5倍，病人の滋養食に買われるか，贈答用に買われるので，一般人は食べず，安くしても売れなかった(145)．
- 青森県南部地方のリンゴ栽培は「三戸紅玉」の名声を得る．30斤箱の独自採用(145)．

昭和20年代後半

- この頃まで，広島県沼隈郡内海町で，投網類を柿渋で染めた．明石の網屋・立花商店では，網染めに柿渋と渋粉(シイの皮の粉)を利用(196)．
- この頃，九州で温州ミカン増殖率急増，九州内市場相場不振(49)．

昭和時代　30年以降

1955（昭和30）
- ・2　○長野県が広報車でビャクシン伐採を呼びかけ，伐採運動最好調 (61)．
- ・4　○日本果汁農業協同組合連合会設立 (49)．
　　　○長野県が人工交配の実施を提唱 (61)．
　　　○青森県三戸郡，上北郡などで強い降霜，開花期の「紅玉」,「印度」,「デリシャス」等の早生で 2,000 町歩被害．5月上旬も再降霜，福島県で霜害，被害 100 ha (49)．
- ・5　○千葉県房総中部でウズラ卵大の降雹．梨，約 28 ha で落果，果実損傷，樹体損傷，約3千万円被害発生 (49)．
　　　○山梨県で雹害，果樹被害 4,046 ha，18,300 t，28百万円 (49)．
- ・6　○全販連に青果部設置 (49, 61)．
　　　○長野県下一帯でリンゴ「国光」のカラマツ（不受精現象）発生 (61)．
　　　○奈良県大和郡山市長安寺の中津正之が「白桃」の実生から育成した「中津白桃」を種苗名称登録 (49)．
　　　○奈良県磯城郡川西村の森川嘉造が「大和白桃」の枝変わり「大和早生」を種苗名称登録 (49)．
　　　○静岡県庵原郡興津町の米沢芳太郎が「尾張温州」の枝変わり「米沢温州」を種苗名称登録 (49, 256)．
　　　○中央卸売市場の卸売人統合に対し公正取引委員会が不認定 (49)．
　　　○リンゴ黒星病が札幌で初めて発見 (61)．
- ・7　○日本果実缶詰工業協同組合が設立 (49)．
　　　○有明海沿岸諸県，パラチオン，ホリドール等の農薬による水産物の被害対策を政府に陳情 (1)．
- ・8　○渋川伝次郎・渋川潤一が「りんご栽培法」を朝倉書店から出版 (49)．
　　　○農林省の「新農山漁村建設総合対策事業」が開始，共同作業所，散水施設，共同防除施設，共同集荷場，共同貯蔵所など整備始まる (61)．
　　　○長野県共和地区で，リンゴが 150 町歩に達し，100 坪の冷蔵庫と製氷施設を設置 (49)，小布施町に大共選場建設 (61)．
　　　○この頃より，大型選果場が建設される (19)．
　　　○静岡県庵原村に全国初のミカン園共同防除施設着工，これ以降，各地に共同防除施設が建設される (49)．
- ・9　○日本のガット（関税および貿易に関する一般協定）加入発効 (1, 4)．
　　　○パラチオン剤が特定毒物に指定され，取り扱いが厳重となる (61)．
　　　○台風第22号で関東を除く全国で被害 (115)．青森県のリンゴ落果 1,882,150 箱 (145)，佐賀県で柿被害 337 ha，230万円，蜜柑 2,459 ha，1,071万円，大分県被害 (49)．
　　　○和歌山県で台風23号被害．風害と潮風害で，柑橘落葉 872 ha (49)．
- ・10　○青森県で台風による暴風雨．リンゴ落果 188 万箱，洞爺丸台風以来最大，秋田県で風速 23.2 m/s (49)．
　　　○兵庫県津名郡北淡町野島の拝原哲夫所有の枇杷園隣接地で発見されたビワ「野島

早生」が種苗名称登録 (49).
○九州での温州ミカン増産により，九州市場の相場が悪化，このため，装備がよい佐賀県小城郡晴田果実農協を先発として，京都中央市場に出荷開始，九州他県，和歌山の出荷に影響多 (49).

・11 ○長野県でリンゴ「国光」の裂果激発 (61).
○愛知県で暴風害，果樹被害大 (49).
○昭和30～31年，急傾斜地果樹園土壌保存モデル園設置事業実施 (61).
○輸出品取締法により，缶詰が全面強制検査品目となる．(社) 日本缶詰協会検査部が廃止され，(社) 日本缶詰検査協会設立 (49).
○山梨果実農業協同組合連合会設立．35年，山梨県果実販売農業協同組合連合会に改組 (49).
○小林　章が「果樹園芸ハンドブック」を養賢堂から出版 (49).
○北海道余市町の宮本晋司が渡米帰国土産にジョン・ビーン社製のスピードスプレヤーを貰い，道庁で買い上げ，実演 (49, 256).
○青森県のリンゴにモニリア病大発生 (49, 61).
○長野県伊那園芸連が凍霜害に対する警報組織を作り，重油備蓄 (61).
○宮崎県串間市本城，市木，南郷町，日南市でパッションフルーツの集団栽培開始，西南果汁工場の閉鎖，昭和38年極東寒波で壊滅 (91).
○この頃，農林省園芸試験場興津がハワイからアボカド種子100粒を導入 (94).
○この頃，農林省園芸試験場東北支場の森　英男がリンゴ交配実生の「東北7号」(後の「ふじ」) 穂木を青森のリンゴ栽培篤農家，対馬竹五郎と斎藤昌美に分譲．斎藤は着色，高品質な栽培法を確立，全国で初出荷 (145).
○青森ではリンゴの不作年で人工授粉委託試験園が放任園の2倍生産し，以降，人工授粉が普及 (49).
○この年前後から薬剤散布による訪花昆虫が激減し，放任ではリンゴの結実が確保できなくなる (61).
○昭和30年～32年頃，それまで手選果であったリンゴが順次，機械化から自動化へ移行 (49).
○熊本県の柑橘栽培に草生法普及 (49).
○大分県が特産振興5カ年計画で温州ミカン5,000 ha植栽計画立案 (221).
○大分県竹田市が「かぼす」振興開始 (221).
○31年まで，農林省が急傾斜地果樹園土壌保全モデル園設置 (49).
○鳥取県で赤星病防除のため赤星病防除推進委員会を設置し，中間宿主伐採運動展開，ビャクシン14,200本，クロマツ500,000本を伐採，赤星病全県下で被害甚大 (48, 49).
○岡山農試がモモの交雑実施，白肉缶詰専用種「シルバースター」をその後発表 (143).
○この頃，山梨県果樹試験場で桃の無袋栽培実用化 (61).
○福岡県浮羽郡田主丸で従来，挿し木苗であったブドウ苗木生産に，九州農試園芸部の大崎，横尾の指導で，温床育苗による鞍接き苗育苗開始，大量生産可能 (49).
○埼玉県が梨「幸水」の苗木養成配布し，普及を図る (49).

○果樹等病害虫発生予察事業開始 (240).
○この頃から，山梨県を中心にブドウで糖度が低く食味の悪い「味無果」（ウイルス複合感染）が発生 (242, 246).
○山梨県の植原正蔵が植原葡萄研究所で「フレーム・トーケー」に「ネオ・マスカット」を交配して「甲斐路」育成，昭和52年に名称登録 (256).
○昭和35年頃まで，大分県では柑橘の天牛防除は早朝の成虫捕殺により，各農協が一匹2〜3円で買い上げた (49).
○この頃，長野県クルミ栽培でアメリカシロヒトリの被害急増 (61).
○殺虫剤のダイアジノン，殺菌剤のPCP，ストレプトマイシン（植物成長調整剤，アグレプト）登録 (49).
○ミカンサビダニに顕著な効果を示すアカール（クロロベンジレート）登録 (241).
○ホリドールの普及実用化，パラチオン剤の一般所持禁止 (48).
○果汁連設立 (3).
○長野県が缶詰用モモ苗木を無償交付．缶詰協会発足 (61).
○果汁JAS規格告示 (3).
○明治製菓が缶詰のオレンジジュース（果汁成分35％）を発売．果実飲料に缶詰が初登場 (44)．3万ケース製造 (49).
○この頃から，アメリカからオレンジジュース輸入開始．国内でもミカン・ブドウ・リンゴ等の天然果汁として人工果汁に代わって急速に普及，昭和48年まで継続 (61).
○茨城県千代田村でクリタマバチ被害発見 (49).
○愛媛県果樹試験場薬師寺清司場長，ミカンの計画密植栽培を提唱 (4).
○愛媛県松山市の宮内義正の園で伊予柑枝変わり「宮内伊予柑」発見 (4, 5).
○神奈川県で隔年結果防止のための摘花，摘果が大々的に推進 (49).
○この頃から温州ミカンの生産が大幅に増加し，価格安定のための計画出荷のために計画的貯蔵が必要となる (49).
○この年以降，愛媛県で白柳式，鈴木式などの大型動力選果機が導入され，ワックス処理機や等級選別台などが接続され，ミカンの短時間大量処理が可能となる (49).
○神武景気始まる（昭和32年頃まで）(4)．昭和30年下期から32年上期まで (190).
○この年から果実のダンボール箱容器による輸送試験実施．36年頃，相当量を実施．コンベヤー，フォークリフト等の荷役機械化 (49).
○長野県のリンゴとナシが史上最高の価格 (61).
○佐賀県の干し柿生産に皮むき器が導入・普及 (49).
○この年に缶詰生産と輸出が戦前の水準に回復 (49).
○この頃以降，生産県段階で活発な消費宣伝実施 (49).
○この頃から白山山麓に発電所工事が入り，現金収入を得て，焼き畑を放棄し，木の実食から白米食に変換．また，トチの樹を伐採して杉を造林 (46).
○この頃から平均家族規模が縮小し始める．4.97人 (132).

戦後高度成長期（1955〜1973）

　　○消費者の高品質化指向が強まる．ニホンナシから始まり，リンゴ，ミカンへと波及（256）．

1956（昭和31）

- ・1　○農林省東海近畿農業試験場園芸部（興津）の松井　修等がアスコルビン酸と食塩でリンゴ果汁の褐変防止技術「リンゴ果汁製造に関する研究」を発表（44）．特許（第221305号）．良質果汁生産のため，使用を一県一工場に限定．期限切れ後に生産増加．
  ○青森県りんご協会主催，人工交配特別講座開催，2,000名（1/3女性）参加（145）．
  ○九州での温州ミカン増産により，九州市場の相場が悪化．このため，装備がよい佐賀県小城郡晴田果実農協を先発として，京都に続き東京神田市場に出荷開始．計画連続出荷，選果荷造りの優秀さで好評（49）．
- ・2　○蜜柑缶詰の最大市場の英国で蜜柑缶詰が乱売され，警告される．調整のための組合設立が指導される（49）．
- ・4　○山梨県勝沼町の土屋長男がブドウの「直線自然形整枝法」を昭和22年に展示し，千野が「X型長梢剪定法」とし，この年に，土屋長男「葡萄栽培新説」を著す（49）．
  ○広域に果樹霜害発生し，果樹樹勢回復肥料代補助，果樹病害虫防除薬剤費補助，果樹凍霜害予防使節費補助，果樹防霜用重油完全燃焼器購入補助事業開始（49）．
  ○全国的に大霜害（117, 172）．長野県全域で凍霜害（61）．各地の被害状況記載（49）．
- ・5　○長野県篠ノ井町共和園芸農協にリンゴの大型冷蔵庫建設（15,000箱収容）（61）．
  ○長野県で晩霜（61），全県で果樹被害，4,632 ha，1,139,642千円（49）．
  ○長野県でリンゴのモニリア病発生（61）．
  ○島根県大社町沿岸のブドウが潮風害（49）．
  ○ジャム缶詰及びジャム瓶詰めの日本農林規格告示，7月施行（49）．
- ・6　○特定物資輸入臨時措置法を公布，バナナ・パイン缶詰輸入の特別利息を国庫に回収，3年間の時限立法（1）．
  ○青森のリンゴにジューン・ドロップ発生（145）．
- ・7　○山梨県で葡萄酒技術研究会創立（49）．
  ○長野県でモモシンクイガ大発生（61）．
- ・7/8　○佐賀県で果樹被害，蜜柑 2,379 ha，梨 9,189 ha（49）．
- ・8　○台風第9号で全国に被害（115）．各地の被害状況記載（49）．
- ・9　○台風11号で長崎県各地で果樹被害（49）．
  ○台風第12号で沖縄〜中部で被害（115, 117）．
- ・10　○レモン自由化（61）．
  ○秋田県が県産品品質向上のため，「リンゴ検査条例」制定（214）．
  ○東京都衛生研究所が各地のリンゴから，表皮に砒素，銅，鉛を検出と発表．農薬付着リンゴで波乱（61）．
  ○信州リンゴが青森産に押され，競合，産地間競争（61）．

・11 　○厚生省公衆衛生局長からリンゴの残留農薬許容量（DDT，砒素，鉛，銅）が通達 (49, 61).
　　　○リンゴ残留農薬許容量設定 (61).
　　　○スピードスプレイヤー長野県で導入 (3), 国産スピードスプレヤー製造（共立農機）開始 (4, 61, 49, 256). 長野農試園芸分場で国産スピードスプレヤーの公開運転実施 (61).
　　　○協同組合による自主調整では秩序有る輸出が困難となったので，日本蜜柑缶詰調整組合が設立，輸出数量は203万函 (49).
・12 　○段ボール箱静岡のミカンで輸送試験 (3).
　　　○長野県の共同防除施設，220余カ所，総面積1,000町歩 (61).
　　　○秋田県鹿角郡花輪町に県内初のりんご低温貯蔵庫建設 (49).
　　　○輸出入取引法により，日本缶詰輸出組合が蜜柑缶詰の輸出協定実施．英国向けは数量割り当て，英国以外は輸出価格で，英国は安定し，米国や西ドイツ向けが増加し，過当競争となる (49).
　　　○日本果汁農協連が柑橘類果実飲料日本農林規格の格付登録機関となる (49).
　　　○日本蜜柑缶詰販売（株）創立 (49).
　　　○愛媛県でミカンの輸送試験開始 (73).
　　　○農林省園芸試験場，缶詰用桃，モモ農林2号「缶桃5号」を命名・公表．1960〜1970年に栽培されるが，以後は輸入缶詰のために衰退 (5).
　　　○昭和31〜32年，農林省缶桃苗圃設置助成事業実施 (49, 61).
　　　○寿屋の鳥井信二郎が山梨県双葉町に「ぶどう専修学校」設立．昭和31年「寿屋ぶどう研究所」，昭和37年「山梨醸造作物研究所」，昭和40年「サントリー（株）山梨研究所」と改称 (49).
　　　○農業改良資金貸付事業，新農村建設特別助成事業が始まり，果樹でも優良種病導入，防除施設，共同出荷施設の設置が急増 (4, 19, 49, 61).
　　　○青森県のリンゴ販売価格不振により，生産に不安が出，開田，工業用地などに転換発生 (49).
　　　○ナシ「二十世紀」主産地，鳥取，長野，福島の3県による出荷調整開始．セイヨウナシ「バートレット」で山形，福島，長野の3県で実施．理解度の差と産地体制の問題で十分の成果が上がらず (61).
　　　○愛媛県果樹試験場の薬師寺清司が蜜柑の計画的密植栽培法を提案 (49, 256).
　　　○岩手県でリンゴ斑点落葉病大発生 (49), その後全国拡散 (242).
　　　○殺ダニ剤にケルセン登録，昭和41年頃より，広く使用 (241).
　　　○この年から，長野県須坂市の滝沢農園で野生蜂を飼育し，開花期の自然受粉に大きな効果 (61).
　　　○この年，リンゴ，ミカン，ブドウ等の果物豊作，青森県のリンゴ生産は明治初年の開園以来の大豊作 (172).
　　　○青森県りんご加工協組がリンゴ濃縮果汁の製造開始 (44).
　　　○愛媛県青果連が缶詰ジュース製造開始 (49).
　　　○コーラの市販が許可される．1961年に輸入制限撤廃 (1).
　　　○殺菌剤のマンネブ登録 (49).

○殺ダニ剤，フッソール，メタシストックス輸入 (48).

1957（昭和32）
- ・3　○長野県のリンゴ園にスピードスプレヤー導入．平地果樹園の防除に変革 (49)．国産第一号機が小布施町に到着 (61).
- ・3/4　○山梨県で凍霜害，果樹被害，2,934 ha，12,461 t，331百円 (49).
- ・5　○バナナ自由化 (61).
　　○日本蜜柑缶詰調整組合が販売方法の制限を実施 (49).
　　○農林省に園芸特産課設置（これまで1係，3名体制）(3, 61).
　　○輸出検査法公布，33年2月施行，輸出品検査所による缶詰検査を廃止し，財団法人日本缶詰検査協会が輸出缶詰瓶詰検査実施 (49).
　　○長野県下で凍霜害発生 (61)．福島県全域で霜害．宮城県で凍霜害．果樹被害を記載 (49).
　　○長野県北信でリンゴに「ダイアジノン」の薬害発生 (61).
- ・6　○農林省が「園芸振興調査会」を設置し，園芸白書「園芸の現状と問題点」を33年11月に取りまとめ公表 (61, 49).
　　○三重県多気郡佐奈村の前川唯一の園から発見されたカキ「前川次郎」が県農試の探索選抜の結果，登録 (49).
　　○徳島市方上町の青山実太郎が発見したクリ「銀鈴」が種苗名称登録 (49, 256).
　　○大阪府吹田市山田下の土井勝眞がブドウ「デラウエア」の枝変わり「摂津」を種苗名称登録 (49).
　　○静岡県で傾斜地ミカン園のヘリコプター農薬空中散布実施 (49).
　　○青森県にスピードスプレヤー初導入 (145).
　　○青森県が欧州のドラック＆フレッチャー社製のスピードスプレヤーのユニマウントを輸入し，北海道自動車工業が青森県下のリンゴ園で普及 (49, 61).
- ・7　○弘前市の日本果実加工会社が10円リンゴ果汁を卸売開始．8月から家庭配達実施 (145)．青森県リンゴジュースが混濁のリンゴ天然果汁を発売 (44)，100％ジュース (214).
　　○長野県でリンゴの大規模共同選果場が小布施町に完成 (61).
- ・8　○星崎電機がジュース自動販売機を販売．10円硬貨で紙コップにジュースが出る「10円ジュース」と呼ばれる (184).
　　○鳥取県でマグネス台風で梨25万貫，柿も被害．佐賀県で梨104,000貫減収，1,248万円 (49).
- ・9　○岩手県北上市立花農協がリンゴのダンボール輸送実施，好評 (61).
　　○青森県で降雹，リンゴ被害393千箱 (49).
　　○エレン台風により青森県でリンゴ落果280千箱 (49).
　　○台風10号で大分県果樹被害 (49).
- ・10　○日本蜜柑缶詰調整組合が出荷数量と販売方法の制限を制定 (49).
　　○愛媛県青果物規格条例制定，温州ミカン，夏ミカン，伊予カン，カキ，ビワの5品目の規格統一 (49).
　　○愛媛県がみかん娘を東京の「くだもの祭り」に送り，愛媛ミカン宣伝 (49).
- ・11　○キット台風により，青森県でリンゴ落果627万箱 (49).

・12
○青森県弘前市下湯口農協で青森県で初めて，重量選果機導入(61)．
○リンゴのバラ詰め輸送試験，小布施で実施(61)．
○全国果実共進会を東京池袋三越で実施(61)．
○小林　章が「果樹栽培大要」を養賢堂から出版(49)．
○佐賀県で薬剤抵抗性のミカンハダニが発生確認(49)．
○この頃から35年にかけて，全国のミカン園で連年施肥による細根群の貧弱化とマンガン異常吸収により，異状落葉発生(49)．
○静岡県浜松市三方が原町で徳島県からリンゴ「阿波3号」苗木を導入し，戦後の暖地リンゴ栽培開始(49)．
○広島県の「マスカットベリーA」栽培で，花房の整形開始(49)．
○静岡県の井川秀雄が「巨峰」に「カノンホール・マスカット」を交配して「ピオーネ」育成．昭和48年に名称登録(256)．
○この頃から長野県伊那の梨栽培に草生栽培，樹冠下敷き藁導入(61)．
○この年の全国のリンゴ品種割合記載(61)．
○和歌山県伊都郡で柿の自動花粉採集器考案(49)．
○静岡県が西遠地区の柑橘理想的産地開発のため，西遠かんきつ開発事業開始，5カ年，1,000 ha集団開園(49)．
○徳島県勝浦町のミカン農家が1戸1法人の有限会社102社を設立(256)．
○果樹栽培面積が戦前水準(昭和16～17年平均)に回復(3, 19)．
○この年から昭和37年まで，長野県が梅の増殖を図り，省力・新興果樹として登場(61)．
○長野県伊那の飯島町天竜共同選果場で「二十世紀梨」の段ボール箱輸送試験実施(61)．
○福岡県浮羽郡田主丸の栗木武羅男と吉丸善康が柑橘苗30,000本を琉球へ輸出(49)．
○和歌山県で果樹園芸技術員設置要項を制定(49)．
○愛媛県で青果物規格条例，荷造表示規格を制定し全県的にミカンの規格統一を進める(49)．
○この当時，神奈川の貯蔵蜜柑は東京市場の人気商品(28)．
○香川大学の樽谷隆之がカキの長期貯蔵法としてプラスチック包装冷蔵貯蔵法を開発し，この頃から奈良，岐阜，和歌山，香川で実用化(49)．
○この頃から，一部の農家がブドウのビニール被覆開始(61)．
○ブドウ「巨峰」が豊橋から京浜市場に初出荷される(49)．
○ナシ赤星病防除にダイセン国産化(48)．
○長野県伊那のコロ柿，セロハン袋150グラム入りで販売(61)．
○殺虫剤のDEP登録(49)．
○鳥取の「二十世紀」梨が北海道に初出荷(48)．
○鳥取，長野，福島の3県で「二十世紀」梨の出荷調整実施(61)．
○ジャム業界が極端な不況となり，紙カップ詰めの家庭向け製品が登場(49)．
○明治製菓が天然オレンジジュースを全国販売(214)．
○カルピス食品工業が果汁入り乳酸飲料「オレンジカルピス」発売(214)．

昭和時代 30年以降

○日本コカ・コーラが設立 (184), 東京コカコーラが一般向け初のレギュラーサイズ 190 ml 発売 (214).

1958 (昭和33)
- ・1　○農林省, 国鉄, 愛媛県, 愛媛県青果連, 西日本ダンボール協会の強力で温州ミカンの段ボール輸送試験開始 (19, 49).
  ○闇バナナで東京の築地市場手入れ (1).
- ・2　○丸京青果会社の倒産事件を機に千葉県特産課が東京中央卸売市場の荷受け会社19社の経営状況を検討し, 4階級に分類して, 農協に通知. 大反響, 市場問題が表面化, 荷受け会社の体質改善, 生産者の組織化が叫ばれ始める (49).
  ○愛媛県のナツミカンに水腐病が急激に発生 (49).
  ○青森県津軽地区リンゴ生産者が無袋栽培研究会結成 (145).
  ○渡辺製菓が無果汁の「粉末ジュースの素」発売, 粉末ブームが点火 (214).
- ・3　○和歌山県有田市付近のミカン園で発生していたトラミカンにカンキツモザイク病と命名 (49, 240).
  ○全国で凍霜害 (115), 被害額211億円 (190). 各地の被害記載 (49).
  ○鳥取県で大雪被害, 梨 (1,384 ha, 512,000千円), 柿 (741 ha, 184,070千円), 桃 (41 ha, 5,520千円) (49).
- ・春　○愛知県で晩霜, 凍霜害, 柿被害大 (49).
- ・4　○浅見与七・梶浦　実・永沢勝雄編で「新撰　原色果物図説」が養賢堂から出版 (49).
  ○日本ジベレリン研究会からジベレリンが供与され, 農林省園芸試験場が中心となり, 各県でブドウへの散布連絡試験開始, 京都府立農業試験場丹後分場でブドウのジベレリン試験開始, 35年から実用化 (49) 長野県桔梗ヶ原分場で開始 (61).
  ○長野県東筑摩郡麻績村でリンゴのモニリア病発生 (61).
  ○神奈川県津久井郡でクリタマバチ抵抗性品種の展示圃場設置し, 以降, 栽培が普及 (49).
  ○長野県平坦部で晩霜害, リンゴ, モモ, 梨被害, 900 ha, 325千円 (49).
  ○福島市で霜害, 果樹収穫皆無面積3,079 ha (49).
- ・5　○この年, 長野県で下伊那からクリタマバチが更科郡に北上 (61).
- ・6　○愛媛県北宇和郡吉田町の松本喜作が「尾張温州」の枝変わり「立間早生」を種苗名称登録 (49).
  ○岡山県赤磐郡熊山町の上村輝男が購入した桃苗木から, 砂子政市が発見した「砂子早生」が種苗名称登録 (49, 61).
  ○長野県小県郡滋野町の清水直江がクルミの偶発実生から「晩春」を選抜し, 種苗名称登録 (49, 61).
  ○青森県で降雹, リンゴ被害1,165千箱. 福島市周辺で降雹, 被害, ナシ975 t, リンゴ356 t, 5,452万円 (49).
  ○長野県のリンゴに「斑点落葉病」発生 (61).
- ・7　○果樹振興協議会 (衆参両議員, 会長・小坂善太郎) 結成 (3, 61).
  ○青森県で水害, リンゴ被害986千箱 (49).
  ○長野県で梅雨末期の大雨被害 (49).
  ○台風第11号で近畿以北が被害 (115). 青森県で風水害, リンゴ被害784千箱

(49).
- 8　○長野県飯山地方でアブラゼミ大発生 (61).
　　○佐賀県伊万里市大川町の梨出荷で,全国初の本格的ダンボール詰め梨出荷 (49).
- 9　○狩野川台風で近畿以北(特に静岡)で被害 (115).静岡県で,台風により,柑橘に潮風害発生 (100).台風22号で青森県のリンゴ落果82万箱,福島県の落果, 2,225 ha, 141,370千円,神奈川県で風水害 (49).
　　○長野県がソ連へリンゴ「旭」525箱輸出 (61).
- 10　○鳥取県東伯郡東伯町の木下熊蔵の梨園で「早生二十世紀」発見,種苗名称登録 (49, 61).
- 11　○園芸振興専門調査委員会に果樹の長期生産計画を意見諮問し,園芸白書を公表 (19, 49, 61).
　　○止め金入り袋はり機を長野県長沼の小口定次が考案 (61).
- 12　○神戸市三宮にスーパーマーケット(ダイエー)が開店,のちスーパーが増加 (1, 145).
　　○リンゴが安値で長野の出荷計画が狂う (61).
　　○この年から愛媛県温泉青果農協が伊予柑の系統選抜を開始し,昭和38年に「宮内伊予柑」を登録 (49).
　　○この頃から,茨城県大子町を中心にリンゴ「スターキングデリシャス」,「王鈴」,「ゴールデンデリシャス」主体に栽培増加 (49).
　　○この年から,長野県の東部町一体で園芸分場を中心に関係者で優良系信濃クルミ調査選抜開始 (61).
　　○琉球政府がハワイ大学からマンゴーの「ヘーデン」等4品種を導入 (90).
　　○信州大学繊維学部付属農場で昭和8年から保存されていたクルミを調査開始し,その後,「美鈴」を選抜 (49).
　　○「果樹統計」創刊 (3).
　　○33年度から年間で,畜産,果樹,野菜,農機具の部門について特技普及員を設置 (49).
　　○農林省で園芸特産課独立 (48).
　　○大干ばつ発生 (49).
　　○果樹園の清耕法から草生法への転換が始まる (48).
　　○新潟県佐渡郡で佐渡八珍柿増殖推進委員会が結成,名称を「おけさ柿」と改称.集団団地造成 (49).
　　○広島県カンキツ増反にブルドーザー導入,山林の共同開墾進む (49).
　　○長野県飯田市の竹内兵次が「二十世紀」に「幸水」を接ぎ木 (61).
　　○電話帳を利用した大袋を伊那で初使用 (61).
　　○凍霜害防止用燃料に古タイヤ使用 (61).
　　○青森県りんご試験場がドイツのガイゼンハイム研究所からリンゴのわい性台木を導入 (49).
　　○昭和31年に岩手県下で多発生したリンゴ「斑点落葉病」が県下全域に拡散し,青森県に侵入 (242).
　　○北海道のリンゴ高接ぎ病をウイルス病と定盛昌助が発見 (49).

- ○ハッサクの萎縮症状がトリステザウイルスが病原体と判明し,「ハッサク萎縮病」と命名 (240).
- ○長野県の昭信自動車工業が自走式スピードスプレヤーを販売 (49).
- ○福島県で梨園で使用可能な小型スピードスプレヤーが試作され,3年間,実用化試験実施 (49).
- ○ダイアジノンが日本化薬で国産化,フェンカプトンが輸入 (48).
- ○殺菌剤の硫酸オキシキノリン登録 (49).
- ○除草剤のCAT (シマジン) 登録.
- ○強剪定と強度の芽掻き等により,佐賀県のナシ園で紋羽病,癌腫病が多発 (49).
- ○長崎県西彼杵郡,大村市で蜜柑の異常落葉発生,約 400 ha (49).
- ○この年の鳥取県,梨黒斑病被害,30％,138.4 ha,5億1,200万円 (49).
- ○この頃から36年に掛けて,愛知県知多郡内海町でリンディ式半自動選果機導入,ダンボール容器導入 (49).
- ○この年以前の広島県におけるミカンの箱詰めは石油箱,または半石油箱に平詰め,車詰め,亀甲詰めなどで個数表示 (49).
- ○ミカンの専用列車運行,40年には一日平均7本,46年には11本 (49).
- ○この頃,東京都三宅島で,シイの実を商店で販売,煎って食べる (183).
- ○缶詰製造で省力化,品質の規格化,大量生産へ移行,JAS制度制定,特にミカンとモモ缶詰が主体 (49).
- ○この頃から,バラで箱詰めするのと,10個ずつ束ねる枝柿する出荷方法からビニール袋入れに変わる (222).
- ○静岡県産の蜜柑ジュースが初めて海外輸出 (クエート,サウジアラビア) (49).
- ○リンゴ輸出は輸出入取引法による輸出協定締結.東南アジア向け輸出実施 (49).
- ○愛媛県が林家三平を起用して,「日本テレビ」網で温州ミカンの宣伝開始 (49).
- ○大分みかんが京浜市場に本格的進出 (221).
- ○昭和31年度〜33年度の1人1年当たりの果実消費量は20.2 kg (37).
- ○ミカン果汁にビタミンCを添加した「プラッシー」を武田薬品が米屋のルートで発売 (44).
- ○東京飲料 (現 東京コカコーラボトリング) が「ファンタ」オレンジとグレープを発売 (214).

1959(昭和34)

- ・1　○メートル法に移行 (28, 48, 61).
- ・2　○自民党政調会農林部会に果実小委員会設置され,果実産業の振興に関する建議をまとめる (3).
  - ○青森県リンゴ対策協議会が小玉リンゴのポリエチレン袋入り販売推進 (145).
- ・3　○ナシ農林3号「幸水」を農林省園芸試験場が登録 (4, 5).
  - ○昭和38年3月にかけて,兵庫県林業試験場の中原照男がトゲのない朝倉サンショウの特性調査を行い,果実収穫の青実系統を選抜 (49).
- ・5　○農林省振興局研究部監修で「最新技術園芸全編」が養賢堂から出版 (49).
  - ○ミカンの品質と階級の全国規格決定 (6月に「二十世紀」梨,10月にカキ,36年3月にモモとブドウ,4月に夏柑,八朔・ネーブル) (3).

| | ○出荷容器標準サイズ決定と実用化 (3, 19).
| | ○長野県のリンゴ「国光」,「紅玉」に不受精のカラマツ大発生 (61).
・6 | ○青森県県南地方で降雹, リンゴ被害1,165千箱. 岩手県で降雹, リンゴ300 ha 被害 (49).
| | ○神奈川県足柄下郡国府津町の猪原慥爾来が「豊多摩早生」に日本栗系朝鮮在来種を交配して「森早生」選抜, 種苗名称登録 (49, 256).
| | ○青森県でリンゴの新病害「斑点落葉病」各地に発生 (145).
| | ○大分県で干害, 蜜柑の葉が巻く (49).
・8 | ○台風7号で近畿〜東北 (特に甲信) が被害 (115). 被害状況記載 (49).
| | ○果樹が空前被害 (9,670 ha), 長野県上小地方, 北佐久地方のクルミ樹がほとんど倒伏. 9月の15号も同様被害 (61).
| | ○長野県長野市のリンゴ園でキンモンホソガ大発生. 防除による天敵の減少が拍車 (61).
・9 | ○宮古島台風で関東を除く全国で被害 (115). 14号台風で青森県のリンゴ落果2,144千箱 (49).
| | ○伊勢湾台風で九州を除く全国で被害 (4, 115). 中・南信で大被害 (61), 静岡県三ヶ日, 遠州灘, 庵原で柑橘の潮風害発生 (100), 15号台風での各地の果樹被害面積, 減収記載 (49).
・10 | ○日本果樹研究青年連合会を全国果樹研究連合会に改称 (3, 61).
・秋 | ○愛媛県でダンボール箱による温州蜜柑出荷開始 (49).
・11 | ○農林省,「果樹農業振興対策要綱」を策定 (49, 61).
| | ○長野市長沼でキンモンホソガ異常発生 (61).
| | ○静岡県庵原村山切のミカン生産者が共同で三方原に進出. ミカンの共同出作開始 (49).
| | ○この頃, 小型汎用耕転機 (耕耘機) 登場 (190).
| | ○愛媛県がミカン娘募集. 東京, 大阪, 神戸で消費宣伝開始 (49, 73).
| | ○愛媛県北宇和郡立間町で328戸がコスト低減などのため, 41社の共同法人を設立. 農地法から税務署が拒否, いわゆる「農業法人問題」(256).
| | ○熊本県玉名郡天水町の温州ミカン園でミカンナガタマムシ集団発生, 36年頃から長崎で, 39年に和歌山で発生 (49).
| | ○柑橘園でヘリコプターによる農薬散布試験実施 (61).
| | ○山梨県農業試験場果樹分場で葡萄「デラウエア」の種なし化成功 (214).
| | ○全国果樹研究連合会会長会で長野県から早生桃の無袋栽培運動が提案, 無袋化の口火となる. 同時に全果実の規格荷造り法の統一, 出荷調整, 共同宣伝などが提案 (61).
| | ○花輪町農業研究所設立, ブドウ育種で「十和田」育成 (49).
| | ○長野県伊那地方に栽培されていた在来の小梅の中から, 優良系統の選抜開始. 昭和37年,「竜峡小梅」として登録 (49).
| | ○クリ農林1号「丹沢」, 農林3号「筑波」農林省園芸試験場が登録 (5, 256).
| | ○青森県りんご試験場が英国のイーストモーリング試験場からリンゴのわい性台木を導入 (49).

○鳥取大学でナシ花粉の貯蔵成功 (48).
○殺虫剤の NAC, 殺菌剤の有機ヒ素, グリセオフルビン登録 (49).
○長野県須坂市の滝沢佳太が野生蜂を飼育し, 自然受粉に効果 (61).
○手動式, 動力式の土壌消毒機が開発され, 線虫の防除対策開始 (49).
○鳥取に重量選果機が導入され, 以降普及 (48).
○全国西洋梨協議会設立 (3).
○熊本県から甘夏ミカンが京浜市場に230t初出荷 (49).
○海外輸出一元化のため, 貿易5社により, 日本輸出青果振興会が (48), 生産県により梨南方貿易委員会設立 (3, 48),．
○ナシ輸出が13万5,000箱に達する (48).
○青森県のリンゴ生産量, 29,713千箱 (49).
○34年度からグレープフルーツに割当制度適用され輸入開始 (49).
○落葉果樹ベルトコンベヤーシステム選果荷造り方式を長野県駒ヶ根市の吉沢庄平が考案 (61).
○広島県のミカンの包装が木箱からダンボール箱に変更, バラ詰め, 重量表示に変える (49).
○岐阜のカキ出荷が石油箱からダンボール箱に変わる (49).
○和歌山県産ミカン輸送に東京向け「紀文号」, 北海道向けに「紀州号」ミカン専用列車創設. 35年には北陸向け「北陸号」新設 (49).
○34年度から農業改良資金制度技術導入資金が果樹に適用 (49).
○ミカン開園ブーム始まる (4, 49).
○赤ナシ「長十郎」の価格が暴落, 数年間低迷, 農技研園芸部育成の系統「キー26」が「幸水」と命名 (256).

1950年代
○カキの「エカキ」として被害を与えるのは, ハナアザミウマ類と判明. ドリン剤で防除 (244).

1950～1960年代
○鹿児島県奄美大島の野生状態のグアバがミカンコミバエ防除のため, 淘汰 (87).

1960 (昭和35)
・1 ○プルーン乾燥果実の輸入自由化 (3, 49).
　　○青森県のリンゴ販売, 貨車不足で危機 (145).
　　○静岡県伊豆東海岸, 中部地帯のみかん産地に寒波, －6.4℃記録. 東海岸降雪 (49).
・3 ○長野県更埴市森で杏の枝枯れ病発生 (61).
　　○蜜柑缶詰輸出が過当競争となり, 英国以外の国へも輸出数量割り当てを行う輸出協定実施 (49).
・4 ○浅見与七・梶浦　実・永沢勝雄・森　英雄が「新撰　原色果物図説」を養賢堂から出版 (49).
　　○農林省園芸特産課から園芸課が独立 (3, 49).

昭和時代 30年以降　　（ 247 ）

　　　○イチジク，アンズ，リンゴ，ベリー，干し柿等の乾燥果実輸入自由化 (3, 49)．
　　　○長野市のリンゴ園でヘリコプター BHC 農薬散布試験実施 (61)．
　　　○長野県でリンゴの人工交配の実施熱が高まる (61)．
　　　○長野県長沼果樹振興会が約 270 ha に 275 群のミツバチで受粉 (61)．
　　　○福島県で霜害，リンゴ，モモ，ナシ，933.5 ha，56,543 千円 (49)．
・5　　○松本和夫が「果樹栽培生理新書・柑橘」を朝倉書店から出版 (49)．
・6　　○林　真二が「果樹栽培生理新書・梨」を朝倉書店から出版 (49)．
　　　○福島県南部で降雹，果樹被害 348 ha (49)．
　　　○青森県で降雹により，リンゴ被害，125 千箱 (49)．
・7　　○中川昌一が「果樹栽培生理新書・葡萄」を朝倉書店から出版 (49)．
・8　　○青森県岩木川流域の水害でリンゴ被害は 728 千箱 (49)．
　　　○戦後，萎縮病により，広島県のハッサク生産が減退し，広島県農業試験場柑橘支場と広島県果実連が無病母樹の選抜開始，因島市中庄町の松浦繁治所有のハッサクを母樹に指定 (49)．
　　　○航空調査で青森県のリンゴ栽培面積は 25,600 ha (145)．
　　　○長野県北信でリンゴ「旭」に斑点性奇病発生 (61)．
・8/9　○関東5県連合で「長十郎」梨共同宣伝実施，テレビ，ラジオ，ポスター，国電，都電掲示，一篭 1 円負担 (49)．
・9　　○長野市長沼で昨年に続きリンゴにキンモンホソガ大発生 (61)．
・10　 ○果樹等病害虫発生予察実験事業実施要綱を通達．対象果樹，リンゴ，ミカン，ナシ，モモ，ブドウ，カキ，茶 (19, 49, 61)．
　　　○ナツメヤシの実（生鮮），ココヤシの実（生鮮），ブラジルナット，カシューナット，アボカド，マンゴ，いちじく（生鮮），スイートアーモンド，梨，マルメロ，桃，杏，苺，キウイフルーツ，その他のベリー，その他の鮮果輸入自由化 (3, 49, 256)．
・11　 ○九州で初めて，佐賀県園芸連が蜜柑などの加工場設置 (49)．
・12　 ○山形県上山市朝日町の岩渕留次郎の園の桜桃実生を吉田清助が譲り受け「蔵王錦」と種苗名称登録 (49)．
　　　○滋賀県大津市坂本本町の西村弥蔵の柿園の偶発実生を「西村早生」として種苗名称登録 (5, 49)．
　　　○青梅市二俣尾の野本英一が梅の偶発実生を選抜し，「玉英」を種苗名称登録 (49)．
　　　○愛媛県でミカンの大量輸送のため，宇野～汐留間のミカン輸送臨時貨物列車「えひめ号」運行，36 年からは宇野～汐留間ノンストップ直通列車「四国号」運行 (49, 73)．
　　　○農林省が「果樹園経営改善促進実験集落」事業を開始し，スピードスプレヤーによる機械化，共同化を促進．12 県に 5 年間補助 (61, 49)．
　　　○農林統計の中でその他作物に果樹が入り，区分が果樹，野菜，工芸作物に区分変更 (49)．
　　　○日本果樹研究青年連合会が全国果樹研究連合会に改称 (49)．
　　　○長崎県のビワ栽培で，摘房，摘蕾試験が始まり，普及 (49)．
　　　○リンゴ「斑点落葉病」が青森県全域に拡散 (242)．
　　　○ミカンハダニ防除の殺ダニ剤テデオンに対して福岡県と和歌山県で抵抗性系統が

初発生 (241).
- この年以降，長野県では，養蚕業の不振やリンゴの価格低迷から桑園やリンゴ園がブドウに転作，大幅増加 (61).
- この頃から，広島県のカンキツ増反，規模拡大が水田転換へと進む，200 ha (49).
- 昭和39年度までの5年間，延べ39県に果樹園経営技術研修施設を設置 (49).
- この頃以降，ハッサク，甘夏の年内収穫，長期貯蔵のための大型低温貯蔵庫設置 (49).
- 佐賀県で，ミカン貯蔵庫に空調冷房機を設置．高値で販売できたので，以降，急増 (49).
- ジベレリン処理による種なし「デラウエア」の生産開始 (4).
- 選果規格が三階級 (秀，優，良) に統一 (日園連規格) (48).
- 愛媛県青果連が肥料配合工場設置し，ポン配合肥料製造開始．段ボール共同購入と意匠統一実現 (49).
- 和歌山県有田地方で水田のミカンへの転換開始 (49).
- 愛媛県で甘夏の人気上昇，栽培を奨励 (73).
- この頃，福岡県で，甘夏が急速に増殖 (49).
- この頃から，果樹園の開園にブルドーザーによる集団開園実施 (61).
- この頃から長野県でリンゴの「スターキングデリシャス」，「ゴールデンデリシャス」が増加し始める (61).
- 昭和25年に比べて，果樹栽培は面積で約1.8倍の251,000 ha，生産量で2.3倍の301万t，粗生産額で1,148億円，農業粗生産額の6.3%となる (3, 19).
- この頃から，川崎で梨栽培に鉄線吊り棚 (10 a 当たり5本植え) 導入 (31).
- 長野県でリンゴ「東北7号 (ふじ)」の委託育苗実施．芽接ぎ苗612本を同志に配布，県下一斉の品種更新に繋がる (61).
- この年から，農薬の収穫前使用禁止期間が決定 (61).
- 岩手県県北地域のリンゴで「腐らん病」多発生 (242).
- 殺虫剤のベンゾエピン，チオメトン登録 (49).
- この頃から，カンキツ黒点病防除に銅水銀剤が広く普及 (240).
- 除草剤の DCMU 登録．
- この頃から，青森県のリンゴ地帯でスピードスプレヤー実用化 (37).
- 香川大学で渋柿のフィルム包装貯蔵が開発 (49).
- この年から36年にかけて，園芸試験場興津支場の伊藤三郎により，柿タンニンの化学的研究が発表．脱渋機構解明 (49).
- 鳥取のナシ栽培にスピードスプレヤーが初導入 (48, 207).
- 鳥取のナシ栽培で共同防除普及 (48).
- 段ボール箱の全国規格統一と出荷開始 (48).
- 熊本県飽託郡河内芳野村，玉名郡天水町他でミカンのダンボール容器使用開始 (49).
- 熊本産温州ミカンが京浜，京阪神の大市場に本格的出荷開始 (49).

1961 (昭和36)

- 1/2 ○秋田県で大雪，県南部リンゴの枝折れ発生．山形県で大雪，置賜のブドウ棚倒壊，

昭和時代 30年以降

- ・1　○新潟県で雪害 (49).
  ○ブドウ乾燥果実の輸入自由化 (3, 49).
  ○森永製菓がネクターの登録商標権獲得. 42年に一般公開 (49).
- ・冬　○徳島県阿南市山口町中心に寒害, スダチ老木多数枯死 (49).
- ・2　○第一回果樹振興生産者大会開催 (3, 61).
- ・3　○果樹農業振興特別措置法を公布, 果樹の選択的拡大開始 (1, 3, 4, 19, 61, 49, 190, 221, 256). 果樹栽培面積 406,000 ha, 需要 6,947,000 t と予想 (256).
  ○果樹振興特別措置法により, 植物防疫所の果樹母樹検疫が開始 (19).
  ○措置法の第3条により, 果樹園経営計画の認定請求が可能となり, 農林漁業金融公庫の融資を受けられるようになる (49).
  ○山梨県果樹試験場が的確な結実管理と適期防除により, 桃の無袋栽培体系を開発, 発表 (49).
  ○群馬県がナシ「り-26」(幸水) の試作圃を設置 (49).
- ・4　○園芸統計整備・拡充のため, 農林省統計調査部作物統計課に園芸特産班設置 (49).
- ・5　○人口都市集中や食料消費の構造的変化があり, 生鮮食料品の価格騰貴. 対応のため, 農林省大臣官房に流通対策室を設置し, 果実の主要品目で価格の追跡調査実施 (49).
  ○台風4号で青森県のリンゴ落果 1,087,000 箱, 45億円 (49, 145).
  ○農林省が果樹種苗対策事業実施要領を決定, 優良で無病な果樹苗木供給のための母樹の設置事業を実施し, 急速な増殖に備える (49, 61, 246).
  ○長野県下伊那分場でナシ園スピードスプレヤー利用試験実施 (61).
  ○長野県小布施農協で人工授粉能率化のため, 共同開薬所開設 (61).
- ・6　○全国りんご協議会発足 (61, 145).
  ○静岡県庵原郡のミカン産地5町村 (庵原村, 袖師町, 興津町, 小島村, 両河内村) が清水市と合併し, 清水市が 2,500 ha のみかん栽培面積となり, 日本一のミカン市となる (49).
  ○広島県御調郡向東の丹下博光がワシントンネーブルの枝変わり,「丹下ネーブル」を種苗名称登録 (49).
  ○農業基本法を公布, 農業生産の選択的拡大, 生産性向上, 構造改善, 流通合理化などを進める (1, 3, 4, 19, 48, 49, 190).
  ○果樹農業振興特別措置法の公布 (48).
  ○ミカンコミバエの危険が無くなり, 奄美群島からの未成熟バナナ移動制限の解除 (49).
  ○長野県東北信一帯でリンゴ縮果病発生.
- ・7　○果樹農業振興審議会設置. 初代会長, 浅見与七 (49).
  ○木村甚弥編で「りんご栽培全編」が養賢堂から出版 (49).
  ○長野県飯山市で 1 ha リンゴ園で一夜にセミ 2,000 匹捕殺 (61).
  ○青森県で水害により, リンゴ被害, 41千箱 (49).
- ・8　○長野県中高地方でリンゴ「インド」に日焼け発生 (61).
  ○宮崎県東諸県郡高岡町から青切り早生ミカンが東京市場へ初出荷. 宮崎ミカンの京浜への初進出 (49).

昭和時代 30年以降

- 8/9 ○千葉県果樹園芸組合連合会が千葉梨の消費拡大のため，「味が自慢の千葉の梨」として，テレビ15秒スポット51本，国電，都電車内広告，秋葉原ウインドウ展示，1箱1円負担と県費補助 (49)．
- 9 ○第二室戸台風襲来 (48)．全国 (特に近畿) が被害 (115)．各県の果樹被害面積，金額を記載 (49)．
  ○愛知県幸田町の在来柿「筆柿」が東京神田市場に初出荷 (49)．
- 10 ○バナナ (乾燥)，パイナップル，ココヤシの実 (乾燥)，レモン (乾燥)，ライム (乾燥)，栗，ビターアーモンド，ヘーゼルナッツ，その他の食用ナット輸入自由化 (3, 49, 61)．
  ○長崎県が県営柑橘母樹園設置 (49)．
  ○青森県で24号台風により，リンゴ落果，77千箱 (49)．
  ○リンゴ CA 貯蔵庫，青森県弘前のリンゴ移出商小林久助により初めて建設 (4, 61, 145)．
  ○蜜柑缶詰の日本農林規格 (JAS) 制定 (49)．
  ○青森リンゴの京浜地区へのトラック輸送開始 (145)．
  ○全国果樹振興生産者大会を東京で開催，貿易自由化反対決議 (61)．
  ○長野のリンゴ「国光」に裂果大発生 (61)．
- 11 ○農業近代化資金制度発足．当初は植栽資金 (49, 61, 145, 190)．
  ○信州リンゴの輸出好調，東南アジアへ前年の2倍，17万箱 (61)．
  ○農業構造改善事業促進大綱決定 (190)．
  ○農林省の「農業構造改善事業」始まる．昭和44年度まで継続．各種施設整備が進む (61)．
- 12 ○静岡県浜松市都田町の川端国司が共立の乗用トラクターとスピードスプレヤーを購入し，トラクター体系による柑橘栽培開始管理 (49)．
  ○東北農業試験場園芸部が藤崎から盛岡へ移転 (4)．
  ○園芸試験場が新設され，果樹部門は平塚の果樹部，盛岡支場，興津支場，口之津試験地となる (3, 49, 256)．
  ○長野県に西ドイツと英国からリンゴの注文 (61)．
  ○秋田県平鹿果樹農協がフィリピン，マニラのクリスマス用にリンゴ，「ゴールデン」1,000箱，「国光」2,000箱の注文，出荷．香港へは毎年輸出 (49)．
  ○秋田県で台風被害，梨地帯で風害，果叢葉の被害顕著 (49)．
  ○農林統計の生産統計で38年果樹基本調査実施．流通統計でリンゴ，ミカンの価格追跡調査実施 (49)．
  ○大分県国東半島で国営パイロット事業により，みかん園造成開始．1976年終了 (221)．
  ○田中長三郎，柑橘の分類を Citrologia に発表．
  ○コーラ原液の輸入自由化で市販本格化 (1, 44, 214)．
  ○明治製菓が果肉飲料，桃のネクターを発売 (44, 49)．
  ○静岡県有用植物園の古里和夫がアームストロング・ナーセリー社からアボカド10品種の穂木と苗木を購入．伊豆半島の農家30戸に配布．沼津の山田寿太郎の所以外は伐採 (94)．

○静岡県が柑橘栄養診断事業を1,400カ所で開始（49）．
○乾ブドウの自由化（61）．
○ミカンの機械共同選果愛媛で始動（3）．越智郡大西町小西園芸組合に設置（49）．
○北米柑橘貿易委員会設置（3）．
○台湾産ポンカン輸入が自由化．ミカンコミバエ進入防止のため，植物防疫法で輸入禁止，44年に解禁（49）．
○昭和36年産まで，グレープフルーツはホテル用に輸入が割り当てられ，一般には市販されず（49）．
○殺虫剤の有機リン剤ジメトエート，MEP，ESP登録（49，241）．
○殺ダニ剤として，ジメトエートが登録（241）．
○除草剤のDCPA（スタム），アシュラム（アージラン）登録．
○この年から昭和38年にかけて，長崎県西彼杵郡一帯でミカンナガタタマムシにより枯死約70,000本（49）．
○輸出ミカン段ボール箱輸送試験実施（3）．段ボール箱ナシ出荷を70％強行実施（48）．
○鳥取のナシ選果で形状選果機導入（48）．
○長野県の各地の共選場で落葉果樹の選果荷造り機械化開始（61）．
○果実のトレイパックによる輸送試験実施（48）．
○佐賀県のビワ出荷規格が4kg入りダンボール箱，LL，L，M，S，SSに変更（49）．
○愛媛県で夏ミカンの出荷がダンボールへ切り替え（49）．
○全国的にミカンの選果規格が変わり，品位を優良可，階級を3L～3Sに区分．木箱から15kgダンボールへ統一．荷造り出荷が能率化．
○住友化学で開発されたスミチオン登録（4）．翌年から実用化（48）．
○長野農試がリンゴ園でスプリンクラー農薬散布試験実施（61）．
○青森県でリンゴが増殖され，約4,500ha（49）．
○この年以降，福岡県浮羽郡田主丸の果樹苗木生産が急増（49）．
○東京丸一商事がブルガリアから瓶詰めジャムを輸入．以後，ジャム小売市場でシェアを伸ばす（49）．
○星崎電機が噴水型ジュース自動販売機（オアシス）制作，ストレートジュース使用（184）．
○コーラの輸入自由化（214）．

1962（昭和37）
- 1　○久保利夫が「原色果実図鑑」を保育社から出版（49）．
　　○全国リンゴ協議会で等級標示を秀，優，良，並の4段階に全国統一（61）．
- 2　○コカコーラ専用自動販売機登場（214）．
　　○農業構造改善事業開始．防除施設，共同出荷施設の設置が加速（61）．
- 3　○農林省農林経済局長，振興局長名の通達で温州ミカン，ナシ，カキ，リンゴの出荷全国統一規格設定，果実の見本取引推進などの流通合理化喫し（49）．
　　○東京千疋屋でリンゴ「東北7号」（後の「ふじ」）試食会（145）．
- 4　○農林省放射線育種場で果樹の放射線育種研究開始（61）．
　　○和歌山県有田の温州ミカン出荷が化粧箱からオートメーション設備による全面ダ

昭和時代 30年以降

ンボール出荷に変更 (49).
○酒税法改正, 梅酒が公認, 梅の消費量が飛躍的に伸びる (61, 156).
○リンゴ農林1号「ふじ」農林省園芸試験場が品種命名, 登録 (4, 5).
○ブドウ (その他) の輸入自由化 (3). 欧州系は46年1月 (49).
○ベリー, モモ, ナシ等の冷凍果実輸入自由化 (3).
○鳥取県倉吉市, 東伯郡で落雷, 降雹. ナシ, カキで20〜30％被害 (49).

・5 ○農林省,「果樹の植栽及び果実の生産についての長期見通し」公表 (3, 19).
○長野県が優良クルミ1品種8系統を選抜, 発表 (61).

・6 ○鳥取県西部, 海岸部で冷害, 梨多数落果 (49).
○青森県弘前市でリンゴのハマキムシ防除に薬剤散布をヘリコプターで初実施 (61, 145).
○長野県北信地方でリンゴの斑点落葉病異常発生 (61).

・7 ○静岡県引佐郡三ヶ日町の鈴木正雄がワシントンネーブルの一樹変異を発見,「鈴木ネーブル」として種苗名称登録 (49).
○厚生省, コレラ侵入防止のため, 台湾バナナの輸入を禁止 (1).
○農地法改正により, 果樹でも農業生産法人にも認定請求可能となる (49, 61).
○前線による大雨で九州・東海が被害 (115). 佐賀県で果樹被害 (114.6 ha, 64,266千円) (49).

・8 ○熊本県球磨郡一武村字本別府の渋谷勝英氏宅のナシ「ババウッチャギナシ」が (樹齢200年生. 昭和4年, 小泉により新種の認定, 県指定天然記念物となる (49).
○青森県で14号台風により, リンゴ落果, 33千箱 (49).

・9 ○青森県北郡川倉地区に降雹, リンゴ被害, 65千箱 (49).
○香港で海外果実宣伝会議開催 (61).

・10 ○マンダリン等のその他柑橘類 (生鮮), クルミ輸入自由化 (3, 49).
○サクランボ, レモン, ライムの一次保存果実の輸入自由化 (3).
○ミカンコミバエのメチルブロマイド薫蒸技術確立により, 奄美大島からのポンカン移動解禁 (49).
○ジャム, フルーツゼリー及びマーマレードの輸入自由化 (3).

・11 ○長野県下伊那郡松川町の大栗重寿が自園で梅「竜峡小梅」発見, 種苗名称登録 (49, 61).

・12 ○ミカン列車「九州号」が編成され, 九州各県に割り当て (49).

・12/2 ○愛知県で異常低温, 柑橘類が顕著な被害, 431 ha, 292百万円 (49).
○この年から農林統計で特定果樹を品種別に調査開始 (49).
○予想されるレモン自由化対策として, 10 t以上のレモン生産県 (広島, 兵庫, 熊本) に品質向上のため,「果実催色, 後熟施設設置事業」開始 (49).
○キッコーマン醤油が山梨県勝沼にマンズワイン株式会社設立 (61).
○この頃, 静岡県有用植物園に日本で初めてキウイフルーツが植えられるが, 潮風害で幼木時に枯れる (43).
○農林省の援助で長野県園芸試験場がヘーゼルナッツの試験開始 (49).
○リンゴのわい化栽培試験を園芸試験場盛岡支場で開始 (256).
○東南アジアでナシの消費宣伝実施 (48).

○鳥取の東郷果実農協で「ナシ狩り」開始 (48).
○長野県伊那の梨栽培で，クワコナカイガラ防虫のため，ダイアジノン混入果実袋使用 (61).
○この頃から，長野県の桃栽培は労力不足，輸入缶詰のため，缶桃栽培が大幅減少 (61).
○この頃，桃の荷造り方式がダンボール箱，パック詰めに変更 (61).
○農林省が「果樹種苗対策事業」，「果樹園経営計画樹立促進事業」，「青果物出荷調整事業」開始 (61).
○「かんきつ及びりんご母樹バイラス病検定要領」制定 (246).
○常緑果樹の低温災害回避のため，果樹栽培適地調査施設設置事業開始（昭和42年まで）(19, 49).
○果樹園の造成合理化促進措置開始（昭和42年まで）(19).
○和歌山県で構造改善事業に伴い平場の水田がハッサク栽培に転換 (49).
○九州ミカン京浜市場へのトラック輸送始まる (3).
○佐賀県でミカン園の草生栽培草刈りに共立製背負式の草刈り機導入．以降，各地に普及 (49).
○長野県のリンゴをマニラに輸出 (61).
○37年度以降，グレープフルーツが計画割り当て対象物資として割り当てられ，輸入，小売店でも販売開始 (49).
○この頃から長野県のリンゴ園でコカクモンハマキ等，ハマキムシ類の密度が増加，ナミハダニも増加 (61).
○殺ダニ剤のダイアジノン，デナポンが登場 (48).
○殺菌剤のジチアノン登録．
○発生予察技術と有効な殺虫剤導入により，この頃以降，佐賀県でヤノネカイガラムシ防除のガス薫蒸がなくなる (49).
○この頃まで，モモの灰星病は病気と認知されていなかったが，これ以降，福島を中心に東北に散見されていたものが，瞬く間に被害が大きい主要病害となる．山形では，従来，オウトウの病害であったが無袋栽培で隣接のモモに移った (242).
○摘果剤研究会設立，摘果剤の研究開始 (19).
○高知県須崎市の大阪セメントKKからの粉塵で柑橘被害発生 (49).
○全国果樹生産者大会開催 (48).
○全国柿協議会設立 (3).
○愛知県豊橋市で柿のダンボール出荷開始 (49).
○大分県から京浜市場向け「みかん列車」運転開始 (221).
○長崎県のビワ出荷で竹籠職人の減少もあり，10斤，5斤入り竹籠からダンボールに変更，3 kg，6 kg容 (49).
○生鮮食料品の価格問題が閣議で取り上げられ，「生鮮食料品流通改善対策要綱」閣議決定，取引の大量化，迅速化，セリの公明化，手数料の低減など (49).
○山形県で木箱詰めであったサクランボの出荷容器がこの年から改善研究を開始し，昭和39年から全量ダンボール・パック詰めに転換 (49).
○桃果実を自動的に二分し，除核する「ピーチピッター」が東洋製罐とフッドマシナ

　　　　　○リーの技術提携で東北主体に導入 (49).
　　　　　○西洋ナシ果実を自動的に蔕取り，皮むき，芯取り，二つ割りする「ペアープリパレーションマシーン」が東北主体に導入 (49).
　　　　　○キッコーマン醤油（株）が山梨県勝沼町に本格的葡萄酒製造のため，マンズワイン（株）を建設，昭和39年から販売開始 (49).

1963(昭和38)
・1　　○園芸局新設 (3, 49)，園芸課新設．初代課長・石井一雄 (49).
　　　　○日本海側に「38豪雪」(48)，青森県のリンゴ被害，枝折れ裂傷4,000 ha，3億4,556万円損害 (145)．各地の果樹被害記載 (49).
　　　　○極東寒波で山口県の夏ミカンが全滅状態．土に着いた果実は無被害のことから寒波前に収穫し，土中貯蔵開始 (49)．東海近畿で大被害，－7℃が5時間継続．広島のレモンが枯死，八朔もトリステザウイルスを引き起こす (100)．各地のカンキツ被害面積と金額を記載 (49).
　　　　○宮崎県串間市周辺のパッションフルーツ栽培が極東寒波で壊滅 (91).
・2　　○果樹基本統計を作成するための調査規則を設定，対象果樹はカンキツ類，リンゴ，ブドウ，ナシ，モモ，カキ，オウトウ，ビワ，クリ，調査方法，調査範囲，調査項目など規定 (49).
　　　　○福島県会津地方で豪雪，果樹樹体被害821 ha，76,623千円 (49).
・3　　○長野県でリンゴの銘柄を「信州りんご」に統一 (61).
　　　　○翌年にかけて，熊本県の栗産地にキクイムシが異常発生 (49).
　　　　○福岡県浮羽郡田主丸の苗木業者が韓国斉洲道へ柑橘苗985,000本，落葉苗124,000本を輸出 (49).
・4　　○バナナ等25品目の輸入自由化を実施 (1, 3, 4, 49, 145).
　　　　○果実酒の自家製造が自由となる (1, 48)．梅酒など12種類 (214).
　　　　○バナナのセリ売り22年ぶりに復活 (1, 4, 214).
・4/7　○島根県で長雨，ブドウの黒とう病，晩腐病，柿の炭疽病など，各種病害大発生 (49).
・5　　○長野県塩尻，松本地区でブドウのねむり病，550 ha発生，長野県の葡萄「デラウエア」で寒害による「ねむり病」（不発芽現象）発生 (61).
　　　　○青森県の高額所得者でリンゴ移出業者が多く並ぶ (145).
　　　　○この時点での自動販売機普及台数，ストレートジュース14,500台，ボトルジュース12,000台，ミックスジュース1,000台，総計39,770台，実際はもっと大きいと推定 (184).
・5/6　○長野県全県で長雨被害．愛知県で長雨・水害．果樹被害6,200 ha，顕著な減収 (49).
・6　　○夏みかんの全国統一出荷規格設定 (49).
　　　　○蜜柑，桃，洋なし，和梨以外の果実缶詰について，農産物糖液漬け缶詰の日本農林規格（JAS）制定 (49).
　　　　○長野県伊那谷のナシに黒斑病多発 (61).
・6/7　○低気圧による大雨で九州北部が被害 (115)．佐賀県で果樹被害 (638 ha，70,180千円) (49).

- 7　○農林省園芸試験場，みかん農林1号「興津早生」命名，登録 (4, 5)．
- 8　○財団法人輸出蜜柑缶詰信用保証基金協会設立 (49)．
- 9　○安藤万寿男が「日本の果樹」を古今書院から出版 (49)．
　　○和歌山県で初めて，新庄地区でミカン園別に収穫時期を決める「地帯別出荷区分」実施 (49)．
- 10　○果樹園造成のため，国有林野活用措置 (49)．
　　○野菜とリンゴが豊作で暴落 (61)．リンゴ「紅玉」大暴落 (256)．
- 11　○青森県で低気圧の突風でリンゴ落果，628千箱 (49)．
　　○緒方邦安が「園芸食品の加工と利用」を養賢堂から出版 (49)．
　　○農林漁業経営構造改善資金金融通制度の創設により，果樹の新植，改植に農林漁業金融公庫から資金措置可能となる (49, 61)．
　　○天災融資法を改正し，果樹の樹体被害を損失額として取り扱い開始 (49, 61)．
　　○農林省果樹農業基本統計調査実施 (3)．
　　○「果実情報」の創刊 (3)．
　　○園芸試験場盛岡支場でわい性台リンゴ樹の試験定植開始 (4)．
　　○系統適応性検定試験事業開始，神奈川 (柑橘)，山梨 (桃)，和歌山 (柑橘)，岡山 (桃)，愛媛 (柑橘)，熊本 (柑橘) (32)．
　　○横浜国立大学教育学部技官の工藤茂道がニュージーランドからキウイフルーツの種子を導入し，繁殖 (42)．
　　○この頃より，福島県で桃の無袋栽培普及 (49)．
　　○福島県でモモ灰星病が発生 (49)．
　　○福井県丹生郡朝日町気比圧の梨栽培が大豪雪で壊滅 (49)．
　　○静岡県の志太郡の梨栽培で都市化によって，赤星病大発生．特殊病害虫緊急防除対策事業により，ビャクシン類7,925本を伐採．日本初の生態防除の広域実施例 (49)．
　　○福岡県浮羽郡田主丸で従来，稲藁，コモ包装であった苗木の輸送にダンボール箱導入 (49)．
　　○新潟大学の黒井伊作が石灰窒素によるブドウの休眠打破法を確立，超早期促成栽培技術につながる (256)．
　　○この頃，広島県で梨「幸水」が導入，世羅町で開拓パイロット事業で集団梨園造成 (49)．
　　○この年と翌年，農林省の補助で，青森，岩手，山形，長野に大型のCA貯蔵庫建設 (49)．
　　○この頃から，熊本県でブロック式ミカン貯蔵庫普及．土蔵式貯蔵庫にクーラー取り付けた簡易低温貯蔵庫設置 (49)．
　　○導入品種にカンキツのウイロイド病「エキソコーチス病」発見 (19, 240)．
　　○寒波後の気象が順調で，熊本県では温州ミカンが大豊作．過去10ヵ年の122% (49)．
　　○殺虫剤のバミドチオン，PMP，PAP登録 (49)，有機リン剤エルサン登録 (241)．
　　○除草剤のDBN (カソロン)，プロメトリン (ゲザエム，後に抹消)，ジクワット (レグロックス) 登録．

○茨城県で栗果実の殺虫に臭化メチルが使用され始め，二硫化炭素薫蒸が廃れる (49).
○この頃から，熊本県でミカンの「そうか病」にダイホルタン使用開始 (49).
○東京都人口が 1,000 万人，都内全市場での果実販売量は 53 万 t，1 kg 740 円 (28).
○青森県のリンゴ生産量，34,373 千箱 (49).
○多摩川梨地帯は都市化が進み，赤星病が大発生 (31).

1964 (昭和39)

- ・1 ○永沢勝雄・小林　章・森　英雄編，「果樹園芸講座1巻」，朝倉書店から出版 (49).
  ○青森県経済連の CA 貯蔵庫完成 (145)，2月に竣工式 (61).
- ・3 ○バナナ関税70％据え置きを閣議決定 (61).
  ○ソ連向けリンゴ「国光」42,500 箱本格輸出第一船青森港出航 (145).
  ○永沢勝雄・小林　章・森　英雄編，「果樹園芸講座2巻」，朝倉書店から出版 (49).
  ○長野県でミツバチの放飼運動が盛んになる (61).
  ○ハッサクとネーブルオレンジの全国統一規格設定 (49).
- ・4 ○輸入が数量割り当てに移行 (49).
  ○園芸試験場久留米支場口之津試験地設立 (256).
  ○長野県農業試験場桔梗ヶ原分場で，ブドウ「巨峰」の花振り防止に B-ナイン散布技術を開発 (49)，65年 (61).
  ○山口県の栗産地にキクイムシが大発生し，枯死樹多発 (49).
  ○岐阜県中津川市苗木町柿野の栗集団園でキクイムシ大発生．島根県でクリキクイムシ異常発生．激甚地は 80〜90％展葉不能枯死 (49).
  ○長崎県全域で長雨により 3,505 ha 果樹被害．6月まで大分で長雨被害 (49).
  ○東北地方で霜害．各県の果樹被害面積，金額記載 (49).
  ○長野県中信，東信の高地で凍霜害．りんご被害，223 ha，28,744 千円 (49).
  ○下旬から長野県でキクイムシ類大発生 (61).
- ・5中 ○長野県全域で凍霜害 (61)．3回，連続，中信，東信高地でリンゴ被害，392 ha，107,523 千円 (49).
- ・5下 ○長野県善光寺平，伊那谷で2回晩霜．リンゴ，梨被害，892 ha，180,538 千円 (49).
- ・5 ○レモン(生鮮)輸入自由化を実施 (1, 3, 4, 19, 49, 61, 221)．瀬戸内の島での国産レモン栽培が壊滅的打撃 (256).
- ・6 ○農林省園芸試験場，缶詰用モモ，モモ農林5号「錦」を命名・登録 (5).
  ○北島　博・真梶徳純が「原色果樹病害虫図譜」を農業図書から出版 (49).
- ・7 ○松本市信州大学繊維学部の町田　博が付属農場のクルミ園で欧米諸種の自然交雑実生を「信鈴」として種苗名称登録 (49, 61).
  ○長崎県で下旬からの干害で果樹被害，1,347 ha (49).
- ・8 ○福島県が福島駅でフルーツガール(後にピーチガール)が県産果実の宣伝 (49).
  ○神奈川県小田原市の足柄梨は 36 年まで個人出荷．以降一部が共選となり，この年から全面共選，秀優良の3等級区分，LL，L，M，S，SS の玉割り (49).
- ・9 ○農林省植物ウイルス研究所設置 (190).
  ○生産者団体，移出業者団体などからなる社団法人全国りんご協議会設立 (49, 61).
  ○信濃毎日新聞に写真掲載，機械選果以前のリンゴの選果は，6果程度が入る竹製の

昭和時代 30年以降

- ・10
  - ○鳥取県果実連食品加工工場で梨ネクターの製造開始 (49).
  - ○青森県で降雹により，リンゴ被害338千箱 (49).
  - ○第一回果樹苗木大会開催 (49).
  - ○和歌山県で白浜温泉に通じる国道42号線が舗装され，ミカン狩りの観光果樹農業開始 (49).
- ・11
  - ○永沢勝雄・小林　章・森　英雄編，「果樹園芸講座3巻」朝倉書店から出版 (49).
- ・12
  - ○コカコーラが「ホームサイズ」発売し，コーラ大瓶時代へ (214).
  - ○徳島県でハウスジベデラ栽培開始 (49).
  - ○長崎県果樹試験場に「果樹土壌肥料指定試験地」設置，平成8年3月廃止 (32, 49).
  - ○日本植物調節剤研究協会設立，果樹園の除草剤研究が進展 (245).
  - ○農林省が「果樹園経営改善安定対策事業」開始 (61).
  - ○レイチュール，カールソンが「生と死の妙薬」（サイレント・スプリング）刊行，以降，DDT，パラチオンなどが生態系破壊の元凶とされる (256).
  - ○果樹園の合理的造成促進のため，果樹園造成合理化促進事業によりブルドーザー導入助成 (49, 61).
  - ○鳥取で「二十世紀」梨に黒斑病被害激甚 (48, 49, 242)，20〜50％被害 (49).
  - ○山梨県でモモ灰星病確認，翌40年に全県に蔓延 (49).
  - ○長野県のリンゴで「斑点落葉病」多発生 (61).
  - ○岩手県のリンゴ栽培でモニリア病大発生で不作 (49).
  - ○静岡県のミカン園で土壌の強酸性化による落葉頻発 (49).
  - ○青森県三戸地域のリンゴで「腐らん病」多発生 (242).
  - ○福島県で大霜害，ナシに被害.
  - ○福島県が果樹凍霜害対策施設導入の助成を行い，防霜用重油完全燃焼器，22,000台が導入 (49).
  - ○宮崎県で西諸国郡須木村などの栗園でクリキクイムシが発生，被害面積200 ha，西日本で蔓延 (49).
  - ○長野県農試桔梗ヶ原分場の三好武満等が生長抑制剤B9散布で巨峰の花振るい防止技術を開発 (61).
  - ○殺虫剤のエチオン，殺菌剤の有機銅，チアジアジン，ダイホルタン登録 (49).
  - ○除草剤のリニュロン（ロロックス），植物成長調整剤のα-ナフタレン酢酸（ナフサク，後に抹消），ジベレリン登録.
  - ○島根県の柿「西条」でドライアイス脱渋に成功 (49).
  - ○長野県の北村泰三が受粉用にツツハナバチ利用を研究開始 (61).
  - ○ミカンパナマ経由で東部カナダ向け試験輸送 (3).
  - ○東一東京青果がニュージーランドからキウイフルーツ果実を初めて輸入 (42).
  - ○加工向けに限られていた熊本産クリが生果として北九州へ出荷 (49).
  - ○愛媛県温泉青果農協が温州ミカンのトラック輸送開始，以降，急速に一般化 (49).
  - ○和歌山の南海果工がイタリアからネクター製造設備を導入し，ネクターを製造し，不二家から「不二家ネクター」として発売 (44, 49).
  - ○キッコーマン醤油が山梨県に葡萄酒醸造のため，マンズワインを設立し，ドイツ

式で醸造し，販売開始 (49)．
- この頃，清水水産（株）が蜜柑の身割り器（ほろ割）を開発 (49)．
- 愛媛県で夏ミカンの苦み除去技術が研究され，この年，輸出，内需合わせて96,000ケース製造 (49)．
- 森永製菓が「サンキストレモン」発売 (214)．
- ペプシコーラが「ファミリーサイズ」発売 (214)．
- 高橋柑橘顕彰会創設 (3)．
- 園芸試験場興津支場でモノレールの試験開始 (4)．
- 山形県青果連が日本で3番目のCA貯蔵庫設置．選果場，冷凍車を併設して，果実センターとする (49)．
- 山形県天童市の明治乳業天童工場の水質汚濁，硫化水素ガスにより，落葉果樹7.5 haに被害発生 (49)．
- 温州ミカンの生産量が100万tを突破し，卸売価格が昭和35年以来の安値となる (3, 221)．
- 福岡県浮羽郡田主丸の果樹苗木生産が1,300万本となり，94％は柑橘苗 (49)．

昭和30年代初め
- 長野県上伊那郡辰野町の小沢　登が梨の小袋の口に留め金を糊で接着，冬の作業となる．能率3倍 (61)．

昭和30年代（1955〜1964）
- 人の背中，肩，荷車，リヤカーで運ばれていた果実が，この頃からトラクターやオート三輪車，小型四輪車に代わる (49, 61)．
- この頃，ドングリ食が完全に日本からなくなる．各地の山村が空前の製炭業に沸き返り，「炭成金」が誕生し，ドングリの樹が伐採され，燃料になる．この現金収入が米購入に繋がる (124)．
- 岡山農試が露地ブドウの優良品種選定．従来の「キャンベル・アーリー」，「スーパー・ハンブルグ」，「デラウェア」より栽培容易で品質優良な「マスカット・ベリーA」，「ネオマスカット」を選定・普及 (143)．
- 果汁が大きく展開 (49)．

昭和30年代後半（1960〜1964）
- 梅酒ブームが起こり，梅生産が回復開始 (140)．
- この頃，主要果樹の全国統一選果規格制定，高能率選果機による大型共同選果荷造り場設置 (61)．

1965〜1970年代
- コールドチェーンの発達．

1965（昭和40）
・1
- ナシのネクター，「トリカネクター」発売 (48)．
- 静岡県のミカン園で強酸性土壌が発見され，柑橘栄養診断事業が実施．ミカン園土壌若返り運動を展開 (49)．
- モモの全国統一規格設定 (49)．

- 1/2　○愛知県で異常低温，柑橘類被害431 ha (49)．
- 3　○植物防疫法施行規則により，果樹等作物病害虫発生予察事業の指定病害虫として，病菌6種（カンキツそうか病菌，カンキツ黒点病菌，リンゴ斑点落葉病菌，リンゴモニリア病菌，ナシ黒斑病菌，ブドウ晩腐病菌），害虫7種（ヤノネカイガラムシ，クワコナカイガラムシ，ミカンハダニ，ナシヒメシンクイ，コカクモンハマキ，カキヘタムシ）が指定 (49, 61)．
　○長野県がブラシチッパー（剪定枝粉砕機）実演会実施 (61)．
　○全国西洋ナシ協議会結成，会長桃沢匡勝 (61)．
　○ イヨカン の全国統一規格設定 (49)．
　○広島県で初めて，共同低温貯蔵庫設置 (49)．
- 4　○千葉県で梨の共同花粉採取実施．ビニール開葯室，電気温風器で加温 (49)．
- 5　○愛知県で強風害，果樹被害 (49)．
- 6　○前線による大雨で九州中部が被害 (115)．熊本県で埋没果樹園163.6 ha, 34,322本流失，2,425 t 減収，被害額2,76億円 (49)．
　○神奈川県小田原市曽我の梅生産で農協が合併．生梅選果機を導入して，規格統一，共同出荷開始，LL, L, M, S, SSの大きさと玉揃い (49)．
- 6/7　○台風15, 23, 24号により，中四国，特に徳島，香川，高知で柑橘被害多発．樹体被害30％以上の園が1,012 ha (49)．
- 7　○農林省が果樹農業生産振興関係補助実施要領を制定 (61)．
　○長野県全県でリンゴの黄変落葉発生 (61)．
　○長野県園芸試験場が杏の粉末ジュース加工成功 (61)．
- 8　○台風第15号で九州〜中国が被害 (115)．熊本県で昭和2年以来の大暴風雨，果実減収18,954 t，被害額8.7億円 (49)．
　○なし農林4号「新水」を農林省園芸試験場が登録 (5)．
- 9　○台風第23号で全国が被害 (115)．青森県でリンゴ落果546万箱，46億円損害．福島県で果樹落果，1,932 ha, 298,474千円．長野県で被害 (49,145)．
　○山梨県で台風23, 24号で果樹被害，1,561 ha, 5,082 t, 317百万円 (49)．
　○台風第24号と前線で全国が被害 (115)．青森県でリンゴ落果，498千箱．神奈川県で風水害，潮風害，蜜柑被害2,270 ha, 梨240 ha, 柿545 ha, 栗630 ha, 葡萄100 ha．長野県で被害，愛知県で果樹被害，995 ha, 99百万円 (49)．
　○愛媛県で傾斜地ミカン園の収穫物運搬の合理化にモノレール式運搬施設の有効性が語られ，これ以前に開発された模様 (49)．
- 10　○静岡県賀茂郡河津町の土屋吉蔵が日向夏の枝変わり「オレンジ日向」を種苗名称登録 (49)．
　○和歌山県日高郡南部川村の高田貞楠が内田梅の中から「南高」を種苗名称登録 (5, 49, 61)．
- 11　○信州リンゴがソ連パルプ用材とバーターで初輸出の商談成立 (61)．
　○日通弘前支店でリンゴのコンテナ試験輸送実施 (145)．
　○広島県で果実専用列車を糸崎〜汐留間で初運行 (49)．
- 12　○静岡県で温州ミカン用の2月中旬頃間での短期用簡易貯蔵庫開発，41年から普及 (49)．

- 農林省が「果樹園経営改善安定対策事業」で品種更新補助．醸造ブドウ生産対策補助開始 (61)．
- 農林省園芸試験場が米国カリフォルニア州ブッテ郡チコからキウイフルーツの種子を導入し，播種 (42)．
- 農林省園芸試験場果樹部で果樹の品種導入，保存の体制確立 (256)．
- 福島県果樹試験場に「果樹土壌肥料指定試験地」設置．平成11年3月廃止 (32)．
- 青森県のリンゴ販売価格不振により，生産に不安が出，開田，工業用地などに転換発生 (49)．
- リンゴの需要停滞対策として，品種の更新のため，「苗木共同育苗事業」，「リンゴ品種更新促進事業」実施 (49, 61)．
- 中小企業団体の組織に関する法律に基づき，日本ジャム工業組合設立 (49)．
- 愛媛県で果樹栄養診断事業実施 (49)．
- 系統適応性検定試験事業開始，青森（りんご）(32)．
- スターキングデリシャス生産急増 (3)．リンゴの栽培面積が65,600 haに達し，以後減少 (4)．
- この頃より，蜜柑園で除草剤利用が開始 (49)．
- 運搬用コンテナ取り扱い開始 (3)．
- 第一回柑橘技術者研修会開催 (3)．
- 佐賀県が全国に先駆け，「うまい佐賀ミカンつくり運動」展開 (49)．
- 静岡県静岡市の青島平十園で発見された温州ミカン「青島」が静岡県の奨励品種になる (4, 5)．
- この頃，多摩川梨栽培で人工交配が始まる．これまでは虫媒であったが都市化の進展で虫が減少 (31)．
- この頃から，熊本県の落葉果樹栽培が減反傾向 (49)．
- この頃から，長野県の桃栽培で花粉の無い品種が増加し，人工授粉の必要性が高まる (61)．
- この頃までに北海道でリンゴ「腐らん病」蔓延 (242)．
- この頃，九州の一部でブドウの「巨峰」を中心に若い枝の節が異常に膨らむ「枝膨病」発生 (242)．
- 殺虫剤のホサロン，殺菌剤のポリカーバメイト，TPN登録 (49)．
- 除草剤のアメトリン（ゲザパックス），パラコート（グラモキソン，後に抹消），ブロマシル（ハイオバー X），植物成長調整剤のダミノジット（B-ナイン，後に抹消）登録．
- この頃，山梨県でモモの弱剪定実施，長野に流行 (61)．
- この頃，防虫果実袋の出現で，果梗綿巻作業がなくなる (61)．
- この頃，桃の全国統一選果規格公布 (61)．
- 茨城県の栗園で黒斑胴枯と称した樹幹病害（疫病）が多発 (49)．
- この頃から，熊本県で殺菌剤として抗生物質使用開始 (49)．
- 梨の「吊り棚」が長野県伊那の三石勝治の発想で，伊那園芸振興委員会が設計研究して創案 (61)．
- この頃まで，京都府与謝郡伊根町では，延縄の綿糸・麻糸を柿渋で染めていた．各

家に2～3本植えられている渋柿未熟果から製造．宮崎県児湯郡川南町では，タチ縄釣り，曳縄釣りの糸を柿渋で染めた (196)．
- ○この年前後，温州ミカンが毎年1万ha程度新植された (19)．
- ○愛知県果樹苗木生産がミカン苗中心に1,600万本以上となる (49)．
- ○新潟市の日本軽金属新潟工場からのフッ化水素ガスで果樹園6.7haに被害発生 (49)．
- ○この年から岡山県水島コンビナートからの亜硫酸ガスにより，ミカン園1haに被害発生 (49)．
- ○加工向けに限られていた熊本産クリが生果として，前年の北九州へ出荷に続き，京阪神，北九州市場へ本格的出荷開始 (49)．
- ○自家用，縁故贈り物，土産，加工用であった熊本県八代の「晩白柚」が東京，大阪市場に12 t 初出荷 (49)．
- ○和歌山県の減酸処理した「夏ミカン」に曾野綾子が「サニー」と命名 (49)．
- ○熊本県田浦町に甘夏みかん専用の本格的低温貯蔵庫設置 (49)．
- ○我が国特産の白桃缶詰の輸出振興のため，調整して共同販売実施，輸出数量激減で2年間で中止 (49)．
- ○この頃のリンゴ生産は，戦前に比べ，果実の価格が100倍，200倍の肥料，300～400倍の農薬，硫酸銅は1,000倍，人件費は700倍～1,000倍となり，経営的に赤字 (37)．
- ○果樹発生予察事業が正式に開始 (19)．

昭和40年～60年（1965～1985）

- ○リンゴ「腐らん病」の多発により，各地で大樹が伐採され，炭に焼いたり，野焼きされ，リンゴ地帯に煙が立ち上る．「第3期リンゴ栽培恐慌時代」と称された (242)．

1966（昭和41）

- ・1
  - ○長野県がリンゴの学校給食を東京都，神奈川県，埼玉県，および日本給食（株）と契約 (61)．
  - ○青森県りんご協会が東京東横デパートで無袋リンゴ消費宣伝 (145)．
- ・2
  - ○秋田県果樹協会が中心となり，リンゴ「国光」5,000箱をソ連に秋田港から輸出，以降継続 (49)．
  - ○和歌山県有田市野の榎本三郎が県の指導で，早生温州の「宮川早生」で鉄骨ビニールハウスによる早出し栽培開始 (49)．
  - ○和歌山県宮原地区で大型スプリンクラー施設設置し潅水．後に液肥散布実施 (49)．
  - ○沿岸貿易により，戦後初めて，ソ連極東地域に蜜柑輸出，10 t，内静岡県が5 t，愛媛県が試験輸出 (49)．
- ・4
  - ○千葉県市原市五井の梨の花，蕾が枯死，落花．亜硫酸ガスを主とした硫黄酸化物障害発生 (49)．
  - ○青森県りんご試験場が半わい性台木を生産農家に配布試植 (61)．

- ・5　○公正取引委員会がポッカレモンなど6社に「レモンの入っていないレモン飲料は不当表示」と排除命令，嘘つき食品問題化 (214)．
　　　○農林省，水銀系農薬の非水銀系への切り替えを通達 (1, 61, 190)．この頃から水銀剤毒性問題が発生し，キャプタホール剤やジチアノン剤に置き換わる (240)．
- ・5　○奈良県宇陀郡の大和水銀鉱業所からの亜硫酸ガスで果樹園1.5 haに被害発生 (49)．
- ・6　○鳥取県八頭郡で雹害，梨140 ha被害 (49)．
　　　○青森県で降雹，リンゴ被害，155,000箱 (49)．
　　　○青森県で降霜，リンゴ被害，26,000箱 (49)．
　　　○台風第4号で中部〜北海道で被害 (115)．青森県で水害，リンゴ被害，81,000箱 (49)．
　　　○長野県篠ノ井でリンゴのジューンドロップが多発 (61)．
- ・7　○果樹農業振興特別措置法一部改正，振興対象果樹に梅を追加 (3, 19, 49, 61)．
　　　○「果樹広域濃密生産団地」設定開始，カンキツ1,000 ha，リンゴ600 ha，その他300 ha以上等の条件 (49, 61)．
　　　○12月にかけて，京都府久世郡城陽町の中努工務店から排出されたシアン化水素により柿園2 ha被害発生 (49)．
　　　○長野県中高，飯水地区のオウトウで灰星病発生 (61)．
　　　○長野県松本・塩尻・東筑摩で葡萄「ナイアガラ」中心に花振るい現象多発 (61)．
- ・7/8　○長崎県で干害により果樹被害，3,180 ha (49)．
- ・8　○長野県佐久市でモモの穿孔病発生 (61)．
- ・9　○台風第24/26号で全国（特に山梨）が被害 (115)．青森県で風害でリンゴ落果，40,000箱，福島県を縦断，果樹被害830 ha，49,284,000円 (49)．
　　　○長野県で「国光」，「ゴールデン」有袋果に斑点落葉病大発生 (61)．
　　　○プラスチックコンテナーがリンゴ輸送に活用 (61)．
- ・11　○松山市平田町の宮内義正が伊予柑の枝変わり「宮内伊予柑」を種苗名称登録 (49, 73)．
　　　○文部省がリンゴジュースを学校給食物資品目に指定 (61)．
- ・12　○長野県経済事業連がソ連にリンゴ「国光」15,000ケース輸出 (61)．
　　　○系統適応性検定試験事業開始，長野（リンゴ），鳥取（梨）(32)．
　　　○この年から43年まで，長野県が市田柿の優良系統選抜試験を実施．長型系5点を優良母樹として選定し，繁殖・配布 (61)．
　　　○静岡県南伊豆へ甘夏の集団産地造成が活発化，中部地帯から通勤出作が相次ぐ (49)．
　　　○愛媛県の果樹栽培は昭和14年からの28年間で面積418%，生産額565%に増加，昭和25年からでは，面積390%と顕著に増加 (49)．
　　　○ソ連向けミカン試験輸出 (3)．
　　　○松山市に日園連が土地を購入し，愛媛県青果連が賃借して段ボールケース直営工場建設 (49)．
　　　○この頃以降，大型単独農協，連合会が消費地近郊に大型冷蔵庫を設置 (49)．
　　　○ナシの小袋のホッチキス止め開始 (48)．

昭和時代 30年以降　　（ 263 ）

　　　○二十世紀梨の防菌防虫合わせ袋実用化 (48).
　　　○殺虫剤の CYAP 登録 (49).
　　　○除草剤のトリフルラリン（トレファノサイド），植物成長調整剤の NAC（デナポン）登録.
　　　○佐賀県で梨，二十世紀の黒斑病防除にダイホルタン使用開始 (49).
　　　○草刈り労力節減に除草剤の登場 (48).
　　　○この頃から，昭和31年登録の殺ダニ剤ケルセンが広く使用開始 (241).
　　　○熊本県芦北郡田浦町の元山刃松等が約200 m のモノレール設置. 各地に同様な施設普及 (49).
　　　○昭和30年から41年まで，愛媛県で蜜柑缶詰製造が大きく生長. 昭和29年122,813ケースが昭和41年で1,284,789 ケース，1,046 ％増加 (49).
　　　○選果規格の秀，優とともに玉大別規格 (L, M, S) 併用実施 (48).
　　　○ JAS マークの貼付を条件に果実飲料が免税となる (44).
　　　○ブドウ「巨峰」が長野県の奨励品種になり，ブドウは大粒系ブームとなる (4, 61).
　　　○三重県尾鷲市の中部電力三田火力発電所からの粉塵により，ミカン園2 ha に被害 (49).
　　　○マンズワイン（株）が甲州種から醸造した葡萄酒「ビンテージ甲州」が国際コンクールで金メダル獲得 (49).
　　　○「ハニーレモン」がブームに (214).

1967（昭和42）
- 1　○西日本に異常寒波，特に夏ミカンの被害甚大 (4). 大分県で雪害. 熊本県で甘夏等の落果584 t，4,326万円，柑橘被害面積548 ha，1,809万円，合計2,742万円昭和30年来増殖の甘夏と生育限界地帯（菊池郡）の温州ミカン被害が大きい (49).
- 2　○千葉県で大雪，県南部山岳地帯で40〜50 cm，柑橘，枇杷で倒伏，枝折，落果等 700 ha，1億3千万円被害発生 (49).
　　　○果汁なしレモン飲料，乳分の少ないコーヒー牛乳等の「うそつき食品」が問題化 (1).
　　　○カリフォルニアのオレンジ害虫，ミカンネモグリセンチュウが八丈島で発見され，緊急防除 (49).
　　　○鳥取でナシのワンタッチ袋が特許取得し，普及 (48).
　　　○青森県で豪雪により，リンゴ被害44万本，170万箱減収，幼木被害を入れて15億5,000万円 (145).
- 3　○農林省が果樹農業振興基本方針を策定 (61). 拡大ブームにあった温州ミカンの新植抑制策を出す (256).
- 3　○長野県飯山地区で果樹豪雪被害，2億6,000万円 (61).
　　　○和歌山県那賀郡那賀町で水田のハッサクへの転換開始 (49).
　　　○福岡県が温州蜜柑をシベリアへ輸出. 市場条件を調査 (49).
- 4　○長野県北信でモモの花芽枯死 (61).
　　　○鳥取県で凍霜害，245 ha，142,029,000 円被害 (49).
- 5　○長野県下で干害とキクイムシ発生 (61).
- 5/6　○長野県全県で干害. 島根県で果樹483 ha に干害 (49).

・6　○山形県で上山市，米沢市に降雹．果樹被害，150 ha，85,573,000円 (49)．
　　○渋川潤一が「リンゴ栽培新書」を養賢堂から出版 (49)．
　　○アメリカ，日本ミカン解禁告示（4州と緩衝地域の設定）(3, 49)．
　　○アメリカが輸出温州蜜柑に対し，植物防疫上の厳しい条件提示 (165)．アラスカ，ワシントン，アイダホ，モンタナ，オレゴンの5州を解禁 (49)．
　　○山梨県中巨摩郡白根町西野の芦沢達雄が昭和40年に発見したモモ「西野白桃」が名称登録 (49)．
　　○「愛媛県うまいみかんつくり運動推進要領」制定 (3, 49)．
　　○長野県が規格条例を改正し，リンゴはL・M・Sの玉別と，秀・優・並の3段階に簡素化 (61)．
　　○青森県で降雹により，リンゴ被害17,000箱 (49)．
　　○昭和10年以降，発生がなかったリンゴの「腐らん病」が長野県の中野市で大発生．長野県各地でリンゴ腐らん病多発 (61)．
・6/9　○愛媛県で気象台設置以来の干魃．柑橘の被害甚大，果樹面積28,341 ha中，被害面積23,779 ha被害減収量172,669 t，被害金額8,672,165千円 (49)．
・7　○果樹農業振興基本方針（第一次）策定・公表 (3, 19, 61)．これに基づき，42年度中に都道府県果樹農業振興計画が樹立 (49)．
　　○東印東京青果と東京丸一青果が合同，東一東京青果発足 (145)．
　　○青森県産リンゴが東京市場で800円を割って，大暴落 (145)．
　　○昭和42年7月豪雨で九州北部〜関東が被害 (115)．広島県で流失，埋没柑橘園254 ha，1,231,265千円，果樹被害1,094 ha，1,739,357千円．佐賀県で集中豪雨の果樹被害 (82 ha, 189百万円) (49)．
・7/10　○干害で西日本が被害 (115, 3, 73)．九州，熊本の柑橘で被害甚大 (100)．各県の被害面積金額記載 (49)．
・8　○羽越豪雨で羽越が被害 (115)．山形県中南部で豪雨，果樹園埋没76.6 ha，94,505,000円，冠浸水453.8 ha，31,730,000円，葡萄実割れ，被害，316 ha，72,800,000円 (49)．
・8/9　○宮崎県で干魃，ミカン中心に被害1,388 ha (49)．
・9　○神田市場青果卸売組合発足 (49)．
　　○青森県で台風27号により，リンゴ落果，18,000箱 (49)．
　　○青森県県南産のリンゴ「紅玉」で異常落果，5割落果 (145)，被害857,000箱 (49)．
　　○長野県のリンゴ有袋果に斑点落葉病発生 (61)．
　　○長野県東北信のリンゴ園で炭疽病多発生．ニセアカシアの伐採実施 (61)．
・10　○長野県経済連が国鉄コンテナーによるリンゴ輸送開始 (61)．
　　○静岡県柑橘改植推進協議会が設置され，ミカン園若返り開始 (49)．
　　○台風第34号で九州〜東北が被害 (115)．青森県で落果98万箱，被害総額4億7,000万円 (145)，1,186,000箱 (49)．
　　○埼玉県の梨農家，河野当一が梨「幸水」の予備枝剪定法を公表．
　　○尾崎準一監修，「果汁・果実飲料ハンドブック」が朝倉書店から出版 (49)．
　　○佐賀県園芸連がミカン出荷用の段ボール工場建設 (49)．
　　○殺虫剤のCVP，カルタップ，DMTP，殺菌剤のポリオキシン登録 (49)，有機リン

○剤スプラサイド登録 (241).
○除草剤のアイオキシニル (アクチノール) 登録.
○この頃からカンキツそうか病防除でジチアノン剤, キャプタホール剤散布開始 (240).
○新農薬ダイホルタン, ポリオキシンの出現でナシ栽培でボルドー液散布がなくなる (48).
○この頃から, 静岡県で温州ミカンへのチャノキイロアザミウマによる障害果が問題となる (241).
○この頃から, トサカグンバイがカキに寄生するようになり, 福岡県で異常発生 (244).
○この頃より, 福島県で訪花昆虫が減少し, 受粉不十分で結実不良発生 (49).
○この年以降, 長野県のリンゴで「腐らん病」多発生 (242).
○農林省, 温州ミカンの新植抑制方針打ち出す (4, 19).
○うまいくだもの作り運動推進 (早生温州出荷期糖度8度以上) (3).
○佐賀県大川村の梨が関西市場に進出し, 「暖地梨」として, 有名になる (49).
○全国みかん宣伝協議会を設立し, ミカン全国統一消費宣伝開始 (3, 49).
○輸出ミカンに段ボール箱使用開始 (3).
○前年に甲州種を仕込んだマンズワインの葡萄酒が国際コンクールに入賞 (49).
○カナダ向け輸出ミカン段ボール箱輸送試験成功 (3).
○山形県のリンゴ産地から初めて, 20,000ケースの「紅玉」を中華民国に青森港から輸出 (49).
○直売により卸売市場機能を補完するため, 熊本県果実連が埼玉県上尾市に大型低温貯蔵庫を建設, 以降, 44年に横浜市に, 43年に宇和青果農協が昭島市に, 45年に和歌山県果実連が札幌市に, 西宇和青果農協が海老名町に設置 (49).
○佐賀県多久市青果連が西南暖地の蜜柑着色不良対策のためのカラーリング施設設置 (49).

昭和40年代初期

○加工専用の缶桃生産が自由化された輸入缶詰に押されて急減 (61).
○主婦連を中心に消費者団体が「外国ではジュースと言えば果汁100％に限られているのに, 日本では果汁含有量のいかんに関わらずジュースとするのは不当表示である」と主張.

1968 (昭和43)

- ・2 ○鳥潟博高編著「果樹の生理障害と対策」誠文堂新光社から出版 (49).
  ○徳島県で豪雪, 柑橘地帯で50～60 cm積雪, 枝の損傷, 八朔の落葉, 被害面積1,515 ha, 22億円. 愛媛県で雪害, 温州ミカン夏ミカンの樹体被害激甚. 徳島, 香川, 愛媛の改植苗木226,000本 (49).
  ○長崎県で暴風害, 4,869 ha被害 (49).
- ・3 ○ブドウの全国統一規格設定 (49).
  ○和歌山県有田市の潅水用スプリンクラーを利用して, 柑橘病害虫共同防除実施.

昭和時代 30年以降

○スプリンクラーの多目的利用の開始 (49).
○農薬残留に関する安全使用基準について通達 (49). 食品衛生法に基づきリンゴ・ブドウで BHC, DDT, パラチオン, 砒素, 鉛の残留許可量決定 (61, 1, 190).
○果樹農業振興特別措置法により, 都道府県果樹農業振興計画を定める (49).

・4　○農林統計で果樹収穫量の実測調査開始 (49).
○小林　章編著「果樹の早期増収と早期出荷」が誠文堂新光社から出版 (49).
○桜井芳人他編, 「果実・蔬菜の加工・貯蔵ハンドブック」が養賢堂から出版 (49).
○園芸試験場安芸津支場開設 (4, 256), ブドウとカキの育種本格的に開始 (256).

・5　○長野県北信で雹害15回, 凍害も発生 (49, 61). 東信, 西信で凍害 (49).
○長野県の葡萄「デラウエア」で寒害による「ねむり病」(不発芽現象) 発生 (61).
○長野県北信の杏で灰星病発生 (61).

・6　○園芸局から蚕糸園芸局に変更, 園芸振興課設置. 初代課長・千野知長. 流通加工は経済課から園芸経済課へ変更 (3, 49).
○山梨県東八代郡米倉の松森美富が発見したモモ「松森早生」が種苗登録 (49).
○久留米市草野町の今村芳太が浮羽郡田主丸から購入した尾張温州の中から発見した「今村温州」を種苗名称登録 (49).
○小笠原諸島の本土復帰に伴い「小笠原諸島における有害動物の緊急防除に関する省令」制定, ミカンコミバエ等9種が寄生する柑橘類などの移動禁止 (49).
○北海道からの海産物輸送低温トラックの帰り便を利用し, 群馬県の生梅が北海道内9市場に初出荷 (49).
○青森県で降雹, リンゴ被害, 24千箱 (49).
○千葉県東葛飾郡, 印旛西部で小豆大の降雹, 梨, 300 ha, 約2億5万円被害 (49).

・8　○岩手県北上市の県園芸試験場でリンゴの黒星病発見, 本州で初出 (49, 61).

・9　○桐野忠兵衛編「愛媛県果樹園芸史」が愛媛県青果連から出版 (49).
○小林　章編著「果樹の良品生産技術」が誠文堂新光社から出版 (49).
○鹿児島県喜界島でミカンコミバエ撲滅実験事業開始 (49).

・10　○ライムの生果輸入自由化 (3, 49).
○対米輸出温州ミカン検疫実施要領通達 (49).
○果樹苗木の供給, 生産流通の合理化について, 都道府県の自主的事業とするための果樹優良種苗確保に関する通達 (49, 61).「果樹種苗対策事業実施要領」を廃止し, 新たに「果樹種苗対策要綱」制定 (246).
○青森県で風害により, リンゴ落果, 29,000 箱 (49).

・11　○流通量の増大, 卸売市場の狭隘に伴い, 物価対策上問題視され始め, 全販連が埼玉県戸田市に東京生鮮食品集配センター設置 (49).
○青森県で開田ブームにより, リンゴ栽培面積が 25,000 ha を割る (145).
○静岡県藤枝市西方第4地区に無病地帯 54 ha を設置して, 日米検疫官による検査合格蜜柑, 1,936 ケースをアメリカに輸出, 戦後対米輸出再開 (49).

・12　○長崎県園芸連が日園連を介し, 温州蜜柑をソ連へ試験輸出, S級中心 (49).
○青森で産地高値ムードにより,「国光」荷動き膠着, 約 1,720 万箱が記録的在庫越年 (145).
○「最新園芸大辞典 1-7 巻」が誠文堂新光社から出版 (49).

昭和時代 30年以降　　（ 267 ）

○ミカン豊作 (2,352,000 t) のため暴落 (1, 3, 4)．200万 t 突破 (221)．
○ミカンとリンゴ (国光) の価格暴落，リンゴ「ふじ」への更新の契機となる (256)．
○リンゴ，1,136千 t，年明け暴落．山川市場と呼ばれる (品種更新時代へ) (3, 4)．
○熊本県のミカン生産が 10万 t を超え，前年比 167％と顕著な増加 (49)．
○愛媛県が静岡県を抜いて，温州ミカン生産日本一になる (73)．
○農林省が「果樹振興地域対策事業」で果樹濃密広域生産団地補助 (果樹広域主産地形成事業) 開始．「果樹種苗対策事業」で品種更新，リンゴウイルス検定圃設置，母樹保存 (49, 61)．
○農林省蚕糸園芸局果樹課が農林統計記載以外の果樹，レモン他36種の雑果樹について都道府県の調査を取り纏め，「果樹栽培状況など標識調査」公表開始 (49)．
○植物成長調整剤のホパイン (後に抹消)，ラクヨー (後に抹消)，TIBA (ジョンカラー，後に抹消) 登録．
○千葉県東葛地方の梨園に赤星病大発生 (49)．
○果実吸蛾類防除のため，岐阜県で電灯照明を実用化 (41年から千葉大の野村教授の指導を受ける) (49)．
○この年から44年，山梨県東八代郡石和町の山梨化成のカーボン製造過程で排出されるガスで葡萄，柿，桃の若芽枯死被害 (49)．
○この頃から，中国産干し柿の輸入が始まる (61)．
○昭和29年に北海道で見つかったりんご「黒星病」が岩手県に侵入 (242)．
○アメリカから精製マシン油乳剤ヴォルグ70が輸入．その後マシン油の改良進む (241)．
○東京都小平市の島村速雄がブルーベリーの経済栽培開始 (125)．
○前年頃より，クエン酸にレモン香料，ビタミンCを添加した無糖レモンが販売され，一部で本物レモンと宣伝したため，公正取引委員会が不当表示と認定し，排除命令を出す (44)．
○長野県伊那の小林製袋 (株) が梨用の小袋に止め金を入れ，接着剤に代わってミシン縫い袋を開発 (61)．
○長野県で水銀剤処理袋に代わり，ポリオキシン処理袋開発 (61)．
○鳥取県果実連花粉センター (花粉供給施設) 花粉採取園整備 (48)．
○鳥取が進物ナシのコンテナー輸送実施 (48)．
○長野県がリンゴの穂木採取専用圃場設置 (61)．
○果樹広域主産地形成事業の推進開始 (19)．
○この頃から，長崎県でミカンの品質調査に基づく区分出荷と貯蔵が本格化 (49)．
○果樹農業振興議員連盟設立 (3)．
○長崎県経済連が逼迫した輸送対策と販路拡大のため，ミカンの北海道向け船舶輸送開始 (49)．
○アメリカへの温州蜜柑輸出再開 (165) (6州に初輸出) (3)．

1969 (昭和44)
・1　○果樹母樹ウイルス病検査要領を通達 (49, 61)．「かんきつ及びりんご母樹バイラス病検定要領」を廃止し，「果樹母樹ウイルス病検定要領」制定 (246)．
　　　○青森県経済連とりんご協会がリンゴ大暴落で「りんご危機突破大会」開催 (145)．

・2		○青梅市吉野農協が地区内の梅を調査し，選抜，「梅郷」として種苗名称登録 (49, 61).
・3		○ハワイ産パパイヤの輸入解禁，植物防疫上の輸入解禁第1号 (4).
		○静岡県東部農業事務所からクリタマバチ抵抗性品種にクリタマバチの被害の報告．丹沢，筑波に被害，森早生，有麿に被害無し．昭和42年から寄生 (49).
		○農林省農林水産技術会議編「戦後農業技術発達史果樹編」が農林統計協会から出版 (49, 61).
		○昭和43年産リンゴ輸出，2月末で1,117,000箱，史上最高 (145).
・4		○リンゴの生産調整開始 (145).
		○静岡県柑橘農協連合会が無添加の100％天然果汁蜜柑ジュース「フジタチバナ」発売開始 (49).
・5		○山形県天童市，朝日町，山形市で降霜．果樹被害 3,629 ha，1,466,485千円 (49).
		○全国みかん生産者大会開催 (3).
		○売れない小玉の「国光」100万箱が山や川に大量投棄され，読売新聞が報道「山川市場」．
		○静岡県で初めて，梨の「えそ斑点病」を確認 (49).
		○果樹の高接品種更新が公庫近代化資金の貸付対象となる (49, 61).
		○山形県庄内地方で降雹．柿，桃など被害，356 ha，7,054万円 (49).
		○山梨県で風害，果樹被害，2,296 ha，5,878 t，3億7,900万円 (49).
・5/6		○長野県東信，西信で凍霜害 (49).
・6		○桃，洋梨，和梨の缶詰について日本農林規格 (JAS) 制定 (49).
・7		○秋田県鹿角郡花輪町，県果樹試でリンゴ黒星病発見 (61).
・8		○青森県でリンゴ黒星病発生，発生樹394本，焼却16本．黒星病緊急防除対策本部設置 (49, 145).
・8/11		○愛媛県で断続的干害，南予の柑橘，栗に被害 (49).
・9		○44年産のナツミカン大暴落，和歌山県有田郡で夏柑対策委員会結成し，100％改植決議 (49).
		○熊本県鹿北町で降雹，ミカン42 ha，1,676万円被害 (49).
		○台風で北海道滝川市江部乙町のりんご収穫皆無 (49).
		○この頃から葡萄「巨峰」生産が急増し，長野県経済連が巨峰専用車4台で関西市場に出荷 (61).
・11		○果実自由化阻止全国代表者大会開催 (3).
		○青森県で風害により，リンゴ落果，29,000箱 (49).
・12		○農薬安全使用基準を告示 (48)．モモ，ナシが追加され，農薬はアルドリン，エンドリン，デルドリンが追加 (61).
		○日本BHC工業会，農薬BHC・DDTの製造中止を決定 (1).
		○薬師寺肇が「ミカン園の経営と増収技術」を富民協会から出版 (49).
		○米山寛一が「ナシの生育診断と栽培」を農文協から出版 (49).
		○温州ミカンの摘果剤としてNAAの使用開始 (49).
		○系統適応性検定事業開始，福島(桃)，埼玉(梨) (32).
		○この頃，リンゴ無袋栽培指向と同時に「輪紋病」全国発生 (242).

- ○昭和29年に北海道で見つかったりんご「黒星病」が青森県に侵入(242).
- ○殺菌剤のプロピネブ，チオファネート，次亜塩素酸ナトリウム，マンセブ登録(49).
- ○長野県伊那の梨栽培で，ポリオキシン処理防菌小袋実用化(61).
- ○日本巨峰会が「巨峰」の名称無断使用で長野経済連等を提訴(61).
- ○植物成長調整剤のピーチシン(後に抹消)登録.
- ○熊本県で栗園のメチルブロマイドガス薫蒸開始(49).
- ○鹿児島県与論島のパパイアが侵入したウイルス病で壊滅(86).
- ○44年産の温州みかんの不作でミカン果汁が足りなくなり，果汁の需要を大幅に下回る減産となり，海外産オレンジ濃縮果汁を300t緊急輸入(44).
- ○ミカンは裏年になり，宮崎県では大幅減収(49).
- ○果実・果実加工品の輸入が100万tに達する(19).
- ○ミカンコミバエの殺虫の可能性が示され，台湾産ポンカン輸入開始，44年産約350t，45年産700t，46年産約1,400t(49).
- ○夏ミカン市場価格暴落(3).
- ○梨「幸水」生産急増(三水時代へ)(3).
- ○二十世紀梨のアメリカ，ハワイ州への輸出開始(3, 48)．長野県がハワイ向け(49).
- ○二十世紀梨市場卸売価格が1箱1250円と史上最高値を記録(48).
- ○福岡県浮羽郡田主丸から韓国に柑橘苗618,000本，栗130,000本輸出，(49).
- ○台湾ポンカンの輸入解禁による一元輸入開始(3).
- ○ソ連極東地方への蜜柑輸出が560tとなる(49).
- ○徳島県から蜜柑がアメリカ，ソ連，イギリスに初輸出(49).
- ○長崎県園芸連が温州蜜柑の欧州市場開発のため，全国団体と呼応して5t輸出(49).
- ○温州ミカンのカラーリング始まる(4).
- ○農林省と日園連が果実輸送に紙パレット利用試験実施，佐賀，広島の温州ミカンと鳥取の二十世紀(49).
- ○長野県伊那の干し柿が二酸化硫黄残留問題で出荷停止(61).
- ○果物入りヨーグルト流行(214).

1960年代

- ○無袋栽培に移行し，袋掛け時代に問題にならなかったリンゴ，ナシの輪紋病やモモの灰星病が果物店に並ぶ頃に大問題となる(242).
- ○この頃までブドウの主要害虫であったブドウトラカミキリの防除法確立，発生減少(244).

1970(昭和45)

・1
- ○苫名　孝「果実の生理(生産と利用の基礎)」養賢堂から出版(49).
- ○長崎県西彼杵郡三和町の森尾三太郎が茂木ビワ園から選抜した「森尾早生」を種苗名称登録(49).

昭和時代 30年以降

○福岡県が温州蜜柑を初めて欧州へ輸出．市場調査実施 (49)．
・2　○農林省，園芸振興課と園芸経済課が果樹課と野菜花き課に変更され，果樹行政が総合的に実施 (49, 61)．
○愛媛県青果連がミカン天然果汁「ポンジュース」の全国販売開始 (44, 214)．
・3　○北川博敏が「カキの栽培と利用」を養賢堂から出版 (49)．
○日本万国博覧会ニュージーランド館でキウイフルーツを展示 (4)．
○日本万国博覧会を契機にワイン消費が急増，静かなワインブーム．これ以降，甲州等の欧州系ブドウが利用されるようになる (61)．
○日本万国博覧会 (大阪万博) に外食企業が多数出店し，外食元年となる．
○国際カンキツ学会創立．
○四国農業試験場が「瀬戸内みかん園の施肥合理化に関する研究」公表 (49)．
○武田薬品工業がクワコナコバチを天敵農薬として市販 (61)．
・4　○農林省落葉果樹農業研修施設 (雫石) と常緑果樹農業研修施設 (国東) で果樹農業機械化研修開始 (19, 49, 61, 221)．
○青森県のリンゴで腐らん病発生甚だしい (145)．
○長野県で各地にリンゴ腐らん病発生 (61)．
・5　○長野県が青果物規格審議会でリンゴの人工着色禁止を決定 (61)．
・6　○山形県天童市，山形市等で降雹，果樹被害106.4 ha，32,768,000円 (49)．
○長野県でリンゴにうどん粉病が異常発生 (61)．
○青森県がリンゴ県外出荷規格条例と同施行規則を公布 (61)．
○天敵のクワコナカイガラヤドリバチ登録 (49, 145)．
○農林省園芸試験場，キウイフルーツ「ヘイワード」300本余をニュージーランドから導入 (5)．各県で試作開始 (43)．
○熊本県天草郡特産の「河内晩柑」を「ジューシーオレンジ」と命名し，東京，大阪へ初出荷 (49)．
・7　○長野県中野市農協がBナイン処理のオウトウ1,000箱を出荷し，好評 (61)．
○岡山県上道郡上道町の広田盛正がマスカットハンブルグと甲州三尺を交配して選抜，「ヒロ・ハンブルグ」を種苗名称登録 (49, 61)．
○長野県上田市古里の曽根悦夫がネクタリン興津，白桃，倉方早生の混植園から実生選抜，「秀峰」と種苗名称登録 (49, 61)．
○宮城県でリンゴ黒星病発生 (61)．
○ブドウの「ヒロ・ハンブルグ」種苗名称登録 (61)．
・8　○小林　章が「ブドウ園芸」を養賢堂から出版 (49)．
○青森県で台風9号によりリンゴ落果，902,000箱．佐賀県で果樹被害 (7,434 ha, 3,724,404千円)，長崎県でビワ被害多発，5,596 ha (49)．
○台風10号で四国・中国が被害 (115)．北海道滝川市江部乙町のりんご収穫皆無．高知県で梨，栗の被害多く，果樹の減収13,100 t，10億7,000万円 (49)．
・9　○レモン果汁の輸入自由化 (3)．
・10　○長野県でリンゴの斑点落葉病大発生 (61)．
○長野県経済連が台湾へリンゴ「紅玉」26,500箱輸出 (61)．
・11　○長野県の防除暦検討会でDDT，BHC等の全面禁止決定 (61)．

○蜜柑缶詰の輸出協定が英国向け協定が廃止され，その他13カ国抜けと同じ内容の協定となる（一本化）(49).
○NHKテレビ番組「ある人生」で「白いリンゴ」放映．ボルドーの石灰を有毒と誤解増える(145).
○大分県北海部郡臼杵，津久見，佐賀関での甘夏栽培で，普通夏柑の混入防止，品質統一のため，初結果の果実で酸度摘定検査実施(49).
○弘前のリンゴ移出商の大水鎮次が初めて洗浄機導入(145).
○コズマパール・粂栄美子訳，「ブドウの基礎理論」が誠文堂新光社から出版(49).
○温州ミカン生産量が200万t台に達する(19).
○愛媛県吉田町立間の宮川利彦が「宮川早生」11年生の4aに施設化．「温室ミカン」の開始(53).
○ハウスミカン栽培普及(3)，神田市場に初出荷(4, 256)．昭和43年頃から香川県高松市の湯谷孝行がビニールハウスでの早生温州促成栽培を試行していた(256).
○農林省東海近畿農業試験場園芸部がカキ「伊豆」を命名登録(5).
○カンキツの摘果剤としてNAAの利用を開発(19).
○除草剤のターバシル（シンバー），植物成長調整剤のサビノック（後に抹消），ニカゾール（後に抹消）登録.
○極早生温州探索キャンペーン開始(4)．佐賀大学の岩政正男が佐賀県果樹試験場と佐賀県園芸農協連合会と合同で実施，17系統を発見(256).
○農林省が「果樹振興地域対策事業」で果樹濃密広域生産団地補助，果樹省力化促進を実施(61).
○ナツミカン園等再開発のための措置(19, 49).
○鳥取で吊り棚の設置を奨励(48).
○この頃以降，梨栽培で，周囲の宅地化が進み，ビャクシン類植栽で赤星病が問題となる(61).
○二十世紀梨，1,664円で史上最高値(48).
○この頃より，長野県上高井郡小布施町の栗園でクリタマバチ抵抗性の「丹波」，「伊吹」，「筑波」に被害発生，「銀寄」，「石鎚」，「岸根」等が抵抗性保持(49).
○二十世紀梨の熟期促進にエスレル実用化(48).
○福岡県浮羽郡田主丸から韓国に果樹苗821,000本輸出(49).
○人工甘味料チクロ使用禁止で果実加工は蔗糖に切り替え(48).
○この頃，多摩川梨栽培地帯で長十郎が余りだし，新系統「71-8」（後の豊水）を試作(31).
○長野県経済連がリンゴ「紅玉」を26,500箱台湾へ輸出(61).
○この年の，日本の果実輸出，台湾，沖縄，ソ連，南ベトナム，フィリピン，香港，シンガポールで14,032t(61).
○広島県の蜜柑カナダ輸出は132,000ケース（1ケース，4.2kg）(49).
○明治38年から昭和45年までの各種果樹累年収穫量を記載(49).

昭和40年代半ば

　　　　○この頃から，長野県や岩手県でリンゴのわい化栽培が大規模に開始 (256)．

1971（昭和46）
- ・1　○ブドウ（欧州系）生果の輸入自由化 (3, 49)．
　　　　○果樹園の作業道整備に係わる特別資金措置 (49, 61)．
- ・3　○公正取引委員会告示第11号「果実飲料の表示に関する公正競争規約」設定．果汁含有率，原材料の名称，食品添加物など表示 (49)．
　　　　○果実飲料の定義として「果実飲料とは天然果汁，果汁飲料，果肉飲料及び果汁入り清涼飲料をいい・・・」とされた (44)．
　　　　○果汁業界が自主的に作成した「果実飲料等の表示に関する公正競争規約」を公正取引委員会が認定告示し，「ジュース」は天然果汁のみ使用に限定．「果実飲料等とは果汁，果実飲料，ジュース等果実の搾汁を原料とすることを表す名称を使用する飲料，商品名中に果実の名称を使用する飲料及び色等によって，果実の搾汁を使用すると印象づける飲料をいう」と記載される (44)．
- ・4　○農林省，DDT・BHCの販売を禁止 (1, 145)．パラチオン・DDT使用禁止 (4)，5月 (61, 256)．
　　　　○山形県村山，置賜地方で異常低温により，凍霜害，果樹被害3,691.7 ha, 2,108,102千円 (49)．
- ・4/5　岩手県で異常低温，リンゴ花黒変枯死で減収 (49)．
- ・5　○青森県県南地方で降霜，リンゴ被害，303,000箱 (49)．
　　　　○長野，山梨，福島，山形の4県落葉果樹連絡会議でモモ，ブドウの広域出荷調整を実施 (61)．
　　　　○農林省が農薬安全使用基準を公表 (190)．
- ・6　○グレープフルーツ，リンゴなど20品目の輸入自由化 (1, 3, 4, 19, 49, 61, 145, 221)．
　　　　○パイナップルの冷凍果実輸入自由化 (3)．
　　　　○グレープフルーツの一次保存果実輸入自由化 (3)．
　　　　○青森県中郡相馬村で降雹，リンゴ被害，33,000箱 (49)．
- ・7　○秋田県でリンゴの黒星病発生 (61)．
　　　　○長野県でシンクイムシ各地に多発 (61)．
　　　　○新卸売市場法施行 (61) 中央卸売市場法を改正，地方卸売市場を含む「卸売市場法」制定 (3, 4, 49)．相対取引，買い付け集荷等を認める (49)．
　　　　○果樹農業危機突破全国生産者大会開催 (3)．
　　　　○バナナ輸入がAA制に移行し，完全自由化 (49)．
- ・9　○小田原市営農場に梅園開設，梅品種276品種を収集 (49)．
- ・10　○青森県北郡の一部で強風，リンゴ被害，21,000箱 (49)．
　　　　○果汁分の高い「果汁飲料」を大手企業が販売開始．雪印乳業が紙容器入りの果汁分50％果汁飲料販売，48年に日本コカ・コーラが缶入り（ハイシー・オレンジ）を，49年にサントリーがビン詰め（サントリーオレンジ50）を発売，カルピス食品工

業, 森永製菓等も参入 (44).
○殺虫剤のクロルピリホス, 殺菌剤のチオファネートメチル, ベノミル登録, カンキツそうか病防除に散布開始 (240).
○鳥取県で二十世紀に黒斑病大発生 (242).
○原料用ブドウ濃縮果汁が国内産果汁の需給逼迫で緊急輸入 (44).
○昭和46年から47年頃, アルゼンチンから低コストの濃縮ブドウジュースが輸入開始され, 国産ブドウジュースを圧迫 (61).
○愛媛県吉田町・立間で早生温州のハウスミカン栽培始まる (73).
○温州ミカンの糖酸自動分析器完成 (19).
○温州ミカン缶詰の輸出8万985t, 140億円に達し, 以後減少 (4).
○ワインブーム始まる (1).
○この年の, 日本の果実輸出, 台湾, 沖縄, 香港, ソ連, スウェーデン, シンガポールで9,856t (61).
○ヨーロッパ向けミカン, リンゴ試験輸出 (3).
○農林省が「果樹主産地形成対策事業」でリンゴ冷蔵庫補助, 果樹省力化を実施 (61).
○長野県がリンゴのわい性台木増殖計画実施 (61).
○長野県ブドウ「巨峰」ハウス栽培13ha, 100戸に増加 (61).
○長野県でリンゴの腐爛病が全域に蔓延し, 廃園続出 (61).
○第一次大型果汁工場の建設 (19).

1972(昭和47)
- ・3　○果樹農業発達史編集委員会「果樹農業発達史」(pp.981) 刊行 (49).
　　　○青森県で貯蔵したスターキングに生理障害アンコ大発生 (145).
- ・5　○果樹園芸大事典編集委員会「果樹園芸大事典」(pp.1309) 養賢堂から発行.
　　　○長野県北信でモモの枝枯れ症状多発 (61).
- ・6　○青森県のリンゴ栽培で黒星病再発生, 続発. 青森県リンゴ黒星病防除緊急対策本部発足 (145). 新潟県で初発 (61).
　　　○イスラエル産のシャムーテイ・オレンジ等輸入解禁 (3).
- ・8　○加工原料用価格安定対策事業開始 (3, 19).
　　　○長野県でリンゴ斑点落葉病以降発生 (61).
　　　○なし農林8号「豊水」を農林省園芸試験場が命名, 公表 (5).
- ・9　○(財)中央加工原料用果実価格安定基金協会設立 (3, 19).
- ・12　○果樹花き課設置 (3, 19).
　　　○自民党及び農林省に「みかん緊急対策本部」設置 (3, 19).
　　　○ミカン加工品調整保管事業開始 (3).
　　　○系統適応性検定試験事業開始, 山形 (リンゴ), 愛媛 (柑橘), 福岡 (柑橘, 昭和50年廃止) (32).
　　　○温州ミカンの貯蔵病害の青かび防止に収穫前のベノミル, チオファネートの立木散布技術開発 (19).
　　　○植物成長調整剤のエテホン (エスレル), エチクロゼート (フィガロン) 登録.
　　　○この頃から, 多摩川梨栽培地帯でムクドリによる鳥害発生 (31).

昭和時代 30年以降

○ミカンの生産量357万tと史上最高を記録，価格大暴落(1, 3, 19, 256)．キロ50～60円(221), 300万t突破(221)．
○バナナの輸入量106万tに達し，価格暴落，以後，輸入減少(4)．
○日米農産物交渉によりオレンジ濃縮果汁が計画輸入枠で500t輸入される．以後，増枠(44)．
○農林水産省果樹試験場口之津支場で「不知火」，通称，「デコポン」を交配(5)．
○温州ミカン，アメリカ・ハワイ州への輸出解禁(3)．
○この頃より，長野県でリンゴのわい化栽培が普及し始める(61)．
○この年の，日本の果実輸出，台湾，沖縄，スウェーデン，ソ連，フィリピン，香港で6,716 t (61)．
○長野県でブドウも長期出荷と価格向上を目指して冷蔵販売時代に入る(61)．
○長野県各地でリンゴの人工わい化栽培が盛んとなる(61)．
○ダイエーが売り上げで三越を抜き小売業第一位になる(214)．
○全国果樹生産者代表者大会開催(3)．
○果樹農業振興基本方針公表(2回)(3)．

1973(昭和48)

・1 ○農林省園芸試験場が果樹試験場と野菜試験場に(3, 256)，果樹試験場口之津支場設置(4)．
・4 ○園芸学会創立50周年「園芸学全編」出版(6)．
○長崎県果樹試験場に「びわ育種指定試験地」設置(32, 33)．
○果樹共済制度が主力果樹を対象に発足(61)．
・5 ○オレンジ・果汁自由化阻止全国生産者大会開催(武道館)(3, 61)．
○リンゴで全国わい性台繁殖研究会秋田県で開催，2年後に260万本育成を計画(61)．
・6 ○青森県津軽地方でリンゴの斑点落葉病が早期異常発生，被害面積6,000 ha，被害金額10億円(145)．
・6/8 ○干害で北海道を除く全国が被害(115)，猛暑・干ばつ(4)．このため多摩川梨栽培で「長十郎」から「幸水」「豊水」が普及(31)．
・7 ○長野市一帯のリンゴ「ふじ」で心カビ病多発(61)．
○青森県が黒星病緊急対策本部を解消し，リンゴ3病（黒星，腐らん，斑点落葉）緊急対策本部設置(145)．
・9 ○長野県がクワコナカイガラヤドリコバチ増殖を計画(61)．
○青森県りんご試験場が「青り2号」に「つがる」と命名(61)．
・10 ○第一次石油ショックによる混乱．各地でトイレットペーパー，洗剤等の買い占め騒動起こる(1, 3, 4, 61, 256)．
○石油ショックで加工業者の打撃が大きく，ジュース，甘味葡萄酒販売が不振，長野県桔梗ヶ原の葡萄酒生産が激減，生食用に移行(61)．
・11 ○長野県経済連が「着色系ふじ」選抜検討会開催(61)．
○長野県北信のリンゴに赤星病多発(61)．
・11/12 ○11月，12月の卸売物価が暴騰，終戦直後なみの狂乱物価(1)．
・12 ○「コカ・コーラ」が果汁部門に新規参入することで，加工原料の消費量が爆発的に

伸びる (145).
- ○愛媛県立果樹試験場に「果実吸蛾類指定試験地」設置．平成3年廃止 (32).
- ○殺虫剤のピリダフェンチオン，アセフェート登録．
- ○除草剤の DCPA＋NAC（ワイダック），DCPA＋MTMC（リンリーフ）登録．
- ○長野県でリンゴ・モモの着色向上に反射フィルム利用が進む (61).
- ○生果の年間一人当たりの購入数量が 54.6 kg でピークとなる．温州ミカンは 23.1 kg でピークを記録する (19).
- ○米国政府が琉球にパパイヤのソロ品種の系統，40F9 をハワイ大学から導入．炭疽病と台風で壊滅 (85).
- ○農林省が「果樹品種対策事業」で品種更新（ウイルス対策，母樹）実施．「果樹生産近代化事業」で果樹省力化促進，生産合理化パイロット事業（果樹結実安定対策，スプリンクラー設置補助）実施．「リンゴわい化栽培事業」で近代的モデル園，リンゴわい性台木増殖を実施．「果樹主産地形成事業」で広域主産地形成（新産地開発促進，生産出荷組織整備）を実施 (61).
- ○この年の日本の果実輸出，台湾，ソ連，フィリピン，スウェーデン，香港，8,162 t (61).
- ○温州ミカンの栽培面積が 173,100 ha に達し，以後，急速に減少 (4, 19)．大分県 9,920 ha (221).
- ○二十世紀梨の台湾輸出再開 (3).

1974（昭和49）
- ・1　○石油危機で園芸資材高騰，生産・出荷に大打撃 (61).
- ・4　○長野県が新興果樹ブルーベリーの苗木生産を計画 (61).
  - ○長野県中信地方でブドウのねむり病多発 (61).
  - ○日園連，ミカン危機突破全国生産者大会を開催，本年の生産を 20％減の 320万 t とし，自主生産調整を決議 (3, 145).
- ・5　○サンふじ推進協議会結成，昭和49年産で7万箱取り扱う (145).
  - ○長野県でリンゴ腐爛病撲滅実践会議を開催 (61).
- ・7　○長野県が防鳥対策検討会開催 (61).
  - ○キウイフルーツ苗木 4,850 本が輸入，蜜柑地帯で栽培開始 (43).
- ・8　○ミカン緊急摘果推進事業発足 (3).
  - ○長野県でブドウの裂果被害発生 (61).
- ・10　○農林省は「温州みかんの新規植栽の抑制について」と通達 (3, 19).
  - ○長野県経済連取り扱いのブドウ「巨峰」100万箱突破 (61).
  - ○青森県りんご試験場が園芸学会で「世界一」を発表 (61).
- ・11　○愛媛県青果連が北朝鮮からリンゴ「国光」を輸入し，全国リンゴ協議会の反対で12月に中止 (61).
- ・12　○冷凍パインアップル缶詰に「冷凍原料使用」の表示義務化 (214).
  - ○農林省が「果樹生産近代化事業」にブルーベリーパイロット追加．「果樹主産地形成事業」に大規模果樹生産流通基地整備が追加 (61).
  - ○温暖多雨地帯における施設栽培用ぶどう品種を育成するため，福岡県園芸試験場（現農業総合試験場園芸研究所）に「ぶどう育種指定試験地」設置 (32, 33).

- ○系統適応性検定試験事業開始，静岡（柑橘），和歌山（柑橘），愛媛（柑橘），熊本（柑橘，昭和63年廃止），鹿児島（柑橘），鹿児島（柑橘，昭和50年廃止）(32)．
- ○特性検定試験事業開始，静岡（柑橘そうか病），三重（柑橘かいよう病）(32)．
- ○福島県の大石俊雄が育成した高品質スモモ「大石中生」登録 (256)．
- ○果樹栽培面積が 435,000 ha でピークに達する (19)．
- ○ミカンの推定生産量は 400 万 t に達する見込みであった (3)．
- ○ミカンの生産調整の結果，本年産の収穫量は 338 万 t，価格は前年に比べて 40 % 近く上がり，小売りで 1 キロ平均 200 円と 1970 年の水準を維持 (1)．
- ○みかんジュースの学校給食事業開始 (221)．
- ○大分県津久見市にサンクイーン（セミノール）導入 (221)．
- ○長野県下伊那でナシの「新水」，「幸水」の新植進む (61)．
- ○長野県中高地方でリンゴからモモへの転作増加 (61)．
- ○長野県でリンゴ「つがる」に人気集中 (61)．
- ○北海道でリンゴの矮性台樹で「根頸疫病」発生．青森県で大問題化 (242)．
- ○米国からの輸入グレープフルーツからミバエ幼虫発見，輸入禁止要請 (73)．
- ○沖縄県農業試験場名護支場がマンゴーのハウス栽培技術開発 (90)．
- ○愛媛県果樹試験場が農林省果樹試験場安芸津支場からキウイフルーツの穂木導入 (73)．
- ○温州ミカン摘果推進特別事業実施 (19)．
- ○カツオ梅の開発 (156)．
- ○信州リンゴ学校給食推進協議会を信州果実学校給食推進協議会に改称し，ブドウも追加 (61)．
- ○この年の日本の果実輸出，ソ連，フィリピン，台湾，スウェーデン，香港，5,477 t (61)．
- ○殺菌剤のイソプロチオラン登録．
- ○植物成長調整剤の二酸化ケイ素（シオノックス）登録．
- ○セブンイレブン 1 号店上陸．
- ○PCB，水銀等の公害問題さらに深刻化 (1, 3)．
- ○有吉佐和子，朝日新聞に「複合汚染」を連載 (1)．
- ○カキの CTSD 脱渋法発表 (4)．

昭和 40 年代

- ○岡山農試が露地ブドウの優良品種として「ヒロ・ハンブルグ」を選定 (143)．
- ○岡山農試で「マスカット・ベリー A」のジベレリンによる無核化開発 (143)．
- ○長野県伊那の梨栽培で，新水，幸水，豊水の無袋栽培が普及し，鳥害が顕著となる (61)．

昭和 40 年代中頃

- ○果樹の新しい育種技術である葯培養や組織培養などのバイオテクノロジーの基礎研究開始 (256)．

昭和 40 年代後半

- ○川崎で梨がもぎ取りから，地方発送に変わり始める (31)．

○リンゴの「紅玉」,「国光」の価格暴落から,高接ぎ法による品種更新開始(256).

昭和40年代後半～昭和50年代
○温州蜜柑輸出の最盛期で静岡県だけで9,000 t (165).

1970年代初期
○和歌山県串本市大島の京都大学亜熱帯植物研究所にスペインからチェリモヤの実生が導入(93).

1970年代前半
○この頃,沖縄県で,台湾からパパイヤの「台農2号」,「台農3号」,「農とも郷」等が導入(85).
○カンキツ果実腐敗病防除にベンゾイミダゾール剤が収穫直前散布.まもなく一部地域で耐性菌発生(240).

戦後調整期(1974～1986)

1975(昭和50)
- ・3　○青森県りんご対策協議会が出荷規格を協議し,段ボール箱は10キロと15キロで準備開始(145).
○長野県のリンゴわい化栽培面積,131.7 ha (61).
- ・4　○低位生産園改植等緊急対策事業(3, 19),温州ミカン改植等促進緊急対策事業開始(221).
○アメリカのカリフォルニア産輸入レモンから,日本で使用禁止の防黴剤OPP(オルト・フェニール・フェノール)が検出され,荷揚げ禁止.長い間レモンは3個約100円であったが,1個500円に高騰(1, 214).
- ・5　○青森県津軽地方に降雹,1,300 haに被害(145).
- ・7　○山形県のサクランボの「ナポレオン」が大暴落.生食用の「佐藤錦」に品種更新開始(256).
○長野県で防鳥対策検討会開催(61).
- ・8　○全国果実生産出荷安定協議会が設立され,計画生産出荷促進事業開始(19).
○台風第5号で四国～北海道が被害(115),津軽地方で集中豪雨,リンゴ園被害1,111 ha,5億9,000万円被害(145).
○青森県,未熟果の早出し規制を「デリ系」,「陸奥」の他に「レッドゴールド」,「世界一」にも適用(145).
○長野県経済連がモモ「大久保」8,000箱,「白桃」15,000箱を台湾へ輸出(61).
- ・9　○リンゴ100年記念,切手発行(61).
- ・10　○全国果樹研究連合会がアメリカのオウトウ輸入解禁対策検討会開催(61).
○青森県りんごジュース会社が輸入した北朝鮮産りんごがコドリンガの恐れから生産者が猛反対,第2船で中止(145).
- ・11　○リンゴ「つがる」青森県りんご試験場から命名・登録(3,4, 5).
○大分県単独事業で「温州みかん価格安定対策事業」開始(221).
○8日間にわたる国労・動労ストでミカン輸送に大打撃,愛媛の被害総額13億円(73).

- ○愛媛県がニュージーランドからキウイフルーツの苗2,000本を輸入し, 試作 (73).
- ○この年以降, 沖縄県でハワイ大学からパパイヤの「ソロ系統」,「ビギンズ」,「サンライズ」,「ワイマナロ」等を導入,「サンライズ」,「ソロ」のみ残る (85).
- ○昭和29年に北海道で見つかったりんご「黒星病」が長野県に侵入 (242).
- ○中国大陸でクリの害虫クリタマバチの天敵の探索を実施.
- ○カキの害虫, カキクダアザミウマが発見され, 急速に全国に分布を拡大. 侵入後に寄生菌で爆発的発生が収まるが, 庭先樹に定着 (244).
- ○殺虫剤のプロチオホス, ピリミカーブ, DDVP, 登録.
- ○植物成長調整剤のベンジルアミノプリン (ビーエーなど) 登録.
- ○特性検定試験事業開始, 北海道 (リンゴ黒星病) (32).
- ○川崎で大和運輸が梨の宅配便開始 (31).
- ○ミカン生産量, 3,665千tの最高を記録 (3). 大分県18万t (221).
- ○大分県杵築市でハウスみかん栽培開始 (221).
- ○原料用リンゴ果汁の輸入枠設定 (44).
- ○この年, リンゴ果汁用原料が不足し, 業界はアルゼンチン等から濃縮果汁1,000tを輸入 (61).
- ○「ブドウ酒」の表示が「果実酒」に変更 (214).
- ○この年から, 韓国産干し柿の輸入開始 (61).
- ○減塩調味梅干しの開発 (156).
- ○モールドパック開発 (3).
- ○昭和50年前後, 和歌山県経済連が製造し, 井村屋製菓が発売した果粒入り果実飲料が登場 (44).

1976 (昭和51)

- ・2　○初のワイン専門学校「サントリーソムリエスクール」開校 (214).
- ・5　○弘前市が毎年5月第三日曜日を「リンゴの日」と制定 (145).
- ・6　○青森県中弘地方に降雹, 被害面積1,970 ha, 1,087箱, 13億2,000万円 (145).
  - ○農林水産省果樹試験場, もも農林6号「あかつき」命名, 登録 (5).
- ・7　○青森県で腐らん病防除の泥捲き法研究会開催 (145).
- ・8　○青森県で腐らん病発生面積8,200 ha, 全面積の約1/3 (145).
- ・9　○青森県りんご対策協議会主催「リンゴ未熟果出荷規制打合会」で「レッドゴールド：10月4日」,「スター, 陸奥：10月8日」,「世界一：10月13日」(145).
- ・10　○異常気象のため, 野菜, 果物, 鮮魚等, 軒並み値上がり (1).
  - ○10月中に強風が3回吹き荒れ, リンゴの落果は延5,746,400箱 (145).
- ・11　○月末に強風で津軽のリンゴ落果, 33,900箱, 樹上障害8,500箱, 被害5億3,193万円 (145).
- ・12　○北欧向けリンゴ輸出, 47,000箱が青森港から出航 (145).
- ・12/3　○雪害で全国で被害 (115). 西日本の異常寒波, 収穫前の甘夏, 夏柑で被害甚大. 被害額愛媛県で320億円 (73).
  - ○系統適応性検定試験事業開始, 佐賀 (柑橘) (32).
  - ○特性検定試験事業開始, 愛媛 (中生柑橘ウイルス, 昭和60年に柑橘ウイルスに変更), 鹿児島 (晩生柑橘かいよう病, 昭和54年晩生柑橘ウイルスに変更) (32).

○殺菌剤のフルオルイミド登録.
○長野県でブルーベリーの商業栽培が始まる(7).
○宮崎県総合農業試験場亜熱帯作物支場に鹿児島大学指宿植物試験場からマンゴーの「ヤマシタ」,「カラタ」,「コロンバ」等の品種が導入(89).
○国産キウイフルーツが神田市場に初出荷(4).
○オウトウの屋根掛け栽培が始まる.
○果樹農業振興基本方針発表(3回)(3).
○生食用市場出荷代金から1円積み立てによる原料価格補填実施(3).
○サントリーが果実飲料(サントリー50)の容器に400 ml大型ビンを投入(44).
○51年産温州ミカンの計画生産(摘果30万t)発動(19, 3).
○温州ミカン果汁の調整保管事業開始(19).
○大分県が県産オレンジジュースの海外輸出開始(221).

1977(昭和52)

- ・1 ○台湾向けリンゴ輸出,「スターキング・デリシャス」5万箱(145).
  ○津軽地方で32年ぶりの豪雪, 被害面積2,825 ha, 18億9千万円(145).
- ・4 ○柑橘類のカビ防止剤OPP, 残存良10 ppmを条件に使用許可(1).
- ・8 ○カナダ向けミカンが貿易管理令の対象外となり, 同国向け輸出ミカン477万箱の最高を記録(3).
  ○津軽地方で集中豪雨, リンゴ園冠水, 土砂堆積, 倒伏など, 1,264 ha被害(145).
- ・9 ○ガット東京ラウンド予備交渉で, アメリカがオレンジ, 牛肉の自由化を迫り, 日米外交の最大課題となる(4).
  ○青森でリンゴ腐らん病防除法の泥捲き法普及, 被害面積7,099 haの46.6％で実施(145).
  ○和歌山県で高接ぎされた温州ミカン「宮本早生」にトラミカンを発見, カンキツモザイクウイルスと同定(19). 苗木のウイルス検定を全国で実施(246).
- ・12 ○果樹試験場本場がつくば市に移転(3).
  ○オレンジ, 果汁輸入自由化枠拡大阻止抗議運動(52～53年)(3).
  ○暖冬と不況等で52年産リンゴ販売は昭和43年産の山川市場以来最大の危機(145).
  ○リンゴ「デリシャス」人気に影が差し始める(145).
  ○沖縄県農業試験場ミバエ研究室に「ミバエ類, 南方系侵入害虫指定試験地」設置(32).
  ○特性検定試験事業開始, 青森(リンゴ斑点落葉病)(32).
  ○植物成長調整剤の炭酸カルシウム(クレフノンなど)登録.
  ○長野県長野市の池田正元が, モモ偶発実生を選抜,「川中島白桃」と命名(5).
  ○長野県飯田市の小林製袋株式会社が果実の大袋に止め金を装着(61).
  ○グレープフルーツ果汁の輸入枠設定(44).
  ○みかん輸送専用コンテナ列車の運行開始(221).

1978(昭和53)

- ・1 ○台湾へのリンゴ輸出, 50,400箱, 青森港から出港(145).
- ・2 ○ソ連向け輸出リンゴ(国光55,556箱)青森港を出港(145).

- ・4　○第一回日米かんきつ事情検討会開催 (19).
　　　○ライム果汁の輸入自由化 (3).
　　　○国鉄労組の24時間ストでリンゴ輸送が完全停止 (145).
- ・6　○第二回日米かんきつ事情検討会をワシントンで開催 (19).
- ・7　○米国産サクランボ輸入解禁決定 (3), 初輸入で大騒ぎ (4, 256).
- ・8　○農林水産省がリンゴの異常落果に激甚災害法適用 (145).
- ・9　○日園連, 全果連, オレンジ, 果汁の自由化, 輸入枠拡大阻止全国生産者大会を開催 (1).
　　　○厚生省, アメリカのグレープフルーツ等の柑橘類に使用のカビ防止剤 TBZ（チアベンダゾール）を, 食品添加物として告示 (1).
- ・12　○日米農産物交渉が妥結, オレンジ, 高級牛肉等輸入増で合意 (1, 3). オレンジ果汁の輸入枠の段階的拡大 (19).
　　　○合意の事後対策として特別基金15億円が中央果実基金に造成 (19).
　　　○日本果樹政治連盟設立 (3).
　　　○ミカン栽培面積2割削減を日園連機関決定 (3).
　　　○「果樹品種等更新事業」により, 主要果樹生産県に「ウイルス無毒化施設及び隔離網室」が設置. ウイルス検定用抗血清製造施設が新設され, 配布事業が日本植物防疫協会に委託. 昭和55年から配布開始 (246).
　　　○昭和53年から54年に掛けて, 極早生温州探索実施, 165万本調査, 35系統発見, 約47,000本に1本の確率 (256).
　　　○日本輸出果実飲料調整協議会発足 (3).
　　　○種苗法施行 (3, 4).
　　　○果実飲料の容器に家庭消費をねらった1リットービンが発売 (44).
　　　○サントリーが国産初の「貴腐ワイン」発売, 1本5万円, 2万5千円 (214).

1979 (昭和54)
- ・4　○東京ラウンドによりオレンジ果汁の輸入枠の拡大や果汁等関税の引き下げをはかる (1, 3).
- ・5　○この頃, 食品の中の繊維素の役割が見直される.
　　　○青森県でリンゴの人工授粉実施率が過去最高の79.3％ (145).
　　　○青森市付近で降雹, 約40 ha被害 (145).
- ・6　○農林水産省果樹試験場興津支場, タンゴール農林1号「清見」命名・登録 (4, 5).
　　　○モモ農林6号「あかつき」命名・登録 (4).
- ・7　○青森県で弘前付近で降雹, 1,350 ha, 12億600万円被害. 昭和51年に次ぐ被害 (145).
- ・10　○台風第20号で全国が被害 (115). 青森県でリンゴ落果287万4千箱, 樹上損傷159万3千箱, 67億円被害 (145).
- ・11　○弘前市付近で降雹, リンゴ「ふじ」中心に212 ha, 43,950箱被害.
　　　○北朝鮮のリンゴ, 横浜港に入港. 12月に加工リンゴ輸入断念 (145).
　　　○「大谷伊予柑」の品種登録 (73).
　　　○この年と翌年, クリの害虫クリタマバチの天敵「チュウゴクオナガコバチ」導入.
　　　○殺菌剤のイプロジオン登録.

○植物成長調整剤のMH（エルノー）登録．
○本年産の果実生産量は685万tでピークに達する(19), 6,753千t.
○温州ミカン生産量362万t, うち101万tを搾汁 (4, 44).
○温州ミカン園転換促進事業開始（54〜58年3万haの減反）(3, 19, 221).
○果樹堆肥施用推進 (3).
○果実カラーチャート開発 (3).
○二十世紀梨, アラスカ向け初輸出 (3).
○農業災害補償法改正 (3).

1970年代
○「総合防除」が提唱される (244).
○この頃からカメムシ類の被害が問題となる (244).
○この頃からワタアブラムシ, ユキヤナギアブラムシが有機リン剤, 一部のカーバメート剤に対して薬剤抵抗性を獲得 (244).
○大粒系ブドウ品種の栽培が拡大し, チャノキイロアザミウマの果穂, 果梗, 果実に対する被害問題化, ブドウ害虫防除の基幹防除となる (244).
○清涼飲料容器が瓶から缶に変わり, 自動販売機の普及に貢献 (184).

1970年代後半
○モモの灰星病制御に成功 (242).
○モモハムグリガが各地で多発 (244).
○ナシで各地にナシチビガの発生が確認, ニセナシサビダニも問題化 (244).
○カキとブドウでチャノキイロアザミウマの発生増加, 恒常的に防除が必要となる (244).

1980 (昭和55)

・1　○アラブ首長国連邦へ「スターキング・デリシャス」1万5千箱（1箱18キロ）輸出, 青森港出航 (145).
・3　○台湾向けスターキング・デリシャス6,238箱輸出, 神戸港出航 (145).
　　○麒麟麦酒がトロピカルドリンクス, グアバ, パッションフルーツ, マンゴの三種発売, トロピカルブームの引き金 (214).
・7　○東京都衛生研究所, 柑橘類のカビ防止剤OPPに発ガン性の疑いがあると動物実験データを公表 (1).
・7/9　○冷害で沖縄を除く全国が被害 (115), 夏季低温, 日照不足による冷害 (4). 気象観測史上1位の冷夏. 青森県では, 大正2年以来9大凶作, 作況指数47, リンゴは109 (145).
・9　○田中諭一郎「日本柑橘図譜」続編を養賢堂から刊行 (49).
・11　○（社）日本果樹種苗協会設立 (3, 246).
　　○強風で青森のリンゴ約177,000箱落果 (145).
　　○ドバイへリンゴ3万箱輸出, 12月に40,500箱追加, 翌年3月34,500箱 (145).
　　○「徳森早生」,「井上早生」,「楠本早生」の種苗法登録 (73).
　　○主要果実全国規格設定 (3).

○全国落葉果樹協議会設立 (3).
○日園連, ミカン消費宣伝事業再開 (3).
○みかん列車「オレンジライナー」発車 (221).
○果樹農業振興基本方針公表 (4回) (3).
○農業基盤強化法制定 (4).
○柑橘で世界で初めて, エライザ検定法をカンキツモザイク病検定に利用, ウイルスフリー苗木の供給へとつながる (19). 極早生温州「宮本早生」の急速な普及で柑橘栽培地帯へ蔓延が問題化し, 農協段階で実施し, 苗木, 穂木の大量処分が行われた (240).
○柑橘のヤノネカイガラムシの天敵「ヤノネキイロコバチ」と「ヤノネツヤコバチ」導入 (19), 静岡県調査団が中国重慶市から (241).
○除草剤のグリホサート (ラウンドアップ) 登録.
○この頃, 岐阜県白山山麓の山村での木の実食として, かなり利用されている物はクリ, トチ, クルミがあり, 時々利用する物として, コナラ, ブナ, カヤ, イチイがある (46).

1981 (昭和56)

・2 ○オレンジ・果汁輸入自由化枠拡大阻止対策中央本部設置 (3).
・5 ○山梨県山梨市の田草川利幸がモモ「白鳳」の枝変わりを発見し,「日川白鳳」として品種登録 (5).
・6 ○津軽地方に降雹, 林檎被害, 1,042,000箱, 19億3,391万円 (145).
・8 ○麒麟麦酒が缶入りの「キリンオレンジつぶつぶ」を発売, 粒入りジュース時代へ (214).
○東京都衛生局, 規制値を上回る発ガン物質のアフラトキシンB1付着のイラン産ピスタチオ・ナッツを摘発 (1).
○政府, 米国政府に対して, 地中海ミバエの発生に伴うカリフォルニア州産生果実の対日輸出の自粛を要請 (1).
○台風第15号で近畿以北が被害 (115). 青森のリンゴ被害, 落果等90,520 t, 116億6,780万円 (145).
・8/9 ○冷害で東北～北海道が被害 (4, 115). 青森の作況指数65, リンゴが95 (145).
・10 ○この頃, 地中海ミバエの影響でレモンの輸入一次ストップ, カボス, スダチの売れ行き良好 (1).
○弘前市中心に降雹, リンゴ被害, 1億1,645万円 (145).
○台風24号, 三陸沖を北上し, 青森県県南と西部でリンゴ「ふじ」等1,170 t落果 (145).
・11 ○時季はずれの記録的大雪 (黒石で46 cm, 青森で42 cm) が青森で降り, 収穫前の「ふじ」,「国光」の枝折れ, 裂開発生 (145).
○「果樹母樹ウイルス病検定要領」改訂, 検査対象13種に拡大 (246).
○岡山農試がモモ育種再開, 平成10年に生食用品種「白麗」発表, 平成11年「まどか」種苗登録 (143).
○日米貿易小委員会開催 (19).
○殺虫剤のジフルベンズロン, 殺菌剤のビンクロゾリン登録, 昆虫成長抑制剤デミ

リン登録 (241).
○モモサビダニが発見され，被害が各地に拡大 (244).
○温州ミカンの摘果剤フィガロン実用化 (4).
○前年 (55年) の冷夏の影響で，リンゴジュースの在庫が増える (145).
○朝日麦酒が「バヤリースオレンジつぶつぶ」発売 (214).
○二十世紀梨，中近東へ初輸出 (3).

1982(昭和57)
- ・1　○青森産りんごドバイへ輸出，「スターキング・デリシャス」45,000箱，3月に第3船 43,000箱 (145).
- ・2　○農産物輸入自由化枠拡大阻止対策中央本部設置 (3). オレンジ果汁自由化枠拡大阻止対策中央本部代表団米国派遣 (19).
- ・4　○中国大陸から導入した，クリの害虫，クリタマバチの天敵「チュウゴクオナガコバチ」を農林水産省果樹試験場が筑波の圃場北側のシバグリに放飼. 以後，全国に分布を拡大し，クリタマバチが重要害虫ではなくなる (244).
- ・11　○中近東向けリンゴ輸出船が川崎港出航 (145).
　○57～58年がキウイフルーツの苗木輸入，国内育苗がピークとなる (43).
　○殺虫剤のエチオフェンカルブ登録.
　○植物成長調整剤のジクロルプロップ（ストッポール，エラミカ），MCPB（マデック）登録.
　○リーファーコンテナ取り扱い開始 (3).
　○「二十世紀」梨カナダ向け初輸出 (3). 1998年，前年のハダニ付着で中断，2005年再開.
　○食品衛生法が大改正され，果実飲料に合成樹脂容器（ペットボトル）の使用が認可 (44).
　○愛媛県青果連がイオン交換樹脂利用により，温州ミカンの減酸処理果汁（ソフトタイプポンジュース）販売開始 (4).

1983(昭和58.
- ・1　○台湾向け輸出，「ふじ」2万箱 (145).
- ・5　○青森県でリンゴ「ふじ」の満開日が観測史上最早記録 (5/3)，史上4位 (145).
　○青森県でリンゴに降霜被害 (145).
- ・11　○青森の中近東向け輸出決定，スターキング7万箱，翌年1月，64,000箱 (145).
- ・12　○リンゴ「スターキング・デリシャス」の販売恐慌始まる (145).
　○宮崎県総合農業試験場亜熱帯作物支場で沖縄県農業試験場名護支場からマンゴーの「アーウィン」，「ケント」，「ホワイト」，「センセーション」，「キンコウ1号」等の品種が導入 (89).
　○鳥取県東伯町の「二十世紀」梨栽培で黒斑病が大発生 (218).
　○殺虫剤のフェンバレレート（ミカントップ），ブプロフェジン，殺菌剤のホセチル，イミノクタジン酢酸塩，トリアジメホン登録.
　○殺虫剤，ピレスロイド剤のスミサイジン，昆虫成長抑制剤のアプロード登録 (241).
　○この頃，ブドウ「巨峰」を中心に「えそ果病」（ウイルス病）発生. 後にダニで媒介

と判明 (242).
○岡山農試で露地ブドウのウイルスフリー樹育成開始, 一般化 (143).
○日米専門家農産物交渉 (ワシントン) 不合意 (19).
○オレンジ・果汁輸入自由化枠拡大阻止運動の展開 (3).
○温州ミカン特別調整緊急対策 (大摘果) (19).
○甘夏の生産量が 316,000 t に達し, 以後減少 (4).
○「二十世紀」梨, 欧州初輸出 (3).
○昭和58年と59年に原料用ミカン濃縮果汁の過剰在庫が生じ, 一部農協果汁メーカーが原料果汁として輸出 (44).

1984 (昭和59)

- ・4　○日米農産物交渉決着 (3).
　　　○生鮮オレンジ果汁の輸入枠拡大 (19).
　　　○異常寒波で「伊予柑」樹体が大被害 (73).
- ・5　○青森県でリンゴ「ふじ」満開日観測史上最晩記録 (5/26), 39万 t の不作 (145).
- ・8　○青森県のリンゴ無袋栽培面積 36.4 % (145).
- ・12/1　○大雪で全国が被害 (115). 鳥取県の「二十世紀」梨栽培の被害が大きく, 栽培減少のきっかけとなる (166).
　　　○果樹母樹ウイルス検定に民間母樹検査を追加 (246).
　　　○果樹対策研究会開催 (19).
　　　○第二次カンキツ産地再編整備特別対策事業実施 (昭和61年まで) (3, 19).
　　　○鳥取県東伯町の「二十世紀」梨栽培で黒斑病が大発生 (218, 242).
　　　○除草剤ビアラホス (ハービエース), グルホシネート (バスタ) 登録.
　　　○宮崎県佐土原町の外園俊が沖縄からマンゴーの「アーウィン」を250本導入し, ビニールハウス栽培開始 (89).
　　　○「二十世紀」梨米国本土向け輸出条件付き解禁と初輸出 (3).
　　　○異常気象により果実生産大幅減少, 価格暴騰 (3).
　　　○日米農産物交渉決着後事後対策展開 (果樹緊急対策特別基金の造成, 果樹栽培合理化資金の創設等) (3).
　　　○トロピカルフルーツ果汁の自由化 (44).
　　　○米国産並びにカナダ産サクランボ輸入解禁 (3).
　　　○地力増進法制定 (4).

昭和50年代 (1975～1984)

○梅が健康食品, 嗜好食品として見直され, 需要回復 (140).
○岡山農試が露地ブドウ優良品種として「ピオーネ」を選定, ジベレリンによる無核化開発 (143).
○岡山県南部で大果のニホンナシ「愛宕」栽培が注目 (143).
○戦前から知られていたリンゴ「さび果病 (ウイロイド)」が高接ぎ更新時に一樹全体がさび果になるなど, 大問題化 (242).
○府県でリンゴのウイルスフリー化事業が展開される (256).
○消費者の高品質果実への指向が更に強まる (256).

昭和50年〜60年（1975〜1985）

○大正初期からの主要農薬だったボルドー液，石灰硫黄合剤が控えの農薬となる．ブドウ黒痘病休眠期防除剤の硫酸鉄硫酸液，PCP剤，ブドウ晩腐病特効薬の有機ヒ素剤も消滅（242）．

1985（昭和60）

- ・2 　○青森の台湾向けリンゴ輸出，16,520ケース横浜出航（145）．
- ・4 　○園芸学会春季大会で，放射線育種場の眞田哲朗らが「二十世紀」のナシ黒斑病耐病性枝変わり誘起を報告．平成3年「ゴールド二十世紀」として登録．
  - ○青森県がリンゴ雪害報告，1,565ha，15億2,400万円被害（145）．
  - ○果樹農業振興特別措置法改正（3, 19）．生産の拡大から需給の安定へ（4），特定果実生産出荷安定指針，指定法人等（19）．
  - ○果樹農業振興基本方針公表（5回）（3）．
- ・5 　○静岡県清水市の太田敏雄が「庵原ポンカン」の枝変わりを発見し，「太田ポンカン」として登録（5）．
- ・9 　○台風13号で青森県リンゴ被害，24,900ha，111,660t，159億8,877万円被害，天災融資法を適用，落果リンゴ緊急加工対策事業実施（145）．
- ・10 　○低気圧の強風で「スターキング」中心に「ふじ」等落果，1,874t，1億2,462万円被害（145）．
- ・12 　○寒波が来襲し，収穫前の伊予柑等にス上がり大発生（73）．
  - ○果樹母樹ウイルス検定にスモモを追加（246）．
  - ○多摩川梨でもぎ取りが減少し，沿道販売と宅配に変わる（31）．
  - ○果樹試験場とキッコウマン，木本作物で世界初めてオレンジとカラタチの細胞融合雑種「オレタチ」を育成．
  - ○岐阜大学の秋元浩一が脱渋したカキ果実からの透過光減少から非破壊の甘渋判定機を開発，非破壊検査機の始まり（256）．
  - ○熊本県の不知火農協の永目新吾が試験圃の「デコポン」置き去り果実で酸抜けを確認，市場関係者も激賞．以降，甘夏に高接ぎで増殖開始（195）．
  - ○この頃から，カンキツでも新芽と果実にカメムシ類の被害が出始める（241）．
  - ○ニュージーランド産サクランボ輸入解禁（3）．
  - ○モモの品種「白鳳」が「大久保」の栽培面積を抜く（4）．
  - ○和歌山県農業大学校の米本仁巳がカリフォルニア州サンデイゴ郡の苗木業者からチェリモヤの品種，「ホワイト」，「スペイン」等，10品種の穂木を導入（93）．
  - ○農林水産省ジーンバンク事業開始（256）．
  - ○ミカン果汁の大減産で大量のオレンジ果汁が輸入され，温州ミカンとオレンジのブレンド品の生産増加，オレンジ果汁の輸入枠を認めた代わりにブレンド割合を50％未満とする．63年以降，ブレンド率を緩和し，平成2年に撤廃（44）．
  - ○この年の果実飲料の一世帯当たりの年間支出は7,908円，全嗜好飲料類へは34,430円（44）．
  - ○アメリカ・アラスカ州へ温州ミカン輸出解禁（3）．
  - ○大分県産みかんのカナダ輸出（221）．

○温州ミカンの輸出量2万5,139 tに達し，以後減少 (4).
○果実の自給率が77％となる (19).
○果実の国内消費仕向け量が749万 tになる (19).
○殺虫剤のペルメトリン登録.
○除草剤のセトキシジム（ナブ）登録.
○生産出荷安定指針に基づきミカン計画生産運動実施 (3).
○この頃，鹿児島県大島郡笠利町で，一村一品運動でグアバを振興，立枯病で減少 (87).

1986（昭和61）

- ・4　○グレープフルーツ果汁の輸入自由化 (3).
- ・11　○バブル好景気始まる．急激な円高で輸入果実急増 (145).
- ・12　○カリフォルニア産サクランボ輸入解禁 (3).

○奄美群島まで侵入していたミカンコミバエをメチルオイゲノール利用による雄除去法で沖縄県から根絶成功 (241).
○殺虫剤のシペルメトリン，フルシトリネート，殺菌剤のビテレルタノール，トリフルミゾール登録.
○エレクトロニクスを駆使した果実の形状選果機が開発 (19).
○CCDカラーカメラによる果実の等級選別機が山形の柿と愛媛のカンキツの選果場に導入 (19).
○ミカン需給調整対策検討委員会設置 (3).

1987（昭和62）

- ・1　○アメリカン・フルーツ・フローワー誌に「二十世紀梨，第二のトヨタか」の論文掲載 (4).

○青森県リンゴ加工業者がアメリカ産凍結リンゴ1,710 t輸入 (145).
- ・2/4　○低気圧による大雪と強風で九州〜東北が被害 (115).
- ・5　○異常低温で青森県内全域でリンゴに凍霜害発生，7,355 ha被害 (145).
- ・9　○台風12号崩れの低気圧による強風で青森県内リンゴ落果被害，20,437 ha，90億4,550万円被害，天災融資法適用．落果リンゴ緊急加工対策事業実施 (145).

○殺虫剤トラロメトリン，フルバリネート，殺菌剤フェナリモル登録.
○除草剤のフルアジホップ（ワンサイド），植物成長調整剤の塩化コリン（サンキャッチ）登録.
○青森リンゴに腐らん病が大発生 (145).
○温州ミカン大豊作で大暴落（11月下旬市況キロ110円）(73).
○「勝山伊予柑」品種登録 (73).
○第三次温州ミカン園転換促進事業 (3, 19).
○生産出荷安定指針に基づきミカン計画生産運動実施 (3).
○米国向け温州ミカン輸出地域が32州に拡大 (3).
○オレンジ・果汁輸入自由化枠拡大阻止対策本部設置 (3).

昭和時代 30年以降　　（ 287 ）

バブル経済期（1987～1991）

1988（昭和63）
- ・2　○チリ産ブドウ輸入解禁(3)．
- ・3　○バブル景気で，果実価格高値(145)．
  - ○リンゴ農林7号「さんさ」農林水産省果樹試験場から品種登録(5)．
- ・6　○日米農産物交渉決着，牛肉，オレンジ輸入自由化決定(3, 4, 19)．
  - ○米国産ネクタリン輸入解禁(3)．
- ・10　○均質調整果実（その他果実のフルーツピューレー・ペースト）の輸入自由化(3)．
  - ○殺虫剤のチオジカルプ，シハロトリン，シフルトリン，フェンプロパトリン登録．
  - ○山形県立園芸試験場に「おうとう育種指定試験地」設置(32)．
  - ○系統適応性検定事業開始，千葉（枇杷），和歌山（梅），福岡（柑橘）(32)．
  - ○宮崎県総合農業試験場亜熱帯作物支場でマンゴーの品種特性調査試験開始(89)．
  - ○カンキツ園地再編対策初年度実施推進（昭和63～平成2年）(3, 221)．温州ミカン22,000 ha，中晩柑4,000 ha転換，果汁原料用かんきつ価格特別補償，果汁工場整備合理化近代化(19)．
  - ○カンキツ消費宣伝事業統一実施(3)．
  - ○この頃より，天然果汁をビン詰め（広口小ビン）で自動販売機で販売開始(44)．
  - ○温州ミカン計画生産検討委員会設置(19)．
  - ○生産出荷安定指針に基づきミカン計画生産運動実施(3)．
  - ○温州ミカン缶詰，スペインから初めて輸入(4)．
  - ○「二十世紀」梨，フィリピンへ輸出再開(3)．
  - ○この年，沖縄県西表島で柑橘のグリーニング病確認，伐採処理(240)．

1989（昭和64，平成1）
- ・4　○その他果実の果汁輸入自由化(3)，リンゴ果汁輸入自由化(145)．
- ・5　○東京都中央卸売市場神田市場を廃止し，太田市場に移転(3, 145)．
- ・11　○低気圧により，青森のリンゴ「ふじ」落果，29,000 t，22億8,600万円(145)．
  - ○果樹母樹ウイルス検定にニホンナシを追加(246)．
  - ○殺菌剤のピリフェノックス登録．
  - ○植物成長調整剤のホルクロルフェニュロン（フルメット），パクロブトラゾール（バウンティ）登録．
  - ○カンキツそうか病防除に散布していたキャプタホール剤の登録失効と製造中止(240)．
  - ○沖縄県農業試験場名護支場に「パインアップル育種指定試験地」設置(32)．
  - ○食品総合研究所の岩元睦夫らが小麦の成分分析に利用されていた近赤外線による非破壊測定機でモモの糖度測定を試験(256)．
  - ○モモの近赤外線非破壊糖度選別装置が開発され，岡山の選果場に導入(4, 19, 256)．
  - ○三井金属鉱業が反射積分球方式の糖度非破壊測定器を開発し，山梨県白根町の西野農協に導入(256)．
  - ○「日園連果実総合情報システム」稼働(3)．

○青果物出荷情報システム稼働（3）．
○「二十世紀」梨オーストラリア向け輸出条件付き解禁と初輸出（3）．
○赤梨米国向け輸出条件付き解禁（3）．
○アメリカへの温州ミカン輸出が45州に拡大（3）．
○カナダ向け輸出ミカンEBDC問題発生（3）．
○特定農産物緊急技術開発事業開始（平成6年まで）．
○北島　博著「果樹病害各論」養賢堂から出版（19）．

昭和60年代
○岡山県中北部で大果のニホンナシ「新高」栽培が特産品となる（143）．

1980年代
○アメリカ・カリフォルニア州オーハイのカリフォルニアトロピックス社からチェリモヤ果実が輸入，東京の果実専門店で初めて販売（93）．
○ウメの害虫コスカシバに性フェロモン剤による交信攪乱が有効は防除法として確立し，和歌山で被害が激減（244）．
○ブドウ「巨峰」の「赤熟れ果」対策として，自根栽培が実施され，ブドウネアブラムシ（フィロキセラ）が問題化したが，薬剤潅注とフィロキセラ抵抗性台木のウイルスフリー苗導入で回避（244）．

1980年代前後
○寒冷地に分布していたナシの害虫，クワオオハダニやナミハダニが九州で発生（244）．

1980年代後半
○カキ早生品種の施設栽培で発見されていたカンザワハダニが露地栽培でも被害増加（244）．

昭和時代
○この時代になっても渋紙の利用が継続（196）．
○品種の変遷：リンゴは「国光」，「紅玉」の時代から「デリシャス」，へその後「ふじ」，「つがる」，「王林」，「陸奥」の時代へ，西洋ナシは生食，加工兼用の秋ナシから，生食用として品質がよい冬ナシへと変換．ニホンナシは赤ナシの「長十郎」，「晩三吉」，「早生赤」から，青梨の「二十世紀」，赤ナシの「幸水」，「豊水」へ移行．モモは変遷が激しく，戦前品種で残っているのは「白桃」と「大久保」，酸味の多い品種から，少ない「白鳳」，「白桃」へ移行顕著．早生品種が増加したが，施設栽培の普及で品質の良い中生，晩生へと移行．ネクタリンは大果で日持ちの良い品種へ変化．経済品種は「秀峰」，「フレーバートップ」，「ファンタジア」などが中心，缶詰用品種は黄肉品種は伸びなかった．スモモ，多様化し，プルーン品種が加わった．ウメは地域ごとに優良品種が選抜普及．和歌山県では「内田ウメ」系統の「南高」，群馬等の東日本では，「白加賀」，「玉英」，「梅郷」などの大粒品種が主力．杏は長野県で改良された品種が普及．オウトウは山形県の「佐藤錦」などの国産品種が普及．クリはクリタマバチ抵抗性品種に置き換わる．葡萄は民間育種家による4倍体大粒種が普及．カキは枝変わり品種が増え，在来品種から「富有」，「次郎」，「平無核」タイプが多くなる．柑橘は温州ミカンでは，普通系から早生系，極

早生系と熟期が拡大．品種数も多く，地域ごとに奨励品種が決まる．タンゴール，タンゼロの改良が進み，多様化時代となる．ビワも改良が進み品種数が増加 (256)

平成時代

1990（平成2）
- ・3　〇イスラエル産スウィーテイの輸入解禁 (3).
  〇梶浦一郎によりニホンナシの在来品種・育成品種等，1,213品種の来歴，特性が整理され，果樹試験場報告特別報告1号に報告される．
- ・4　〇パイナップル，リンゴ，ブドウ，ベルモット等の果汁輸入自由化 (4).
  〇カンキツ・フルーツィピューレー，ペースト輸入自由化 (3).
- ・6　〇静岡県柑橘試験場の牧田好高がオーストラリアマーロッキー園芸研究所からアテモヤ5品種を導入 (92).
  〇カンキツ黒点病防除に多用されたジネブ剤がミカンサビダニにも効果があり，被害が沈静化していたが，この頃から西日本各地で効果が低下 (241).
  〇殺虫剤の昆虫成長抑制剤ノーモルト登録 (241).
  〇「第二次果樹農業中長期指針」策定 (3).
  〇果樹農業振興基本方針公表 (6回) (3).
  〇米国向け赤梨輸出解禁に伴い新興梨初輸出 (3).
  〇アメリカ東海岸へ青島温州を初輸出 (3).
  〇オレンジ果汁のブレンド率撤廃 (44).
  〇日園連，ミカンのマルチ資材・タイベックの取扱開始 (3).

1991（平成3）
- ・2　〇熊本不知火農協から「デコポン」25 tが東京市場に初出荷 (125).
- ・4　〇オレンジ・タンジェリンの生果輸入自由化 (3, 4, 19, 145).
  〇オレンジ，マンダリン，タンジェリン一時保存果実の輸入自由化 (3).
- ・9/10　〇台風19号による被害甚大 (2000億円超) (3)と温州ミカンの品種更新，技術対策チームの派遣 (19)，全国が被害 (115)．青森県の最大瞬間風速53.9 m/s，22,400 ha (90%)，38万8,000 t，741億7,000万円被害，青森県リンゴ栽培史上最大被害，天災融資法，激甚災害法適用，園地再生特別緊急対策事業及び落果リンゴ対策事業等実施 (145)，「通称リンゴ台風」．
  〇鹿児島県奄美諸島のウリミバエが根絶 (86).
  〇 *Phytophthora syringae* によるリンゴ果実疫病が青森県で収穫時果実に発生し，東北で問題化 (242).
  〇系統適応性検定試験事業開始，北海道 (桜桃)，沖縄 (パインアプル) (32).
  〇温州ミカン生産量158万tとなり，昭和41年産を下回るが，東京都中央卸売市場の平均単価はキロ当たり313円で史上最高値 (4).
  〇全国果実輸出振興対策協議会設立 (3).
  〇二十世紀梨，インドネシアへ初輸出 (3).
  〇「桃の新品種黄桃の育種増殖法」の特許庁審決取り消し訴訟提訴 (3).
  〇農水省果樹被災園復旧対策復旧事業実施 (3).

1992（平成4）
- ・4　〇オレンジ，その他カンキツ類の混合果汁，飲料製造用果汁，果汁飲料，その他発酵酒輸入自由化 (3, 4, 19)，ブラジルから輸入増大 (4).

平成時代　　（291）

・6
　○リンゴ価格，産地も市場も大幅安．バブル崩壊の影響等でリンゴ果汁輸入が急増し，国産原果汁の売れ行き減少(145)．
　○青森県内で降雹，リンゴ被害面積241.8 ha，8,542万9千円(145)．
　○多摩川梨の「豊水」に冷夏と夏季の低温で蜜症状が多発(31)．
　○ミカンのマルチ栽培技術普及推進(3)．
　○追熟キウイフルーツ展示試食会開催(3)．
　○八重山諸島のウリミバエが根絶．
　○この頃以降，沖縄本島で柑橘のグリーニング病罹病樹確認．
　○ミカンキイロアザミウマが発見され，被害確認(244)．
　○「新しい食料・農業・農村生活の方向（新政策）」発表(3, 4)．

平成不況期（1992〜2003現在）

1993（平成5）
・6　　○ニュージーランド産リンゴ輸入解禁(3, 4, 145)．
・9　　○台風13号で青森のリンゴ落果被害，314 ha，落果190 t，7,598万6千円(145)．
・11　○温州ミカン完全出荷停止(3)．
・12　○ガット・ウルグアイ・ラウンド（多角的貿易）農業交渉合意(3)．
　　　○リンゴの年間一人当たり家計支出がミカンを抜いて生鮮果実のトップとなる(145)．
　　　○果樹母樹ウイルス検定で前回検査後5年目の再検査義務付け(246)．
　　　○鳥取県東伯町の「二十世紀」梨栽培で黒斑病が大発生し，耐病性の「ゴールド二十世紀」への改植が進む(218)．
　　　○この頃から，カンキツそうか病でベノミル剤やチオファネートメチル剤に対する耐性菌各地で出現，局地的にそうか病大発生(240)．
　　　○果新法に基づく生産出荷安定指針発動(3)．
　　　○ロシア沿海州へミカン試験輸出(3)．

1994（平成6）
・4　　○ニュージーランド産リンゴ「ロイヤルガラ」航空便で初入荷(145)．
・4/10　○干害と酷暑害で全国被害(115)．高温少雨による干ばつ害発生(3, 4, 73)．柑橘では樹体が衰弱し，その後の7年間の隔年結果の原因となる(100)．
・8　　○第24回国際園芸学会議，京都で開催．
　　　○日本ブルーベリー協会設立(125)．
　　　○「コドリンガ」等の防除技術確立により，アメリカ産リンゴ輸入解禁，同時に日本産リンゴのアメリカ輸出解禁(3, 145)．
　　　○沖縄県本島，糸満市のシークヮーシャでカンキツグリーニング病を再度確認，本島各地で発生を確認(240)．
　　　○UR農業合意関連対策大綱の決定で果樹関係747億円計上(19)．
　　　○グレープフルーツ28万5,000 t，オレンジ19万4,000 tと，史上最高の輸入量記録(4)．
　　　○温州ミカン価格が過去最低値となる(3)．

- ○果新法に基づく生産出荷安定指針発動 (3).
- ○米国産リンゴ輸入解禁反対運動展開 (3).
- ○米国向け輸出ミカン45州へ拡大 (7州追加) (3).
- ○米国向けリンゴと「ゴールド二十世紀」梨輸出解禁 (3).
- ○果実・果実加工品の輸入が479万tに達する (19).

1995 (平成7)

- ・1　○M7.2,「平成7年兵庫県南部地震」,「阪神・淡路大震災」(3, 121, 163).
- ○アメリカのリンゴ初輸入 (4).
- ○果実の国内消費向仕向量 (加工品の生果換算を含む) は864万t, 国内生産量は423万tとなり, ピーク時の6割程度に減少 (19).
- ○果実の自給率が47%となる (19).
- ○ナツミカンの生産量が昭和50年のピーク時の約3割の11万tに減少 (19).
- ○ハッサクの生産量が昭和55年のピーク時の約35%の7万4千tに減少 (19).
- ○ネーブルオレンジの生産量が昭和62年のピーク時の約4割の2万6千tに減少 (19).
- ○イヨカンの生産量が平成4年のピーク時の約75%の17万3千tに減少 (19).
- ○みかん等果樹園転換特別対策事業 (平成7〜9年).
- ○平成17年度を目標年度とする果樹農業振興基本方針公表 (7回) (3, 19).

1996 (平成8)

- ・10　○果樹試験場, 興津支場と口之津支場を廃止してカンキツ部を新設, 盛岡支場をリンゴ支場へ, 安芸津支場をカキ・ブドウ支場に組織再編.
- ○果樹栽培面積が30万8千haとなり, ピーク時の昭和49年の7割に減少 (19).
- ○果樹経営問題研究会の開催 (19).
- ○ミカンサビダニでジネブ剤に対して抵抗性系統出現, 拡大 (241).
- ○「温州ミカン生産指導指針」策定 (3).
- ○温州ミカン大減産, 1,153千t (3), 販売価格298円で最高値記録 (73).
- ○韓国向けミカン初輸出 (3).
- ○全国果樹低樹高省力化体系普及推進協議会発足.
- ○カメムシが全国的に大発生 (188).
- ○病原性大腸菌O-157食中毒発生, 給食への生もの利用が減る.

1997 (平成9)

- ・9　○フランス産リンゴ輸入解禁 (3).
- ・11　○温州ミカン, 完全出荷停止 (3).
- ○千葉県暖地園芸試験場が3倍体ビワに対するジベレリンとフルメット (ホルクロルフェニュロン) の混用処理について農薬登録し, 通常果実より大きい無核ビワの作出に成功. 加温施設栽培に適用 (35).
- ○中晩柑「不知火」の銘柄名を品質の優れた物に限り, JA熊本果実連の持つ商標権「デコポン」に統一.
- ○この年辺りから「伊予柑」の価格が再生産価格を割り始める (日本農業新聞, 平成15年5月9日).
- ○台湾向けリンゴ, ミカン試験輸出 (3).

平成時代　　　（ 293 ）

　　　　　　　○輸出検査法が廃止．
　　　　　　　○ミカン，リンゴ，カキ市場価格大暴落，温州ミカン販売価格 151 円，平成以降最安値記録 (73)．
　　　　　　　○消費税 5％になる．
1998（平成 10）
・4　　　○園芸学会創立 75 周年，「新園芸学全編」出版 (6)．
・8　　　○日本農林規格 (JAS) を改正し，果実飲料の表示を天然果汁，果汁飲料，果汁入り，清涼飲料，果肉飲料，果粒入り果実飲料の 5 種類の表示から，果汁 100％の「ジュース」と 100％未満の「果汁入り飲料」に改正，対象はオレンジ，ミカン，リンゴ，グレープフルーツ，モモ，レモン，ブドウ，パイナップルの 8 品目．
・11　　○カネボウフーズから「甘栗むいちゃいました」が「素材菓子」として首都圏の JR 駅構内売店で試験販売開始，2001 年度に 88 億円の売り上げ (155)．
　　　　　　　○「果樹需給調節・安定対策事業」開始 (221)．
　　　　　　　○除草剤のグリホサートアンモニウム（ラウンドアップハイロード）登録．
　　　　　　　○青果物を対象とした取引信用保険制度新設 (3)．
　　　　　　　○台湾向けリンゴ，ナシ，ミカンの枠での解禁 (3)．
　　　　　　　○鳥取産「二十世紀」のカナダ輸出が，前年のハダニ付着で中断，2005 年再開．
　　　　　　　○日園連，「くだものの日」創設 (3)．
1999（平成 11）
・4　　　○和歌山県暖地園芸センターに指定試験事業，緊急重要技術開発試験「ウメの生育不良対策に関する研究」設置．
・5　　　○表年で生産過剰となり，温州ミカン生産出荷安定指針を公表，128 万 t 目標に摘果．
・7　　　○「食糧・農業・農村基本法」が制定，食糧安保が盛り込まれる．
・7　　　○改正市場法公布・施行，取引法の改善，卸売，仲卸の経営体質強化．
・10　　○中央果実生産出荷安定基金協会主催，全国果樹技術・経営コンクール創設．
　　　　　　　○「果樹母樹ウイルス病検査要領」改正．検査対象母樹：かんきつ類，りんご，ぶどう，なし，もも，おうとう，スモモ (246)．
　　　　　　　○伊予柑，平成以降最安値（販売価格 129 円）．
　　　　　　　○みかん価格大暴落．
　　　　　　　○総務庁の職業分類から「バナナの叩き売り」が削除される．台湾からのバナナの陸揚げ港であった門司に業とする者が現存．
　　　　　　　○茶系飲料（ウーロン茶，緑茶，麦茶）販売量が 10 年間で 10 倍．

1990 年代
　　　　　　　○自動販売機の普及がほぼ飽和状態，89 年峠，以降減少 (184)．
　　　　　　　○この頃から，ほぼ隔年でカメムシ類が大発生 (244)．
　　　　　　　○この頃からワタアブラムシ，ユキヤナギアブラムシが合ピレ剤に対して薬剤抵抗性を獲得 (244)．

2000（平成 12）
・3　　　○文部省・厚生省・農林水産省が「食生活指針」発表，「野菜・果物，牛乳・乳製品，

平成時代

豆類，魚なども組み合わせて」，「たっぷり野菜と毎日の果物で，ビタミン，ミネラル，食物繊維をとりましょう」，果物が記載される．
- ・4 〇10年後を見込んだ「果樹農業振興基本計画」策定される．
- ・5 〇品質不良で価格の低迷の一因となっている極早生温州を作型変更と品目転換で減産決定．

2001(平成13)
- ・1 〇東北・北陸豪雪，山形県を中心に梨・葡萄棚の崩壊発生，枝折れ．
- ・4 〇生産量，品質の変動が大きい温州ミカンとリンゴを対象とした需給調整対策として，果樹経営安定対策を創設．
  〇日園連は，温州みかんの表年対策に，「新たな果樹対策」のため，全摘果などの「特別摘果」を推進決定．
  〇果実版食生活指針である「果実のある食生活推進事業」を開始，果物のある食生活推進全国協議会が「毎日くだもの200グラム」運動開始．
  〇農村振興局の関連園地整備事業と連携し，果樹園地基盤の再編・整備，優良な品種・品目への転換，機械化体系の導入定着を推進，小規模土地基盤整備が出来る条件整備事業，「総合的園地再編整備事業」開始．
- ・5 〇果樹農業振興審議会が改組され，食料・農業・農村審議会生産分科会果樹部会になり，部会長に豊田隆東京農工大学教授が就任．
  〇温州ミカンに生産出荷安定指針発動．
- ・7 〇日本学術会議農学研究連絡委員会主催のシンポジウムで「地球温暖化は我が国の農業生産現場にどのような影響をもたらすか？」が取り上げられ，果樹について初めて問題提起される．
- ・10 〇温州ミカンの価格低迷対策として，極早生の出荷を停止．
- ・11 〇温州ミカンの在庫調整のため，市場出荷停止．
  〇果樹カメムシが関東東北で大発生(188)．
  〇国内施設栽培面積が減少に転ずる．小規模施設が廃止，養液栽培，大型施設が増加．

2002(平成14)
- ・3 〇食料安全保障に関する関係省庁協議会が「不測時の食料安全保証マニュアル」作成．熱量確保のため，作付け変更する順序は① 花き，工芸作物，② 飼料作物，③ 野菜，④ 果樹(永年性で減少後の回復は困難)．
- ・4 〇鹿児島県与論島で柑橘のグリーニング病罹病樹確認．
- ・8 〇鹿児島県屋久島で柑橘のグリーニング病を媒介するミカンキジラミ確認．
- ・夏 〇登録抹消農薬のダイホルタンの不正販売，散布が発覚し，山形の西洋ナシ，栃木の梨等，廃棄，無散布証明添付も始まる．登録切れのナフタレン酢酸(NAA)のハウスミカンでの利用も問題となる．
  〇温州蜜柑輸出に対し，アメリカが全土受け入れを許可したが，植物検疫上の厳しい条件を適応させる州を拡大(165)，カンキツに臭化メチル薫蒸義務づけ．
  〇果樹カメムシが東海以西で大発生(188)．
  〇台湾のWTO加盟で(平成13年12月)リンゴ輸出が急増．

2003（平成15年）

- ・2　　○鹿児島県徳之島と沖永良部島で柑橘のグリーニング病罹病樹確認．
- ・3　　○改正農薬取締法成立，農薬使用責任は使用者と明記．登録農薬が無いマイナー果樹のため，2年間の経過措置．
- ・5　　○食品安全基本法，改正食品衛生法成立，3年後にポジティブリストへ移行．基準が設定されていない農薬等が一定量以上含まれる食品の流通を原則禁止．農薬のドリフト問題が生じる．
- ・7　　○改正種苗法施行（成立6月），許諾なし種苗からの収穫物の販売にも罰則適用．
　　　　○アメリカがカンキツの輸入に義務づけていた臭化メチル薫蒸を45州で解除．
- ・8　　○台風10号が日本列島縦断，和歌山の蜜柑，滋賀のナシなど被害．
- ・秋　　○千葉，熊本など，ナシ「豊水」に蜜症が多発，「あきづき」への品種更新のきっかけとなる．
- ・9　　○台風14号で青森のリンゴ落果．
- ・10　　○特殊法人の改革で，果樹研究所の所属が農業・生物系特定産業技術研究機構となる．
　　　　○国際園芸学会情報誌に，リンゴ「ふじ」の生産量が世界一になったと記載．
- ・11　　○メキシコとのFTA交渉で，メキシコ側が最後にオレンジを持ち出し，決裂．
　　　　○早生温州の価格が，生産量が減少したにもかかわらず，低迷．
- ・12　　○WTOのパネルで，リンゴの火傷病対応検疫による規制について，日本側が敗訴．

2004（平成16年）

- ・1　　○カンキツのグリーニング病が鹿児島県喜界島まで北上．
- ・6　　○改正卸売市場法施行，卸売業者と仲卸業者の事業規制の緩和（卸のスーパーへの販売）と委託手数料の自由化（従来は果実7.0％）．
　　　　○台風6号が室戸に上陸．明石を通り日本海に．西日本で落果やハウス倒壊，愛知のモモ，和歌山のウメで被害．モモを中心に果樹被害86億7,700万円，和歌山県ウメ被害：17億5,000万円，山梨県：12億7,500万円，徳島県8億2,000万円．
　　　　○日本産柿生果実のオーストラリア向け輸出解禁．
- ・8　　○台風15号で，山形の西洋梨，青森のリンゴ，北海道七飯町のリンゴが落果，損傷．
- ・8/9　○台風16号で，九州，中国で梨の落果，四国で柑橘の枝折れ，潮風害，長野で梨，リンゴの落果発生．
- ・9　　○強風の台風18号で西日本の柑橘に倒木，潮風害，青森，北海道でリンゴの落果，行政と一帯となった技術対策チーム派遣．
- ・10　　○超大型台風23号近畿関東直撃，中国，北陸で水害，野菜と果樹の被害265億円．
- ・秋以降　○9月のハリケーンで米国産グレープフルーツが甚大な被害を受け，前年度より，輸入が大幅減少，価格も4割程度高騰，倒木，冠水，病害で廃園多数，被害長期化．
- ・12　　○ミカンコミバエとウリミバエ対策の防除地帯で，蒸熱処理した台湾産 パパイア 「台農2号」生果実輸入解禁．
　　　　○日本の総人口が1億2,783万8,000人でピークを向かえ，以降は減少．
　　　　○愛媛県が16年度から3ヵ年間，「みかん産地再編緊急対策事業費」を計上し，優良品種母樹円の設置，伊予柑の組織的更新，小規模園地整備を実施．優良系統は優良系統温州ミカン，「まりひめ」，「せとか」，「不知火」を想定．

○平成15年度産の果実輸出が増加，リンゴ17,188 t（13年度産の3倍）96％が台湾向け，WTO加盟による輸入制限と関税の緩和による．贈答・お供え用高級果実，9割が青森産．

2005（平成17年）

- ・1　○オーストラリアの南部リバーランド地域産の柑橘について，害虫発生がないことを確認し，生果実の低温消毒免除．
- ・2　○フロリダのハリケーン被害でグレープフルーツが品薄・高騰し，中晩柑の「せとか」，「天草」等7種類詰め合わせセット販売開始．
- ・3　○オーストラリア・タスマニア産サクランボとイタリア産オレンジのタロッコ輸入解禁．
  ○北海道，青森県，秋田県のリンゴ地帯で豪雪，雪解けに伴い枝折れ多発．北海道余市では9割の園地で被害．
  ○「食料・農業・農村基本計画」閣議決定．
  ○「果樹農業振興基本方針」策定．この中で，10年後の温州ミカン生産予測を平成15年度の80％と予想．
- ・4　○日本とメキシコの自由貿易協定（FTA）を含む経済連携協定（EPA）発効，農林水産物1,200品目の関税を削減・撤廃，オレンジ果汁は低関税輸入枠を設定．
  ○日本とタイ間の経済連携協定（FPA）農業分野合意．日本への輸入品はバナナ（無税輸入枠設定），パイナップル（軽量品無税輸入枠設定），ドリアン等の熱帯果実（関税撤廃），日本からの輸出品はリンゴ，梨，ブドウ（関税撤廃）．
  ○農林水産物等輸出促進全国協議会設立．
- ・5　○間苧谷徹著の「果樹園芸博物学」が養賢堂から刊行．
- ・6　○山形県産サクランボが台湾に初試験輸出．
  ○「改正種苗法」成立，加工品に育成者権，権利の存続期間を果樹で品種登録から25年を30年に延長，6月施行．
- ・7　○リンゴ火傷病検疫で日米大筋合意，果実成熟度検査の義務化，園地検査と10 mの境界帯などを廃止．
  ○台湾が，モモシンクイガの進入防止のため，リンゴ，ナシ，モモ，スモモなどの輸入検疫強化，園地，選果施設等の登録，台湾検疫官による合同調査等．
- ・8　○米国産リンゴの火傷病検疫措置を改正．園地検査を廃止し，輸出時の果実成熟検査実施．
- ・9　○台風14号が九州，北海道に上陸．九州や山口県の晩生のナシ，鳥取の二十世紀，津軽の一部でリンゴが落果．
  ○JA全農山形が桃1,000ケース（1ケース5キロ）を台湾に航空便で初輸出．
  ○佐賀県が佐賀産ハウスミカンを台湾に輸出販売，8個入り400 gパック，約800円．
  ○カンキツ黒点病防除に微生物農薬（バチルス・ズブチルス菌）が登録（240）．
  ○園芸学会編「園芸学用語集・作物名編」が養賢堂から出版．
- ・10　○JAみやぎ仙南が蔵王町産の梨「豊水」を5 t，タイのスーパーへ試験輸出．
  ○1982年に開始し，1998年にハダニ付着で中断していた鳥取産「二十世紀」梨のカナダ輸出が再開．
  ○台湾向け輸出でモモシンクイガ対応で，リンゴ，ナシ，スモモ，モモ等の検疫強

- 11 ○平成17年の総務省家計調査で果実消費はミカンを抜いてバナナが一位となる．
  ○栃木県が JA うつのみや東部選果場からニホンナシ「にっこり」をタイに初輸出．前年前後は香港に輸出．
- 12 ○オーストラリア・タスマニア産のサクランボ「佐藤錦」が初輸入．
  ○16日〜20日にかけて，寒波と日本海側記録的な大雪．愛媛県西宇和でカンキツに積雪し，「雪焼け」被害，熊本で中晩柑で凍結，高知で文旦に凍結障害発生，愛媛県被害，栽培面積の3割，約2,900 ha，約17億円．
  ○モントリオール議定書締結国会合で臭化メチル不可欠用途分の承認数量として，クリシギゾウムシ対象に2006年追加分0.3 t，2007年分に6.5 t承認．
  ○薫蒸処理によるコドリンガ侵入防止措置確立に伴いチリ産サクランボ生果実の輸入解禁．
  ○マンゴーの輸入増加，平成17年度は14年度の4割増で，12,139 t．
  ○重油価格が高騰し，贈答需要の減少による価格低下もあって，ハウスミカンの全国結果樹面積が1993年の1,430 haから，2005年は1,097 haに2割以上減少．
  ○人口動態統計の年間推計で，自然増加数（出生数－死亡数）がマイナスに転じ，人口統計史上初めて自然減となる．

2006（平成18年）

- 1 ○10日頃まで，寒波．北陸地方に大雪，北信でリンゴ枝折れ被害，「平成18豪雪」と命名．果樹を含む農作物の被害額は89億7,200万円，リンゴなどの果樹被害は33億6,000万円．
- 3 ○和歌山県で降雹，ウメの傷果と落果の被害，農産物被害額12億1,000万円．
  ○農政の大転換，担い手経営安定新法を制定．
- 7 ○日本の65才以上の老年人口21.0％，15才未満の年少人口13.6％で世界一になる（少子高齢化）．
- 9 ○記録上最大風速を記録した台風13号が石垣島，長崎に上陸．風害，鳥取のナシが落果．長崎市のビワ被害，533 ha（園地の98％），被害額13億6,000万円，来年の収量は8割減少，回復に10年．
- 11 ○果樹研究所が渋皮が容易に剥けるクリ「ぽろたん」を命名登録．

2007（平成19年）

- 1 ○アメリカ・カリフォルニアで寒波による降霜，オレンジに被害．

平成時代（1989〜）

○現在，尾道の柿渋問屋「丸三商店」は三成近辺から青柿が入手困難となり，愛媛の壬生川から「愛宕」の摘果果実を入手 (196)．
○オウトウの雨よけ栽培が普及し，オウトウショウジョウバエの被害拡大，時にオウトウミバエの被害多発 (244)．

引用文献

1. 西東秋男．1983．日本食生活史年表．楽書房，東京．pp.211．
2. 加藤百一．1987．はじめに，一章 縄文の酒のふるさと，三章 日本神話の酒，八酒．日本の酒5000年．技報堂出版，東京．1-4, 5-21, 44．
3. 日本園芸農業協同組合連合会．1998．五十年のあゆみ．日本園芸農業協同組合連合会，東京．pp.100．
4. 北川博敏編．1995．園芸の時代3 果物をつくる．八坂書房，東京．pp.301．
5. 小崎 格・上野 勇・土屋七郎・梶浦一郎監修．1996．新編原色果物図説．養賢堂，東京．pp.423．
6. 園芸学会編．1998．園芸学会創立75周年記念出版 新園芸学全編 園芸学最近25年の歩み．養賢堂，東京．pp.695．
7. 日本果樹種苗協会編．1986．特産のくだもの ブルーベリー．日本果樹種苗協会，東京．pp.119．
8. 白井光太郎．1975．植物渡来考（復刻版，初版，昭和4年）．有明書房，東京．pp.389．
9. 大野史朗．1978．農業事物起源集成．青生社，東京．pp.572．
10. 梅原 猛・安田喜憲編著．1995．縄文文明の発見 驚異の三内丸山遺跡．PHP研究所，東京．pp.249．
11. 上野益三．1973．日本博物学史．平凡社，東京．pp.680．
12. 白井光太郎．1934．改訂増補日本博物学年表．大岡山書店，東京．pp.437．
13. 岡西為人．1958．中国本草の渡来と其影響．日本学士院 日本科学史刊行会編．明治前日本薬物学史 第二巻．日本学術振興会，東京．pp.513．
14. 井坂錦江．1943．大東選書（三）東亜物産史．大東出版社，東京．pp.336．
15. 福井久蔵．1976．明治百年史叢書 第250巻，諸大名の学術と文芸の研究（上巻 学術編）（復刻版）．原書房，東京．pp.403．
16. 飯沼二郎校注・執筆．1978．日本農書全集14 広益国産考 大蔵永常．農山漁村文化協会，東京．pp.437．
17. 山田龍雄・井浦 徳監修．1978．日本農書全集13 農学全書 巻六－十．宮崎安貞．巻十一付録 貝原楽軒．農山漁村文化協会，東京．pp.430．
18. 森 克巳．1966．日本歴史新書 増補版 遣唐使．至文堂，東京．pp.226．
19. 大日本農会．1997．臨時増刊号 戦後におけるかんきつの生産・流通と技術．農業1370：pp.214．
20. 菊池秋雄．1980．第三編 果樹園芸．日本学士院日本科学史刊行会編．明治前日本農業技術史 新訂版．野間科学医学研究資料館，東京．197-332．
21. 上田 雄・孫 栄健．1994．日本渤海交渉史 改訂増補版．彩流社，東京．pp.270．
22. 森 公章．1998．講談社選書メチエ 132 「白村江」以後 国家危機と東アジア外交．講談社，東京．pp.248．
23. 田中健夫．1982．教育社歴史新書＜日本史＞66 倭寇－海の歴史．教育社，東京．pp.240．
24. 小林 章．1990．文化と果物－果樹園芸の源流を探る－．養賢堂，東京．pp.198．

引用文献

25. 池田謙蔵・今關常次郎・芳賀鍬五郎・針塚長太郎・恩田鉄弥・小澤圭次郎・大杉房吉・鏡 保之助・勧修寺経雄・高橋久四郎・玉利喜造・前田次郎・佐々木忠次郎・南 鷹次郎・白井光太郎・森 蔵. 1915. 明治園芸史. 日本園芸研究会, 東京. pp. 645.
26. 白井光太郎. 1986. 木村陽二郎編. 白井光太郎著作集 第Ⅲ巻 園芸植物と有用植物. 科学書院, 東京. pp. 412.
27. 勅使河原彰. 1998. 縄文文化. 新日本新書 488. 新日本出版社, 東京. pp. 212.
28. 神田川菜翁. 1993. 競り人伊勢長日記 やっちゃ場伝. 小江戸青物研究連, 東京. pp. 229.
29. 日本園芸中央会編. 1943. 日本園芸発達史. 朝倉書店, 東京. pp. 800.
30. 浅見與七. 1942. 果樹栽培汎論 剪定及摘果篇. 養賢堂, 東京. pp. 215.
31. 多摩川梨もぎとり連合会35周年記念誌編集委員会. 1996. 多摩川梨もぎとり連合会35年のあゆみ. 川崎市多摩川梨もぎとり連合会, 川崎市. pp. 100.
32. 農林水産省農林水産技術会議事務局. 1996. 指定試験事業70周年記念誌 資料編. 農林水産省農林水産技術会議事務局, 東京. pp. 450.
33. 農林省農林水産技術会議事務局. 1978. 指定試験事業50年史. 農林省農林水産技術会議事務局, 東京. pp. 540.
34. 梶浦一郎. 1978. 明治・大正時代に行われた果樹育種の新たな知見. 果樹試験場ニュース 9：8-9.
35. 八幡茂木. 1999. 3倍体利用による種なしビワ生産の実用化. 果樹種苗 73：11-14.
36. 田中敬一・朝倉利員. 1999. くだものの冷温高湿貯蔵. 果樹種苗 73：27-31.
37. 中田儀一. 1966. りんごの恩人と私の研究. 長野県南安曇郡三郷村, pp. 405.
38. 園芸学会東北支部. 1993. 東北の園芸資源 その特徴と新技術. 園芸学会東北支部, 秋田県大潟村. pp. 290.
39. 白井光太郎. 1925. 植物妖異考. 岡書院, 東京. pp. 376.
40. 茂木枇杷発達史編纂委員会. 1971. 茂木枇杷発達史. 長崎県園芸農業協同組合連合会, 長崎市. pp. 367.
41. 仲尾 宏. 1997. 朝鮮通信使と徳川幕府. 明石書店, 東京. pp. 357.
42. 中井甚兵衛. 1734. 紀州蜜柑伝来記. 日本農書全集 46 特産2 (1994) 農山漁村文化協会, 東京. 129-177.
43. 丹原克則. 1988. キウイフルーツ百科. 愛媛県青果農業協同組合連合会・愛媛県果樹研究同志会, 松山. pp. 374.
44. 星 晴夫. 1991. 食品知識ミニブックシリーズ 果実飲料入門. 日本食糧新聞社, 東京. pp. 234.
45. 村沢武夫. 1978. 近代日本を築いた田中芳男と義廉. 田中芳男義廉顕彰会, 飯田市. pp. 115.
46. 松山利夫. 1982. ものと人間の文化史 47・木の実. 法政大学出版局, 東京. pp. 371.
47. 渡辺 誠. 1975. 考古学選書 13 縄文時代の植物食. 雄山閣, 東京. pp. 187.
48. 鳥取二十世紀梨沿革史編集委員会. 1972. 鳥取二十世紀梨沿革史. 鳥取県果実農業協同組合連合会, 鳥取市. pp. 1242.
49. 果樹農業発達史編集委員会. 1972. 果樹農業発達史. 農林統計協会, 東京. pp. 981.
50. 徳永和喜. 1999. 戦国期島津氏の外交文書書式について. 歴史地名通信 24：8-15.

51. 日本ブルーベリー協会「ブルーベリークッキング」編集委員会．1999．ブルーベリーのルーツ～野生種をめぐって～．ブルーベリークッキング．創森社，東京．134-135．
52. 地図資料編纂会編．1988．5千分の1 江戸－東京市街地図集成－1657（明暦3）年～1895（明治28）年－．柏書房，東京．pp.180．
53. 北川博敏．1999．続・果物の商品学．日本果物商業協同組合連合会，東京．pp.376．
54. 千葉県果樹園芸組合連合会．1979．千葉県果樹のあゆみ．千葉県果樹園芸連合会，千葉市．pp.362．
55. 東畑精一・盛永俊太郎．1957．日本農業発達史年表（Ⅲ-8．商品作物の消長）農業発達史調査会編，日本農業発達史 －明治以降における－ 第10巻，農林省農業総合研究所，東京．24-25．
56. 東畑精一・盛永俊太郎．1954．農業発達史調査会編，日本農業発達史－明治以降における－第5巻，中央公論社，東京．pp.818．
57. 多喜義郎．1992．しみずの昔．朝日ファミリー清水編集室，清水．pp.177．
58. 片桐一男．2000．江戸のオランダ人 カピタンの江戸参府．中央公論新社，東京．p.310．
59. 村井章介．1993．中世倭人伝．岩波書店，東京．p.230
60. 樋口清之．1999．新版 日本食物史－食生活の歴史－．柴田書店，東京．pp.295．
61. 長野県．1979．長野県果樹発達史．長野県経済事業農業協同組合連合会，長野．p.606．
62. シュリーマン，H．1998．シュリーマン旅行記 清国・日本．講談社，東京．p.222．
63. 岩佐俊吉．2001．国際農業研究叢書 第8号 図説熱帯の果樹．独立行政法人 国際農林水産業研究センター，茨城．
64. 小塚光治．1965．生きぬく努力 川崎梨の栽培，禅寺丸．川崎史話 中巻．多摩史談会，川崎市．p.275-277．
65. 平塚市．1987．268 虫害予防の件布達／明治9年6月 第百四十九号，272 外国菓木払下願／明治10年12月．勧業と産業・交通，288 梅，杏等の不熟菓物小児喫食注意の件達／明治10年7月 乙第百三十六号．保健衛生と対策．民政・教育・宗教・産業等の諸政策．平塚市編 平塚市史5 資料編 近代（1）．平塚市，平塚．p.569, 573, 612-613．
66. 川崎市役所．1973．大嶋村新組に果樹を植えしこと．果樹の栽培，其他．川崎市役所編．川崎市史（全二巻）産業編．名著出版，東京．p.842-845．
67. 佐々木信綱編．1927．新訓 万葉集 下巻．岩波書店，東京．p.263, 289．
68. 李　進熙．1980．NHKブックス359 日本文化と朝鮮．日本放送出版協会，東京．pp.218．
69. 小山修三・岡田康博．2000．縄文時代の商人たち 日本列島と北東アジアを交易した人びと．洋泉社，東京．pp.206．
70. 上垣外憲一．2000．中公新書1530 日本文化交流小史．中央公論新社，東京．pp.215．
71. 久保井規夫．1994．見る！読む！歴史・民俗シリーズ 第一巻 図説 朝鮮と日本の歴史 －光と影　前近代編．明石書店，東京．pp.205．
72. 奈良国立文化財研究所編．1991．平城京 長屋王邸宅と木簡．吉川弘文館，東京．pp.157．
73. 愛媛県農業協同組合連合会果樹園芸編集係．2001．愛媛果樹の主な出来事．果樹園芸 54（1）：7-9．
74. 原　武史．2000．朝日選書663 大正天皇．朝日新聞社，東京．pp.293．

引用文献

75. 米山寛一. 2001. アジア浪漫紀行 梨の来た道. 鳥取県, 鳥取. pp. 161.
76. 大塚初重・辰巳正明・豊田有恒・永山久夫・平野邦雄・町田 章. 1992. 悲劇の宰相・長屋王邸を掘る. 山川出版社, 東京. pp. 211.
77. 農商務省園芸試験場. 1924. ワシントンネーブルオレンジの調査. 園芸試験場調査報告 (2) : pp. 60.
78. 農商務省園芸試験場. 1925. 柑橘のだい木に関する試験成績. 園芸試験場報告 (4) : pp. 29.
79. 農商務省園芸試験場. 1926. 莱陽慈梨 (ライヤン ツーリー) 附鴨梨. 園芸試験場報告 (5) : pp. 18.
80. 石原三一. 1926. 本邦各地産の梨「長十郎」果実の比較調査成績. 園芸試験場報告 (7) : pp. 32.
81. 箭内健次編. 1968. 巻之三十六, 巻之四十三 唐國節 浙江省寧波府 部11 漂流, 巻之四十四 唐國浙江省寧波府 部12 漂流. 通航一覧続輯 第2巻. 清文堂出版, 大阪. p. 195-216, 217-231.
82. 横浜開港資料館編. 1986. 名主日記が語る幕末 〜武蔵国橘樹郡生麦村の関口家と日記〜. 横浜開港資料館, 横浜. p. 93.
83. 早川純三郎編. 1967. 通航一覧 第一 (復刻). 大正2年初版. 清文堂出版, 大阪. p. 534.
84. 早川純三郎編. 1967. 通航一覧 第二 (復刻). 大正2年初版. 清文堂出版, 大阪. p. 594.
85. 安富徳光. 1997. Ⅱ. パパイヤ 4. 沖縄県におけるパパイヤ栽培の概況. 日本果樹種苗協会編. 平成8年度導入果樹種苗高機能化調査委託事業報告書 (パパイヤ・グアバ). 11-25.
86. 立田芳伸. 1997. Ⅱ. パパイヤ 4. 鹿児島県におけるパパイヤ栽培の概況. 日本果樹種苗協会編. 平成8年度導入果樹種苗高機能化調査委託事業報告書 (パパイヤ・グアバ). 11-25.
87. 立田芳伸. 1997. Ⅲ. グアバ 4. 鹿児島県におけるグアバ栽培の概況. 日本果樹種苗協会編. 平成8年度導入果樹種苗高機能化調査委託事業報告書 (パパイヤ・グアバ). 38-42.
88. 安富徳光. 1997. Ⅲ. グアバ 4. 沖縄県におけるグアバ栽培の概況. 日本果樹種苗協会編. 平成8年度導入果樹種苗高機能化調査委託事業報告書 (パパイヤ・グアバ). 43-57.
89. 串間新一. 1996. Ⅱ. マンゴー 4. 産地の概況【1】宮崎県におけるマンゴー栽培の概況. 日本果樹種苗協会編. 平成7年度導入果樹種苗高機能化調査委託事業報告書 (マンゴー・パッションフルーツ). 12-32.
90. 安富徳光. 1996. Ⅱ. マンゴー 4. 産地の概況【2】沖縄県におけるマンゴー栽培の概況. 日本果樹種苗協会編. 平成7年度導入果樹種苗高機能化調査委託事業報告書 (マンゴー・パッションフルーツ). 33-51.
91. 竹島久善. 1996. Ⅲ. パッションフルーツ 4. 産地の概況【1】宮崎県におけるパッションフルーツ栽培の概況. 日本果樹種苗協会編. 平成7年度導入果樹種苗高機能化調査委託事業報告書 (マンゴー・パッションフルーツ). 62-70.
92. 牧田好高. 1995. チェリモヤ・アテモヤ Ⅲ. 産地の概況 (1) 静岡県におけるチェリモヤ・アテモヤ栽培の概況. 日本果樹種苗協会編. 平成6年度導入果樹種苗高機能化調査委託事業報告書 (チェリモヤ・アテモヤ). 9-30.

引用文献　　（303）

93. 米本仁巳. 1995. チェリモヤ・アテモヤ Ⅲ. 産地の概況 (2) 和歌山県におけるチェリモヤ栽培の概況. 日本果樹種苗協会編. 平成6年度導入果樹種苗高機能化調査委託事業報告書（チェリモヤ・アテモヤ）. 31-49.
94. 岡田正道. 1995. Ⅲ. 産地の概況 (1) 静岡県におけるアボカド栽培の概況. 日本果樹種苗協会編. 平成6年度導入果樹種苗高機能化調査委託事業報告書（アボカド）. 13-30.
95. 米本仁巳. 1995. Ⅲ. 産地の概況 (2) 和歌山県におけるアボカド栽培の概況. 日本果樹種苗協会編. 平成6年度導入果樹種苗高機能化調査委託事業報告書（アボカド）. 31-45.
96. 木下正史. 1988. 3 貯蔵と調理 1. 籾の貯蔵と収穫. 金関恕・佐原眞編. 弥生文化の研究 2 生業. 雄山閣出版, 東京. p.69-83.
97. 粉川昭平. 1988. 4 食用植物 2. 穀物以外の植物食. 金関恕・佐原眞編. 弥生文化の研究 2 生業. 雄山閣出版, 東京. p.112-116.
98. 笠原安夫. 1988. 5 イネの自然科学的調査法 3. 作物および田畑雑草種類. 金関恕・佐原眞編. 弥生文化の研究 2 生業. 雄山閣出版, 東京. p.131-140.
99. 渡部俊三. 2001. 果物百話　渡部俊三, 山形. p.238.
100. 廣瀬和榮. 2001. 柑橘産業50年の歩み 戦後来襲した気象災害. フルーツ ひろしま 2001-11：18-19.
101. 箭内健次編. 1968. 巻之二百参拾壱, 巻之二百四十弐. 通航一覧 巻六. 清文堂出版, 大阪. pp.539.
102. 箭内健次編. 1968. 巻之百九十八, 巻之二百拾. 通航一覧 巻五. 清文堂出版, 大阪. pp.598.
103. 箭内健次編. 1968. 巻之百五十七. 通航一覧　巻四. 清文堂出版, 大阪. pp.602.
104. 箭内健次編. 1968. 巻之八拾参, 巴旦国. 通航一覧続輯 第三巻. 清文堂出版, 大阪. pp.737.
105. 箭内健次編. 1968. 巻之百壱拾壱. 北亜米利加, 巻之百参拾五. 通航一覧続輯 第四巻. 清文堂出版, 大阪. pp.913.
106. 三重県. 2001. 伊勢市の柿産地（蓮台寺柿）. 平成13年度全国農業関係試験研究場所長会園芸部会 現地検討会資料. 79-83.
107. 田中千博. 1997. 江戸の食品 (1) －酒－. 明日の食品産業 平成9年第7, 8号（通巻278号）：11-16.
108. 田中千博. 1998. 江戸の食品 (6) －漬物－. 明日の食品産業 平成10年 第9号（通巻289号）：38-42.
109. 田中千博. 1999. 江戸の食品 (8) －青物－. 明日の食品産業 平成11年 第3号（通巻294号）：23-29.
110. 田中千博. 1999. 江戸の食品 (9) －阿蘭陀との交流－. 明日の食品産業 平成11年第6号（通巻297号）：30-36.
111. 田中千博. 2000. 江戸の食品 (16) －果物－. 明日の食品産業 平成12年 第10号（通巻310号）：15-20.
112. 田中千博. 2001. 江戸の食品 (19) －素菜－. 明日の食品産業 平成13年 第5号（通巻316号）：32-36.
113. 田中千博. 2001. 江戸の食品 (21) －いも（下）－. 明日の食品産業 平成13年 第11号（通巻321号）：23-31.

引用文献

114. 松下幸子．1996．図説 江戸料理事典．柏書房，東京．pp. 444.
115. 国立天文台．1999．日本の主な気象災害．理科年表 第73冊 丸善，東京．p. 402-420.
116. 明田鉄男．1993．地域別凶作・飢饉年表．近世事件史年表 雄山閣出版，東京．p. 340-341.
117. 渡辺次雄．1959．第20章 気象災害 20. 10 日本気象災害史年表（明治以降）．気象学ハンドブック編集委員会編 気象学ハンドブック．技報堂，東京．p. 999-1004.
118. 二宮洸三．1999．5章 地球と気候の歴史．二宮洸三・新田 尚・山岸米二郎編，図解 気象の大百科．オーム社，東京．p. 24-31.
119. 藤木久志．2001．朝日選書687 飢餓と戦争の戦国を行く．朝日新聞社，東京．p. 244.
120. 茅野一郎・宇津徳治．1987．付録Ⅱ．日本の主な地震の表．宇津徳治・嶋 悦三・吉井敏剋・山科健一郎編．地震の事典 ENCYCLOPEDEA OF EARTHQUAKE．朝倉書店，東京．p. 467-552.
121. 国立天文台．2001．日本のおもな気象災害，日本付近のおもな被害地震年代表．理科年表 平成14年（机上版）．丸善，東京．p. 346-366, 728-759.
122. 田中千博．2002．江戸の食品（22）－調味料（下）－．明日の食品産業 平成14年 第3号（通巻324号）: 25-35.
123. 中島陽一郎．1996．飢饉日本史 雄山閣出版，東京．p. 203.
124. NHKスペシャル「日本人」プロジェクト編．2001．NHKスペシャル 日本人はるかな旅 第1巻 マンモスハンター，シベリアからの旅立ち．日本放送協会，東京．p. 244.
125. ブルーベリー導入50周年記念実行委員会編纂．2001．ブルーベリー導入五十年のあゆみ．日本ブルーベリー協会，東京．p. 127.
126. 坂井 隆．1998．講談社選書メチエ130「伊万里」からアジアが見える 海の陶磁路と日本．講談社，東京．p. 268.
127. 柴村敬次郎．1995．第Ⅱ部 内・外の通信使像 四章 朝鮮通信使と下蒲刈島での接待．上田正昭編 朝鮮通信使 善隣と友好のみのり．明石書房，東京．115-155.
128. NHKスペシャル「日本人」プロジェクト編．2001．NHKスペシャル 日本人はるかな旅 第2巻 巨大噴火に消えた黒潮の民．日本放送協会，東京．p. 237.
129. NHKスペシャル「日本人」プロジェクト編．2001．NHKスペシャル 日本人はるかな旅 第3巻 海が育てた森の王国．日本放送協会，東京．p. 245.
130. NHKスペシャル「日本人」プロジェクト編．2001．NHKスペシャル 日本人はるかな旅 第4巻 イネ，知られざる1万年の旅．日本放送協会，東京．p. 237.
131. NHKスペシャル「日本人」プロジェクト編．2002．NHKスペシャル 日本人はるかな旅 第5巻 "そして日本人"が生まれた．日本放送協会，東京．p. 241.
132. 鬼頭 宏．2000．人口から読む日本の歴史．講談社，東京．p. 283.
133. 橋口尚武・野口 崇・福田友之・上野修一・橋本澄夫・上村俊雄．1999．海を渡った縄文人－縄文時代の交流と交易．小学館，東京．p. 349.
134. 市古夏生・鈴木健一校訂．2001．新訂 江戸名所花暦 筑摩書房，東京．p. 284.
135. 工藤雅樹．2001．平凡社新書071 蝦夷の古代史．平凡社，東京．p. 254.
136. 瀬田勝哉．2000．朝日選書664 木の語る中世．朝日新聞社，東京．p. 254.
137. 有岡利幸．1999．ものと人間の文化史92-Ⅰ・梅（うめ）Ⅰ．法政大学出版局，東京．p. 262.

138. 有岡利幸. 1999. ものと人間の文化史92-Ⅱ・梅(うめ)Ⅱ. 法政大学出版局, 東京. p. 337.
139. 網野善彦. 2000. 日本の歴史 第00巻「日本」とは何か. 講談社, 東京. p. 370.
140. 堀内昭作・吉田雅夫・狩野博幸・中村恒夫・長谷部秀明・須崎輝男・崎谷忠三. 1996. 堀内昭作編. 日本の梅・世界の梅. 養賢堂, 東京. p. 263.
141. 芳賀 登・石川寛子監修. 1996. 全集 日本の食文化 第六巻 和菓子・茶・酒. 雄山閣出版, 東京. p. 300.
142. 石井象二郎. 1974. 2ウンカ (1) ウンカの大発生, (2) 享保から明治の大発生まで, (3) 昭和の大発生,, 4天敵 (1) テントウムシ, (2) シルベストリコバチ, (3) ルビーアカヤドリコバチ, (4) 天敵利用のむずかしさ. Fine Science Books 害虫との戦い. 大日本図書, 東京. p. 27-41, 89-98.
143. 岡山県農業総合センター農業試験場. 2001. 第1節 果樹研究の変遷と業績概要. 第6章 果樹に関する研究. 岡山県農業総合センター農業試験場臨時報告 No. 85 (農業試験場100年誌) : 66-96.
144. 桐野忠兵衛編. 1968. 愛媛県果樹園芸史. 愛媛県青果農業協同組合連合会, 松山. p. 1104.
145. 青森県りんご120周年記念事業会編. 1995. 青森県りんご120周年記念 激動・この20年. 青森県りんご120周年記念事業会, 弘前. p. 319.
146. 三谷一馬. 1979. 江戸物売図聚. 立風書房, 東京. p. 345.
147. 南木睦彦. 1991. 8. 栽培植物. 石野博信・岩崎卓也・河上邦彦・白石太一郎編, 古墳時代の研究4 生産と流通Ⅰ. 雄山閣出版, 東京. p. 165-174.
148. 小林健壽郎. 1993. 松平試農場史. 越前松平家 松平宗紀, 東京. p. 369.
149. 田中千博. 2002. 江戸の食品(24)-中国との交流(上)-. 明日の食品産業 平成14年 第6号 (通巻327号) : 24-29.
150. 上垣外憲一. 2002. 文禄・慶長の役 空虚なる御陣. 講談社, 東京. p. 221.
151. 塚本 学. 1984. 江戸のみかん-明るい近世像-. 国立歴史民俗博物館研究報告 4 : 29-54.
152. 荒井 魏. 2002. 英雄たちの自由時間 徳川家康≪13≫. 毎日新聞 平成14年6月30日日曜版.
153. 田中千博. 2002. 江戸の食品(24)-中国との交流(下)-. 明日の食品産業 平成14年 第7, 8号 (通巻328号) : 22-26.
154. 斎藤幸雄(長秋)・斎藤幸孝(莞斉)・斎藤幸成(月れい). 1834. 市場観音. 巻之二 天せん之部 第五冊. 石川英輔・田中優子監修, 原寸復刻 江戸名所図会上, p. 588.
155. 倉貫浩一. 2002. 復活の秘訣3 むき甘栗 菓子の発想一皮むけた!. 読売新聞 平成14年7月19日.
156. 卯辰寿男. 2002. VOL. 28 20世紀の産地を築いた偉人たち 日本一のうめ産地を育てた人々. 果実日本 57(9) : 76-77.
157. http://village.infoweb.ne.jp/fwgc9675/nana/plh/banana/banana10.html 2002. 仲良きことはバナナかな バナナこぼればなし.
158. 寺山義雄. 2002. 戦争回顧60年~ああ日本はどこへ~. 明日の食品産業 平成14年 第9号 (通巻329号) : 36-37.

159. 田中千博. 2002. 江戸の食品（25）－舶来（上）－. 明日の食品産業 平成14年 第9号（通巻329号）: 26-35.
160. 南満州鉄道株式会社農事試験場. 1935. 創立二十周年記念　農事試験場業績　熊岳城分場篇. 南満州鉄道株式会社農事試験場, 大連. pp.738.
161. 恩田鐵弥. 1928. 果樹栽培の過去現在及将来. 大日本農会報 No.576: 38-43.
162. 恩田鐵弥. 1928. 果樹栽培の過去現在及将来(2). 大日本農会報 No.577: 20-25.
163. 伊藤和明. 2002. 岩波新書798 地震と噴火の日本史 岩波書店, 東京. pp.212.
164. 田中千博. 2002. 江戸の食品（25）－舶来（下）－. 明日の食品産業 平成14年 第10号（通巻330号）: 23-32.
165. 小倉由起夫. 2002. 百葉箱 輸出事業の維持・発展を. 柑橘 54(11): p.1.
166. 前田　誠. 2002.「あの日, あのとき.」半世紀の梨作りから. 因伯之果樹 56(12): 48-49.
167. 山本　勇. 1993. 東京農業伝承誌. けやき出版, 東京. pp.224.
168. 名和　靖. 1925. 水蜜桃袋掛の起源. 昆虫世界(335): 22-24.
169. 農商務省. 1891. 大日本農史 上巻. 博文館, 東京. pp.464.
170. 農商務省. 1901. 大日本農史 下巻. 博文館, 東京. pp.274.
171. 鏑木外岐雄. 1939. 佐々木忠次郎博士記念号 追憶篇 佐々木忠次郎博士. 動物学雑誌 51: 381-390.
172. 川崎　甫. 1957. 日本近代農業年表. 明文堂, 東京. pp.199.
173. 日本柑橘會篇. 1913. 果樹病虫害篇. 日本柑橘會, 静岡. pp.262.
174. 永山久夫. 2003. 日本人は何をたべてきたのか. 青春出版社, 東京. pp.184.
175. 農林省. 1952. 農務顛末 第二冊 第三 果樹. 農務顛末 第1巻, 農林省, 東京. p.336-482.
176. 農林省. 1957. 農務顛末 第二十四冊 第二十四 三田育種場. 農務顛末 第6巻, 農林省, 東京. p.1-406.
177. 松下志朗・下野敏見編. 2002. 街道の日本史 55 鹿児島の湊と薩南諸島. 吉川弘文館, 東京. pp.252.
178. 松枝正根. 1993. 日本古代の軍事航海史 ＜上巻＞ 先史時代から卑弥呼まで. かや書房, 東京. pp.330.
179. 松枝正根. 1994. 日本古代の軍事航海史 ＜下巻＞ 遣隋使・遣唐使・渤海使. かや書房, 東京. pp.303.
180. 太田勝也. 2000. 同成社江戸時代史叢書8 長崎貿易. 同成社, 東京. pp.283.
181. 田代和生. 2002. 文春新書 281 倭館－鎖国時代の日本人町. 文芸春秋, 東京. pp.268.
182. ツュンベリー, C.P. 1994. 高橋文訳 東洋文庫583 江戸参府随行記. 平凡社, 東京. pp.406.
183. 赤坂憲雄・中村生雄・原田信男・三浦佑之共編. 2002. いくつもの日本 I 日本を問いなおす. 岩波書店, 東京. pp.283.
184. 鷲巣　力. 2003. 集英社新書 0187B 自動販売機の文化史. 集英社, 東京. pp.253.
185. 小菅桂子. 1992. 中公新書 1059 水戸黄門の食卓. 中央公論社, 東京. pp.212.
186. 恩田鉄弥. 1934. －・消費者・商店・生産者・－各方面から見た果物. 大日本農会, 東京. pp.143.

187. 朝日新聞. 2003. 稲作伝来, 500年早まる. 平成15年5月20日, 朝刊 42077号
188. 大平善男. 2003. 2002年における果樹カメムシ類の多発生と今後の対策. 今月の農業 47 (6) : 44-49.
189. ロバート・フォーチュン. 1969. 江戸と北京 (1863年刊). 三宅馨訳. 廣川書店, 東京. pp. 365.
190. 大日本農会. 1972. 大日本農会事蹟年表－90年の歩み－. 大日本農会, 東京. pp. 230.
191. 大庭 脩. 2001. 岩波新書 746 漂着船物語－江戸時代の日中交流－. 岩波書店, 東京. pp. 243.
192. 松島駿二郎. 2002. 異国船漂着物語 難破者と, 彼らを救った浜辺の住民たちの交流秘話. JTB, 東京. pp. 253.
193. 朝日新聞. 2003. 祖国よ古里よ. 朝日新聞 2003年11月26日 朝刊
194. 喜多川守貞. 1853. 守貞漫稿 巻之六 生業. 朝倉治彦・柏川修一校訂編集. 守貞漫稿第1巻. 東京堂出版, 東京, 1992, 271 p.
195. 西尾敏彦. 2003. 続日本の「農」を拓いた先人たち 53 かんきつ類の"救世主"「デコポン」を育てた不知火農協. 農業共済新聞 2003年12月10日号
196. 今井敬潤. 2003. ものと人間の文化史 115. 柿渋 (かきしぶ). 財団法人 法政大学出版局, 東京. pp. 280.
197. 田村栄太郎. 2003. 江戸時代選書11 大江戸の栄華. 雄山閣, 東京. pp. 260.
198. 渡辺博幸. 2004. 伝えたいこの人・この技術 藤原伊佐夫氏. 因伯之果樹 58 (2) : 30-31.
199. 西村 隆. 2004. 「あの日, あの時.」うまいナシ作り運動のスタート. 因伯之果樹 58 (3) : 53.
200. 土師 岳. 2004. 遺伝資源探索で知る果樹の歴史－下北半島のモモ在来品種'じんべえもも'－. 果樹研究所ニュース No. 8 : p. 7.
201. 因伯之果樹編集室. 2004. 「梨技術今昔とこれから」④ 人工授粉. 因伯之果樹 58 (4) : p. 4.
202. 上田 雄. 2004. 講談社学術文庫 渤海国 東アジア古代王国の使者たち. 講談社, 東京. pp. 316.
203. 円 仁. 1970. 足立喜六訳注, 塩入良道補注, 東洋文庫157 入唐求法巡礼行記Ⅰ. 平凡社, 東京. pp. 334.
204. 申 維翰. 1974. 姜在彦訳注, 東洋文庫252 海遊 (さんずい) 録 朝鮮通信使の日本紀行. 平凡社, 東京. pp. 339.
205. 櫻井 秀・足立 勇. 1994. 日本食物史〈上〉古代から中世. 雄山閣出版, 東京. pp. 479.
206. 笹川臨風・足立 勇. 1995. 日本食物史〈下〉近世から近代. 雄山閣出版, 東京. pp. 502.
207. 因伯之果樹編集室. 2004. 「梨技術今昔とこれから」⑥ 病害虫防除. 因伯之果樹 58 (6) : p. 4.
208. 武光 誠. 2004. 海から来た日本史. 河出書房新社, 東京. pp. 184.
209. 熊谷公男. 2004. 歴史文化ライブラリー 178 古代の蝦夷と城柵. 吉川弘文館, 東京. pp. 223.

210. 藤木久志. 2001. 朝日選書687 飢餓と戦争の戦国を行く. 朝日新聞社, 東京. pp. 244.
211. Morse, S. Edward. 1917. Japan day by Day. Boston, 石川欣一訳. 1970. 東洋文庫171 日本その日その日 I. 平凡社, 東京. pp. 285.
212. Morse, S. Edward. 1917. Japan day by Day. Boston, 石川欣一訳. 1970. 東洋文庫172 日本その日その日 2. 平凡社, 東京. pp. 296.
213. Morse, S. Edward. 1917. Japan day by Day. Boston, 石川欣一訳. 1970. 東洋文庫179 日本その日その日 3. 平凡社, 東京. pp. 236.
214. 小菅桂子. 1997. 近代日本食文化年表. 雄山閣出版, 東京. pp. 259.
215. 篠田達明. 2004. 生活人新書128 病気が変えた日本の歴史. 日本放送出版協会, 東京. pp. 216.
216. 森 浩一. 2004. 海から知る考古学入門－古代人との対話. 角川書店, 東京. pp. 199.
217. 山形欣哉. 2004. 図説 中国文化百華 第16巻 歴史の海を走る 中国造船技術の航跡. 農山漁村文化協会, 東京. pp. 206.
218. 藤井保男. 2005. 「あの日, あの時」スピードスプレーヤーとともに40年. 因伯之果樹 59 (4) : 52-53.
219. 国立歴史民俗博物館編集. 2004. 海をわたった華花－ヒョウタンからアサガオまで－. 国立歴史民俗博物館, 佐倉. pp. 103.
220. 竹村公太郎. 2005. 土地の文明 地形とデータで日本の都市の謎を解く. PHP研究所, 東京. pp. 275.
221. 大分大会実行委員会資料編さん委員. 2005. 大分みかんの歴史. ～大分カンキツのあゆみ～. 大分のカンキツ, 大分. p. 29-31.
222. 柿生禅寺丸柿記念誌編集委員会. 2005. 柿生禅寺丸記念誌 郷柿誉悠久 柿生に生まれた川崎の禅寺丸柿. 柿生禅寺丸柿保存会, 川崎. pp. 76.
223. 恩田重孝. 2002. フリュイ (果物) の香り －農学者 恩田鉄弥の生涯－. エース出版, 東京. pp. 273.
224. 赤嶺 守. 2004. 講談社選書メチエ 297 琉球王国. 講談社, 東京. pp. 228.
225. 高倉洋彰. 2001. 交流する弥生人 金印国家群の時代の生活誌. 吉川弘文館, 東京. pp. 223.
226. 菅江真澄. 1754. 内田武志・宮本常一訳. 1965. 東洋文庫54 菅江真澄遊覧記1. 平凡社, 東京. pp. 245.
227. 菅江真澄. 1786. 内田武志・宮本常一訳. 1966. 東洋文庫68 菅江真澄遊覧記2. 平凡社, 東京. pp. 287.
228. 菅江真澄. 1793. 内田武志・宮本常一訳. 1967. 東洋文庫82 菅江真澄遊覧記3. 平凡社, 東京. pp. 365.
229. 菅江真澄. 1801. 内田武志・宮本常一訳. 1967. 東洋文庫99 菅江真澄遊覧記4. 平凡社, 東京. pp. 308.
230. 菅江真澄. 1804. 内田武志・宮本常一訳. 1967. 東洋文庫119 菅江真澄遊覧記5. 平凡社, 東京. pp. 317.
231. 菅江真澄. 1754. 内田武志編. 1968. 東洋文庫143 菅江真澄随筆集. 平凡社, 東京. pp. 268.
232. 唐 権 (Tang Quan). 2005. 海を越えた艶ごと 日中文化交流秘史. 新曜社, 東京. pp.

370.
233. 武田幸男編訳. 2005. 岩波文庫 33-487-1 高麗史日本伝 高麗正史日本伝2（上）. 岩波書店, 東京. pp. 401.
234. 武田幸男編訳. 2005. 岩波文庫 33-487-2 高麗史日本伝 高麗正史日本伝2（下）. 岩波書店, 東京. pp. 406.
235. 角川書店編. 1999. ミニ・クラシックス5 これだけは読みたい日本の古典 蜻蛉日記. 角川書店, 東京. pp. 254.
236. 岡垣菜美. 2005. 名木をたずねて 21 黒斑病対策を確立した薬水の名木. 因伯之果樹 59 (11)：p. 1.
237. 田中史生. 2005. 歴史文化ライブラリー 199 倭国と渡来人 交錯する「内」と「外」. 吉川弘文館, 東京. pp. 217.
238. 鳥越憲三郎. 2004. 中国正史 倭人・倭国伝全釈. 中央公論新社, 東京. pp. 240.
239. 孫 承. 1998. 鈴木信昭監訳, 山里澄江・梅村雅秀訳. 近世の朝鮮と日本 交隣関係の虚と実. 明石書店, 東京. pp. 422.
240. 家城洋之. 2006. 果樹・カンキツ病害 カンキツ病害研究 －半世紀の歩み－. 今月の農業 50 (1)：34-37.
241. 是永龍二. 2006. 果樹・カンキツ害虫 カンキツ害虫研究と防除. 今月の農業 50 (1)：38-41.
242. 佐久間 勉. 2006. 果樹・リンゴおよび落葉果樹病害. 今月の農業 50 (1)：42-45.
243. 奥 俊夫. 2006. 果樹・リンゴ害虫. 今月の農業 50 (1)：46-52.
244. 坂神泰輔. 2006. 果樹・落葉果樹害虫－発生と防除・50年の変遷－. 今月の農業 50 (1)：54-57.
245. 鈴木邦彦. 2006. 果樹・雑草対策 樹園地雑草. 今月の農業 50 (1)：58-62.
246. 山口 昭. 2006. 我が国における果樹ウイルスフリー検疫制度の歩み. 果樹種苗. (100)：11-16.
247. 松浦 章. 1995. 東方選書28 中国の海賊. 東方書店, 東京. p. 189.
248. 吉川真司. 2005. 《社会集団と政治組織》総説. 上原真人・白石太一郎・吉川真司・吉村武彦編. 列島の古代史 ひと・もの・こと 3. 社会集団と政治組織. 岩波書店, 東京. p. 1-9.
249. 宮瀧交二. 2005. 村落と民衆. 上原真人・白石太一郎・吉川真司・吉村武彦編. 列島の古代史 ひと・もの・こと 3. 社会集団と政治組織. 岩波書店, 東京. p. 45-77.
250. 川尻秋生. 2005. 寺院と知識. 上原真人・白石太一郎・吉川真司・吉村武彦編. 列島の古代史 ひと・もの・こと 3. 社会集団と政治組織. 岩波書店, 東京. p. 197-230.
251. 吉村武彦. 2005. ライフサイクル. 上原真人・白石太一郎・吉川真司・吉村武彦編. 列島の古代史 ひと・もの・こと 2. 暮らしと生業. 岩波書店, 東京. p. 9-41.
252. 上原真人. 2005. 暮らしぶり. 上原真人・白石太一郎・吉川真司・吉村武彦編. 列島の古代史 ひと・もの・こと 2. 暮らしと生業. 岩波書店, 東京. p. 43-82.
253. 伊藤寿和. 2005. 陸の生業-全体像と多様性の実態解明にむけて. 上原真人・白石太一郎・吉川真司・吉村武彦編. 列島の古代史 ひと・もの・こと 2. 暮らしと生業. 岩波書店, 東京. p. 83-124.
254. 樋口知志. 2005. 川と海の生業. 上原真人・白石太一郎・吉川真司・吉村武彦編. 列島

の古代史・ひと・もの・こと 2．暮らしと生業．岩波書店，東京．p. 125-160.
255. 下山　覚．2005．災害と復旧．上原真人・白石太一郎・吉川真司・吉村武彦編．列島の古代史 ひと・もの・こと 2．暮らしと生業．岩波書店，東京．p. 249-286.
256. 農林水産省農林水産技術会議事務局昭和農業技術発達史編纂委員会編．1997．果樹作編．昭和農業技術発達史　第5巻　果樹作編・野菜作編．農林水産技術情報協会，東京．p. 27-362.
257. 吉村武彦．2005．《人と物の移動》総説．上原真人・白石太一郎・吉川真司・吉村武彦編．列島の古代史 ひと・もの・こと 4．人と物の移動．岩波書店，東京．p. 1-8.
258. 松原弘宣．2005．河海の交通-日本海交通を中心として．上原真人・白石太一郎・吉川真司・吉村武彦編．列島の古代史 ひと・もの・こと 4．人と物の移動．岩波書店，東京．p. 47-86.
259. 舘野和己．2005．市と交易-平城宮東西市を中心に．上原真人・白石太一郎・吉川真司・吉村武彦編．列島の古代史 ひと・もの・こと 4．人と物の移動．岩波書店，東京．p. 87-125.
260. 田島　公．2005．大陸・半島との往来．上原真人・白石太一郎・吉川真司・吉村武彦編．列島の古代史 ひと・もの・こと 4．人と物の移動．岩波書店，東京．p. 241-283.
261. 宇野隆夫．2005．［特論］船．上原真人・白石太一郎・吉川真司・吉村武彦編．列島の古代史 ひと・もの・こと 4．人と物の移動．岩波書店，東京．p. 285-298.
262. 大庭康時．2005．［特論］鴻臚（つきへん）館．上原真人・白石太一郎・吉川真司・吉村武彦編．列島の古代史 ひと・もの・こと 4．人と物の移動．岩波書店，東京．p. 299-310.
263. 須藤靖貴．2006．すぽおつ万華鏡　座布団は力士へのご祝儀．毎日新聞 日曜くらぶ 2面．2006年5月14日．
264. 佐伯弘次編．2006．街道の日本史 49．壱岐・対馬と松浦半島．吉川弘文館，東京．pp. 218.
265. 虚斉山人戯書．1785（天明5年）．柚珎秘密箱．原田信男（校注解説）．1997．料理百珍集，八坂書房，東京．p. 163-179.

著者略歴

梶浦　一郎（かじうら　いちろう）

1944年　　静岡県生まれ．東京大学農学部，同大学院農学研究科博士課程卒業
農林水産省（独法・農研機構），研究管理官（1994～1996），
果樹研究所長（2000～2006），
園芸学会会長（2002～2004），国際園芸学会評議員（1999～2006），19期日本学術会議会員（2003～2005），日本農学アカデミー理事（2004～　），
現在，独法 農業・食品産業技術総合研究機構理事（2005～　）．農学博士．
主な著書は『果物はどうして創られたか（共著）』（筑摩書房），『そだててあそぼう68 ナシの絵本（共編著）』（農文協），『食品図鑑（共監著）』（女子栄養大出版），『新編原色果物図説（共監著）』（養賢堂），『植物の事典（共著）』（朝倉書店）など

JCLS	〈㈱日本著作出版権管理システム委託出版物〉	
2008	2008年7月8日　第1版発行	

-日本果物史年表-
著者との申
し合せによ
り検印省略

©著作権所有

定価 3570 円
(本体 3400 円)
　税 5%

著作者　梶浦 一郎（かじ うち いち ろう）

発行者　株式会社 養賢堂
　　　　代表者 及川 清

印刷者　新日本印刷株式会社
　　　　責任者 望月節男

発行所　㈱養賢堂
〒113-0033 東京都文京区本郷5丁目30番15号
TEL 東京(03)3814-0911　振替00120
FAX 東京(03)3812-2615　7-25700
URL http://www.yokendo.com/

ISBN978-4-8425-0439-1　C3061

PRINTED IN JAPAN　　　　製本所　株式会社三水舎

本書の無断複写は、著作権法上での例外を除き、禁じられています。
本書は、㈱日本著作出版権管理システム（JCLS）への委託出版物です。
本書を複写される場合は、そのつど㈱日本著作出版権管理システム
（電話03-3817-5670, FAX 03-3815-8199）の許諾を得てください。